传播力

南方报业媒体融合实践

黄常开◎著

南方日报出版社
NANFANG DAILY PRESS
中国·广州

图书在版编目（CIP）数据

传播力 ：南方报业媒体融合实践 / 黄常开著. — 广州 ：南方日报出版社，2021.1（2021.4 重印）

ISBN 978-7-5491-2261-5

Ⅰ. ①传… Ⅱ. ①黄… Ⅲ. ①报纸—新闻工作—研究—广东 Ⅳ. ①G219.276.5

中国版本图书馆 CIP 数据核字(2020)第 226330 号

CHUANBO LI

传播力——南方报业媒体融合实践

著　　者：黄常开
出版发行：南方日报出版社
地　　址：广州市广州大道中 289 号
出 版 人：周山丹
出版统筹：阮清钰
责任编辑：刘志一　李　哲
　　　　　巫殷昕　吴俊贤
封面设计：肖晓文
内文设计：书窗文化
责任技编：王　兰
责任校对：阮昌汉
制　　图：谭　唯　吴颖岚　潘　洁
经　　销：全国新华书店
印　　刷：广州市岭美文化科技有限公司
开　　本：787mm×1092mm　1/16
印　　张：26.5　彩插：1
字　　数：350 千字
版　　次：2021 年 1 月第 1 版
印　　次：2021 年 4 月第 3 次印刷
定　　价：88.00 元

投稿热线：（020）87360640　　读者热线：（020）87363865

序　言

2019年7月，人民网研究院发布《2019全国党报融合传播指数报告》。报告显示，南方报业传媒集团旗下南方$^{+}$客户端在“党报自有App传播力”排名中仅次于人民日报客户端，位居全国第二、地方省（区、市）党报第一。

2020年11月19日，中宣部副部长、国务院新闻办公室主任徐麟在2020中国新媒体大会上赞誉南方$^{+}$等客户端是“各具特色、有影响力的新媒体平台”。

窥斑见豹，凤凰涅槃。面对信息化和互联网技术变革带来的深刻挑战，南方报业作为人们眼中的传统媒体，不但在媒体格局巨变的时代经受住了寒冬考验，而且探索出一条传统媒体与新兴媒体共融互通、此长彼长的深度融合之路。

今天的《南方日报》，早已不仅仅是一份报纸，甚至在不断超越传统意义上的“纸媒”。以《南方日报》为龙头，南方报业构建了报、刊、网、端、微、屏等多元传播矩阵，新型主流媒体建设初见成效，已成为名副其实的“全媒体”集团。

从“纸媒时代”的一纸风行，到“全媒体时代”的新闻舆论“四力”持续提升，南方报业的一个关键秘诀就是始终牢牢抓住传播能力建设不放，加快推进媒体深度融合发展。一方面，发扬一代又一代南方报人勇立潮头、勇于变革的光荣传统，秉持以内容品质塑造传播能力的思路，以内容方面的不断改版改革提升传播力；另一方面，积极拥抱新技术新变革，努力巩固以纸为介质的媒体影响力的同时，也专注于以网端为介质的传播能力打造，以技术赋能传播力。

如今，我们欣喜地看到，《南方日报》的影响力还在持续延展，网端的影响力也在快速扩张。

推进媒体深度融合发展是一项复杂而艰巨的工程，置身其中才有更加深切的感受。作为平面媒体时代取得巨大成功的报业集团，我们如何在与互联网新媒体尤其是头部平台的激烈竞争中扬长避短、巩固扩大优势，考验着决策者的战略谋划与智慧。作为拥有多家媒体的党报集团，我们如何整合融通各种资源，避免掉入同质化重复建设陷阱，是不容回避的重要课题。

近年来，业界对主流媒体融合发展目标与路径的讨论不绝于耳，众说纷纭。回顾南方报业的探索之路，大致可概括为：以传播能力建设为抓手，立足自身实际，抓住窗口机遇期，集中优势资源，壮大旗舰，做强新媒体拳头产品，进而引领整体发展变革，提升品牌和影响力。我们围绕一些重点难点问题，做出了一系列战略、战术的思考和探索。比如，面向移动传播越来越占据主流的态势，要不要建设网端平台？是与外部合作，还是建设自主可控新平台？如何克服自建平台的技术、人才短板？如何把南方报业的“报业黄埔”传播力和品牌影响力转化为平台连接力、服务力，既做强党报舆论宣传主业，又服务好用户、塑造新增长点？

总结这些思考和探索形成的工作思路，概括起来就是：战略层面的“三个一体化”——内容一体化生产、技术一体化支撑、经营一体化统筹；战术层面的“四化”——移动化、平台化、可视化、智慧化。通过实施“三个一体化”，“集中精力攻坚克难”，“算大账不算小账”，我们从宏观上打破内容、技术、经营等方面制约融合发展的各种有形、无形藩篱，实现快速集约发展。我们自主打造的新媒体拳头产品南方+客户端，仅用了五年时间，总下载量突破7000万次，年发稿超百万篇，流量高企，日活数以百万计，爆款不断，2020年底营收超过2.6亿元，为推进移动化、平台化提供了有力支撑，就是很好的例证。通过实施“四化”，我们打造聚合式权威平台，以“多、快、新、近、实”的丰富内容适应用户移动化阅读趋势、可视化阅读方式，积极进军网络舆论主战场，拓展智慧化生存和服务能力，延伸影响力。

在这个过程中，我们果断自我革命，突破体制机制掣肘。2016年10月，南方报业启动“南方名记者培育工程”。如果说《南方日报》是集团的内容旗舰，南方+客户端是新媒体拳头产品，那么“南方名记者”就是南方报业的骨干人才。五批次120多名记者专注主业、制造爆款、全媒作业、做优原创、做强平台，引领采编人员更新理念观念，实现全媒体转型，在人才培育、内容生产、薪酬考核三方面的探路作用非常明显，成为提升党报集团传播力和影响力的主力担当，也带动了一大批全媒型、专家型记者快速成长，更充分体现了南方报业推动媒体深度融合的体制机制创新成果。正是以“南方名记者培育工程”和全媒体考核、优化组织架构、重塑工作流程等一系列体制机制变革为牵引，我们形成了生产优质内容、培养优秀人才、打造优越平台的良性循环。

面对复杂深刻变化的环境，南方报业在深度融合上迈出了坚实步伐。不过，着眼于打造、做强具有强大影响力和竞争力的新型主流媒体，这些成绩仍然只是初步的，也是微不足道的。面向未来，移动平台的传播能力建设仍然是重中之重，其势必成为党报功能提升的关键，我们将一以贯之，坚定不移。

是为序。

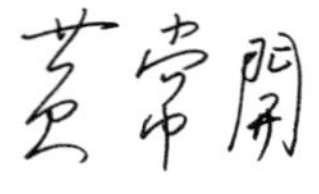

目　录

绪　论

在网络技术飞速发展、媒体格局深刻变化的当下，过去媒体赖以生存的路径被打破，诸多固有观念在消解，而新观念、新模式、新路径正在生成。值得媒体人深思的问题是：一家媒体要在百年未有之大变局中生存发展、赢得未来，最根本最核心的能力是什么？作为媒体的管理者，做好什么工作，才是抓住了媒体发展的关键？

对此，南方报业传媒集团在实践中得出的深刻体会是：媒体作为社会信息流转的介质，传播力是最根本、最基础的能力。传播力建设好了，在此基础上的经营、拓展、服务等功能、业务，便可以水到渠成。而没有传播力，就没有一切。

自2014年媒体融合成为国家战略后，国内各主流媒体包括南方报业传媒集团，纷纷进行了非常积极的全方位的探索实践。在与媒体同行交流融合转型工作时，我们也不吝分享自己的经验：推进媒体融合发展，实质上是提升主流媒体面向互联网的传播力。这并不是一个可选项，而是关乎主流媒体在互联网时代生存发展的一项必要性、基础性工作，是关乎媒体在全新媒体格局、舆论生态和传播方式下，是否还能牢牢把握舆论主动权、主导权、话语权的生死攸关的根本性问题。

那么究竟什么是传播力，如何全面准确把握传播力？在新的媒体格局下，南方报业传媒集团为什么如此重视传播力，又如何以传播力重建为最主要任务，走出一条具有南方特色的融合转型之路？

一、认识传播力

对媒体人来说，传播力是一个既熟悉又陌生的概念。“熟悉”在于，这是一个在日常工作和生活中经常见到、说到、用到的概念，诸如文化传播力、国际传播力、自媒体传播力等时常见诸报端和网络；“陌生”则在于，虽然人们在彼此交流时似乎对这一概念不存在理解的障碍，但一涉及具体的场景和语境，其内涵和外延就会发生变化，而不同的人又有不同的理解和表达，以至于见仁见智、莫衷一是，缺乏清晰准确的理念共识。

（一）理解传播力：内涵与外延

在中国新闻传播学界，较早提出传播力概念的是清华大学新闻与传播学院教授刘建明。他认为，传播力是媒介传播力的简称，指媒介的实力及其搜集信息、报道新闻、对社会产生影响的能力[1]。知名传媒学者喻国明认为，传播力是影响社会的一种最为重要的软力量，是影响人们情感认同、身份认同、价值认同的最为重要的力量[2]。在国外，颇有代表性的学者是美国南加州大学安纳伯格传播学院院长曼纽尔•卡斯特。在《传播力》一书中，他从跨学科、跨文化的视角出发，把传播力定义为树立与维护各种政治、经济、文化权力的重要力量[3]。

综合学界研究来看，新闻媒体传播力至少包含两个方面：实力（capacity）与能力（power）。其实，传播力有狭义和广义之分，狭义的传播力是指信息抵达用户的能力，而广义的传播力则涵盖信息采集、生产、分发和反馈的全过程。有采集、生产和分发的实力，而不重视效果反

[1] 刘建明. 当代新闻学原理［M］. 北京：清华大学出版社，2003：37.
[2] 喻国明. 传播力：现代商业领袖的核心力量［N］. 第一财经日报，2007－09－20.
[3] 卡斯特. 传播力［M］. 汤景泰，星辰，译. 北京：社会科学文献出版社，2018.

馈，就有可能因为目标用户模糊而无的放矢。相反，即便在理念上重视效果，倘若内容生产实力无法与之匹配，则会引发供给侧能力不足的缺陷。以此来看，新闻媒体的传播力建设，既要提升采编生产综合实力，也要强化影响用户的能力。

在我们看来，尚未足够，因为无论是实力还是能力，本质上都是新闻媒体的客观属性，而缺少了价值属性。新闻舆论工作属于意识形态工作的重要组成部分，因此体现出强烈的价值属性。推动媒体融合发展，切实提升传播力，根本目的是要打造“具有强大影响力、竞争力的新型主流媒体”。如果说这里的“影响力”“竞争力”属于媒体客观属性的话，那么更不容忽视的是“主流”这一价值属性，即传播效力（communication effectiveness）。换言之，提升新闻媒体的传播力，不但要重视实力和能力，更要注重传播效果，因为只有凝聚社会共识和主流价值观，形成正向传播效力的新闻媒体，才可以说具有强大传播力。

综上，本书中我们把传播力定义为：**新闻媒体通过内容生产、分发形成积极社会效果的能力，是媒体规模实力、覆盖能力以及传播效力的综合反映。**评价新闻媒体传播力的主要指标是：采编实力、传播能力和传播效力；影响传播力的主要因素有：传播内容质量、媒介人员素养、传播渠道建设、技术支撑手段和媒体经济实力等；提升传播力的关键在于：打造“高品质内容生产—精准分发与广泛覆盖—形成积极有效影响”的传播闭环。

（二）审视传播力：变革与挑战

作为人类文明史上最伟大、最重要的科技发明之一，互联网给人类生产生活带来了天翻地覆的变化，也极大地改变了新闻舆论的生态格局和发展方式，引领人们进入新的“数字化生存”时代。置身这样一个巨变的时代，传统媒体的传播力建设面临着一系列新挑战，突出表现在：

第一，媒体格局发生变化，传统媒体市场份额下跌、影响力衰减，传播力提升受到要素局限。清华大学和社会科学文献出版社发布的《传媒蓝皮书：中国传媒产业发展报告（2018）》数据显示，以2011年新兴媒体市场份额超过传统媒体为分水岭，从广电、平面、互联网、移动互联网“四分天下”，到2013年演变成传统媒体、互联网和移动互联网“三足鼎立”，再到2017年的“一超多强”（移动互联网的市场份额接近一半，传统媒体总体规模仅占五分之一）[1]。传统媒体营收持续下滑，直接导致优秀人才外流、资金投入不足、机构规模缩减等后果，使得传播力提升失却了支撑。

第二，舆论生态深刻变革，新兴网络媒体、自媒体及社交媒体议题设置能力大为增强，舆论影响力剧增。以新浪微博和微信为例。到2020年10月，二者的月活跃用户数分别达5.23亿和12.1亿，远超任何一家传统媒体的发行量。在新浪微博上，通过“热门话题”“热门视频”“热门微博”，24小时内制造的热点关注度和数量，远超过任何一个传统媒体的重点版面。借助精准匹配和弹窗提醒、热点推送等技术手段，能够在短时间内迅速吸引大量用户。诸如此类，都在不断消解传统媒体无论是在内容供给还是在影响力方面的存在感。

第三，传播方式由单向度向双向度转变，传统媒体读者参与不足和互动性弱的短板日益凸显。移动互联网时代，新媒体借助大数据技术，不但可以打破时空界限，使用户随时随地按需获得资讯，并且可以通过网络投票、评论、转发等方式，使用户参与内容生产。这极大地拉近了机构、平台与用户的距离，更重要的是通过用户的实时反馈，可以有针对性地对内容生产进行调整。同时，用户生产内容（UGC）等模式的出现，也大大拓展了新媒体的内容生产空间。相形之下，如何持续吸引用户、留住用户，

[1] 崔保国，等．传媒蓝皮书：中国传媒产业发展报告（2018）[M]．北京：社会科学文献出版社，2018:12–13.

就成为摆在传统媒体面前的一个重要课题。这个课题不解决，传统媒体的传播力建设就无从谈起。

第四，产品形态和用户习惯的变化，给传统媒体传播力建设带来新挑战。网络和多媒体技术的不断进步，引领信息和资讯流动进入一个可视化、碎片化、轻阅读的时代。移动端的普及，更强化了用户对这种新的获取信息渠道的认可度并形成依赖习惯。与之相对照，传统媒体由于路径依赖和技术短板，在适应用户习惯、打造多元新媒体产品方面，存在理念、体制机制等多方掣肘，困难和挑战确实很大。

（三）提升传播力：机遇与使命

移动互联网的飞速发展，固然为传统媒体带来了挑战乃至危机，但正如古人所言，“祸兮，福之所倚；福兮，祸之所伏”，祸福从来都是相伴共生而又相互依存、相互转化的。面对新兴媒体的冲击，传统媒体提升传播力，有挑战更有机遇。

技术从来都是双刃剑，互联网技术之于媒体转型同样如此。在充分意识到自身技术短板及带来的各种挑战的同时，努力补短板强弱项，充分运用技术变革带来的无限可能，反而会让短板成为发展的“潜力板”，为主流媒体提升传播力赋能。其一，借助网、端、微、屏等更为多元丰富的传播渠道，较之单一报纸、杂志，优质新闻作品可以实现更加及时有效的传播，实现更为广泛的群体覆盖；其二，借助图文、视频、音频等多样化表现形式，原有较为单一的文字报道内容将更加多元、形式将更加生动，为提升传播力创造更加良好的条件；其三，积极利用大数据、云计算等新一代信息技术，搭建集团数据中台，贯穿策、采、编、审、发、评、馈等全流程各环节，将为主流媒体传播力建设插上智慧化的翅膀。

站在新时代新起点上，提升新闻舆论传播力、引导力、影响力、公信力，既是自身发展的需要，更是职责使命之所在。围绕新闻舆论“四力”的各自作用和关系，学者从不同角度进行了剖析。有观点认为，传播力是增强引导力、影响力和获得公信力的前提和基础，引导力是传播力、影响力和公信力建设的手段和方向，影响力是传播力、引导力和公信力建设的标准和主线，公信力是提高传播力、引导力和影响力的保障和支柱[1]。还有观点认为，“四力”既各有其相对独立性，又互有关联，“传播力解决传得出的问题，引导力解决传得准的问题，影响力解决传得响的问题，公信力解决传得久的问题”[2]。

综合学界观点不难看出：一方面，新闻舆论“四力”是一个有机整体，相互作用，互为促进；但“四力”之间并不是绝对的正相关关系。正如很多自媒体的爆款文章所展现的那样，传播力强、阅读量高，并不等同于公信力强，甚至有的自媒体爆款在引导力上还有可能与主流价值观相偏离。另一方面，增强新闻舆论“四力”，打造新型主流媒体，传播力的基础性作用是毋庸置疑的，离开了传播力，引导力、影响力和公信力就会成为无源之水、无本之木；只有不断提升传播力，才能把高品质内容生产出来、传播开来，才能不断强化媒体机构的品牌和口碑，才能在激烈的市场竞争中抢得先机、赢得未来，才能在多元复杂的舆论场上占据主动、居于主导。

二、提升传播力的路径分析

传播力是媒体的硬实力，围绕提升传播力，国内外媒体进行了诸多积极的探索。

（一）我国中央和地方媒体的探索

互联网对传统媒体的冲击，最直接的是对传播力的冲击。为了有效应对这种冲击，从中央到地方的多家媒体机构都把提升传播力作为融合发展的重要任务，高度重视传播手段建设和创新，以传播力建设为基础，从而

[1] 丁书娟. 中国共产党新闻舆论“四力”的关系探析［J］. 今传媒，2018（12）:38–40.
[2] 陈寅，刘军锋. 遵循新时代要求，提高新闻舆论“四力”［J］. 新闻战线，2018（9）:22–25.

一体带动新闻舆论“四力”，实现新型主流媒体建设目标，形成了不少各具特色的实践经验，对南方报业转型有着重要借鉴意义。

一是注重新技术运用，革新新闻生产与传播方式。无人机、写稿机器人、AR（增强现实）、VR（虚拟现实）、人脸识别、语音识别等新技术的出现，革新了新闻信息采集和发布方式，丰富了新闻生产内容的多样性，新传播技术现已成为提升传播力、推动融合发展的发动机和加速器。特别是随着人工智能技术的发展，媒体生产传播的智能化成为国内媒体转型发展的一大趋势，智能机器人的使用意味着开启了传媒领域的智能时代。2017年全国两会期间，中国军视网推出“军视侠001”机器人，为用户解答国防、军队改革等问题；2017年3月，智能机器人“小融”进驻人民日报“中央厨房”大厅配合两会报道，其具有“最受关注的话题”热点舆情语音播报、语音交互聊天、通讯查询、会议提醒等功能。2017年1月17日，南方都市报也上线了写稿机器人“小南”，基于自然语言处理技术、机器学习算法，融合领域知识，发掘重要的消息事件，以秒速生成报道，累计写稿超过10万篇，涉及的领域包括体育、财经、民生、消费、科技等，堪称“全能写稿王”。

二是以“中央厨房”为龙头，积极推进流程再造、内容提升、技术改进、物理空间的“四合一”融合体系。继2015年人民日报社首推“中央厨房”之后，新华社、中央电视台等央媒随后跟进，“中央厨房”理念开始在媒体领域大面积推广。2017年上半年，经济日报社、中国青年报社等也相继推出贯穿全媒体运行机制理念的“中央厨房”。目前，人民日报“中央厨房”已经形成较为成熟的模式和架构，以内容的生产传播为主线，打造媒体融合发展的业务平台、技术平台和空间平台，可提供18个语种的新闻产品，向全球500家主流媒体和新闻网站供稿。各省（区、市）以及地市级媒体在广泛应用“中央厨房”模板的同时，也更多考虑自身发展实际，形成独具特色的融媒体中心。浙江日报报业集团的融媒体智能化传播服务平台“媒立方”，采用云计算、大数据等最新技术，统筹采访、编辑、审核、传播、评估，从真正意义上建立起融合纸媒、网站、App、微信、微博等多种媒体形态的内容生产和传播平台，进而促进团队融合、业务融合、数据融合。南方报业传媒集团依靠自身研发力量，对原有的“报道指挥系统”进行改造，升级为“南方融媒系统”，全面重构了数百个功能点和页面，新增10多项业务部门反馈强烈的功能，实现了媒体业务策、采、编、审、发、评、馈等全链条的技术100%自主可控。截至2017年底，全国已有55家地市级以上媒体完成了“中央厨房”建设。

三是发力“两微一端”（微信、微博和客户端），建设全新入口与平台。一些传统媒体深陷困境的根源是用户连接失效，在互联网尤其是移动互联网成为主战场的当下，必须积极把握趋势，打造自主可控的舆论阵地。在用好微博、微信等商业平台外，一些传统媒体依托本身的经济实力、品牌力和影响力，通过独立开发媒体App的形式，进行传播平台转移。人民日报社、新华社、中央广电总台等中央媒体，依托政策、技术、资本等优势较早启动新媒体平台建设，打造了相应的App。一些地方媒体也纷纷自办App，如澎湃新闻、北京日报、上观新闻、新锐大众、南方$^+$等，均获得不错反响。人民网研究院《2019全国党报融合传播指数报告》数据显示，2019年，全国党报的网站开通率为93.4%，76.1%的党报建设了自有新闻客户端，超过80%入驻聚合新闻客户端和微信平台，73.5%入驻微博平台。其中自有客户端在省级党报实现了100%的覆盖，成为媒体重构传播力的重要阵地。2020年11月19日，中宣部副部长、国务院新闻办公室主任徐麟在2020中国新媒体大会上点赞了澎湃新闻、南方$^+$等一批各具特色、有影响力的新媒体平台。一些“领头羊”还致力于打造新媒体聚合平台。人民日报社新媒体中心推出的“人民号”，不到三个月就入驻超过5000个账号；南方$^{+}$客户端推出“南方号”近四年来，入驻账号数逐年增加至1000个、3000个、5000个、6000个，至2020年底，已达到7000个。此外，澎湃、封面、长江云等新闻客户端也都吸引了大量政务号入驻。

（二）国外主要媒体的实践

在全球范围内，新媒体对传统媒体的冲击可谓是压倒性的。由于社交媒体更为发达、自身的商业化运作程度更高，国外媒体面临的冲击和挑战比国内媒体更大。春江水暖鸭先知，正因为如此，他们的探索实践对我们推动媒体改革和创新、真正实现传播力重建有着诸多可供借鉴之处。国外主流媒体重塑自身传播力的实践可归纳为以下四个方面：

一是构建付费墙，提升内容质量。区别于新兴媒体上高度同质化的社会化、娱乐化内容，高质量新闻是传统媒体的看家本领，也是做大做强传播力的主要路径之一。然而“单靠广告无法支持调查性新闻”，于是催生了付费墙模式。据“全媒派”消息，截至2020年7月，《纽约时报》数字订阅户总数达到500多万。而欧美一些重要报刊在付费会员制方面同样凯歌高奏，英国《金融时报》完成“付费用户破百万”发展目标，《经济学人》纸质和数字付费用户总计达160万，《卫报》付费会员数量向200万冲刺……稳定的付费用户群体为媒体提供了良性运转的经济基础，来自忠实用户的反馈也能让主流媒体更专注于内容生产，提供更具传播力的新闻报道，实现“稳定付费群体—高质量产品—吸引更多用户”的良性循环。

二是建立智库，升级服务能力。近年来，一些知名媒体机构在生产信息产品的同时，还建立了相对独立的研究机构。如路透社新闻研究所拥有专门的数据新闻项目组，《纽约时报》推出各种付费研究报告，彭博社为全球专业人士提供金融市场历史数据、价格、交易等专业领域信息和咨询服务，英国《金融时报》推出经济领域的年度报告、排名等，都是基于媒体专业能力的延展和提升。这些智库机构广泛关注经济、社会、科技、医疗等领域，不仅强有力地支撑了媒体自身的创新发展，而且有助于媒体进一步巩固核心竞争力，从而长期立于不败之地。

三是深度融通，构建“四全”媒体。“四全”媒体强调的是全程、全息、全员、全效等特性，西方主流媒体在这些方面也作了多方探索。譬如英国《卫报》实施“网络优先”“数字优先”的报道策略，从而达到先网后报、先短后长、先快后深的报道效果；《今日美国》《华尔街日报》《华盛顿邮报》则发布了智能手表版本的新闻App，有益于动态报道模式的形成；美国《赫芬顿邮报》提出了“互联网报纸——新闻博客视频社区”的说法，营建了一个从新闻信息生产、编辑、聚合、阅读、评论、分享到传播的循环系统；还有一些媒体与聚合类新闻客户端和社交媒体合作，将内容推送出去，阅读量和参与度有了显著提升。

四是创新形式，扩大传播边界。当前，网络已经成为舆论主阵地，优质内容的呈现还需要更多符合网络传播特点的形式。而随着技术的发展，国外媒体在传播呈现中越来越乐于使用视频这一载体。《纽约时报》在转型进程中一直把视频化作为优先考虑的方向，在新闻报道和新闻评论中制作大量视频，并早在2016年就启动了“每日360度”全方位视频新闻的制作。《华盛顿邮报》鼓励视频发展，探索视频数字化叙事方式，主要包括更短的原创视频、片段的合集等，并将视频贯穿新闻制作的始终。《华尔街日报》《华盛顿邮报》《亚利桑那共和报》也专门发布了新闻视频 App。还有不少媒体采用舞台剧、脱口秀等创新形式，扩大了传播力的边界。

三、传播力是南方报业最为宝贵的财富

南方报业是中国最早开启市场化办报新风、拥有多家国内一流报纸的传媒集团之一，也是最早推动传统媒体与新兴媒体融合发展且成效较明显的传媒集团之一。

改革开放后，南方报业应和广东市场大潮的律动，依托南方日报社几十年积累起来的办报经验和人才队伍，先后创办了《南方周末》《南方都市报》《21世纪经济报道》等子报，这些报纸发展壮大后，又派生出各自的系列子媒体，形成了以《南方日报》为旗舰、三大报系为支撑，在各个细分市场处于领先地位的强大媒体阵容，在新闻业界以"定位最清晰、结构最合理、综合运营能力最强"著称。

重视传播全链条建设，从内容生产开始就带着强烈的读者思维，正是这些媒体在群雄环峙的广东报业市场迅速崛起的密码之一。每一家媒体都聚焦各自的细分领域，每一次改版都不断提升内容的权威性、可读性、贴近性，每一类新闻作品无论是评论、独家报道、深度报道还是视觉表达、版式设计等，都引领着风气之先。同时在全国省报当中率先通过自建发行渠道来提高内容的供给效率，通过多元拓展来提高集团各媒体的影响覆盖面。

站在那个时代，这样的传播力建设思路不难理解。从新闻教科书普遍定义的报纸诞生时间——17世纪初来计算，在过去四个世纪里，对以报纸为主业的传统纸媒来说，内容在丰富，版式风格在变化，品种越来越多，但"报纸一直就是那个样子"。尽管后来相继出现了广播、电视，但总体而言，它们与报纸有竞争但无法形成明显的阅读替代。也正是基于这个原因，南方报业当时的传播力建设获得了巨大成功，五次荣获"中国最受尊敬企业"称号也从侧面说明了当时传播力和影响力之大。

21世纪以来，互联网的迅猛发展对媒体的影响可谓无远弗届。与广播、电视对报纸的冲击和影响相比，移动互联网是颠覆性的——界限完全

没有了，玩法彻底变了。虽然南方报业品牌、内容、人才“三大优势”依然存在，但在移动互联网领域，我们的技术短板越发凸显，加上缺乏新媒体拳头产品，这两大掣肘导致我们在以互联网思维生产并传播内容、将内容送到用户手中的手段和能力方面，明显落后了。

事实上早在21世纪之初，南方报业已经意识到了互联网发展带来的挑战，并顺应技术变革，尝试做手机报、做各类网站、做“两微”，但大体上因循的是“借力”的思路，在与第三方公司的合作中，容易丧失主动权、自主权，弱化自身优势，留下“起大早赶晚集”的嗟叹。

这个阶段的摸索使我们认识到，互联网时代的媒体生存发展，还是要回到媒体的自身变革上来，回到传播力建设这个根本上来，既要积极拥抱新技术、新玩法，又要一切从现实出发，做必须做、能做成之事，不能在变革中迷失自我。

从2013年起至今，南方报业响应中央号召，从自身可持续发展需要出发，探索实施具有鲜明特色的媒体融合战略，改革体制机制，强化高新技术赋能，打造高素质人才队伍，推进内容一体化生产、技术一体化支撑、经营一体化统筹的融合模式，坚定不移沿着移动化、平台化、可视化、智慧化路径不断推进，战略目标是建成具有强大传播效能和综合竞争实力的智慧型文化传媒集团。

2020年我们在大灾大难中度过，突如其来的新冠肺炎疫情对国家治理体系和治理效能是一场大考，对变革中的媒体同样也是一场大考。疫情加剧了互联网带来的剧变，媒体市场经受了一场风雨洗礼，一些媒体同行或陷入困境或宣告休刊，本来要三五年才能完成的新旧更替，在短短一两个月内就迅速完成，而那些消失的报纸并没有获得多少留恋。

幸运的是，南方报业因为提早应变、主动转型，这几年重塑了传播体系，完成了产业布局，实现了脱胎换骨。疫情催生了媒体市场的洗牌，同时也让主流媒体更加主流，权威声音价值凸显，用户对我们举集团之力建设的新型主流媒体南方⁺App的黏性前所未有地提高。南方报业的整体传播能级上了新的台阶，建立在强大传播力之上的服务能力和经营能力大幅提升，充分展现出品牌媒体在互联网时代的顽强适应力和抗风险韧性。

综观南方报业的发展历程，有两样东西最为成功、最为宝贵。一是人才，良好的土壤使一批批人才成长成才成名，这是南方报业事业生生不息、历久弥新的关键。二是传播力，这是南方报业拥有强大政治价值和社会价值的根本。现在，已全面实现面向互联网的传播力大幅提升的南方报业，必将在新的媒体格局下展现新的生机活力，有信心、有决心在前人的肩膀上创造出新的更大辉煌。

传播力——南方报业媒体融合实践

第一部分

融合之策

——一体化的南方报业

南方报业传媒集团的“龙生龙，凤生凤”多品牌战略是传媒业界熟知度很高的战略。在多年的发展历程中，我们由广东省委机关报《南方日报》一家媒体，裂变培育出《南方农村报》《南方周末》《南方都市报》《南方人物周刊》《南都周刊》等多个全国一流品牌报刊，对推动集团在平面媒体时代的发展壮大，起到了至关重要的作用。

随着传媒业进入了移动互联网时代，媒体格局发生了巨变，报刊总体市场份额不断下降，在移动互联网这片全新的蓝海中开疆拓土成为南方报业的不二之选。这个时候，必须坚持集团一盘棋、一体化发展，扫除由裂变产生的分散运营、各自为政、架构重叠等制约融合发展的各种障碍，集中优质资源、优势力量，尽快将已有品牌优势、内容优势和人才优势转化为全媒体格局下的传播能力。

从“多品牌战略”到“一体化发展”，并不是自我否定，而是立足时代变化，充分发掘放大自身优势、提升集团总体传播力的战略选择。这是两条大相径庭的发展思路，但均体现着与时俱进的时代性和一脉相承的连贯性，其最终指向都是提升传播力。

坚持一体化发展理念，有效调动全集团的优质资源，可以更好发挥融合的放大效应；在这个过程中，打通集团各单位、各部门在内容、技术、经营、管理等各方面的边界，实现更高层次、更深梯度的一体化，各个媒体单元也可以专注自身特色，实现协同联动，避免重复建设、重复生产。

2013年以来，基于对外部环境和集团实际的深入剖析，我们紧紧围绕提升传播力这个根本，坚持一体化发展方向，紧锣密鼓、蹄疾步稳地推动集团旗下媒体融合发展：2013年，提出“深耕主业、多元开拓、加快转型、融合发展”十六字战略，推动南方杂志社、南方新闻网两家成员单位整体并入南方报业传媒集团，在《南方周末》《南方都市报》《21世纪经济报道》三大重点子报成立二级党委，并制定相应的议事规则，强化集团党委和集团编委会的统一领导和管理；2014年，全面推动南方日报和南方网深度融合，着力将南方网打造成为“广东第一新闻门户、外界了解广东第一窗口、广东第一政民互动平台、广东网民第一资讯服务平台”，同时以“专业团队+协同团队”的创新机制推出南方舆情数据项目，打破部门和报社界限，从协同生产到一体化生产的脉络已隐约可见；2015年，建设开通采编一体化平台，推动党报党刊党网一体化发展，在此基础上，举集团之力建设南方$^{+}$客户端。发展逻辑一脉相承，层层递进。“一体化的南方报业”这个概念一步步从项目突破到全局实践、从理论框架逐渐成为转型现实。

所谓“一体化的南方报业”，是指南方报业以整体观、系统论和互联网思维来指导改革全局，从顶层设计上对组织结构、传播体系和管理体制作出深度调整和优化完善，以龙头新媒体为枢纽，构建所有媒体单元一体化发展的体制机制，打破利益界限，共享家底资源，实现“核聚变”效应，打造全新传播生态。

媒体一体化发展是一个系统工程，涉及内容、技术、平台、终端、队伍、组织、管理等各个领域。基于集团实际和提升传播力的需求，我们主要从内容、技术和经营三个方面着手。概括起来说，就是内容一体化生产、技术一体化支撑、经营一体化统筹。

2017年底，我们成立报网端融合运营委员会，负责推进媒体融合，下设采编、经营、技术小组和办公室。其中采编小组负责“内容一体化生产”工作，经营小组负责“经营一体化统筹”工作，技术小组负责“技术一体化支撑”工作，办公室负责统筹协调工作。

从“报网端融合运营委员会”这个机构名称可以看出，委员会并非涵盖集团所有媒体单元，而只是涉及《南方日报》（报）、南方网（网）、南方$^{+}$客户端（端）。其实这是在打造“一体化的南方报业”时的一个策略，即“小步快跑，循序渐进”。所谓“小步快跑”，就是动力十足、永不止步，日积月累，由量变促发质变，既避免“坐而论道”贻误时间窗口，也警惕过于激进的改革带来难以承受的风险震动；“循序渐进”，就是分步实施、稳步推进。

正是在这一策略指引下，我们先在性质相近的报、网、端进行融合实践，推动其内容、技术、经营等真正一体化运作，从“相加”迈向“相融”，从“你是你、我是我”变成“你中有我、我中有你”，最终变成“你就是我、我就是你”。通过这个策略，短期内迅速发展壮大新媒体平台，并以此反过来加快改造传统媒体，最终达到“此长彼长”“此强彼强”的效果，推动集团传播力整体提升。在此基础上，再把南方杂志社、南方农村报、南方周末、南方都市报融合进来。各主体以南方$^+$客户端为新媒体主平台，特色定位、差异发展，形成和而不同、美美与共的依存关系，构成共生共荣的新传播生态。

应该说这是当前“纸”与“网”两大传播介质并存共生时期，非常有力有效的关键一招，对于把握融合时间窗口、抢占转型风口发挥了决定性的作用。

南方$^+$正是我们实施“三个一体化”的产物。从上线初始至今，就从顶层设计方面采用一体化运作机制，没有另起炉灶，没有组建独立的采访队伍、经营队伍，连其编委会都是由各媒体单元的骨干成员组建而成，建设发展资金全部由集团和南方日报社兜底，从而无后顾之忧。因为是一支队伍，没有你我之分，也就没有利益壁垒、没有沟通障碍，不至于把宝贵的精力耗费在计算报纸发稿、新媒体发稿，如何切分新媒体收入、传统版面收入的“斤斤计较”上。正是因为紧紧依靠全集团做好内容、做强技术、做大营收、做好管理，南方$^+$在短短五年间迅速壮大。

南方$^+$的初见成效，既是集团一体化战略成功实施的结果，也是集中资源、集约资源理念成功实践的见证。

第一章

内容一体化生产

内容是媒体通往人心的钥匙，“内容为王”是传统媒体一直以来奉行的金科玉律。但在互联网快速发展、媒体格局深刻变化的情况下，“内容为王”受到严峻挑战，诸如“技术为王”“渠道为王”“平台为王”“流量为王”“数据为王”等各种观点纷纷出笼，流行一时。然而经过一段时间的发展和沉淀之后，人们发现，即便在传播平台越来越多的移动互联网时代，内容依然是构成媒体传播力的源头活水。尤其是随着信息匮乏走向信息泛滥，在泥沙俱下、鱼龙混杂的舆论生态之中，优质的内容越发显得稀缺珍贵，成为机构媒体、自媒体和互联网平台竞相追逐的对象，内容创业迎来“大风口”。党的十九届四中全会审议通过的《中共中央关于坚持和完善中国特色社会主义制度、推进国家治理体系和治理能力现代化若干重大问题的决定》提出要建立全媒体传播体系，提到的三个结构性工作中，“以内容建设为根本”被明确摆在首位，体现出内容在现代传播体系中的重要地位。

需要指出的是，在移动互联网时代坚持“内容为王”并不意味着固守传统媒体的传统生产方式。新技术打破了传统媒体的单向、线性传播模式，不同层次、不同平台的用户，对信息有着多样化、个性化、定制化的需求。传统媒体的内容生产模式已经无法满足这种需求，内容一体化生产成为媒体机构适应市场的必然路径。

概而言之，融合时代背景下提升传播力、建立全媒体传播体系，不变的是依然要以内容建设为根本，继续坚持“内容为王”；变的是内容生产传播的形式手段、组织方式、管理模式，要建立一套面向互联网、适应融合发展要求的生产流程。近年来，我们以内容一体化生产为突破口，重构生产流程，创新表达方式，推进产能升级，在实践与探索中不断凝聚此强彼强、一体化发展的共识，拥抱媒体融合发展的春天。

第一节
一体发展：从战略理念到运行机制

作为以广东省委机关报为龙头、品牌影响力国内领先的传媒集团，南方报业始终牢牢抓住传播能力建设不放，敢为人先，改革创新，形成了报、刊、网、端、微、屏立体传播体系，覆盖用户超过2亿。回望南方报业的发展历程，在每一场重大而深刻的历史飞跃中，它都顺应时代、勇立潮头，创新媒体内容生产和传播方式，不断创造新亮点、实现新突破。特别是近年来，在媒体变革的时代大潮中，它因势而谋、应势而动、顺势而为，在内容一体化生产上进行一系列变革，推动形成“融为一体、合而为一”的全媒体传播体系，报网端深度融合臻于此强彼强。

一、战略先行，坚定内容主业不动摇

长于战略运筹，注重战略引领，是南方报业改革发展的一个鲜明特征。有效的发展战略、科学的配套措施以及高效的战略执行力成为其制胜于千里之外的核心竞争力。

2013年7月，南方报业确定“深耕主业、多元开拓、加快转型、融合发展”的十六字发展战略，在全国媒体中较早地提出“融合发展”理念。

其中，“深耕主业”强调内容为本，履行政治使命；“多元开拓”注重产业拓展，壮大经济实力；“加快转型”指明生产、传播、服务转型路径，提升服务能力；“融合发展”着眼于组织、流程、机制再造，实现内容、渠道、平台、经营、管理深度融合。在这个战略指导下，集团实施了南方网和南方日报融合发展、南方舆情数据项目、289艺术园区等“三大工程”。2015年10月上线了南方+App。

2016年，在过去三年多实践的基础上，我们进一步梳理了发展战略，制定了加快改革转型的“三年行动计划”，提出以打造新媒体拳头产品和标杆项目为重点，推动集团各媒体融合发展驶入快速轨道，基本建成新闻资讯领先、传播手段先进、服务能力突出、产业形态丰富，拥有强大舆论引导力和市场竞争力的智慧型文化传媒集团。2017—2019年，随着“三年行动计划”的不断推进，我们的发展路径也更加清晰，就是深度融合、全面转型，加快由传统报业集团向智慧型文化传媒集团的跨越和提升。

2020年，集团制定了《南方报业传媒集团高质量发展三年行动计划（2020—2022）》。总体目标是大力建设智慧型传播体系、多元化产业体系、引领性技术体系和高效能治理体系，形成高质量的媒体服务能力、产业发展能力和支撑保障能力，真正建成具有强大传播效能和综合竞争实力的智慧型文化传媒集团。

（一）强化内容生产传播的主业地位

从上述时间线可以清晰地看到，无论是十六字发展战略，还是两个“三年行动计划”，都从战略高度强化了内容的主业地位。我们在很多场合都鲜明地强调，南方报业的主业就是做好内容生产与传播，办好媒体是我们的立身之本和发展之基。

之所以要着意强化这个认识，是因为在新媒体的冲击下，以报纸为中心的传统媒体日益艰难。有些传统媒体式微得非常严重，尤其是都市类报纸广告发行一落千丈，于是想方设法转去投资其他行业，对媒体业务却有所轻忽。这无异于舍本逐末，亲手葬送了自己的政治价值和社会价值。

转型不是转行。不管传媒环境如何变化，媒体属性是不能弱化的。一方面，“坚持以正确舆论引导人”是新闻舆论工作最基本的任务之一，是传媒集团的立身之本，毫无疑问也是南方报业的主责主业。另一方面，提供优质内容是我们服务用户的最基本形式，是传播形态创新的承载主体，媒体属性是集团品牌影响力之源、整合社会资源之本。内容的生产方式、呈现方式和传播方式必须与时俱进地变革，但对高质量的内容生产标准不能变；集团的服务方式、服务领域、服务手段可以持续更新，但媒体属性的基石地位不容动摇。

这些年，做强主业的意识在南方报人心里是扎了根的。比如与共和国同龄的《南方日报》，在政治报道、主题宣传方面有很强的优势，但在满足用户对新闻信息的多样化需求方面有所欠缺。所以这几年我们一方面巩固传统优势，另一方面做大做强南方⁺，培育和强化多元化报道的能力。近年来南方⁺的内容“多、快、新、近、实”的特征明显，关于社会新闻、突发新闻、热点新闻的多元化报道琳琅满目，政治报道、主题宣传创意十足、精彩纷呈。这就是我们坚持内容主业不动摇所展现出的全新生产能力和时代价值。又如《南方周末》这家以优质内容著称的品牌媒体，近年来尽管生存压力巨大，但始终坚持“内容是南周性价比最高的投资”理念，一如既往地对采编予以高投入，成为目前国内为数不多的依靠内容生产传播就能实现盈利的媒体之一。《南方都市报》《南方农村报》也依靠内容生产优势闯出了一条属于自己的转型新路。

（二）以全面转型推动内容一体化生产

传统媒体革新的实质，就是调整既有的生产关系，进行战略性的转型升级，以适应新的生产力，即新技术带来的全新媒体格局的发展。南方报业提出全面转型的要义，在于转变思维方式、生产方式、传播方式，重构组织架构、生产流程、体制机制，打造全媒体环境下的一体化生产和传播能力。

转型是一个需要持续推进和不断深化的观念再造、组织再造、流程再造的过程，涵盖了四个方面的要求。

一是加快完成观念的转型。推动全体员工打破传统媒体发展阶段形成的报纸思维，树立和强化以用户为中心的互联网思维，在理解用户需求、满足用户需求、挖掘用户需求、提升用户需求的过程中创新服务理念，改进服务方式，提高服务水平，提升服务价值。

二是加快完成组织架构的重构。适应互联网时代讲求开放、平等、互动、合作的要求，按照信息高度共享、资源有效整合、要素优化组合的标准建立扁平化、高效运作的新的组织架构和运作机制。

三是加快完成生产方式的变革。推动采编人员加快形成适应移动互联网需求的新的生产方式与采编能力。

四是加快完成服务方式的转变。在进一步强化舆论支持能力的同时，加快锻造和提升集团的舆情服务能力、智库服务能力、整合传播和整合营销能力，推动集团从单一内容制造商向集成服务提供商转变，实现从卖报纸、卖广告到提供全方位服务的跨越。

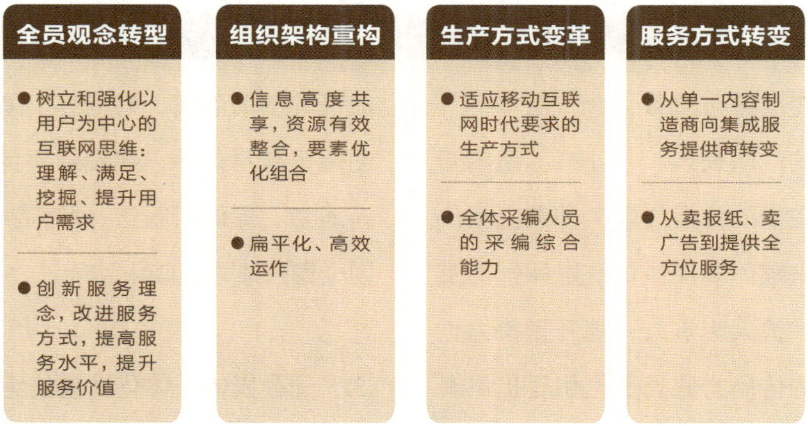

南方报业转型的四个方面

上述四个方面的转型，为内容一体化生产奠定了坚实的基础。

（三）融合发展为内容一体化生产创造了条件

南方报业2013年提出“融合发展”理念，就是围绕传统媒体与新兴媒体一体化发展的目标，立足于充分整合集团内外部优质资源，从而形成各介质媒体传播力互相促进、全面提升的融合发展新格局。

具体来说，我们推动媒体融合发展包含了三个工作目标：一是推动传统媒体与新兴媒体融合，两者互为支撑，携手共进。传统媒体要借鉴新兴媒体的新思路、新手段，紧贴用户需求，让传统新闻产品在新环境下焕发出新活力，让读者变成用户，让单向传播变成贴心服务，让“老本行”成为新的“增长点”，让高品质的新闻产品在新的传播环境中创造出新价值。新兴媒体要加快传统媒体优势资源转化，扩大影响力，提升竞争力，让先进的传播方式为舆论引导提供有力支持，发挥更大作用。二是推动集团旗舰与各子媒融合。新兴媒体勃兴使单一媒体的话语权、引导力被削弱，这就需要同一集团不同媒体加强协作、优势互补、形成合力。以新闻产品为纽带，实施团队联动，打响总体战，打出组合拳。三是推动集团内外资源融合。媒体行业已经成为资金密集型和技术驱动型行业，依靠单一媒体或某个媒体集团自身的滚动发展，难以适应融合发展的新要求。必须在坚守主责主业的同时跳出报业谋融合，利用媒体品牌优势、内容生产优势和人力资源优势，在更广阔的区域和领域内开展合作，通过引进理念、资金、技术、人才，借力行业翘楚，加快自身发展，实现合作共赢。

现在回头看，这些理念都得到了很好的贯彻落实，为内容一体化生产创造了有利条件，建设新平台、打造新能力、提供新服务、增创新价值成为全集团共同的奋斗目标。

二、理顺媒体一体化发展的组织架构

有了清晰的理念和战略指引，

我们从组织架构上入手，打通传播介质，突破部门壁垒，加快推动旗下媒体一体化发展。

（一）推动南方杂志社、南方新闻网全面融入集团

2014年，我们考虑到南方杂志社和南方新闻网是南方报业传媒集团的成员单位，长期以来其资产和管理相对独立的模式逐渐难以适应媒体融合的发展要求，为充分发挥集团的品牌优势、资源优势、内容优势和人才优势，提高集团的整体传播力，有必要从内部资产架构和管理机制上进一步打通集团与成员单位之间的联系，以破除资源整合与业务融合的障碍，建立起更加紧密的协同融合关系。于是，在广东省委宣传部的支持和指导下，在突出“两个尊重”（尊重制度框架，尊重历史基础）、“两个调动”（调动南方杂志社和南方新闻网的积极性，调动集团各单位的积极性）的原则基础上，将副厅级事业单位南方杂志社和南方新闻网作为集团的成员单位并入南方报业传媒集团的采编业务，实行与集团相同的会计核算制度，由南方报业传媒集团合并财务报表；负责其经营业务的企业广东南方期刊有限公司和广东南方网络信息科技有限公司的资产并入广东南方报业传媒集团有限公司，由广东南方报业传媒集团有限公司对其合并财务报表。

（二）推动南方日报、南方网深度融合

2014年，在将南方网整体融入集团的基础上，我们按照资源共享、优势互补的原则，加快南方日报与南方网深度融合的步伐。第一步，推动队伍融合，将南方日报的官网——南网和南方日报新媒体部并入南方网，南方日报记者同时为南方网记者，形成融合效应；第二步，推动流程融合，制定了报网编辑部联动机制、政务和突发报道联动机制、网络问政虚拟团队联动机制、南方网与南方日报“三会”联动机制、南方日报向南方网独家首发供稿机制等五个报网联动机制，完成了适应报网融合发展需要的组织再造和流程再造；第三步，推动业务融合，构建党报党网互相促进、融合共赢

的一体化发展模式。

实施报网采编策划联动机制，在重大主题宣传和热点话题引导方面，充分调动、聚合南方日报和南方网各具特色的内容生产优势、网上网下联动优势，加强报网联动协作，形成传播合力，扩大社会影响力，提升舆论传播力。

（三）强化全集团一盘棋统筹、精细化管理

一体化首先就要求集中集约，近年来我们以前所未有的力度强化对旗下媒体的统筹管理。作为科学高效管理的前提，我们高度重视建章立制，以100多项制度建立起全体员工共同遵守的管理规则和操作流程。各媒体也相应开展了制度梳理和刷新工作，搭建长效机制。

2013年，我们在南方周末、南方都市报、21世纪经济报道分别设立二级党委，在南方农村报成立党总支，确立了党委（党总支）领导下的总编辑、总经理负责制，使各媒体在舆论导向把关、内容品质建设、重要事项决策、干部队伍建设等核心领域发挥更大的主体作用。

在此基础上，我们建立起清晰的集团、媒体、部门三级管理架构，强化集团党委的全面领导作用、集团编委会对各媒体的导向管控作用、各媒体的责任主体作用，将管理范围向所有业务领域扩展，做到阵地全覆盖、内容全覆盖、员工全覆盖，实现全集团一盘棋统筹、精细化管理。

三、形成一体化生产决策联动新机制

2014年，集团正式启动“采编一体化平台”建设，着力打造南方日报与南方新闻网融合发展、生产流程再造、全媒体采编和多媒体发布的一体化平台。在此基础上，2015年我们整合集团内外部力量，全力建设移动端拳头产品南方$^{+}$客户端。当年10月23日，南方$^{+}$正式上线，南方日报、南方网的记者同时均为南方$^{+}$的记者，通过“新闻+服务”“产品+产业”“专业+用户”，依托党报党网的专业记者编辑，把南方报业大量优质内容连接进

"端"，让报网端在移动互联网下实现"核聚变"。"一体化平台"经过多次迭代后，于2019年升级为支撑报网端一体化发展的"南方融媒系统"。在这个过程中，我们从多个方面发力，构建报网端一体化决策联动新机制。

（一）以南方$^+$为新舞台，推动采编人员向全媒体转型

推动采编人员以南方$^+$为干事创业的新舞台，全面提升面向移动互联网的内容生产能力。将南方日报采编部门打造为全媒体采编部门，加快构建内容一体化生产的组织体系，推动珠三角新闻部、地方新闻部向全媒体平台型组织转型，率先建立全媒、全员、全程立体质量检查机制，打破报网端等媒介内容生产壁垒。2019年伊始，南方报业功能全新升级的"南方融媒系统3.0"建成启用。以此为契机，南方日报与南方网、南方$^+$客户端等党媒宣传平台进一步深度融合，形成了一支队伍、一个融媒体平台服务报网端三个介质、生产三类产品的一体化生产新格局。

（二）以组织变革为核心，强化报网端一体化决策联动

我们组建了报网端融合运营委员会，全面协调指挥报网端融合运营。该委员会主任由集团党委书记、南方日报社社长担任，执行主任由集团总编辑担任，分管报网端的其他班子成员任副主任，报网端有关负责人担任运营委成员。随着南方$^+$发稿量急升，影响力日渐提高，原来的内容管理机制已不相适应。在报网端融合运营委员会的统筹部署下，2019年初南方$^+$客户端成立编委会，从南方日报各采编部门及集团各媒体遴选一批年富力强的采编骨干来兼任南方$^+$的副总裁、副总编辑、编委，轮值南方$^+$的内容把关和生产，并主持每天全媒体策划会，为南方$^+$的导向把关、内容生产和策划统筹注入新锐力量，实现生产力的真正融合。

（三）以流程优化为动力，推动报网端一体化决策联动

南方日报曾在国内率先创立采前会、采编协调会、编前会的工作日

“三会”制度，对提高新闻品质、推动党报改革发展发挥了重要作用。随着媒体融合向纵深推进，原有的“三会”制度亟须改革，以形成统一指挥、协调联动的融合生产机制。

为此，我们对原有的“三会”制度进行改革，其中重点改革采前会，将采前会转变为全媒体策划会，实现报网端一体化统筹协调，突出“三个加强”——加强报网端融合，加强传播效果反馈，加强重点选题统筹。通过改革，全媒体策划会召开的时间地点、会议成员、会议流程等方面均有明确的规定。全媒体策划会定于上午10时，由南方日报值班编委或值班的南方⁺副总编辑担任指挥长，负责统筹指挥报网端联动策划工作，各采编部门值班主任负责收集各部门选题，向指挥长汇报，并执行指挥长指令。全媒体策划会确定重点选题，并对采访工作进行讨论部署。各部门值班主任可在会上推荐重点选题，报网端编辑也可在会上提出重点选题生产“订单”，由指挥长筛选确定。一旦重点选题确定，报网端就全力投入、火力全开，确保做优做活、做出影响。而大量的日常策采编发等业务流程，则须在南方融媒系统内响应和解决。

（四）以重大选题为重点，加速报网端一体化决策联动

报网端决策联动机制有效解决了用报纸思维来生产全媒体产品的弊端，推动全体采编人员普遍树立报网端全媒体思维，切实践行移动优先战略，转型为全媒体采编人员。值班主任基本做到全天候值班，随时做好全媒体策划。在实际操作中，南方日报以重大事件、重大选题为重点，通过报网端一体化决策联动，放大传播效应，打造一系列全媒体内容的新样板、新范式。在全媒体决策联动的统筹指挥下，记者深入重大事件现场，采集文图、音视频等多种形态的新闻素材，经过加工、把关、集成之后，由报、网、端、微、屏各取所需，做到新闻内容的一次采集、多种生成、多元传播，实现传播效应最大化。依托新型协同生产模式，逐步形成全媒体策

划、全媒体生产、全媒体发布的全新生产形态，策、采、编、发一体推进，报、网、端、微、屏持续打通，用户意识深入人心，爆款产品屡屡刷屏。

第二节 报端协同：融合生产和全媒体生产

在推进组织、流程一体化发展的基础上，我们还努力打造报网端媒体新生态，内容一体化生产的改革逐渐向深层次突破，报网端密切协同、融合生产、全媒体生产，成为植根于报网端每一名工作人员脑海中的思维方式和工作习惯。

一、融合生产

融合生产是媒体的一场自我革命。相比于渠道和媒体介质的融通变革，融合生产带来了生产场景的全新改变，由此衍生出新的生产力。融合生产主要体现在三个方面：

（一）部门协作上的融合生产

在融合生产中，报网端推动采访部门转型为“全媒体新闻部”，编辑部门转型为“全媒体新闻编辑部”，南方日报各地方机构统一运营《南方日报》各地观察版或视窗版、南方网的地方频道和南方+的共建频道。与此同时，报网端围绕内容一体化生产进一步打通，跨媒体协作蔚然成风。2013年下半年我们创新建立了“1＋X”采编策划联动机制，以聚合媒体资源，形成舆论合力，提升集团整体传播力。一般而言，“1”是指主打媒体或部门，“X”是指其他配合媒体或部门。比如“1”为南方日报，“X”则是集团旗下都市媒体、财经媒体、农村报、网络媒体等。各媒体灵活组合出不同的战斗团队，共同策划，集团作战，特色表达，提升重大报道的声势、质量和影响力。

“1＋X”机制运作后，推出了多组脍炙人口的成功案例，也得到了业界和学界的关注。2016年之后，随着媒体融合发展的深入推进，类似

“1＋X”这样的操作已进入常态化，不同媒体间、不同部门间不需要专门动员，即能迅速高效地形成协同生产的自觉。

以全国两会报道为例，南方报业每年都统筹旗下各媒体组成“南方军团”赴京进行融合报道，为此搭建起前方指挥系统，形成前方总指挥、各媒体领队、各项目统筹、一线采编人员等四个层级的指挥协调机构，彼此借力，有统有分，提高工作效率。特别是融媒体工作小组，主攻重大时政题材融媒体产品的策划、制作与推广。小组中既有视频制作的骨干，又有文字功底扎实、善于撰写脚本的文字记者。依据不同题材内容，以灵活组团形式打破部门界限，生产H5（基于HTML5标准的网页互动效果技术集合在移动端的页面呈现）、短视频等创意产品。

（二）产品形态上的融合生产

立足于内容一体化生产，消息、深度报道、短视频、长图、海报等多种信息产品全形态聚合，是内容生产的新场景，这样的融合生产方式也形成了集聚效应。例如，2019年初，记者走进广东肇庆市德庆县官圩镇沙旁社区，深入山区警务室采访“桂清警务室”民警聂桂清，通过连日的实地走访、近距离跟拍，推出了多个融媒体产品。其中，由一篇精雕细琢的人物通讯——《“全能阿Sir”聂桂清》打头阵，文章用“夜行侠”“和事佬”“自家人”三个身份标签串起了主人公聂桂清的主要事迹。除了在报纸上浓墨重彩推出精品报道外，团队还拍摄了长达八个多小时的视频素材，浓缩剪辑成3分25秒的《山乡卫士的24小时》短视频，同时精心制作数张感染力极强的海报。报道团队还邀请漫画家为聂桂清绘制八张漫画并制作成创意产品连环画。通过综合运用通讯、对话、短视频、微纪录片、连环画等全媒体形式，多产品聚合，多维度呈现，全方位、立体式塑造了“全能阿Sir”的饱满形象，也给用户带来更愉悦、更具亲和力的体验。

（三）物理空间的融合生产

2019年元旦，我们建成启用了约4700平方米的融媒体中心。这是集团的全媒体采编融合生产与传播办公区，也是音视频创意与制作办公区、产品研发与创新办公区。目前入驻办公人数共600余人，包括南方日报要闻编辑部、南方网、南方⁺、南方都市报短视频事业部、呼叫中心等媒体及部门。集团融媒体中心的建成，有着“双提升”的积极意义。一方面提升了媒体融合力度，从物理上打破了媒体间壁垒，实现了管理扁平化、功能集成化、产品全媒化；另一方面提升了全媒体生产能力，打通了报纸编辑、新媒体编辑、脚本创意与策划、音视频拍摄与制作、直播、纸媒与新媒体校对等多种业务形态，有利于加快形成融媒体生产、传播、运营能力。以此为契机，南方日报与南方网、南方⁺客户端等党媒宣传平台进一步深度融合，加快“主力军挺进主阵地”。南方⁺编委会、报网端音视频部、报刊网端理论评论部、产品研发中心……一系列的“组合拳”，将内容一体化生产推上新的台阶。

二、全媒体生产

近年来，我们不断加强传播手段建设和创新，大力发展各类新媒体，实现新闻传播的全方位覆盖、全天候延伸、多领域拓展；实施“移动优先”战略，主动挺进新媒体主战场主阵地，南方⁺在省级党报自有客户端中名列前茅；加强新闻产品创意赋能，一批兼容“技术＋美学＋灵感”的融媒体产品不断涌现……全媒体新闻内容生产体系，已经从单终端、单形态、单走向的传播转向多终端、多形态、多走向的传播模式。一次生产，多形态展示、多渠道传播、多介质阅读，全媒生产的新模式大大提高了我们的内容生产采集能力、传播能力和传播效果。

在南方报业，全媒体生产已经成为常态与“标配”，渠道和媒体介质的打通释放出内容一体化生产的强大能力。2018年，我国迎来改革开放40周年。南方⁺客户端策划推出一系列重磅融媒体产品，涌现了《城市·24小时》《一分钟看40年》《60秒看广东经济》《来了就是广东人》《广东，将改革开放进行到底》等29个融媒体产品，为庆祝改革开放40周年营造了良好的舆论氛围。其中，南方⁺客户端牵头制作发布《城市·24小时》系列短视频，以习近平总书记视察过的广州、深圳、珠海、清远四地为城市蓝本，通过大量的延时镜头、饱满充盈的短句文案、翔实的数据和别具一格的叙事方式，用两分钟从不同角度展现了四个城市的24小时，解读城市发展密码。在发布该系列短视频的同时，还配合抖音、微视平台推广30秒竖屏短视频，且在多个城市的重要地段LED（发光二极管）户外大屏上轮播，形成全方位传播效应，成为城市形象视觉传播的爆款产品。

南方都市报深度调查部、南方都市报App运营的南都即时也是全媒体生产的典型样本。南都即时以热点事件报道为主要内容，坚持移动优先、速度优先，就媒体融合背景下如何做好新闻生产和传播，在题材、形式等方面做了大量探索。2018年，南都即时发稿超3000篇，总阅读量达到18.5亿人次，单篇阅读量超60万人次，内容团队一举拿下“南都新闻奖”四个类别的报道金奖。作为传统媒体转型的试验性产品，南都即时在快讯之外，另有多组调查报道以“建设性舆论监督”为方向，多次“引爆”舆论场。与此同时，南都即时内容团队坚定参与南都智媒转型，在互联网新业态多个领域开展课题研究，并曾在北京国家会议中心发布《2018网络黑灰产治理研究报告》。

第三节
效能提升：增强引导力和服务能力

新闻生产变革是媒介融合的集中体现，随着内容生产的一体化，媒体的融合进程不断加深，一体效能进一步放大，更多新价值不断被挖潜。我们把握“变”与“不变”的边界，在注重用户体验、增强传播效果的基础上做好内容把关，在舆论引导、报网端协同、生产效能、用户服务方面，挖掘并提升内容一体化生产的新价值。

一、舆论引导更强

借助内容一体化生产，南方报业综合运用无人机航拍、H5、微视频、动漫、VR、AR等新技术和新形式的融媒体产品数量和质量大幅提升，报网端的议程设置力、舆论引导力显著增强，有力地唱响主旋律、弘扬正能量，做大做强主流思想舆论。

（一）在主题宣传上更加出新出彩

在推动内容一体化生产的实践中，南方报业坚持以融媒体手段创新主题宣传。2018年10月23日，习近平总书记出席港珠澳大桥开通仪式并宣布大桥开通。我们关注港珠澳大桥建设历时已久，大桥建设九年间，几代记者接力，持续关注进展。特别是2018年初以来更是投入大量人力物力，进行了周密计划和部署，储备了大量的采访素材。大桥通车当天，我们充分发挥媒体融合效能，组建了200多名采编人员组成的报道队伍，党报与都市报、总部与地方站、报纸与移动端合而为一、同向发力，推出一系列主题鲜明、气势恢宏、振奋精神的融媒体产品。其中，《南方日报》于10月24日推出气势恢宏的16个整版特别报道和《道行致远　桥见未来》《珠联璧合　湾区扬帆》两个特刊，《南方都市报》推出A1叠《政通人和》和珠海读本《通途》两个特刊共32个整版，用版面语言绘就磅礴气势，用匠心精神铸就纸媒精品。南方+共推出重点打造的新媒体产品13个，包括原创歌曲音乐视频、H5攻略、互动类产品、微视频、直播、MV（音乐短片）姐妹篇、全景大片等多种形式，让主题宣传报道飞入寻常百姓家。《南方都市报》推出即时网稿60篇、短视频6条、直播1场、海报7期、电子号外1期、H5产品1期。

集团采编人员的创新能力和精品意识在港珠澳大桥开通报道中得到了

充分展现。比如我们推出的原创主题曲MV《乘风破浪》，由南方日报记者携手大桥建设者、守卫者演唱，在南方⁺首发，港珠澳大桥岛隧项目总工程师林鸣倾情推荐，优美的旋律和高品质的画面征服了众多网友，引发朋友圈刷屏转发，创下了很高的点击量。

（二）在热点引导上更加及时有效

移动互联网加速了社会热点的传播，主流媒体在热点引导上既要及时更要准确，才能有效纾解社会矛盾。比如医患关系是全社会关注的热点，宜解不宜结，需要进行有效引导。2018年8月白衣天使迎来了首个"中国医师节"。我们在精心撰写刊发南方日报评论员文章，提倡以"尊医重卫"夯实健康中国之基之外，还灵活运用新媒体手段，策划了全媒体项目"寻找广东好医生"。活动发动了广东21地市医疗卫生系统，广泛征集医患好故事，权威机构初评出候选人后，我们通过南方⁺客户端和"南方名医帮"微信公众号等新媒体平台，连续10天推出共20位候选人的故事，并通过南方⁺医疗卫生新媒体矩阵形成传播共振声势。我们还启动了"点赞"活动，引发医疗系统和全社会的关注，使项目影响力进一步扩大。12月27日在报纸上进行全面盘点，呈现了最终获评的"广东好医生"的动人事迹，为活动画上了一个圆满的句号。

（三）在观点引领上更加扎实有力

评论是媒体的旗帜和灵魂。一直以来，我们高度重视评论工作，《南方日报》是全国最早开设评论版的党报之一。2016年初，广东省委十一届六次全会在总结上一年宣传思想战线的成绩时，高度认可南方日报"打造'南方评论'高地"，这在全国也为仅见。近年来，我们大胆创新、重点突破，融合发展、快速转型，在舆论场上嘹亮唱响"南方声音"，充分展示出评论作为报纸旗帜和灵魂的重要作用，走出了一条党报评论融合创新发展的新路，初步形成了"缘事而发、寓理于事，高屋建瓴、目光四射，行云流水、倚马可待"的南方评论新格局。

南方宏论是南方评论的重磅产

品，突出思想高度、理论深度、文字厚度，篇幅一般都在5000字以上，如2018年12月18日刊发的庆祝改革开放40周年的《中国特色社会主义伟大事业的广东实践——写在改革开放40周年之际》、2019年8月19日刊发的聚焦深圳先行示范区建设的《担当好"先行示范"的历史使命》、2020年1月21日刊发的聚焦广东地区生产总值突破10万亿元的《以坚定信心加快推动高质量发展》，以及2月21日刊发的抗击疫情主题的《越是艰险越向前》等，一经推出，就引领思想舆论阵地，成为全省舆论场上的风向标。南方时论是南方评论的金字招牌，强调"站在天安门想问题，走在珠江边找感觉"。今日评是南方评论的头版工程，话题鲜活，言简意赅，以小见大，是全省舆论引导的一柄"利剑"。叮咚快评是南方评论的转型抓手，挺进互联网主阵地，直面社会热点，突出一个"快"字，积极抢占新的舆论场。

在做优做强党报评论的同时，我们还整合南方日报、南方杂志社、南方网、南方$^+$客户端、南方农村报理论评论产品生产能力，组建集团报刊网端理论评论部，推动南方理论评论一体化生产、全媒体传播，不断提升理论宣传、评论引领和智库服务能力，掌握舆论场主动权和主导权。

以抗击新冠肺炎疫情评论为例，南方评论多箭齐发，推出南方宏论、社论、评论员文章、短评、快评等各种品类的评论，共计超过500篇，发稿数量和频次都居全国平面媒体之首，为受众提供了可满足不同口味的"评论套餐"，在舆论场上壮大了抗击疫情的主流声音。

二、报网端功能更优

南方报业秉持"协同不雷同""分工不分家"的理念，报网端走差异化发展之路，优势互补，紧密协同，实现此长彼长、此强彼强，放大一体化效能。

（一）《南方日报》巩固了传统优势

面对舆论格局深度调整、新闻业态快速迭代、传播渠道日新月异，

《南方日报》持续改革创新，这些年强调“优化内容，转移产能，融合发展”，一般性动态新闻稿，不再占用报纸版面，分流到网、端、微，报纸腾出资源，着力打造“政经纸”“观点纸”“深度纸”，坚持以政治的高度、思想的深度、理论的厚度、人文的温度、文字的精度取胜。由于不断创新理念、创新内容、创新体裁、创新形式，《南方日报》成功守住了舆论引导力和影响力，同时成功稳住了经营大盘，发行收入、广告收入、经营利润、品牌价值等各项指标均连续多年位居全国省级党报第一。2019年10月23日，广东省委隆重举行庆祝《南方日报》创刊70周年座谈会，省委书记李希同志充分肯定南方日报社70年的光辉历程和突出贡献，肯定“南方日报始终是党和人民靠得住、信得过、干得好的新闻媒体”。

政治报道和主题宣传是《南方日报》的传统优势。这几年《南方日报》不断提升围绕中心、突出核心的能力水平，既遵守政治纪律、政治规矩，又保持与时俱进、常干常新，做到出色而不出格、出彩而不出事。这几年产生了多个现象级、标杆型作品，成为全国党报中独树一帜的风景线。2017年10月18日，党的十九大在京开幕，习近平总书记向大会作报告。当晚制作、第二天见报的《南方日报》封面版恢宏大气、独具匠心，总书记作报告的照片占据二分之一版面，庄严醒目；将十九大报告提炼成“新时代”“新思想”“新征程”三个关键词，独具一格。尤其令人瞩目的是，对于“新思想”，在全国媒体都还沿用十九大报告中“新时代中国特色社会主义思想”这个提法的时候，我们经过反复斟酌、分析研判、请示汇报，使用了“习近平新时代中国特色社会主义思想”提法，并在封面版旗帜鲜明地亮了出来。该版面得到广东省委领导同志的充分肯定，也受到海内外媒体广泛关注。业内专家对比全国报纸当天版面后，评价“《南方日报》做得最好、最有特色”。而报网端深度融合的优势，使

《南方日报》的精彩内容能够进行深度加工、二次传播，有价值的内容如涟漪般一圈圈扩展开去，成功实现能量放大和思想延伸。

（二）南方网找到了新的发展路径

南方网抓住报网端深度融合、一体化发展的良好机遇，这几年步入快速发展的轨道。之前，南方网虽然拥有国务院新闻办授予的一类资质，但几十上百人的采编团队，在浩瀚的互联网内容面前，产量还是太低，内容原创能力还是太弱，大部分内容只能是对传统媒体内容的复制粘贴，无法与商业网站海量的内容产量相抗衡。加上没有真正和南方日报融合，不能紧紧依靠党报发展多年形成的强大生产力，因此一直没有形成真正的竞争力。与南方日报、南方+全面融合后，南方网成为内容一体化生产的重要组成部分，承载了集团的优质内容，重构了生产流程，重塑了产品品质，从摘编为主转变为原创为主，从线性传播转变为多向传播，最大化地满足互联网时代用户多样化、个性化的需求，这些年产生了多个亿级新媒体产品，在Alexa全球网站排名中曾摸高至前300位。

在采编实力大增的同时，南方网加快培育新能力、提供新服务、增创新价值，大力推动转型升级，促进高质量发展，打造了广东“数字政府”集约化平台、粤港澳大湾区信息数据中心、智慧党建南方云、网上展馆、南方青春高考季等新产品新平台新应用，为宣传广东、服务广东经济社会发展、助力政府治理体系和治理能力现代化作出了积极贡献。比如2019年8月20日，南方网承建的“大潮起珠江——广东改革开放网上展馆”正式上线。该展馆采用最新的互联网技术设计，支持中英双语解说，创新制作了五种浏览模式和六个主题分馆，致力于让网友切身感受五星级的“视听盛宴”。网友不仅可以在360度全景虚拟现实、展品精选、图片展板、精选视频、语音播放等模式中根据个人喜好动态浏览，还能在粤港澳大湾区、港珠澳大桥、科技创新、生活变迁、影像印记、艺术作品等多个主题分馆，充分感受形式更加生动鲜活、内涵和外延更加丰富、与游览实体展馆截然不同的全新体验，感受广东改革开放以来奔腾不息的珠江潮涌。该展馆还设置了多种互动方式，网友既可以参加有奖知识问答，还可以在线留言，给广东改革开放点赞和鼓劲。广东改革开放网上展馆是了解广东作为改革开放排头兵、先行地、实验区的一个窗口。在这个网上展馆的背后，是南方网强大的传播力和技术支撑、政务服务能力。

（三）南方$^+$客户端快速崛起

南方$^+$客户端以创意传播、爆款产品、开放互动、快捷服务取胜，着力打造广东最具权威性的移动发布平台。南方$^+$客户端以一大批优秀的创意产品，将报网端融合生产的优势表现得淋漓尽致。有了南方$^+$后，我们服务大局、服务基层的能力手段得到全面增强，展现出传统党报不具备但党委、政府、各类社会主体、各类用户有着强烈需求的新价值。南方$^+$的快速海量传播功能，成为党委、政府推动工作、传递信心的得力抓手；南方$^+$的新闻直播，成为人人可看、随时可看、参与性强的便捷工具；“南方号”的深度运营，成为广东规模最大、覆盖最广的政务新媒体聚合平台；南方$^+$的多元服务功能，成为广东人“足不出户”的掌中宝。在2020年新冠肺炎疫情阻击战中，南方报业投入1300多名采编人员战“疫”，使南方$^+$成为了解广东战“疫”权威信息的主窗口、最前沿，成为强信心、暖人心、聚民心的新渠道、主平台。2020年1至4月，南方$^+$下载量增加了1100多万，日活量剧增，推送的新闻点击率几十万起跳，百万＋常见，千万＋不少。人气持续高位运行，在苹果市场新闻类App中排名摸高至第四名。

从南方日报、南方网、南方$^+$客户端的发展来看，内容一体化的探索实践使报网端的功能得到进一步优化，释放出更强大的内容生产力和发展活力。

三、生产效能更好

报网端等介质融通协同，内容一

体化生产释放出了巨大的生产效能，一大批优秀的创意产品展现出报网端深度融合的能力与收获。

（一）更具移动互联网传播特质的产品爆发式增长

我们的内容生产不再局限于生产纯文字+图片产品，而是生产更多视频、音频、直播、条漫、微海报等更具移动互联网传播特质的产品。2019年南方⁺开展直播1902场，日均直播5场，产量惊人。南方都市报日均生产短视频50条以上，音频产品则从无到有，2019年构建了八大产品，全网播放量破10亿，在喜马拉雅机构媒体收听榜中，紧随央视朗读者之后排名第二。南方周末探索推进从新闻到内容衍生产品的开发方式获得成功，比如“小课”系列已打通将过往新闻报道二次开发成有声书的产品通道，“十大好书”系列则试验了将报纸盘点开发成新课程的方式。微海报作为移动端的宣传画，具有艺术表现力丰富、视觉效果强烈、传播快速便捷等特点，在南方网、南方⁺、南都App等平台中得到广泛运用，极易形成“排山倒海、铺天盖地”的传播效果。

（二）主动生产爆款的能力越来越强

采编人员对互联网传播规律愈发娴熟。以往一个作品阅读量达到10万+就算不错了，现在50万+、100万+的作品习以为常，1000万+甚至上亿阅读量的爆款也不断涌现。以2020年1至5月新冠肺炎疫情防控阻击战为例，南方报业一共诞生了流量1亿+作品5个，5000万+作品6个，过千万的作品91个。其中，南方网联合荆楚网等重点媒体制作的战“疫”诗歌微纪录片《致英雄》推出三天获得3亿点击量、8万条网友留言，在各大网站和社交媒体刷屏。诗歌中的大部分文本根据习近平总书记考察湖北武汉重要讲话中的关键词原创编写，许多网民撰写影评文章和诗歌应和，并对作品进行二次创作、多次转发，传播广度前所未有。《南方都市报》推出《你们摘掉口罩的样子，很美！》全媒体报道，让图片说话，让细节说话，让事实说话，广东支援湖北医务人员摘下口罩，压痕清晰、眼神坚毅的形象让人印象深刻，全媒体报道获得超过1亿点击量，网友跟帖评论超过4万条。之后，南方都市报联合全省21个地市，以“最美逆行者”为题，在机场、地铁、商业楼宇等地标建筑的1000多块LED屏及各类公交车厢电子屏中滚动播放这些图片，掀起礼赞英雄的热潮，得到中宣部和广东省委的充分肯定。

（三）一批优质的融媒栏目应运而生

南方日报和广东交警联合推出开放生产的《路边摄》短视频类节目，重点聚焦省内各地交警部门查处的酒驾醉驾、分心驾驶、超员超载、疲劳驾驶等真实违法案例，生动开展交通安全警示教育，在南方⁺播放后引发社会广泛关注。依托南方⁺客户端推出的《60秒快评广东经济》栏目则尝试拓宽经济新闻报道的新样式，在满足用户碎片化获取信息和“移动＋场景”的需求下，围绕热点经济话题展开新鲜热辣的专业述评。以《华为自主研发芯片一夜“转正”！粤民企突围有何底气？》为例，记者以当下最吸引眼球的话题为切口，巧用数据，传递出广东民企加快转型升级的决心与底气，也引起了不少网友和读者群的关注评论。

实践证明，我们推进一体化生产放大了生产效能，产生了更优质的内容产品。激活主流媒体的生产力、创造力，党的声音一定能传得更开、传得更广、传得更深入。

四、用户服务更好

随着媒体融合向纵深推进，媒体平台化和平台媒体化趋势进一步强化，基于传播技术的内容推送与信息分发成为精准传播的重要手段。但是“有爆款无用户”的尴尬提示我们，在媒体融合发展进程中，用户的吸引、培养与维系有自己的规律与法则。我们在内容一体化生产过程中，要牢牢把握用户思维，通过与用户互动转变传统的单向性传播方式，让用户体验更好，从而更好满足更多用户分众化、个性化的需求。

（一）用户需求得到满足

重视用户需求，用心服务用户，

是南方报业一直以来践行的发展方向。在《南方日报》创刊70周年之际，南方$^{+}$客户端6.0版本正式上线，其中正式推出同时具备个性化智能推荐以及主流媒体价值权重的“南方算法”，通过“feed流”智能推荐＋相关新闻＋视频推荐＋精准推送，根据用户的兴趣爱好、地理位置、常读文章属性推荐用户喜欢阅读的内容，提高新闻产品供给的精准度和有效性。在优化算法推荐功能的同时，南方日报、南方$^{+}$客户端等也在优质内容的生产上持续发力，以优质内容赢得用户的认可。数据显示，智能推荐引擎对用户点击预测准确率超过85%，为用户带来“千人千面”的智能阅读体验。

（二）服务功能得到拓展

在内容一体化生产的过程中，我们开发出了一系列服务用户的新模式，进一步强化了用户服务功能。例如，南方$^{+}$客户端在2017年承接了“两学一做”答题系统的开发，契合当时全国上下开展“两学一做”学习教育的热潮，通过答题的形式，帮助用户方便地实现学习、复习和考核等。又如，在推进疫情下的经济报道时，我们充分发挥融媒“传播＋服务”功能，用融媒体传播功能为战“疫”赋能，用直播为滞销农产品直接带货。为帮助受疫情影响的农户走出困境，2020年3月起，南方日报、南方$^{+}$客户端、南方优品联合广东省农业农村厅推出“战‘疫’助农”系列活动，在湛江、清远、惠州、佛山、广州等城市联动直播，助力销售小番茄、大米等特色农产品累计超15万斤。4月3日，“‘藕遇’——战‘疫’助农粤鄂情”特别直播节目上线，帮助洪湖莲藕、潜江小龙虾等走进粤港澳大湾区。系列直播整合南方报业优质资源，首次尝试“直播卖货”，形成了从线索征集到移动直播再到电商销售的服务闭环。其中，小龙虾直播不到一小时，合作企业近30家门店的小龙虾均售罄。融媒服务解决农产品滞销问题的威力，也得到了农业部门的点赞。从“战‘疫’助农”系列直播、“两学一做”答题系统开发的探索来看，融媒传播＋服务形成了良性互动，用传播的方式做好服务，在服务用户的同时也进一步扩大传播，提升内容的传播力。

（三）互动传播得到了强化

内容一体化生产进一步强化了互动传播理念，激发用户参与的积极性，用户可以依托报网端平台提供更多的反馈信息。已经连续举办了八年的“广东省小学生诗歌节”在2018年牵手南方⁺客户端，首次通过移动互联网的形式与用户互动，设立投票系统选出当年的最佳人气奖项；2019年更是在南方⁺实现了报名、投稿、投票的功能，共收到了13万首诗歌投稿，总投票数超过60万。再比如，南方日报、南方⁺客户端在2018年联合策划“厉害了，我的校”广东高校微视频大赛，比赛共收到333件参赛作品，在南方⁺客户端进行移动平台展播和投票，总投票数超过220万。实践证明，通过不断与强势IP活动绑定，激发用户参与热情，将活动流量导向移动端，可以起到“四两拨千斤”的效果。

第四节 实践启示：以改革创新促深度融合

“推动媒体融合发展、建设全媒体成为我们面临的一项紧迫课题。”如何尽快完成这一紧迫课题，推动媒体融合向纵深发展，做大做强主流舆论？南方报业通过内容一体化生产，破除集团多品牌间融合壁垒，推动“内容为王”与技术创新深度融合，挖掘报、刊、网、端、微、屏立体传播优势，实现多元平台同频共振、融合发展，进一步扩大优质内容的传播力，共同放大“南方声音”。而作为南方报业旗舰媒体的《南方日报》，不断加快在互联网领域排兵布阵，全力在新媒体开疆拓土，从一份拥有70多万订户的报纸发展成为覆盖2亿用户的全媒体，融媒体指数高居全国省级党报第一位。

从南方报业的实践来看，内容一体化生产的启示主要有以下几点：

一、坚定方向：奋力破除壁垒

媒体融合是时代的使命，内容一体化生产是媒体融合的核心命题。新形势下，我们要坚定未来的方向，就是要坚定不移地推动内容一体化生产，以内容一体化生产为深度融合纽带，不断优化内部组织结构，破除不同媒体间的壁垒，形成媒体融合的强大合力。

破除组织壁垒。从集团层面，我们坚定破除多品牌间的沟通壁垒，一切从集团发展的大局出发，按照建立现代企业制度的要求，突破原有各自为政、条块分割、相对封闭的体系所造成的组织壁垒。从部门层面，我们进一步破除部门之间的藩篱，推进新闻资源、生产要素有效整合，激发内生动力和外部合力。

破除观念壁垒。我们毫不犹豫地把传统媒体的优势注入优越平台打造上，加快整合集团旗下各媒体的优质内容，做大资源池，持续推动南方$^+$内容发布“多、快、新、近、实”，牢牢占据广东第一权威移动平台位置。我们始终坚持一体化发展方向，以完善融媒系统为基础，再造生产流程，实现各种媒介资源、生产要素有效整合，实现信息内容、技术应用、平台终端、管理手段共融互通，催化融合质变，大力推动报网端深度融合，以此带动组织结构、传播体系和管理体制变革，形成《南方日报》以权威高度著称、南方网以全面海量取胜、南方$^+$客户端以快速便捷见长的传播格局，构建充满勃勃生机的党媒新生态。

二、夯实支点：改革护航融合

新兴媒体迅猛发展，新闻信息产品的内容和结构、传播终端的形态和功能、用户的心理和习惯，都在发生革命性变化。在传统报业时代曾开风气之先的南方报业，面临着刻不容缓的改革要求和转型任务。

在实践中，我们深刻感受到，媒体融合不是几个单位机构的合并，也不是若干不同介质的媒体机构的整合，而是媒介及其相关要素在信息时代的全方位融合，是一项牵一发而动全身的系统工程。过去几年南方报业在内容一体化上的实践，与改革创新的探索密不可分：为了更好地适应发展新趋势，南方报业成立南方⁺编委会，负责客户端内容生产运营管理；成立报网端音视频部，整合生产资源和分发渠道，着力实现短视频生产“量质齐升”；成立报刊网端理论评论部，不断唱响舆论场上的“南方声音”，夯实“南方评论”高地；成立报网端版权工作部，完善版权工作机制；南方日报所有采编部门均转型为全媒体新闻部……推进体制机制改革创新，优化调整设置部门，进一步整合原本分散在不同主体的同类资源，产生“化学反应”，形成此强彼强、此优彼优的融合新生态。

媒体融合改革是决定传统媒体命运的关键一招。我们将通过改革创新进一步强壮媒体融合的支点，加快内容一体化的探索步伐，主动拥抱新技术、拥抱互联网，让主流声音传得更广更远。

三、打造企业文化：倡导无私协作

观察世界上著名的长寿公司，会发现它们都有一个共同特征：有一套坚持不懈的核心价值观，有其独特的、不断丰富和发展的优秀企业文化体系。我们推动媒体融合的探索，尤其需要建立在媒体融合价值观念基础上的共同信念和追求，以最大限度地统一意志、规范行为、凝聚力量，为媒体融合的总目标服务。

加快媒体融合，迈向一体化发展，已经成为我们的共同目标。南方报业内部逐步形成三大共识：一是移动端是今后的发展方向，必须加大投入；二是移动端目前还弱小，需要强力扶持；三是时间窗口所剩无多，火不起来的话就会变成“温吞水”。

加快媒体融合，迈向一体化发展，必须劲往一处使，协同作战。一只手张开是五个指头，握紧是一个拳头。我们精准定位不同介质发展方向，秉持“协同不雷同”“分工不分家”的理念，通过内容一体化生产，报网端共享资源，在“总体战”的基础上打好“特色牌”，用心制作“当家大菜”，将联合报道变成了比策划、比创意、比影响力的业务赛场，推动报网端差异化发展，构建立体化传播格局。

当然，媒体融合的文化价值培育是一个长期的过程。价值观念培育存在着诸多复杂因素，需要我们深入持续地打造适合南方的融媒文化体系，唤起每一名南方报人对融媒生产的共同追求和共同行动。

四、顺应趋势：尊重发展规律

无论时代如何发展，传播方式如何变化，坚持正确的政治方向不能变，坚持优质内容生产不能变，这是主流媒体的安身立命之本，也是南方报业转型发展的核心竞争力所在。在坚持中创新发展，发挥集团全体员工的积极性创造性，努力抢占移动传播制高点，建设联结各方、有机融合的全媒体集群，是南方报业在主流舆论阵地永葆生机与活力的关键。

《南方日报》能够在省级党报的发展中走在前列，得益于南方日报尊重发展规律，持续推进改革创新。自2002年起，南方日报持续推动改版改革，《南方日报》从一份传统党报转变为一份充满活力的主流政经大报。在移动互联网全新的传播格局下，南方报业始终牢牢抓住传播能力建设这个牛鼻子，并视其为生存之本、发展动能。在不断为党报提质增效，努力守住以纸为介质的媒体影响力的同时，也专注于以网为介质的传播能力打造。如今，我们欣喜地看到，《南方日报》的影响力还在不断增强，网端的影响力也在快速形成。通过南方融媒系统创新内部组织结构、构建新型采编发网络，实现集约化生产，报网端深度融合，带来一系列积极效果，极大地鼓舞着我们继续坚定前行。认清形势，顺势而为，只有深度激发媒体创造力，才能在物理相加的基础上，真正实现媒体融合的化学反应。

媒体融合发展已是不可阻挡的时代趋势，探索永无止境。我们将传承南方改革创新的薪火，积极拥抱奔涌的媒体改革浪潮，奔跑在媒体深度融合最前列，让南方报业的荣光常在！

案例

《背篓医生　峡谷柔情》全媒体报道

内容一体化生产是媒体的一场自我革命，带来了生产场景的全新改变。就部门协作与产品形态的融合生产而言，“背篓医生”系列全媒体报道既是一次典型尝试，也烹调出了一道能体现南方报业主业特色的融合“当家大菜”。

2019年8月18日，《背篓医生　峡谷柔情》全媒体报道在《南方日报》、南方+、南方网等平台首发推出，以图、文、视频等融合表达方式讲述广东珠海援助云南怒江的背篓医生管延萍的仁心仁术，旋即在网络上引发关注，成为“8•19”中国医师节系列报道中的一抹亮色。全媒体采访团队远赴怒江践行“四力”，施展全媒体技能，进行内容一体化生产，用心书写医者大爱，挖掘人性闪光，讲述人间真情，让温暖流入心田。网友纷纷评论：“看哭了”“被暖到了”“医者父母心”“可敬、感人”“用心用情用功写下大写的人字”……大家在了解这位边民健康守护者的故事之余，更体悟到这位身边人“平凡中的不凡”，引发了大众对广大医生群体的关注，为医患间的相互理解、相互信任搭建了桥梁，营造了尊医重卫的良好氛围。

这组报道荣获2019年度广东新闻奖一等奖。

一、部门协作　各展所长

好作品是用“脚力”走出来的。迈出“脚力”前，得先组建一支融合的内容生产队伍，实现“人的融合”。“背篓医生”全媒体报道团队由报社总编辑带队，由四名全媒体记者组成，不仅下到珠海管延萍医生工作的基层医疗机构深入采访，更是跨越千里，到她支援的地方——云南省怒江傈僳族自治州贡山独龙族怒族自治县全面采访。这支报道团队不但全面掌握媒体融合时代“十八般武艺”，更是各有所长：一人精耕医疗线条，全媒体报道经验丰富；一人深耕区域，熟悉珠海，熟悉管延萍常年工作的环境；两名音视频记者擅长用镜头语言讲故事，出品过不少记录式的图片与视频大片。此外，后方的剪辑与制作团队也是南方报业转型的主力，来自报网端音视频部与南方+客户端，在全媒体产品生产与运营分发方面经验丰富。

这样一支队伍的快速组合，是南方报业融合生产的常态，得益于内容一体化生产的机制，也得益于在践行机制过程中形成的部门分工协作、合力打造精品的业务自觉。并且，在不断磨合中，人的融合逐渐向深层次突破，领队、统筹、采编人员彼此借力，碰撞想法，越来越有默契。

二、共同追求　内容优品

要完成一体化融合生产，在内容生产的理念上须有高度共识。“背篓医生”全媒体报道团队成员无一不追求内容精品、融媒优品，对该报道的专业价值与社会价值也有着共识。正因如此，尽管路途艰难，不断遇到泥石流、山上的落石，忍受高原反应，但团队毫无怨言，始终践行为时代记录和为人民书写的使命，用心用情做好报道。

实际上，出发到怒江做这组报道前，南方日报珠海站的记者已关注管医生一年多，全媒体报道团队也在动身前特地来到管延萍工作的医院，与她的同事、家人进行了深度对话。在云南的九天奔波中，团队一路“穷追不舍”，与管延萍一同攀悬崖、过峭壁，横渡滚滚怒江，充分贴近“背篓医生”支边的工作与生活场景，这才实现了与她的心灵对话。

在此过程中，团队对宣传思想工作要求的“坚实的实践基础、深厚的人民情怀”也有了更深刻的体会，对践行“脚力、眼力、脑力、笔力”又有了进一步的认识。因此，大家十分注重用细节的立体化表达来讲述医者大爱。重症精神病患者学罗某居住在海拔3000米的小茶腊独龙族村，报道团队跟着管延萍的脚步，一路攀爬，汗湿衣衫，终于捕捉到管医生耐心为学罗某理发、剪脚趾甲等珍贵细节。记者还扛着机器、顶着颠簸，全程贴身跟访记录管延萍对重症病人展开急救和一路护送其到县城医院的过程，抓住了她轻柔安抚重症精神病患者李某的温情一瞬，见证了她耐心平复其躁狂情绪的“魔力”。

此外，随着采访向深度推进，大家不断形成默契，及时补位，相互提醒，不错过任何精彩、珍贵瞬间。如，管延萍在谈到当地乡亲们艰苦生活时的数次落泪均被镜头完整记录，她的真与善流露得很自然；又如，管延萍在与千里之外的母亲视频通话时，听闻其半夜时常心绞痛发作，立即泪流满面，为人子女的牵肠挂肚在镜头前原汁原味呈现，最真实的状态让人感受到最真切的情感。

基于精心记录，管延萍工作的“苦”与被乡亲们需要的“甜”在整组报道中展现充分，化成了鼓舞人、感召人、塑造人的强大力量。这都是团队的脚力“踏”出来的，眼力“观”出来的，脑力“悟”出来的。

三、创新表达　融媒“交响”

在实践与探索中，内容一体化生产作为融合的一道突破口，引发了生产流程的重构与表达方式的创新，也直接推动了南方报业各大采访部门的全媒体转型。在“背篓医生”全媒体报道中，一个重要特色是最终的成品形态十分丰富，文字、图片、视频各司其职、各具特色，奏响了守正创新的融媒“交响”。

2019年8月18日，《南方日报》、南方网、南方+客户端浓墨重彩推出“背篓医生”管延萍的全媒体深度报道。头版通讯《背篓医生　峡谷柔情》通过“解忧背篓”“信任背篓”“快乐背篓”三个维度还原管延萍的故事，细节丰富，引人入胜；对话《因为快乐　所以留下》直击管延萍内心，请她回应了为何而来、为何延期等问题，悦读“解渴”、叩触心灵；评论《深山藏大爱　平凡筑高贵》则道出了管延萍的“峡谷柔情”，透视人性，升华主题；从上万张图片中“萃取”而编成的图片版充满视觉冲击，全景震撼，细节“走心”；9分钟多的视频消化了320G的素材，克制而有张力，让人物形神兼具，使人直观、真切感受到管延萍的职业追求与人格魅力。

守正创新的观念贯穿始终。记者

努力创新话语体系，树立清新文风，剪辑不落俗套，为读者呈上有思想、有温度、有品质的融媒“大餐”。如通讯与对话的写作跳出“高大全”的典型人物写作惯常套路，走笔行文舒展流畅、一气呵成，故事讲述详略得当、张弛有度；视频的开篇也摒弃地理环境、航拍风景等常见宏大叙事手法，选择从狭小空间的突发事件“抢救重症精神病患者李华”切入，释放出新闻纪实作品的强大能量。

总体而言，“背篓医生”的全媒体报道充分体现了内容一体化生产的理念，团队合力烹制了一道媒体融合的“当家大菜”，既锻炼了队伍、推动了转型、打磨了精品，也进一步释放了一体化效能，成为南方报业内容优品传播力、影响力提升的一次有益探索。

■ **总编辑点评：**

“背篓医生”全媒体报道是内容一体化生产的代表性案例。我和同事们辗转怒江采访九天，还是很有感触的。主要有三点：

心往一处想，这份心，是初心。“背篓医生”管延萍的支边故事是医者坚守初心的故事，不远千里去寻访管延萍的医者仁心、医患真心，也是记者对初心的践行——行千山万水，入千家万户，吃千辛万苦，为人民书写，为时代记录。

劲往一处使，这股劲，是韧劲。尽管路途艰辛，脚上粘泥，汗湿衣襟，高原反应，但无人抱怨，一心只为记录管医生的仁爱，用心用情讲好大爱的故事。

匠往独处运，这个匠，是匠思。管医生的事迹，一筐筐、一箩箩，繁盛庞杂。呈现什么，如何呈现，反复思量，重复打磨，一遍遍、一篇篇，遂有文不按古，匠心独妙。

在路上，心中才会有人民；在现场，心中才会有感动。大家从心出发，向新而行，在一些媒体人渐渐变得浮躁的今天具有示范意义，充分体现了记者对初心的坚定、对匠心的坚持、对创新的坚守。

第二章

技术一体化支撑

一直以来，南方报业都高度重视媒体技术，但在信息技术（IT）领域，我们的短板非常明显，主要体现在以下几个方面：一是基因较弱。传统报业的生产流程主要涉及采编、印刷、配送等，各环节相对独立，对信息技术的依赖程度不高。其中印刷技术的重要性、成熟度完全不弱于信息技术，甚至在网络完全中断的情况下，还可以利用单机进行采编、组版以及U盘拷贝，不至于影响报纸出版。同时在报业外围也有许多熟悉报业标准业务、提供成熟技术解决方案的服务商。二是底子较薄。传统报业的技术部门主要扮演技术保障角色，在信息技术研发领域，几乎是零起点。即便是在传统媒体里面，和广播、电视相比，报业也是技术资源最为短缺、研发能力最为薄弱的。三是建设成效不佳。由于集团旗下媒体众多，前些年在技术建设上走了一些弯路，导致各自为战、重复建设、效能低下，也遭遇过关键技术被“卡脖子”的现象，建设成效难以满足媒体事业发展需求。

近年来，我们深感媒体发展背后的技术之痛，对信息技术的重视达到了前所未有的地步，积极创新体制机制，加大资金资源投入，做强自有技术平台，全面提高技术人才比重，培育工程师文化，走出了一条自主可控的技术驱动发展之路。2017年底，集团成立了技术委员会。2018年底，成立了南方新媒体科技公司（对内称报网端产品研发中心）。每年均召开技术大会，对优秀技术项目和人员进行奖励。2020年3月，集团成立南方智媒云建设领导小组，启动南方智媒云项目。我们的内容做了几十年，在这方面有基础、有体会、有底气。而随着技术投入的加大，我们的技术这条腿也在快速变强变壮。技术不再仅仅是内容背后的配角，而是走到了新闻生产前线，成为媒体融合转型的发动机和加速器。

第一节 技术赋能：传播力提升有了倍增器

科学技术是第一生产力，在新闻媒体领域，技术的发展一直在推动甚至是倒逼传媒业的变革：当传统报业告别“铅与火”，进入“光与电”，报纸的扩版潮席卷全国乃至全球，当数字信号替代了模拟信号，电视进入蓬勃发展期；当数字摄像进入影视行业，拍摄成本大幅降低，制作效率极大提高，数字电影成为大众消费……总而言之，技术是媒体变革的重要驱动力，和内容一样都是传播力的重要组成部分。传统报业向全媒体转型，自然要善于运用现代信息传播技术，以内容为根本，以技术为引擎，全面提升传播力。

一、传统媒体与互联网媒体最大的区别在于信息技术能力

传统媒体与互联网媒体的传播存在巨大的差异：一是传播时效有区别，传统媒体有较长的播出周期，如报纸以24小时为出版周期，互联网媒体传播则不受时间限制；二是传播范围有区别，传统媒体传播范围有限，互联网媒体的传播范围大大拓展，无论身在哪里，只要有网络，信息就触手可及；三是传播机制有区别，传统媒体是“一对多”的传播，互联网媒体是全方位、立体式、互动式的传播；

四是传播主体和受众有区别，传统媒体的传播者与受众泾渭分明，互联网媒体中“人人都有麦克风”，用户不再是被动的受众，同时也是传播者。这些差别，都需要通过信息技术去实现。

传统媒体与互联网媒体传播同样的内容，传播力、影响力却常常天差地别，其根源在于信息技术是否被广泛应用。信息技术使得媒体内容的丰富性、新闻的及时性、用户的互动性、传播的广泛性、展示的多样性、信息的精准性、渠道的社交性、用户的规模性发生了翻天覆地的变化。

一是内容生产从传统的PGC（专业生产内容）、OGC（职业生产内容）等人力生产模式向MGC（机器生产内容）、AGC（算法生产内容）、UGC等人机协作模式转变。算法对海量数据的归纳、分类、筛选，让新闻线索显而易见；人工智能再以其精准的数据处理、自动化的生成模式，实现内容生产的高产出、低成本、高时效与低错误。我们常常思考的是：新媒体内容生产中有哪些环节能交给机器处理，哪些环节需要人介入去做机器做不了的事。

二是数字化、网络化技术颠覆了传统媒体的制作、发行渠道和销售网络。在传统媒体里，报纸、杂志通过印刷、物流配送抵达报亭或订户。而互联网时代，各种互联网媒体平台成为媒体内容产品制作和分发渠道。传统媒体的印刷、发行和销售网络的功能在竞争中逐渐弱化，拥有自主权的新平台、新技术取而代之，承担起将内容精准送达用户的重任。

三是互联网时代信息表达形式远远超出原先报纸这种媒介载体的能力，视频、音频、VR、AR等新技术广泛应用，可以更多手段、更多维度呈现新闻，使用户能够置身“新闻现场”。

互联网媒体生产、制作、传播、展示的基石是信息技术，只有拥有自主的技术研发创新能力才能时刻紧跟时代的变化。

二、南方报业的技术研发应用能力跃居全国媒体前列

南方报业目前拥有技术人员300多人，其中南方+、南都App等新媒体单元员工中技术人员占比超过50%，大数据、云计算应用能力处于全国媒体集团前列，智慧采写、智慧服务、智慧运营基本实现。集团入选国家首批数字出版转型示范单位，原国家新闻出版广电总局授牌成立出版融合发展重点实验室、媒体大数据应用实验室两个国家级实验室，南方日报社等三个业务单位入选广东省首批数字出版转型示范单位，基于大数据的南方+移动融媒体平台、南方报业全媒体资源库和舆情智库项目获王选新闻科学技术奖一等奖。基于南方党媒算法的南方+大数据平台、南方报业智能化管理平台小南2.0获中国报业技术优秀案例特别奖。南方+移动融媒体平台入选全国报业十佳融媒体平台。南方+客户端荣获2015—2016年度中国报业技术产品创新奖。党政自媒体融合生产与分发管理平台荣获2017—2018年度中国报业技术产品（项目）优秀奖。广东南方报业移动媒体有限公司、广东南方报业传媒集团新媒体有限公司荣获2019中国报业技术创新企业。

除了在新闻出版业界获得肯定之外，南方报业还积极把目光投向科技口，敢于与社会IT企业竞争，获得科技口主管政府部门的高度认可，其中南方+获广东省科学技术厅2017年省科技发展专项（前沿与关键技术创新方向——重大科技专项）支持。

（一）技术提升采编实力，实现高品质多样化内容生产

技术为内容创作打造统一高效的生产平台，在策、采、编、审、发、评、馈环节，助力内容快速稳定高质量生产。比如南方报业的南方智媒云，即以智能化手段全面提高内容生产效率和质量。同时技术也为提升内容创意表达提供解决方案，丰富内容表现形式，提高内容品质。比如南方+新媒体应用创新实验室设有专门技术人员提供技术难点攻关支持，创新H5爆款制作，落地推广AR、VR应用等。

（二）技术提升传播能力，实现精准分发与广泛覆盖

提升传播能力，既要着眼于传播的介质和到达范围，即传播广度，又要着眼于传播精度，针对目标用户进行精确、快速的传播。传播广度方面，南方报业打造了“南方+”“南都”“南方周末”“南方人物周刊”“城市画报iPad杂志”等5个手机客户端，南方网、奥一网等16个网站，近370个社交媒体公众账号，3000块互动触控屏，1万平方米户外LED大屏幕，形成了报、刊、网、端、微、屏立体传播体系，实现了传播力的广泛覆盖；传播精度方面，充分利用大数据、人工智能技术，完善用户画像，实现了信息内容的精准分发和个性化精准推送。当然，经过多年的发展，商业互联网传播平台已经非常成熟而强大，我们一方面要自建技术传播平台，另一方面又不能闭门造车，应对接并充分借助第三方传播平台力量，延伸扩展我们的传播力。

（三）技术提升传播效力，形成积极有效影响

光提升传播能力还不够，技术还要帮助实现有效传播。内容已传播出去，到底有没有效，用户有没有点击，有没有看，有没有反馈？这很重要。南方报业充分利用大数据、人工智能技术对传播效果进行分析，对传播内容进行跟踪，对用户意见反馈进行处理，倒逼改善选题策划，生产更好的内容，并改进新媒体产品用户体验，提升传播效力。同时，还以技术手段助力提高内容的正能量，让主流价值观能更广泛地影响目标人群。

三、南方报业技术建设的五个核心理念

在深入总结过去技术建设经验教训的基础上，我们坚持问题导向，深刻把握技术“痛点”“堵点”“难点”，在推进技术一体化支撑建设工作中明确了五个核心理念。

（一）坚持自主可控原则，掌握关键核心技术

掌握核心技术，实现关键核心技术自主创新、自主可控的重要性已逐渐在全国上下成为共识。南方报业也必须要有自主研发创新的能力，掌握核心技术，实现核心技术平台的自主可控，避免关键时候被“卡脖子”，改变传统媒体时代技术主要依赖外部公司、总体规划设计不足、需求响应不及时、技术成本高、可控能力差的局面，将技术的主导权牢牢掌握在自己手中。要向技术型企业学习，重视知识产权的申请和保护，如专利、软件著作权等，提高集团的资质和软实力。当然，自主可控并不等于完全自主研发，并不是一切从零开始，所有系统都自己研发。自主可控 = 自主 + 可控，即一方面要有自主研发的能力，另一方面即使是外购或与外界合作研发的系统，也要对它有掌控的能力，能够按照我们的意图、进度和质量要求进行开发、迭代和交付。结合南方报业实际，我们探索出了一套“自主 + 借力”的模式。对于成熟技术模块，市场上有通用产品，我们就“借力”外购，站在巨人的肩膀上进行创新；对个性化强、不可替代的特色功能，我们就自力更生、自主创新。对于自主研发，要找准需求痛点，把好钢用到刀刃上；对于借助外力，要用技术标准规范约束好厂商，要有挑选优质高效合作伙伴的能力。不管如何，既要在技术“借力”中不受制于人，又要保持自身总体架构设计和研发总集成能力，在“自主”和“借力”之间找到相对适合南方报业的自主可控的平衡点。

（二）坚持互联网思维，技术与业务紧密结合

内容传播到哪里，技术支撑就跟到哪里。技术一体化支撑，就是要将技术与内容生产深度融合，做到内容与技术一体化发展。技术一定要与业务、与内容紧密结合，离开内容、离开具体业务的技术是没有价值的，而离开技术支撑、技术赋能的内容也是没有时代竞争力的，必然传播不远。

内容生产业务需求带动技术进步，技术进步为内容生产和传播插上翅膀，相互促进，共同发展。技术人员的岗位职责是产品研发，提供技术服务，但是也要学会站在业务端思考问题，否则系统开发出来很可能不符合业务需求，不好用，没人用。业务人员的岗位职责是提出业务需求，交由产品技术人员设计和研发，待产品和技术平台研发完成上线后，业务人员负责使用和运营，并及时给出意见建议进行反馈优化。业务人员一方面要理解技术能力的有限性，不能想当然地认为技术可以解决所有问题或者可以立刻解决问题；同时也要学习一些技术技能，以便能和技术人员进行一定程度的对话，确保能清晰准确地表达自己的技术需求。我们只有培养“最懂业务的技术人员”和“最懂技术的采编人员”，加强双向融合，形成共同话语体系，才能做好产品和服务，放大一体效能。

（三）坚持创新驱动，技术领先业务半步

新兴技术是媒体融合的原动力，正是大数据、人工智能、物联网等新技术的蓬勃发展，才在媒体领域催发一场前所未有的变革。技术之于媒体而言，主要在于应用，媒体技术工作的主要任务是把技术应用于内容生产传播等业务中。而新技术的应用，到底有哪些应用场景，对业务有什么促进作用，应用效果会如何，是否会产生新的业务形态？需要技术部门先行探索。因此，推动媒体融合发展，技术必然扮演着先行者的角色，不断探索，先试先行，创新业务发展新形态。但是技术又不能太过超前，毕竟媒体不是科学院研究所，一定要把握好技术应用的时机，太过超前，应用场景缺乏，市场尚未成熟，生态链产业链尚未建立，应用前景还不明朗，业务运营也跟不上，各种应用条件还不具备，会造成技术投入浪费。因此适度超前不落后，领先业务半步即可。

（四）坚持“两手抓”，功能性指标与技术性指标并重

评价一个技术平台的优劣，可以分为两个维度：功能性和技术性。打造过硬的技术平台，必须坚持功能性指标、技术性指标“两手抓”，确保平台具有可持续长期发展的生命力。功能性指标即技术平台所能实现的各种功能，使用者可直观感受到；技术性指标则大都抽象不可见，包括性能、高并发能力、可用性、稳定性、安全性、架构合理性、可扩展性、可维护性、通用性、兼容性、先进性、精准性等。功能性指标解决有和无的问题，只是冰山一角；技术性指标则潜藏于水面之下，重点解决有和优的问题，是评判一个技术平台优越与否的关键因素。以南方$^+$投票技术平台为例，支撑起2019年2.6亿投票量，除通用功能开发外，大量的技术精力花费在底层技术能力建设上。

互联网产品开发普遍采用“小步快跑，不断迭代”的模式，其实这不仅是针对产品功能而言，也是针对产品的技术性能而言，产品的技术性能、质量也需要不断迭代。一项产品功能开发完成，稳定运行一段时间，并不意味着事情的完结。因为软件产品是有生命周期的，随着用户量、流量的上涨，相关联系统的增多，一定会出现各种各样的故障和问题。这就需要不断地对产品的技术性指标进行迭代优化。如南方$^+$客户端直播系统，早期影响力不大、观看人数少，使用比较流畅，随着南方$^+$品牌影响力迅速扩大，用户量不断上涨，出现了卡顿情况。为此，我们对直播所涉及的多个系统，包括内容生产系统（CMS）、评论系统、图片库系统、音视频系统等进行微服务化改造，对有关接口进行拆分，对业务逻辑、轮询机制等进行梳理，使用多级缓存等。经过多次技术优化，目前直播系统使用流畅，经受了多次大型活动直播的考验。

（五）技术支撑智慧化平台化，走高质量可持续发展之路

当前，“大数据＋人工智能”

的发展推动着传媒行业向智媒时代进发，其技术支撑必然是“大数据＋人工智能”。只有建立通用而强大的技术平台，统一对各业务部门、各媒体单元进行技术输出，才能实现产品功能的快速赋能和规模量产，从而带动媒体向智慧密集型产业迈进。为此，我们自主搭建了大数据平台，把“大数据＋人工智能”技术作为基础能力，贯穿于内容生产全流程各环节，全面提升内容生产效率和审核把关能力，并赋能报网端系列产品，称之为“南方智造”。

“南方智造”赋能媒体业务的应用场景，主要体现在智能策划、智能生产、智能分发与智能评价四大方向。在智能策划场景里，我们实现了从海量数据中筛选价值点，辅助编辑选题与策划的数据智能决策，同时利用NLP（自然语言处理）技术对数据进行多维分析，结合知识图谱体系规划场景服务，如线索雷达、网民热搜词、稿件热度排行、突发爆料等。在智能生产场景里，我们上线了稿件智能分类、关键词/摘要自动提取、敏感词检测、语音/字幕识别、光学字符识别（OCR）、以图搜图、视频关键帧提取、视频智能审核、机器写作等应用，接下来还将借力5G（第五代移动通信技术）＋技术方向，实现全息报道，如：AR、VR、MR（介导现实）、虚拟演播室等。在智能分发场景里，我们利用用户行为分析技术，实现了内容在用户端、媒体端的精准推荐，达到了内容生产与用户个性化需求之间的智能匹配。在智能评价场景里，我们实现了内容传播效果分析和量化，并反过来在策、采、编、审、发、评、馈等环节里辅助决策、优化流程，并在版权追踪及绩效考核等场景下发挥支撑作用。

第二节
技术体系：目标战略渐次推进落地

南方报业的“技术一体化支

撑”，就是以整体观、系统论和互联网思维来指导技术改革全局，将技术作为“硬核”能力撑起集团传播力的底盘，在充分整合南方日报、南方网、南方+技术资源的基础上，进一步聚合南方杂志社、南方农村报、南方周末、南方都市报的技术资源，集中优质资源，形成合力，共商共建共享强大、统一、高效的技术体系，最大可能地降低成本，发挥技术为传播赋能的最大效益，全面提升对外竞争优势。

在“技术一体化支撑”中，“技术”不仅是指传统纸媒的采编排版、组版、看版、传版、照排等技术。实际上，经过多年发展，传统媒体的这些技术已经非常成熟，形成了相对标准化的产品能力，报业可通过外购成熟产品和设备获得。这里所说的“技术”，更重要的是指自有媒介平台建设优化、新媒体内容产品创意制作、第三方平台对接分发等能力，涉及新媒体业务全链条。“一体化”就是从集团媒体融合转型的全局统筹考虑，有所为，有所不为，集中优势力量和技术资源重点突破，首要的、核心的目标就是赋能传播力提升。“支撑”是指技术的角色定位，技术不再是传统媒体时代的保障型支撑，而是骨干框架，是驱动型支撑，作为“硬核”能力要撑起传播力的底盘。

技术一体化支撑的重要性显而易见。媒体转型对技术的需求非常大，无论是调整组织架构、更新管理理念，还是改革业务模式、再造生产流程，最终都需要通过技术来实现。技术建设能否及时响应时代的发展和技术自身的变革，决定着转型的成效。此前集团各媒体各自外包技术，低水平重复建设“烟囱形”信息系统，标准不一，数据互不流通，运作各自独立，一体化发展技术障碍突出。因此，迫切需要构建统一高效顺畅的技术体系，为各个媒体的数字化传播提供技术支撑和服务，降低信息化建设成本，为集团整体转型提供更大动力、赢得更大空间。好在各媒体在信息技术研发领域起步较晚，还未形成成熟的体系和坚硬的壁垒，与采编、经营领域的改革相比，拆“墙”不太难，阻力不算大，反而有利于快速推进资源整合、形成技术合力。

一、明确“四个一”建设目标

我们的技术建设目标是打破技术壁垒和信息孤岛，坚持“一个技术系统、一个技术标准、一套技术语言、一个技术思维”的原则，合理投入，增加能量，形成对外竞争优势。

（一）一个技术系统

互联网时代，“马太效应”特别明显，今日头条、抖音等头部平台占据了商业移动媒体的大部分市场。传统媒体时代的区域性分割、政策性垄断的格局已不复存在，因此必须正视“二八定律”和“马太效应”，集中优势力量和技术资源，做好“一个技术系统”，打造具有强大传播力的、具有龙头地位的内容生产和传播平台。只有“一个技术系统”，才能更好地汇聚资源、汇聚数据、汇聚用户，做优做大做强平台。做大的平台意味着能吸纳更多人使用，带来更好的社会效益和经济效益，同时可以采集更多有效的用户意见，从而推动平台更新换代，吸引更多用户使用，走上良性循环和螺旋式上升的发展之路。

南方报业在落实“一个技术系统”上做了三方面工作：一是统一技术规划，减少系统重复建设，实施集约化管理，避免技术资源浪费；二是举集团之力做大做强做优南方$^{+}$技术平台，使集团优势技术资源持续向移动端汇聚和转移；三是建设南方智媒云，打通报网端内容生产和传播平台，打造强大统一技术底盘，赋能各媒体单元。

（二）一个技术标准

媒体融合，必然涉及技术系统的对接、打通、改造、融合，以及技术团队的对接、协同、合作。若要顺利对接，默契协作，统一的技术标准十分必要。就像螺栓与螺帽，若标准不一，则对不上、拧不紧。没有统一的技术标准，技术系统的融合对接便无从谈起，技术团队通力协作打造强大的技术平台更是一句空话。

因此技术系统之间的对接，首先需要明确的是“一个技术标准”。有统一的标准可依，其好处是多方面的：一是共同遵守一个标准，可以让技术系统变得有序，有利于形成强大合力；二是按统一标准，系统对接变得更加无缝，流程打通会更顺畅，技术一体化更容易实现；三是可减少各技术团队摸索和争执的时间，按照标准做即可，大大提高效率；四是标准化利于沉淀通用能力，打造通用产品，降低单位成本，实现快速赋能和规模量产，形成规模效应；五是标准化有助于提高产品质量，实现高质量可持续发展；六是标准具有指导意义，技术系统建设成效好坏有了统一的评判依据。

在实践中，我们深刻认识到，技术标准、技术规范是企业软实力的重要体现，是形成企业行动统一纲领的重要基础。当然，制定并统一技术标准是个繁杂的工作，不仅包括技术标准本身，还包括落实这些标准的配套管理制度。为此技术部门拟定了一系列的技术标准和制度规范，例如接口标准、数据标准、第三方开发技术管理规范等，以规范产品研发和技术支撑的全流程管控。在引入外部力量合作研发时，用这些技术标准规范约束各厂商，监督检查执行，以保障项目进度和质量。

（三）一套技术语言

“一套技术语言”既指技术开发语言，也指技术部门与业务部门沟通的话语体系。

一方面是技术开发语言，同类岗位（如后端开发）、同类场景（如爬虫自动抓取数据）使用的开发语言尽量保持一致，以最大限度降低成本。同类场景的应用开发，使用不同的开发语言，若要对接则须开发接口，成本比较高。因此，我们对于同类岗位新招聘人员要求必须熟悉同一套技术语言。

另一方面是技术部门与业务部门沟通的话语体系，这是对技术理论认知体系和知识体系的外在表达形式。多年来，南方报业的各内容生产部门相互之间形成了很多共同的认知和表达，心领神会、行动默契都是共同话语体系下的行为特征。新媒体时代，不同专业背景、不同做事风格下的相互理解、认同尤其重要，特别需要在深厚的报人文化中，增加理科工程师理性思维和工匠精神的文化特质。为此，采编、技术要相互融通，形成共同话语体系。技术要理解采编业务，以便技术更好地服务、赋能采编业务；采编要了解新媒体技术常识和掌握内容产品基本制作技能，更好地得到技术的助力。

（四）一个技术思维

“一个技术思维”就是要统一思想认识，形成正确的技术战略、规划、方向、路线和方法等。为此，我们制定了《南方报业传媒集团高质量发展三年行动计划（2020—2022）》，明确提出技术发展目标：大力建设智慧型传播体系、多元化产业体系、引领性技术体系和高效能治理体系，形成高质量的媒体服务能力、产业发展能力和支撑保障能力。我们还制定了南方智媒云建设规划，为建设全媒体立体传播体系、智慧服务体系、开放生产体系等筑牢技术底盘。

在具体实践中，我们逐渐形成了一些有价值的技术思维。比如高度重视“自主可控”的重要性，组建了自己的技术研发团队，将核心业务逻辑层开发紧紧掌握在自己手上，同时借力市场上成熟的产品和服务，站在巨人肩膀上创新；坚持后台开发语言与核心系统保持一致，降低对系统厂商的依赖，打造对接和改良的能力；采用微服务架构替代传统单体架构，提升系统模块化灵活组装能力；抽提共性通用能力形成标准技术组件，打造技术中台、业务中台和数据中台，提供DaaS（数据即服务）、PaaS（平台即服务）、SaaS（软件即服务）服务，降低重复开发成本；坚持功能性指标和技术性指标并重，满足业务发展的同时，确保平台高质量可持续发展；推动全面上云、全云化，轻资产运作，降低基础设施技术成本和精力投入，把技术创新的重点放在技术如何赋能媒体业务转型上；坚持技术既服务于业务，又要有自己的专业判断和原则坚持等。

二、强化技术顶层设计

传统媒体时代技术支撑是一种保障型支撑，体现为技术实操和具体执行。而新媒体时代的技术一体化支撑，是有战略方向、有责任担当、有情怀抱负的支撑，必须加强战略统筹规划和技术顶层设计。

（一）南方智媒云

为实现智慧型文化传媒集团的建设目标，我们启动了南方智媒云建设，以充分运用智能化技术，统一技术底盘，支撑起《南方报业传媒集团高质量发展三年行动计划（2020—2022）》的落地落实。

南方智媒云是一个顶层设计、一项战略规划，是智媒技术建设的“作战图”，涉及组织架构、技术、业务、人才等。它源于南方报业深度融合、转型发展的创新实践，以南方+客户端、南方融媒系统现有技术能力为基础，以微服务、中台架构理念为指导，以大数据、人工智能、云计算、区块链、5G、AR、VR等新技术为手段，以符合媒体融合发展的组织架构为保障，以快速优质服务业务为目标，横向扩展，纵向深化，对内实现智能化生产，对外实现智慧化传播服务。

南方智媒云有三大特点：一是内容丰富。共有三大业务平台（内容生产传播平台、经营创新服务平台、运营推广管理平台）、三大基础中台（业务中台、数据中台、技术中台），以及成体系的技术架构规范和融通通信对接机制，涵盖200多个子系统和服务，支撑全媒体形态。二是功能强大。既推动向内容、经营、运营三大方向赋能，又实现三大业务融通、相互联动，同时将能力下沉，支持各地分支机构和各行业频道共享集团资源池。三是自主可控。核心技术掌握在自己手中，特别是自主掌握平台总体架构设计和研发总集成，自主掌握与业务逻辑紧密相关的技术能力，避免被“卡脖子”。

通过南方智媒云建设，实现各业务系统的用户、流程、数据“三通”，即用户拉通、流程畅通、数据流通。包括各业务系统用户统一管理、统一登录认证；内容生产策、采、编、审、发、评、馈全流程融合，实现采前策划、素材采集、数据实时回传、实时沟通、内容制作、内容管理、内容审核、内容发布、内容分发、各系统数据全面融通等。对内服务于各采编部门及人员，推动媒体融合，赋能智能化生产，激发内部生产力，为内部组织流程再造及人员提质增效提供坚强保障。对外支持报、刊、网、端、微、屏全媒体矩阵，支撑南方+客户端等媒介智慧化传播，切实提高传播能力。

南方智媒云的成功建设，为集团在媒体融合时代提供了全新的智能化技术和服务体系，可以支撑亿级用户，打造极致的用户体验，是面向未来的坚强技术和产品支撑。

（二）中台战略

“中台”是这几年非常热的概念，很多大企业都在建设中台，“中台化”已成为企业数字化转型的一个重要抓手。中台就是将技术、数据、业务的各种能力进行分析、规范、抽提和封装，实现能力的通用化和平台化输出，能够响应前台业务需求，快速地进行能力的组装和输出。中台不是独立产品，而是方法论、组织架构、成熟工具的集合。它需要随组织、流程、业务模型逐步成熟、逐步推出、逐步优化；需要熟悉媒体业务的技术团队伴随媒体融合转型的步伐，相辅相成推进。企业瞄准建设中台，说明战略眼光宏阔，不只是挣扎于眼下的生存，而是着眼于做更长远的规划和建设。

实施中台战略的核心是打造通用技术能力，其目的是减少重复开发、重复“造轮子”，降低开发成本，提高对业务的响应速度，带动资源的有效聚集，真正做到技术、业务、数据的融通。业务需求经技术实现，形成业务系统；业务系统在处理业务过程中沉淀数据；数据经分析后又反推业务和技术的改进，形成技术、业务、数据相辅相成的迭代闭环。因此服务于媒体业务的技术中台、数据中台应该融合建设，不宜分离构建。媒体融合中有价值的数据是“活”数据、“热”数据，必须是能被业务场景真正应用到的数据。

南方报业着力按照S2B2C模式打造自有中台。比如，在南方+建设中，我们是S端（平台能力提供者），但并不直接对C端（网民）收费，而是为B端（党政机关、企事业单位）提供服务C端的平台。B端掌握大量政经资源，也有服务好广大人民群众的需要，作为媒体的南方+的任务就是当好S端，提供平台能力，架设好B端与C端之间的桥梁。我们搭建“南方号”内容开放生产平台（S端），提供平台技术能力，聚合全省政务新媒体资源，与政府机构（B端）共同服务好网民（C端），就是遵循这个逻辑。教育领域也是如此，我们搭建南方在线教育平台（S端），提供阳光招考咨询、小学生诗歌节活动、小记者征稿等服务，与教育部门、培训机构（B端）共同服务好学生和家长（C端）。

中台的建设存在一定难度，通用技术能力的沉淀需要时间，有赖于业务的成熟度。随着共性能力不断累积、平台化，逐渐形成业务中台、数据中台、技术中台。在成熟度不高的初期，为保障平台的稳定性，还需要进行试点，经过不断打磨，再以点带面，进行推广。基于此考虑，南方报业的中台建设按照“步步为营，稳中求进”的演进路径：先将多支独立的技术研发团队逐步通过物理融合、化学融合，对多方共性的技术平台能力进行梳理、抽提、通用化、沉淀，形成共性平台能力；同时打通双方的业务链条（用户拉通、流程畅通、数据流通），实现资源逐步共享；随着融合的加深，打造更多共性中台能力，积累更多的可共享数据，逐步技术赋能到集团其他媒体单元，以达到共享数据资源、大幅降低技术成本、快速响应业务变化的目标。

南方报业的中台能力还在不断规划建设中。比如对南方+逐步成熟的业务模块进行共性分析，在技术底层不断提取通用部分形成组件（通用能力）供各系统调用。目前南方+累计50多个组件被近百个系统项目集成使用，在节约开发时间和开发成本的同时，为推动集团各媒体深度融合奠定了技术基础。

技术架构是中台建设的基石，架构优化一直是技术部门持续开展的重点工作之一。随着业务成熟度和技术成熟度的变化，技术部门不断迭代升级技术架构，经过四年时间的努力，已从传统的单体架构演变成微服务架构，通用业务系统支持集团各单位各部门多用户使用。例如南方融媒系统、南方+内容管理系统、南方+直播系统、南方+通用投票平台等系统，除南方+人员使用外，南方日报各采编部门、南方杂志社、南方网、南方农村报等均广泛使用。

三、建设强大的技术研发团队

新媒体时代轻资产运作，发展的核心关键是人才，人才始终是第一资源。传统报业技术人员少，信息技术研发人员更少，高端人才紧缺，信息技术人才大都愿意向更高薪、更具有工程师文化的商业媒体和互联网公司流动。因此，创新体制机制，推动优势技术团队融合，打造一支特别能战斗的南方研发铁军，是我们一直孜孜以求的。

（一）打造高效技术团队

2018年底集团成立了报网端产品研发中心。这个中心原来为南方+技术中心，成立于2015年南方+客户端创端之时，从3个人起步，发展到今天50多人，平均年龄20多岁，服务的业务部门已经从南方+几个部门，扩大到南方日报、南方杂志社、南方网、南方农村报、南方都市报等，未来将进一步扩大到全集团。就是这支不算大的产品技术团队，短短几年时间已自主研发了上百个业务系统和服务，建成了30多个微服务。其中2019年实现南方⁺客户端更新迭代16个版本，开发超过300个功能点，服务于内容、运营、经营三大业务方向，并承担了集团融媒体中心平台等众多内部核心系统的开发、运维和升级改造工作。技术团队的工作成果和展示的能力，让我们信心倍增。

高效技术团队通常需要具备以下五大要素：建立信任（trust）、目标导向（objective）、管理流程（process）、共同承诺（commitment）、高效沟通（communication）。一个有强大凝聚力、战斗力、执行力的团队，必须有共同的目标和愿景、科学的组织架构、合理的人员分工、规范的工作流程、顺畅的协调沟通机制、有效的考核激励机制。而这一切都与团队精神、企业文化有关。南方报业秉承着70多年的历史荣光和报人文化积淀，正与时俱进把报人文化和工程师文化、工匠精神有机结合起来，塑造属于我们自己的互联网基因，着力打造有南方特色的工程师文化。在实际工作中，我们的技术人才不仅要有写代码的专业能力，还要有思路、懂业务、有架构思维，能够制定优秀的技术方案，熟悉集团业务流程，沟通协调能力强。为此，我们分层次推进技术团队人员培养：普通技术人员要具有基层实践经验和解决实际问题的能力；初级专家应该“一专多知”，做好本职工作；中级专家“一专多能”或“两专多能”；高级专家要有场景化的合成作战能力；骨干技术人员要求综合素质较高，能够独当一面。

正积极筹建中的科技公司，主攻新媒体产品技术研发和大数据服务，推动南方⁺、南都App等技术团队进一步实体化融合。就媒体气质而言，南方⁺App定位为党端，比较严肃；南都App则偏向于社会生活，比较活泼。南方⁺、南都App技术团队率先融合，是一次“严肃＋活泼”“稳重＋灵活”，优势互补的强强联合，一定能迸发出新的火花，创造出更好的产品。

（二）加大研发人员招聘力度和研发投入

南方报业在技术研发上投入呈逐年增长的趋势。2018年，集团层面的研究开发以及购买技术服务的费用之和占同期销售收入总额的5.79%。此外，集团还在研发人员上加大投入，招聘更多互联网产品技术研发人员。如南方⁺客户端，技术人员占比已超过50%，其中近70%的技术人员为研发人员。无论是手机App，还是后台系统，都实现了自主开发。产品设计方面，以前通常由采编人员转型兼任，现在引入更加专业的互联网产品经理，以加强用户需求分析和产品原型设计。

当然，加大研发投入和严控技术成本必须统筹把握。近年来，技术部门创新了项目（单个项目、年度项目服务）外包、驻场人员外包、开源免费架构引进、云资源引进、专业服务引进、人才柔性引进、产学研项目合作等多种技术资源借力模式，探索出了一条合规又高效的技术资源引入路子，使得每一份资金的使用都物超所值。他们采取各种措施，加强技术成本控制，提高资金使用效益，包括大量使用互联网免费开源解决方案，大量应用自动化技术降低人力成本，借助外力并广泛引入竞争机制，提高技术资源利用率，提高代码可复用性，加强项目风险控制，等等。

技术研发的目的是产出。这里所说的“产出”不仅仅是关注经济效益，还关注社会效益；不仅仅指技术研发团队直接销售产生的经济效益，还包括技术研发助力集团各个部门创新服务的收益；不仅仅要关注短期立竿见影的收益，还要关注有利于集团可持续发展的收益；尤其对一些基础性的技术研发，需要从战略发展的角度保持耐心，日积月累，最终实现从量变到质变的跨越，而不能急功近利，更不能揠苗助长。

四、技术一体化推进历程

技术融合与内容融合一样，关键在融为一体、合而为一，都需要经历从“你是你、我是我”变成“你中有我、我中有你”，进而变成“你就是我、我就是你”的过程。所不同者是其中多了一个“你怼我、我怼你”的磨合阶段：首先整合，然后集合，逐步磨合，最后融合。

（一）首先整合

即“你是你、我是我”的整合相“加”阶段。技术壁垒和信息孤岛不利于发挥集团整体优势，需要整合打通报网端技术系统，以实现内容融合生产：整合媒体技术资源，包括数据、内容、用户、服务器、存储、工具、产品和服务等；整合优势技术研发团队力量，包括不同技术团队、不同工种（如产品、设计、研发、测试、运维）等，并打破物理空间的隔阂，各工种有序对接协作。

（二）然后集合

即“你中有我、我中有你”的相“交”阶段。以业务为核心纽带，促进技术团队之间的集合、产品技术团队与内容采编团队之间的集合，以及技术系统和技术资源之间的集合。如，根据实际需要，将原本由技术团队A负责的业务交由更擅长的技术团队B去跟进，从技术团队B调动骨干人员充实技术团队A；内容采编人员更熟悉业务，可兼任产品经理，产品技术人员驻点支撑内容采编部门，加大技术响应和支撑力度；技术系统开发数据接口，相互交换和调用数据，把其他数据充分利用起来等。

（三）逐步磨合

即“你怼我、我怼你”的相“怼”阶段。无论是技术与技术之间，技术与采编之间、技术与经营之间，还是技术与管理之间，都存在磨合的问题。特别是技术问题，有争论很正常，因为真理越辩越明，含含糊糊只会掩盖矛盾，最终酿成大问题。但辩论后要统一，怼事不怼人，形成共同意见和目标，坚决执行；认贤不认众，对于经过理性思维验证是对的，就要坚持不懈。而认贤的标准就是经得起实践检验，因为技术是强实践科学，实践是检验技术的第一标准。

（四）最后融合

即“你就是我、我就是你”的相“融”阶段。报网端真正融为一体、合而为一，成为密不可分的一个整体，不再分彼此。报网端的内容都在同一个技术平台上生产，真正实现“三通”：用户拉通、流程畅通、数据流通，共享和使用同样的数据和技术资源。技术研发团队也不再需要分别运行维护三个系统，技术支撑更加集约有效率。所有流程、机制运转良好，所有团队、人员之间的协同配合也顺畅无碍，形成强大高效的一体化效应。

第三节 技术创新：围绕优品生产定义平台

根据媒体行业的特点，新媒体技术可以分为两大类：一是新媒体平台研发技术，主要服务于技术平台的建设，为内容的生产和传播提供平台载体，使用的是Java开发语言、MySQL数据库、Tomcat中间件、Redis缓存、CDH大数据集群、Spring Cloud微服务框架等互联网技术，面向的是专业技术研发人员。二是新媒体内容制作技术，主要是进行图片、可视化报表、动漫、动画、音频、视频、H5等新媒体内容产品的创意和制作，使用的是Photoshop、Excel、Axure、Premiere、Flash、3D Max、iH5等制作工具和技术平台提供的进行直播、设计制作海报等各种能力，面向的是新媒体内容采编和运营人员。

这两类技术的主要区别是：第一，目标不同。前者是技术研发，研发出的技术平台和工具供各业务单元人员和用户使用，侧重能力实现；后者是技术应用，利用技术人员已经研发出来的技术平台和工具，制作出新媒体内容产品服务于用户，侧重创意表达。第二，面向对象和技术要求不同。新媒体平台研发技术面向专业研发人员，要求紧跟最新技术方向，掌握专业开发技术；新媒体内容制作技术面向新媒体内容采编、经营和运营人员，要求熟练掌握使用技术平台、制作工具的能力。

研发技术打造的是内容产品生产和传播的载体，内容制作技术打造的是精品的内容。对转型中的媒体而言，这两大类技术都必不可少。南方报业坚持“两手抓”，在这两大类技术建设方面都取得了较大成效。

一、南方⁺客户端建设提升媒体传播力

2015年，为适应移动互联网发展形势，我们下决心开发一个移动端拳头产品，打造新型主流媒体。媒体融合，技术先行。我们坚持“自主可控”的技术原则，采取“充分利用现有资源，综合考虑用户需求迫切度及实施难度分阶段推进，即总体协调、目标分期、任务分解、工程分包”的策略，以及“专职团队＋抽调团队＋虚拟团队＋专业第三方服务”的工作模式，边招聘配备客户端各技术工种，边开展技术研究，制定切实可行的技术方案。经过短短几个月的不懈努力和夜以继日的技术攻关，南方⁺客户端于2015年10月23日，即南方日报创刊66周年纪念日顺利正式上线。

南方⁺客户端最初功能只有常见的新闻信息服务，随着版本不断迭代，陆续加入了“南方号”内容开放生产平台、直播平台、短视频、音频新闻、大数据智能推荐、南方拍客报料、AR看新闻、活动运营、办事服务、互动等功能。

经过不断对技术性能、架构、兼容性等进行技术优化，南方⁺客户端获工信部高品质App认证，每个版本都通过了安卓绿色联盟的绿色应用认证，安装包大小、访问速度等各重要指标已处于国内党媒App领先水平。

（一）针对新媒体原创稿件内容不足的痛点，建设了内容开放生产平台（UGC/PUGC）

从传统媒体转型到新媒体，最大痛点就是原创内容稿件的不足。在传统媒体，几千人的采编队伍就已经很庞大了。但在新媒体时代，面对自媒体平台动辄以百万计的原创作者，

还是小巫见大巫。于是我们建设了自己特色的内容开放生产平台（UGC/PUGC），如“南方号”、南方拍客报料、记者帮等平台。

“南方号”旨在聚合全省具有权威发布职能的政务新媒体和机构新媒体资源，为用户打造一个“最懂广东”的新媒体平台。目前，“南方号”已在全省21个地市和多个省直机关实现了政务新媒体号集体入驻，入驻机构突破7000家，月均发稿几万条，极大拓展了南方⁺的稿件来源。“南方号”平台技术特色是基于南方⁺技术平台，为入驻机构量身定做了专门的编辑器，并运用大数据和人工智能技术，为入驻机构提供微信文章导入、多类型融媒内容发布、在线投票、矩阵管理、用户私信等工具，从而有效提升入驻机构的内容分发能力、活动组织能力、用户服务能力。

南方拍客报料平台是一款以手机报料为主要使用场景的产品，提供多元的报料形式，支持包括文字、图片、视频、音频在内的全内容形式同步提交，为用户提供广泛的报料途径选择的同时，也给新媒体内容生产带来丰富的素材来源，是与用户建立联系、收集民情、了解民生的利器。

依托报料平台，南方⁺还与南方都市报强强联合推出了记者帮项目。记者帮产品口号为：记者跑腿，一帮到底。旨在发挥媒体机构优势，汇聚民意民声民智，以服务促进连接，搭建市民与政府部门沟通的桥梁，是解决网友民生疑难、促进美好生活和社会共建共治的民生服务平台。

为激励广大用户积极参与内容开放生产，我们开发了多项技术系统和有关功能，以便捷地进行效果统计和激励。例如开发了稿费发放系统、“南方号”热门稿件、报料排行榜、热门视频等。其中稿费发放系统非常便捷，整合了多部门的稿费发放服务，通过业务梳理及技术支持实现了以小组为单位的稿费发放，一键即可将稿费发到用户的微信中。这是集团内首个通过在线即可发放稿费的产品，改变了传统报业复杂烦琐的发稿费流程，在生产端对参与开放生产的用户发挥了激励作用，在管理端为业务人员提供了管理便利，大大提升了工作效率。

（二）针对新媒体产品功能和内容形态单一的痛点，建设了多媒体智能服务平台

传统报业内容以文图见长，缺乏音视频。在向新媒体转型过程中，为打破新媒体产品功能和内容形态单一的状态，技术部门充分运用大数据和人工智能技术建设了多媒体智能服务平台，包括搭建了南方⁺移动直播平台、建立南方⁺短视频生态、推出智能语音播报听新闻功能等。

以南方⁺移动直播平台建设为例。该直播平台坚持以自主研发为主，基于当前主流的推流协议，采用云计算架构设计与开发，建设多平台前端直播播放能力，实现前端VR直播、视频直播、图文直播、用户评论、礼物打赏、投票等功能，体现出鲜明的技术特色。一是功能、性能、体验等接近互联网主流直播平台水准。二是直播相关功能齐全强大，具备图文、电视信号、专业摄像、手机、无人机等直播综合能力，实现云直播、云导播、云编辑、云演播厅，支持竖屏、投屏，实现直播内容从生产、加工、审核、发布、观看的全流程管控。三是平台支撑能力强、性能流畅，支持千万级同时在线观看，通过弹性扩容、负载均衡、CDN（内容分发网络）加速等技术，保障高并发下直播的流畅度和良好的用户互动体验。四是云导播台专业播控灵活易用，提供即开即用的云导播台服务，实现跨地域远程多路节目源实时混编处理，对来自不同采集终端的多路视频源进行切换、缩放、混音、叠加广告、字幕、特效、延迟控制等专业播控能力。五是支持5G＋4K＋VR直播，利用全景高清摄像设备拍摄的现场全量视频数据，经过导播云平台的转码拼接处理，形成真实影像建模，并最终将现场实时的360度影像展现到手机客户端，让用户如“亲临”报道现场，自主选择感兴趣的新闻视角，实现新闻“无死角”。六是赋能经营支持直播带

货，通过整合直播、互动、商品上架、物流配送等能力，在为网民提供直播内容的同时，也提供商品购买服务。截至2020年9月，南方+进行电商带货的直播超过40场。七是互动直播，提供丰富有趣的用户互动功能，可以点赞、送礼、收藏、分享，可发表自己的看法，与主播实时互动。

（三）针对内容传播速度、广度、深度、精准度不够的痛点，建设了内容有效传播智能服务平台

为提高内容传播的有效性，我们从内容传播的速度、广度、深度、精准度等方面进行了深入探究和改进，建设了内容有效传播智能服务平台，推出了基于南方党媒算法的智能推荐，多渠道、高到达的精准推送平台，第三方媒体内容自动分发平台。

1. 基于南方党媒算法的智能推荐

该平台采用海量数据多渠道智能采集和融合技术，实现全网全终端多数据的采集和媒体数据融合分析，对新闻内容和用户进行微观画像、宏观画像，以及价值分析、用户群分析，感知实时的用户行为和环境特征，并基于内容推荐算法、协同过滤推荐算法、标签相似性推荐算法等多场景多算法融合的推荐技术，进行新闻内容的用户个性化精准推荐，为用户提供“千人千面”的丰富阅读体验。

该平台主要技术特色如下：

一是推出南方党媒算法。2019年10月23日，在南方日报创刊70周年纪念日，在上线的南方+客户端6.0版本中，推出了基于南方党媒算法的智能推荐，以提升内容传播正能量，体现党端特色。系统在根据用户兴趣进行机器推荐的基础上，增加制定符合党媒主流价值的算法规则，提供编辑的可干预能力和引导能力，包括编辑选稿规则、优质稿件推荐规则、敏感词过滤规则等，将用户兴趣和党媒引导力融合。具体而言，推荐系统推荐规则，由基于分层次的推荐规则（高时效、权威性、高热度新闻推荐，精选稿件推荐，全库稿件用户兴趣推荐）逐步优化为基于党媒算法的推荐规则（高热度新闻推荐、原创及上首页精

选稿件推荐、强推稿件、地理位置稿件推荐、用户兴趣稿件推荐）。

二是拥有能深度融合媒体各种业务场景的智能推荐引擎。业务和技术团队深入总结移动媒体的业务特点、业务规则和编辑经验，打造多算法互补的媒体智能推荐引擎技术，由规则引擎、算法引擎、场景引擎和展示引擎组成。其中规则引擎针对用户的召回，按规则算法为用户生成推荐候选集；算法引擎使用机器学习算法对用户的推荐结果进行排序；场景引擎为用户提供实时推荐功能，针对不同客户端用户场景可自由切换推荐引擎；展示引擎选择最佳的展示策略并灵活调整。

2. 多渠道、高到达的精准推送平台

信息推送通知是内容分发里非常重要的一个手段。南方$^+$精准推送平台，将推送功能应用于各类用户使用场景：全网推送、按用户兴趣推送、基于用户实时地理位置的推送、按用户需求推送。

该平台主要技术特色如下：

第一，多渠道。涵盖了国内外数十家移动系统提供商的定制化系统推送，不论用户何时何地使用何种手机登录南方$^+$客户端，推送平台都能够将信息准确无误地送达目标用户手中。

第二，高到达。为提升精准推送的用户到达率，我们针对不同的手机厂商和操作系统进行个性化的推送功能定制，根据系统应用层接口灵活使用不同的信息推送功能，使南方$^+$的用户能实时、准确地收到推送内容。

第三，高并发。推送平台采用高并发设计，可瞬间向千万级别用户推送信息。强大的推送能力能够保证内容快速准确达到用户，每秒百万级推送速度，亿级同时在线，99.8%的信息300毫秒内到达，为用户第一时间获取信息提供速度与到达保障。

3. 第三方媒体内容自动分发平台

除在自有移动媒体产品矩阵（App、手机站、小程序等）进行传播以外，技术团队还研发搭建了内容第三方分发平台。平台按照内容部门所拟定的规则自动将优质原创内容分发到第三方平台，借助第三方平台的影响扩大自身传播力。目前分发的对象包括腾讯、百度、今日头条、阿里巴巴、趣头条等近20个平台。2019年向以上第三方平台自动分发稿件几百万条。

（四）针对内容交互应用和用户服务不足的痛点，建设了活动运营服务平台

为弥补内容交互应用和用户服务方面的不足，打通线上线下资源，拉动App下载和用户量快速增长，做好用户运营，南方报业经常举办各类线下活动。为支撑众多大型活动的顺利开展，技术团队打造了一系列高度组件化、通用化、模板化的活动运营服务平台，包括投票、征稿、活动报名、抽奖、网上课堂等，以适应不同活动运营场景，提升编辑人员和运营人员的活动运营效率。

以投票平台建设为例。业务部门开展活动运营尤其是评选活动，对投票功能存在很大需求。技术团队结合南方⁺多年的活动投票运营经验，基于大数据和人工智能技术自主研发了智能化通用投票平台，包括通用投票、征稿投票、稿件投票三个子系统。主要技术特色如下：

易上手：已实现高度的组件化、通用化、模板化，一分钟即可创建投票活动。

高并发、高可用：引入微服务架构设计理念和开放方法，灵活组装每个技术服务；集群部署，弹性伸缩，自动扩容；采取分布式服务、异步队列、连接池与线程池等技术；严格遵守前后端分离原则，通过本地缓存、分布式缓存、内存缓存和服务器缓存等多种缓存策略，对数据进行预处理，提高处理速度。经过以上专门针对高并发、高可用的优化和努力，投票平台上线至今累计支撑各类评选活动投票数超过15亿，其中支撑2020年第二届“广东十大美丽乡村”系列评选活动网络投票9957万票。投票平台高可用性达到99.9999%。

智能防刷功能：通过IP地址、微信授权、阿里云安全验证码、WAF（网站应用级入侵防御系统）等技术手段进行全方位的安全防范；基于用户画像的大数据行为分析、模式识

别、通过行为验证对用户的行为特征进行分析，并连接庞大的数据库，构建防模拟、防伪造、防暴力三角防护的机器学习模型，实现智能精确防刷票。

丰富的发布功能：通过该系统平台，运营人员可快速生成对应的投票活动，并支持发布于南方$^+$或微信中，还可将投票调用代码嵌入稿件发布。

各种个性化的设置定制：丰富的模板，支持图文和视频编辑的多个可自定义信息位，可编辑的投票详细和选项页，打造个性化的投票主题风格。

（五）针对区域和行业市场拓展需求痛点，建设了南方$^+$合作共建频道平台

为更好地深耕区域及行业市场，我们在2017年推出“区域战略”，与各地市、各厅局合作，在南方$^+$客户端上开通共建频道，包括市、县（区）、镇（街）级区域频道，以及各行业垂直频道，实现区域资源、行业资源和垂直用户的集聚。在搭建频道时，着重从提升内容生产效能、提高内容分发效率及精细化运营赋能三方面提供技术一体化支撑。

第一，提升内容生产效能。在共建频道开通后，首先要解决频道内容来源及内容丰富度问题。一方面内部会通过考核方式调动集团采编人员进行内容原创生产；另一方面，从技术上提供自动化工具进行运营辅助，包括集团共享稿库、稿件自动更新、频道自动生成等工具。

第二，提高内容分发效率。在解决频道内容来源及丰富度问题后，又衍生出如何将内容高效触达精准用户的问题。为此从技术上提供了频道自动定位排序、桌面一级入口、搜索直达等方式。频道自动定位排序根据LBS（基于位置服务）技术，提供频道按用户地理位置进行自动排序。为了让用户可以快速找到和开启自己感兴趣的频道，我们开发了将频道添加到桌面功能，可一键将频道入口添加到手机桌面，添加后用户即可从手机界面中一键触达对应频道，形成频道首页化效应。为了提升频道的打开效率，技术团队开发了频道搜索直达功

用户可一键将频道入口添加到手机桌面

能，在用户搜索匹配频道的关键词时，将频道在搜索结果中直达，通过增加频道曝光度提升频道打开率。为了让用户快速找到高质量的内容，技术团队根据稿件流量、点赞数、分享数、评论数等数据，计算出稿件排行榜，筛选出高质量内容，让用户快速找到优质内容实现内容高效分发。

第三，精细化运营赋能。为了让运营人员在工作开展中更有针对性，将资源投放在更有价值的渠道及用户上，技术团队开发了包括传播效果分析、频道用户画像分析以及信息精准推送等数据分析工具，赋能频道精细化运营。

开发传播效果分析工具，是为让采编人员更好地了解生产内容的效果，量化内容传播力、影响力、引导力和公信力。该工具能通过数据还原内容在各个渠道中的传播轨迹及触达人群，为内容生产运营提供数据决策支撑。

频道运营和互联网其他产品运营一样，都需要了解目标用户模型，以挖掘他们的需求，并进行有针对性的工作。为了让各频道的运营人员深刻了解目标用户，技术团队开发出频道用户画像分析工具，通过统计用户行为数据、身份记录数据等信息，分析出用户年龄、性别、职业、兴趣爱好等画像信息，为频道传播推广、内容分发、信息通知等运营工作提供决策赋能。

为了避免推送通知过多打扰用户，防止用户产生逆反心理，常用做法是找到用户兴趣只给用户推送其感兴趣的内容。我们在赋能频道运营时，同样提供了基于用户所在地理位置（精准到地市、区县）和用户兴趣爱好的精准信息推送服务。运营人员在推送信息时，可选择指定接收信息的用户人群进行分发，以此实现内容的精准触达，既避免过多推送打扰到不感兴趣的人群，同时提升信息通知的打开率。

二、南方智媒云建设提升媒体生产力

当前，媒体智能化进入快速发展阶段，媒体转型必须向技术要能力、要效率，探索将人工智能运用到新闻采集、生产、分发、接收、反馈中，实现由劳动密集型产业向智慧密集型产业大幅迈进。原则上机器能做的事情尽量由机器做，把大量采编人员从重复性、有规则规律性的劳动中解放出来，做更高端、更有创意、更有影响力的事情。为此，我们启动了南方智媒云建设，包括南方融媒系统、内容管理系统、图音视频库系统、智能校对系统、多媒体中心业务中台等，赋能智能化生产，提升媒体内部生产力。

（一）针对系统没有实现自主可控、业务需求得不到快速切实解决的情况，自主重构升级了南方融媒系统

南方融媒系统的前身为报道指挥系统，上线后快速解决了集团统一报道指挥调度的信息化管理空白。在后续的迭代开发服务中，受制于种种原因，开发进度和技术质量等得不到较好保障，影响媒体融合生产工作推进步伐。因此集团决定依靠自身研发力量对该系统进行重构，升级为南方融媒系统。

重构工作包含后台、苹果端App、安卓端App三个部分，并须对接多个核心业务系统。经过四个多月的攻坚，2019年底如期实现新系统上线切换。项目运用新技术新架构全面重构了几百个功能点和页面，新增40

多项业务部门反馈强烈的功能，实现了媒体业务策、采、编、审、发、评、馈等全链条的技术100%自主可控。

南方融媒系统成为南方报业采编人员分工协作和统一报道调度指挥的平台，实现的主要功能和技术特色包括：

一是报道统一指挥。基于即时通信技术（IM）和地理信息系统（GIS），大大方便了记者、编辑、指挥之间的沟通协同，实现选题策划、指挥调度、任务分配、事件管理、移动协作、新闻日历、地图定位、资源监控等功能，做到对常规事件、重大事件、突发事件报道的统一管控调度。

二是报端融合生产。与“中央厨房”稿库、南方日报采编系统、南方⁺采编系统、采编数据采集系统、图音视频库系统等无缝对接，实现资源共享和报端融合生产。

三是线索雷达监测。接入线索雷达功能，拓展监测微博热点、百度热点、政府新闻、财经新闻等信源，方便记者、编辑及时把握新闻线索，进行选题策划。

四是交稿智能校对。接入智能校对功能，在记者交稿环节即可实现文字自动校对，减少差错，保障内容安全。

五是传播效果分析。接入融媒体小屏数据分析，及时了解稿件流量排行榜、综合热度排行榜、“南方号”热门稿件、报料排行榜、热门视频、微博热点、搜索热点、意见反馈等，指导内容生产。

六是通讯员考评。增加通讯员管理和考评统计功能，实现通讯员、全省新闻秘书供稿情况的自动统计，提高工作效率。

（二）针对人工审校效率不高、容易出错的情况，自主研发了报网端智能校对系统，提升内容生产安全保障

随着媒体转型的推进，媒体校对工作迎来新的挑战与要求，图片、视频内容方面的校对工作比重日益扩大，越来越多的网络新兴词语出现在业务场景中，工作模式越来越繁重，亟待建设符合新媒体校对规律的智能校对系统。报网端产品研发中心和南

方日报要闻编辑部全媒体审校室积极探索，自主研发出符合新媒体校对规律的报网端智能校对系统。

报网端智能校对系统提供文字和图片的智能校对、协同办公、自动修正、校对记录留存、统计等功能，将新闻内容中的错词、漏词、敏感词、可疑词等在采编过程中高亮标注，为编辑提供全自动智能校对服务，为内容生产提供更好的安全保障机制，并极大提升了校对效率。其上线后短短几个月，仅南方日报的校对效率就提升了5倍。

其主要技术特色如下：

第一，打通报网端生产流程，将智能校对全面融入现有采编生产流程。智能校对服务通过和采编指挥系统、网端编辑系统的打通，解决目前报网端的新闻生产过程中校对流程不能在线上处理的痛点，将原有线下单机校对的方式转移到线上校对，提高内容校对效率。同时智能校对融合现有采编生产流程，编辑可随时在网端编辑系统启动校对流程对稿件进行校对，保障内容的安全生产。

第二，校对类型覆盖面广，图文并校，并支持视频审校。智能校对服务目前已覆盖错词、漏词、敏感词、涉政或涉领导人差错词、重点校对词等20种校对类型，为用户提供全面的智能校对服务。另外，根据新媒体的工作需要，增设了图片、视频校对功能，对图片产品存在的风险隐患在线上进行逐一画圈标识并作文字说明，以“图文并校”的形式对图片、视频进行“双保障”校对，严把内容质量和舆论导向关。

第三，校对过程全程记录，校对内容有迹可循。智能校对服务将内容校对过程中的所有校对痕迹进行记录，用户可随时调取校对历史记录查询，让校对流程有迹可循。

第四，结合规则算法和机器学习算法，让校对服务能够“自主学习”，更加智能化地提供服务。报网端智能校对服务在集团原有词库的基础上，利用大数据技术抓取公开词库，使词库更新更加及时，解决原有词库更新频率过低的问题。使用规则算法和机器学习算法相结合的方式，让校对服务能够“自主学习”，为用户提供更加智能化的校对服务。

第五，合并校对模式，整合校对结果，全面提升校出率。将自主研发校对服务与第三方校对服务厂商的词库相结合，充分发挥集团自有词库优势，辅以第三方校对服务厂商庞大的通用词库，以优势互补的方式全面提升错误校出率。

（三）针对海量图音视频处理能力和效率不足的痛点，建设了多媒体中心业务中台

为提高海量图音视频处理能力和效率，技术团队建设了一套通用的多媒体中心业务中台，为南方$^{+}$内容管理系统、南方融媒系统、版权系统、“南方号”、投票活动等数十个平台或系统提供通用能力服务。主要技术特色如下：

第一，通用性高，扩展性强。使用了微服务框架来建设，支持各种格式的图片、大部分格式的音视频处理，提供图片、音视频图片上传、抽图、压缩、裁剪、下载以及音视频上传、转码、合成、发布、下载等通用功能，同时还支持图片多尺寸适配、视频多清晰度转码、图片多样式的配置功能。

第二，接入方便，支持SDK（软件开发工具包）一键导入集成。已封装标准的SDK，为各个业务系统提供标准的接口服务，并制定了业务系统的接入规范，方便业务系统对图片、音视频文件的管理和维护，各业务系统的开发人员只需导入SDK即可一键完成集成使用相关的服务。

第三，海量处理，性能稳定。每年为各业务系统提供数以千万计的图片、音频、视频处理服务，全年稳定无故障。

三、技术提升内容精品制作能力

在新媒体时代，内容产品的制作、爆款的打造很重要。技术建设除了技术平台自身的建设外，还有很重要的一环，就是为内容产品的技术制

作和创意赋能。技术赋能内容产品生产，就是让技术团队走进内容生产一线，和内容团队一起，为打造优质内容提供强大技术支持。

（一）提供优秀内容产品制作工具

技术平台建设相当于搭好戏台、提供载体，内容产品就是戏台上上演的好戏。如何让更多更好的精品戏上演？技术部门可以提供一些好工具，包括开发和集成一些H5快速生产工具、数据可视化报表工具、图文编排工具等，创造多个产品demo（样品）供编辑参考，帮助编辑快速生产内容。

（二）积极响应内容产品紧急工单需求

建立紧急技术支持工单制，为内容产品制作保驾护航。主要针对一些临时紧急的创意，运用工具难以做到，技术团队紧急加班或者通过版本排期调整，提供定制化研发服务，如一些较复杂的H5产品等。

（三）从支持内容产品制作走向内容产品创意

新冠肺炎疫情期间，南方报业技术部门跨界内容产品，迅速参与打造了两款典型的内容创意产品：南方+新冠肺炎疫情地图实时动态查询系统和南方都市报“记疫”时间轴。其中疫情地图实时动态查询系统采用H5技术，对疫情数据进行可视化，以地图、趋势图、动画等形式，实时向公众展示疫情动态。特别是随后推出的涉疫情小区地图位置实时定位查询，引起用户极大关注。疫情动态“记疫”时间轴通过梳理疫情期间的重大事件，精简和提炼后实时滚动更新在一条时间线上，用最简洁、直观的方式系统化、完整化、精确化记录疫情。用户可正序浏览疫情发展轨迹，可切换倒序模式了解疫情最新动态，每条信息均可点击了解事件详情或观看相关视频。截至2020年9月30日，产品阅读量已达1000万人次。

展望未来技术发展，颠覆性的技术将颠覆众多行业，随着5G的商用，VR、AR、MR和物联网更可有效落地，未来的技术发展导向必将是：万物互联，智能加速。5G将引发视听产业新一轮爆发，“5G＋4K/8K＋VR”

直播将会成为一种标准常态，“5G＋物联网”甚至可以构建实时的智能摄像头新闻网络；区块链将广泛应用于内容保护，借助区块链技术不可篡改、不可撤销、去中介、去中心等特征，实现内容监管和版权保护；人工智能将进一步赋能内容生产和传播，智能设备作为新闻接收的终端将为用户提供无所不在的信息获取，而随着智能硬件与物联网融合普及，走进千家万户，还将产生新的媒体形态；产品服务将进一步取代形式媒介，新技术进一步改变媒体属性；新技术催生并进一步强化超级App，目前“两微”发展依然强势，今日头条异军突起，一些“官方号”入驻抖音产生非常大的影响力……如何借力这些平台值得深思。

随着技术的发展，媒体的业务边界将进一步拓展，向网上课堂、智慧党建、办事咨询等更多社交领域、服务领域延伸。在这个过程中，会不断出现跨界的业务融合、资源融合、技术融合，让未来的媒体呈现出更多的可能性。“世界上唯一不变的是变化本身”，技术进步永无止境，媒体发展永无止境，我们将永远在路上。

案例
疫情地图实时动态查询系统研发

2020年伊始，突如其来的新冠肺炎疫情牵动着亿万中国人的心，南方报人第一时间奔赴武汉前线开展战“疫”报道。在后方战场，产品技术人员也紧急行动起来，全力以赴做好应急技术支撑，研发战“疫”产品，助力疫情防控报道。其中，南方$^{+}$产品研发中心迅速抽调精兵强将组成战时团队，和南方$^{+}$内容团队联手，紧急开发并及时推出了疫情地图实时动态查询系统，引起全省网民广泛关注。截至2020年6月30日，南方$^{+}$新冠肺炎疫情地图实时动态查询系统访问量达2.5亿人次，极大提升了南方$^{+}$战“疫”报道的传播力、影响力。

一、疫情地图功能概述

南方$^{+}$疫情地图实时动态查询系统主要包含三大块：广东疫情地图、全国疫情地图、国外疫情地图。

广东疫情地图：广东省疫情数据总体情况（累计确诊、累计治愈、累计死亡，现有确诊、境外输入）及总体趋势图；全省21地市疫情详细数据（累计确诊、累计治愈、累计死亡、新增确诊）、病例分布形势图、演变动图和演变视频，以及现存确诊病例分布情况（危重、重症、普通、轻微）；病例轨迹查询（全省确诊病例发病期间曾逗留过的小区或场所详细清单，距离用户最近的确诊病例小区地图查询）；辟谣公告；确诊患者同行程查询；实时播报（时间轴）。

全国疫情地图：全国疫情数据总体情况（累计确诊、累计治愈、累计死亡，现有确诊、无症状感染者、境外输入）；全国疫情详细数据（各省确诊、治愈、死亡）和病例分布形势地图；辟谣公告；实时播报（时间轴）。

国外疫情地图：国外疫情数据总体情况（累计确诊、累计治愈、累计死亡、现有确诊）、病例分布形势地图、疫情变化趋势图；全球疫情详细数据（各国累计确诊、累计治愈、累计死亡、新增确诊）；主要国家（美国、意大利、韩国、日本、伊朗、德国、法国、西班牙等）疫情地图和变化趋势图；全国各省境外输入病例详细数据；实时播报（时间轴）。

其中广东省新冠肺炎疫情地图实时动态查询系统最受关注，实现了疫情病例轨迹动态实时展示，让社会公众及时掌握确诊病例的活动轨迹信息；能够自动定位用户所处地理位置，基于球面经纬度计算得出距离用户最近的病例轨迹，并在地图上进行标记和显示，使用不同颜色在地图上渲染出不同地区病例分布情况，并按时间动态渐变，实时展示不同地区病例分布及变化情况；对疫情数据进行全面可视化呈现，以地图、折线图、趋势图、视频动图等多种形式，实时向公众直观地展示疫情动态，指导公众安全出行，对促进我省疫情防控起到了重要作用。

二、紧急研发过程

2020年1月23日（除夕前一天）凌晨2时，武汉宣布即日10时起封城。时间就是生命，疫情就是命令。在集团紧急统一安排下，南方报业多名记者毅然放弃回家过年，24日除夕夜随广东第一批援鄂医疗队奔赴武汉抗疫前线，立即投入战“疫”报道。在后方战场，产品技术人员也紧急行动起来，全力以赴做好应急技术支撑，并准备从产品技术的角度，研发战“疫”系列产品，助力疫情防控报道。

25日（年初一）开始酝酿策划，并于当日完成战时精干攻关团队组建，开始产品设计，连夜开发；26日（年初二）凌晨3时完成系统架构设计和数据采集模块开发；27日（年初三）22时开发完成上线了初步的全国疫情实时动态地图，并第一时间在微信朋友圈进行了发布，引起网民广泛关注；紧接着争分夺秒于29日（年初五）13时开发完成上线了初步的全省疫情实时动态地图，这是广东省率先推出的具有可视化呈现能力的实时疫情数据地图系统，极大地方便了广大社会公众及时直观了解疫情信息。随着疫情的进一步发展，2月2日19时起启动了疫情小区的地图位置实时定位查询功能开发，并于2月6日10时正式上线。没人不关心自身安危，自己居住小区或周边小区是否有病例是用户最为迫切的需求痛点，该功能一经发布，立即引起了广大网民的极大关注，纷纷在朋友圈转发，极大提升了南方⁺的传播力、影响力。在夜以继日的开发过程中，该系统还陆续添加了各种曲线图、折线图、直方图、趋势图、分布形势图、视频动图等数据可视化元素，不断完善疫情地图实时动态查询系统的功能和表现形式，使疫情变化数据、地域情况一目了然。3月25日之后全国疫情趋于稳定，外防输入成为重中之重，于是紧接着启动了国外疫情地图功能的开发，功能大体与全国、全省疫情地图功能类似。

三、特色与亮点

（一）技术与内容深度融合，大胆跨界内容产品创意

此次疫情地图由南方⁺客户端出品，南方⁺产品研发中心牵头策划执行，南方⁺内容运营中心和南方日报时政新闻部、地方新闻部、珠三角新闻部提供数据和内容支持，是典型的技术与内容深度融合而研发出来的新媒体产品。在产品研发过程中，产品技术人员大胆跨界，从支持内容产品制作走向内容产品创意，以地图、趋势图、动画等形式，实时向公众直观地展示疫情动态。同时，产品技术人员与南方日报医卫记者及21个地市记者站共同核实大量疫情病例和小区数据，为疫情地图提供权威便捷的服务打下坚实基础。

（二）“四化”理念贯穿疫情地图产品始终

“移动化、平台化、可视化、智慧化”是主流媒体转型的必然趋势和路径，此次疫情地图开发，我们始终不忘把“四化”理念贯穿产品的始终和方方面面，以全面提升战“疫”报道的传播力、影响力。

移动化：疫情暴发期间，恰逢春节人口大规模流动，人们手机使用频繁，疫情地图产品着力开发手机版本，在南方⁺移动平台上推出，每个功能点和页面都充分考虑和适配了手机客户端和微信朋友圈分享等移动场景。

平台化：此次疫情地图开发，将卫健部门发布的疫情信息和病例数据进行整理、入库，提供的是一个疫情信息的展示和查询系统，这是一个可反复使用的平台，公众可随时在系统上方便地查询。

可视化：疫情地图中使用了各种地图、曲线图、折线图、直方图、趋势图、分布形势图、视频动图等数据可视化元素，直观展现疫情动态，疫情形势、地域分布情况一目了然。

智慧化：自动定位用户位置，显示附近病例小区，指导公众安全出行。阶段性分析疫情地图的流量情况，及时做出技术调整。

■总编辑点评：

此次疫情地图由南方+产品研发中心和各内容部门共同完成。从这个产品中，我们可以深切感受到，技术不再仅仅是内容背后的配角，而是真真切切走到了新闻生产前线，从支持内容产品制作走向内容产品创意，成为媒体融合转型的发动机和加速器。

这个产品既是技术部门中产品设计、前端开发、后端开发、大数据采集与开发、测试、运维等多个工种深度融合、通力合作的结果，充分彰显了技术一体化支撑的强大威力；也是技术部门与内容部门深度融合、通力合作的结果，医卫跑线记者、各地市记者站紧密联动，在疫情数据的收集、整理、核查等方面做了大量基础性工作，为疫情地图提供权威便捷的服务提供了重要的数据支撑。因此，要使技术为传播插上翅膀，实现纵横两个融合互通是必由之路。

第三章

经营一体化统筹

媒体是党治国理政的重要工具，同时也是文化产业的重要组成部分，因此既具有意识形态属性也具有产业属性。在市场化条件下，做好经营是媒体生存和可持续发展的内在需求，也为巩固壮大主流舆论阵地、更好履行职责使命提供坚实保障。

传统报业的经营基于“二次销售”的商业模式，第一次销售是把报纸卖给读者，销售的是信息，落脚点是发行量；第二次销售是把读者的注意力卖给广告客户，落脚点是广告量。通过二次销售，传统报业形成了发行和广告两大经营业务，进而形成了完整的商业闭环和有效的盈利模式。

综观传统报业经营的全过程，媒体的传播力在其间发挥着重要作用，无论是连接读者还是广告客户，无论是发行工作还是广告业务，都离不开传播力。传播力是媒体的核心竞争力，直接影响媒体的社会效益和经济效益，不具备这种能力或者这种能力相对较弱的媒体，在竞争中就居于劣势，就会失去用户和市场，社会效益和经济效益的实现也就无从谈起。

近年来，随着媒体格局发生深刻变化，传统报业的商业闭环逐渐被打破。以前是“媒体传播，受众接受”，媒体作为内容生产者占主导地位，而现在转变为“用户选择，媒体提供”，内容消费者开始占主导地位。在这种背景下，传统报业的用户规模不断缩小，生存空间被挤压，所占的广告份额逐年下降，经营形势日趋严峻，每年都有纸媒因撑不下去而停（休）刊。面对新媒体的猛烈冲击，传统媒体的经营业务已经到了一个革新图存的重要关口。倘若不能将经营搞上去，传统媒体就要面临被市场淘汰的命运，传播力建设也就无从谈起。而如果一家媒体的传播力强、品牌价值高，反过来则可为其经营提供有力支撑，进而夯实报业转型的根基，此犹如鸟之两翼、车之两轮，相辅相成，缺一不可。

在推进媒体融合向纵深发展的关键阶段，抓经营也是讲政治。抓好经营工作，对于报业的生存发展和传播力提升具有至关重要的意义。理想的状况是实现"强传播力—（塑造）—高品牌价值—（带动）—全媒体矩阵营销—（驱动）—经营多元发展—（收获）—良好经营效益—（推动）—集团多元发展—（反哺）—持续做强传播力"的良性循环，通过推动服务功能、服务能力、传播技能、传播效能的转化与提升，最终体现在经营基本盘稳步提升，为报业转型争取时间，为媒体深度融合发展提供"弹药"。

我们在推进媒体深度融合发展的过程中，坚持经营一体化统筹的发展思路，不另起炉灶，不另外拉一支队伍，而是充分发挥南方日报原有经营队伍的经营能力，将这支原本只负责报纸广告的经营队伍，转型为服务南方日报、南方网、南方$^+$客户端等多个平台的团队；并通过经营制度优化和绩效考核导向，使南方日报的经营人员深刻认识到，报网端打通，为每一位经营人员提供了多个经营平台，让全案营销和全媒体经营成为可能。

一体化经营充分释放了党报经营队伍的活力，提高了党报的抗风险能力，厚植了党报经营的业绩。近年来，虽然国内报刊广告经营持续下探，但南方日报全媒体主要经营指标却连年看涨，报纸广告保持高位运行，新媒体营收快速增长，报网端经营总收入突破10亿元大关。

南方日报一体化经营以集中资源探索管理创新，以集约资源探索服务创新。主要体现在以下三个方面：一是建立与内容一体化生产、技术一体化支撑要求相匹配的，以南方⁺客户端等为转型主平台的报网端一体化经营新机制；二是顺应媒体融合发展新趋势，树立互联网思维，以用户为中心，不断拓展和开发用户，提供个性化、精准化匹配和运营服务；三是以线上全媒体、线下多场景的全面融合为依托，提供融合经营全链条集成式服务。三个方面的协同改革，为南方报业在媒体融合新的历史起点上巩固壮大开创了新局面。

第一节 破除藩篱：算大账不算小账

推动媒体融合发展，如果说内容一体化生产重在打破报网端等平台之间的有形、无形之墙，实现内容生产“你就是我、我就是你”的充分融合，那么，经营一体化统筹则着力集中资源，充分发掘报网端等不同平台的品牌价值和优势，使管理方式、经营模式与一体化发展的要求相适应，进而以经营效益的提升促进全媒体传播力的提升。

一、报网端一体化经营平台

在党报集团经营模式创新方面，各地陆续形成了一些各具特色的经验，具有代表性的主要有以下几种模式：一是通过整体上市筹措资金，实现快速转型，然后用非传统业务经营作为媒体机构新闻生产主业的支撑。二是依靠党委、政府强有力的支持，如划拨一定规模的国有资产，帮助其实现业务拓展，这显然是很多地方无法复制的模式。三是依托党委、政府的支持，积极推进文化、传播、信息等相关领域的多元产业发展，主动转型，优化经营结构，这是当前比较常见的方式。

总的来看，上述几种模式有两个鲜明特点：一是资本运作，二是借助多元化产业“输血”支撑主业。这些在经营模式方面的创新探索，尤其是资本运作和多元产业拓展，确实打通了报业经营转型发展的难点和堵点，对今天报业的生存发展的确十分重要。然而，站在增强自我造血机能、壮大文化产业、提升党媒主动权和话语权的角度，尤其值得探讨的，是基于媒体主业——传播力的经营一体化统筹模式。

南方日报探索形成与内容一体化生产相匹配的经营一体化统筹模式，就是充分用好一支经营团队，集中开发报、网、端、微、屏等各个平台的介质资源，发挥各自优势，集约运营传统广告产品与新媒体产品，深耕客户、用户市场，拓展全媒体服务价值，进而实现降本、提质、增效的经营目标。这样做的重要意义在于，在节约刚性成本的基础上，很好地消融新增业务板块与原有业务板块之间的壁垒，有效规避了品牌之间的内耗。同时，因为经营一体化统筹，经营团队同时面对报、网、端、微、屏等全媒体渠道和介质，可以根据市场需求，高效整合优质资源，为客户量身打造全方位、立体化的全媒体服务方案，持续提升广告客户的体验，从而增强客户的黏性。

当然，集中报、网、端、微、屏等多平台的经营一体化统筹模式，不等于“吃大锅饭”，目的在于找到各媒体单元的共性，优化统筹管理。这既是推动媒体深度融合发展的内在一致性要求，同时也有助于推动传播力建设与经营能力提升的良性循环，实现传播力与经营效益的双提升。

二、从“广告经营”到“一体化经营”

传统媒体的经营业务，一个突出的特点是部门、条块区分鲜明，比如业务部门分为地产、汽车、家电、3C（计算机类、通信类和消费类电子产品）、教育等，经营条块除媒介经营外，又分为主题策划展陈、设计出版印务、大型活动执行等，各有各的业务范围，边界清晰明确。

随着互联网精准化、社交化新营销的兴起，信息传播越来越细分，但信息连接又愈加集中。一方面，广告受众接收的广告信息过于庞杂；另一方面，广告主的要求越来越高，发布广告的需求与目的不再单一。就以报纸而言，版面作为广告渠道的重要性因用户阅读方式的变化而式微，亟待寻找新的立足点，冲出重围，找到供需两端的平衡点。

应对这种变化，惯常的思维就是成立新媒体公司等来拓展新业务。但要看到，随着内容一体化生产的推进，报纸与网端从“你中有我、我中有你”推进到“你就是我、我就是你”，在这种情况下，沿用部门、条块区分的方式来经营业务，就有可能在内部制造并放大利益纠葛，形成各种“有形的墙”与“无形的墙”，双重影响业务的创新突围，也不利于最大程度上发挥融合发展的效应。我们认为，“算大账不算小账”可以有效填补新旧媒体经营单元、部门之间的利益鸿沟，打破组织的界限，从而避免内耗，杜绝资源整合整而不合、融合发展合而不融现象，最大限度“握紧拳头”，集约资源提升总体经营效能和效益。

南方⁺客户端上线以后，我们将其作为转型主平台，提出“此长彼长、此优彼优”及“转型不转移”的一体化经营思路。从数据来看，2016年南方⁺经营收入突破1000万元，2017年突破3000万元，2018年实现1.2亿元，2019年跃升为2.1亿元。而2020年超过2.6亿元，从高速增长向高质量增长稳步发展。从区域市场的营收结构来看，南方⁺收入占比也逐年提升：2018年，南方日报经营公司珠海分公司的南方⁺年度营收占比首次超过报纸广告收入，成为南方日报经营全力向移动端转型的标志性事件；2020年上半年，南方⁺营收占比超过报纸广告收入的区域（分公司）已达14个，占所有区域（分公司）的65%，一体化经营“向端转型”的势头强劲。

可喜的是，在南方⁺客户端快速成长的同时，南方日报传统广告营收不降

南方$^{+}$近年营收数据增长统计图

反增，2019年广告收入3.27亿元，已连续多年维持高位运行；南方网也保持较快速度地增长，2018年至2020年连续三年迈入营收“亿元俱乐部”。

实践证明，南方日报探索的“三个一体化”，既是一个整体，又突出功能属性、点面结合，既坚守党报核心价值，又打造全媒体服务新能力，为持续创新经营提供有力支撑，也为抢抓转型窗口期奠定良好基础。

三、一体化经营的“微创新”

生活中有太多的例子告诉我们，每上马一个项目，就拉一大帮队伍，事情还没有干起来就先把成本做起来，赚一点快钱就消耗光利润，这样是干不成任何事业的，也是没有未来的做法。为此，从创办南方$^{+}$的那一天起，我们就明确了“不另外拉经营队伍，由南方日报经营团队统筹报网端经营”的思路，原班人马就地实现“华丽转身”，鼓励通过“微创新”探索“新突破”。

（一）一体化经营的组织融合

随着报网端融合的深度推进，特别是南方$^{+}$客户端平台建设与用户基础的日趋完善，如何将南方日报积累多年的内容生产优势，特别是政务资源、读者资源、广告市场资源等延伸到客户端，在客户端得到更加开放的呈现，进而用好客户端的流量，实现流量变现，这既是一体化经营的重要命题，也是考验组织融合的重点。

一体化经营的组织原则和运营理念重点在于“一支队伍、一个目标、一体服务”。所谓“一支队伍”，即南方日报经营团队全面对接南方⁺客户端，承担南方日报广告经营工作的同时，全权代理南方⁺客户端广告经营，成为移动端的“直营团队”；“一个目标”即报端深度融合，实现“你就是我、我就是你”的融合目标；“一体服务”即通过报端融合形成统一标准的全媒体矩阵产品，对外提供统一标准的全媒体信息服务和增值服务。

在业务管理上的创新。2018年底，南方日报经营公司以市场运营和品牌建设业务为突破口，重新组建了南方⁺市场运营中心。由分管南方日报经营工作的集团公司领导兼任南方⁺客户端总经理，南方日报经营公司总经理兼任南方⁺客户端副总经理，南方日报经营公司副总经理兼任南方⁺市场运营中心首席市场官，南方广告公司新媒体实验室总监兼任南方⁺市场运营中心市场总监。南方日报的经营业务团队同时成为南方⁺客户端相关行业的运营人员。此举进一步优化了组织结构和报网端业务协作流程，全面提升了一体化经营的效能。

一是“做加法”。全媒体经营需求对接南方⁺的平台运营、品牌推广，不仅是人力、服务、功能上的加法，更是效率、传播上的乘法。二是“做优化”。跨部门打通，推动经营创新转型，对接全媒体传播产品服务需求，同时兼顾融媒体品牌推广和爆款功能推介，全方位服务好广告用户。三是“做强化”。运用机制创新，提升团队战斗力，鼓励“走出去”向品质企业推介全媒体矩阵产品，“引进来”体验南方⁺全媒体矩阵平台。四是“做创新”。采用融合运营的模式，以项目驱动运营，把众多项目呈现在移动端，同时将线下场景运用到移动端，实现平台、服务、产品和项目的有机融合，达到创新经营与平台运营双轮驱动的效果。

在版权运维上的创新。一直以来，主流媒体将大量人力物力投入优质内容生产中，但新闻版权侵权行为的长期泛滥严重损害了主流媒体的合法权益，以至于业界流行着“传统媒体辛苦种草，新兴媒体免费放羊”的说法。

2017年初，南方日报经营公司成立版权管理部，将南方日报、南方网、南方+客户端的版权事务进行统一管理与对外授权，为经营开拓了新的收益增长点。2018年底，集团正式成立了报网端版权工作部，在报网端版权统一管理基础上，积极探索代理集团下属媒体版权运维，实现集团版权运维融合发展，版权运维收入稳步增长。随着南方版权运维平台的上线，过去主要依靠人工完成的确权业务以及侵权的监测、取证、出证等业务，已全部实现线上标准化处理。跨部门组成的版权团队以此为契机，积极探索版权运维新的合作商机。

（二）一体化经营的能力提升

融合发展下的媒体市场对经营团队提出了新的能力要求，比如，传统广告员要转变为媒介顾问、品牌顾问、全媒体顾问，传统广告设计师要从平面设计师转变为交互设计师，文案策划要转变为全媒体策划、创意企划、编导制片，活动执行则转变为活动运营、会场搭建、会务管理，行政部门和客服部门要转变为采购招标、客户管理、数据分析。这就要求经营人员必须克服本领恐慌，紧贴需求提升一体化经营能力和水平。

以持续多年的广州车展活动营销为例，原来的单一报纸平台的营销模式转化为全媒体一体化经营模式。经营人员从以往售卖报纸广告，转型为“线上全媒体，线下多场景”的全媒体营销人员。在线上传播方面，根据活动主题、热点，密切结合广告主的宣传需求，依托报、网、端、微、屏等多平台，紧紧围绕广州车展开展全渠道营销；推出报纸车展特辑，并通过车展主题的H5、短视频、创意推文等多产品形式营造高人气的氛围，助力汽车展销；结合车展主题，推出网上看展专区和“南方车评榜——金轮奖”，供广大用户在线互动，选出最受欢迎车型、年度品牌、年度经销商等奖项。在线下活动方面，搭建展区，邀请汽车厂商、业界嘉宾与消费者现场互动并进行视频直播；活动过后，通过数读车展、图集展示、短视频轮播等方式，在报网端联动发布车展盘点，与厂商联手推出线下优惠购车活动，为消费者提供便捷触达的购车服务。通过上述多渠道多形式的线上传播，结合丰富的多样化场景切换，经营队伍一体化经营的服务能力和水平得到了有效提升。

南方日报在区域市场也充分运用报网端一体化平台为当地党委、政府及企事业单位提供运营服务。2020年4月，面对梅州多地出现杨桃、枇杷等农产品滞销的情况，南方日报采编和经营人员快速反应，在梅州市委、市政府的指导下，与梅州市农业农村局等多部门联动，有效整合南方日报、南方农村报、南方+客户端、南方优品以及当地媒体、电商企业等资源，充分发挥一体化平台优势，开展线上营销，线下则联合开展直播带货活动，有效发挥了消费助农作用，成效显著。如4月1日开展的首场枇杷带货直播，带动网上下单8万斤，销售额约45万元；4月19日开展的兴宁鸽带货直播，带动线上下单2000多件，销售额超20万元。

毋庸置疑，经营人才也是推进媒体融合转型的关键因素。近年来，报网端经营系统不断壮大，深耕区域创办分公司，加大经营人员投入，目前经营团队整体趋于年轻化，总人数突破200人。与此同时，推进架构、人员优化，实行业务流程、激励机制和队伍培养机制的再造。一方面，从采编系统调配优秀人才充实经营团队，打造复合型人才，引导经营团队开展“内容＋智库＋传播＋全案”的全流程服务，做大做强品牌项目；另一方面，公开招聘技术人才，提升技术晋升通道，用技术撬动新媒体业务。

（三）一体化经营的流程再造

在加强报网端一体化经营队伍建设的同时，我们通过技术赋能和业务协作，推动经营流程再造，充分整合报网端资源，对接广告市场需求。

随着一体化经营的整体推进，传统的报纸广告管理制作系统已经难以适应，需要更为强大的报网端广告发布管理系统。2018年，我们开发了移动端广告发布管理系统，完全拥有自主知识产权，极大优化了用户体验和广告效果。如今，这套系统支撑报网端运营50种广告形态、近千种投放组合，既为客户提供了多元化的广告产品，优化了流程，也为报网端广告一体化运营管理提供了平台支撑。

为了使一体化经营的流程运作得更为顺畅，南方日报经营公司建立了新媒体实验室。这个实验室系抽调新媒体市场推广、全媒体策划、创意新媒体产品制作的人手组建而成，以便直接对接各个业务单元、部门不断增长的新媒体拓展需求。从新媒体实验室初期的业务功能来看，主要是开展全媒体策划、新媒体案例及产品学习、“两微”运营、创意文案和新媒产品制作等工作。目前，业务范围已经拓展为对内对接各种全案营销、创意企划、新媒体产品生产及发布、短视频策划与制作等，对外推介全媒体产品、对接线上线下资源、执行全案合作项目等。

第二节
用户导向：个性化精准定制

无论传统媒体还是新兴媒体，用户都是传播链条的重要一环，是媒体传播力的出发点和归宿点。用户的数量与结构事关媒体的传播力和影响力。因此，历来媒体都把用户放在非常重要的位置。但实际上传统媒体并不使用“用户”这个概念，报刊叫“读者”，广播叫“听众”，电视叫“观众”，总括起来叫“受众”。传播机制是一点对多点、呈辐射状的，而作为传播主体的媒体，与受众的关系并不是均衡的，对受众的沟通联系、维护拓展都远远不够。伴随着互联网的无远弗届，新媒体的传播时空大大拓展，用户的数量和概念也大大扩展。

这个时候，我们发现依靠以往联系受众的机制难以满足形势的需要。比如，此前南方日报并没有统一的读者服务部门，行政部下设有专岗联系读者、通讯员和新闻秘书，集团报料热线负责读者报料，发行物流公司负责报纸的大征订、日常发行及发行客户的维护，经营公司负责广告客户的沟通。总体来说，对用户的沟通、推广工作处于边缘化的位置，并且分散在采编、经营、行政等各业务口中，亟需实行一体化的运营，在此基础上进行数据开发，进行精准化、个性化、定制化生产，进而不断拓展壮大用户。

一、从读者到用户，转变服务思维

一体化经营的用户思维要点在于一切以用户为中心，始终站在用户的角度思考问题，了解用户需求，关注用户痛点，吸引用户参与，在这个过程中匹配相应的产品和服务，让用户获得参与感、归属感和成就感等良好体验，从而获取用户、留住用户、累积用户和运营用户，基于用户不断创造更多价值。从媒体运营层面来看，树立用户思维要求我们改变以媒体为中心的生产方式和服务方式，树立以用户为中心的工作思维和工作流程，其实这就是新媒体条件下的“三贴近”、新技术条件下的群众路线，体现的是媒体以人民为中心的工作导向。

近年来，我们不断加强员工的学习培训，既重视采编人员的新媒体表达能力，也强调经营人员的新媒体营销能力，以学习培训推动理念转型，以“头脑风暴”促进知识革新。无论采编，还是广告、发行、行政等各业务板块，每一名员工均要求牢固树立用户思维，在千方百计理解、满足、创造用户需求的基础上，善于运用互联网积极开拓、挖掘潜力，将传统内容生产经营优势转化为新媒体时代的服务能力。我们坚持以用户为中心，推动媒体变革和集团改革发展各项工作，从报网端的改版改革，到体制机制的刷新，从融媒体产品的生产，到一体化的经营，都把用户需求和体验视为重中之重，致力于为用户量身定做符合其需要的信息产品和服务。我们强化战略规划，提出“用户优先”战略，并将其写入《南方报业传媒集团高质量发展三年行动计划（2020—2022）》，作为指导集团从2020到2022年的重要战略指引。我们反复强调，传统媒体在移动互联网下面临的危机归根结底是服务能力的危机，要化危为机，必须以服务提质为抓手，创新经营方式，全面提升服务用户的能力，打造拥有强大实力的新型媒体集团。

二、精准用户画像，把准用户市场

一直以来，南方报业高度重视读者和客户，提出了“影响有影响力的人”等激励人心的口号。限于技术条件，对用户的基本情况如年龄构成、职业分布，以及消费习惯如阅读偏好、时间分配等，缺乏清晰的界定和描述。今天，云计算、大数据等新技术和媒体融合发展为用户数据挖掘提供了便利。

2019年12月27日，南方$^+$首份用户画像正式出炉，这是集团旗下南方数媒研究院联合艾瑞研究院，通过问卷调研、一对一访谈、桌面研究、大数据分析等方式，对南方$^+$客户端所有用户进行定量研究后推出的第一份数据报告《中国移动端新闻资讯头部用户内容消费洞察报告》。通过这个调查报告，我们可以了解南方$^+$用户的内容消费偏好、用户时间分配等用户画像，把握该群体的用户行为特征与营销价值。

从资讯内容来看，数据显示，90%的用户会在App中看到自己行业的相关信息，其中46.5%会经常在App中看到自己行业的相关内容。此外，65.8%的用户群体在南方$^+$上发表内容、参加营销活动等，互动性越强、黏性越高，营销效果就越显著，

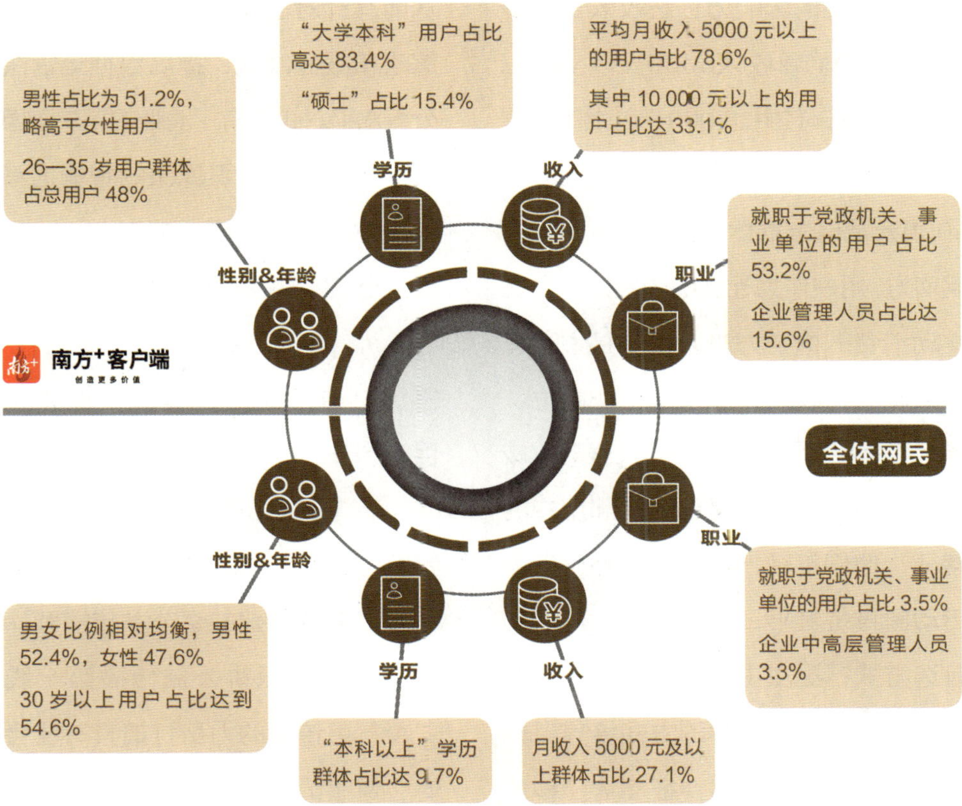

2019年南方+用户画像与全体网民画像对比

这表明南方+资讯内容更贴近读者。

从用户群体画像来看，南方+用户具有高素质、高影响力、高消费力的特征：在学历上，南方+用户大学本科占比高达83.4%，硕士研究生学历占比超15%，高学历奠定了他们高素质的基础；在职业上，南方+用户过半就职于党政机关、事业单位，15.6%为企业管理人员，而"全体网民"中这两项数据的占比分别为3.5%、3.3%，这表明南方+用户在工作中是重要的参与者和决策者，有较高的话语权并对社会发挥着重要的影响力；在收入上，南方⁺用户平均月收入5000元以上的占比达78.6%，其中10 000元以上的用户占比达33.1%，而“全体网民”月收入5000元及以上群体占比27.1%，这表明南方⁺用户作为社会的中坚力量，是推动消费的重要力量。也就是说，无论从职业、收入，还是从工作岗位、学历等指标看，以南方⁺为代表的权威性媒体的用户，都呈现出头部用户的特征：他们年轻，读书、户外旅行、运动健身是其平日休闲放松、玩乐的首选方式；更注重精神与身体的深度放松，采取非娱乐性的方式培养自己的兴趣爱好。就性格特征而言，移动端头部用户性格表现较为沉着冷静，以理性、乐观、有责任心、低调、独立为主要特征。

如何把握好这样庞大且高素质的用户市场、挖掘市场潜力，实现流量变现，是尤为值得关注的问题。为此，我们建设南方⁺数据运营中心平台，对客户端、用户、编辑和运营活动的状态、效果进行即时分析洞察，从而有针对性地调整产品内容、推广策略和服务方式，提高数据运营决策分析水平。正是有了清晰的用户画像，我们基于南方党媒算法的智能推荐、传播效果跟踪监测反馈平台——南方报业全媒体传播数据云图才成为可能。

三、打造活动品牌集群，提高黏性促进合作

品牌是市场竞争的根基。近年来，我们与中山大学联合推出“南方公益”品牌，秉持共建共享公益传播智库的理念，始终深耕公益传播第一线，“善”用传播的力量打造具有社会价值、商业价值、学术价值的案例，对品牌更新、融合协作起到积极作用。

“南方公益•企业公益传播力”项目是智库型报道的成功尝试之一，核心产品包括企业公益传播力指数、论坛、公益传播案例库。《南方公益•企业公益传播力报告》创新性引入了大数据传播评价体系，四年间经过南方舆情数据研究院不断地修正和改善，是公益大数据传播领域相当有竞争力

的数据体系。

在媒体、高校、专业机构联合开发的数据分析方法以及专业采编团队的保障下，《南方公益·企业公益传播力报告》已经具备融媒智库产品形态，并且逐渐走向成熟。四年来，借助“南方公益·企业公益传播力”项目，南方日报、南方+客户端旗下“南方公益”平台积累了百万余条数据、200余个案例。

正因为“南方公益”一直深耕公益传播的第一线，在疫情来临时才能迅速反应，展现主流媒体的责任担当。2020年新冠肺炎疫情期间，“南方公益”平台联合社会力量发起“万企暖医——我们一起行动”公益活动，关爱广东奋战在抗疫一线的医护人员及其家属，打造公益活动平台，在全省21个地市、各行各业迅速汇聚起一股尊医爱医的暖流，传递战“疫”正能量。

在常态化疫情防控下全面复工复产复学之际，我们推出“出行防疫小课堂”系列融媒体产品，并结合地铁、公交车、出租车、网约车、共享单车等大众出行场景进行线下传播，一个月内触达人次过亿，有效宣传普及了个人防护知识，强化了做好疫情防控的理念。

公益品牌活动助力垂直类用户的培养，也促进市场的深度开拓。“东莞市民运营会”是采编团队和经营团队探索出的垂直类项目，采用“媒体+”融合创新思路，按照“项目合作、协会推动、市场参与”的管理体制，实现资源整合。一方面，项目发挥策划组织、搭建平台进行宣传发动，有内容，也有流量；另一方面，项目拉动各方主体参与进来，实现整合传播，效果最大化。数据显示，2018年、2019年东莞第一、第二届市民运动会共举行53项体育比赛、超1000场配套活动，直接参与人次近40万（其中仅参赛人次就超6万），南方+推出报道120余篇、视频直播18场，相关报道流量超2000万，并通过冠名合作、商业招商、全媒体共建等方式实现了不错的营收。

四、集中优势资源，拓展垂直市场

全媒体时代，探索用户管理与运营，必然需要聚合优势资源。在实际经营项目运营中，我们通过“内容＋活动＋服务＋商务＋融媒体传播”的营销组合和产品匹配，实现对当地“传播需求＋支柱产业＋智库资源”的营销对接，进而实现对“精英用户＋垂直用户＋社区用户”的运营开发和高质量服务。

在运营实践中，我们注重以内容专业化提升市场核心竞争力，积极探索用户新需求，强化产品思维，梳理形成传统报道、新媒体、智库、活动运营四大门类近50种产品目录，形成市场拓展抓手。以南方⁺为转型主平台，吸引各媒体各部门实现经营协同，提升效率和体系竞争力，联动拓展商业市场。主要体现在三方面：一是精准切入长尾市场，贴近用户，强化服务，关注人民群众吃、住、行、游、乐、购等美好生活的方方面面，通过开放生产、社群运营形成用户“基本盘”；二是通过“技术＋美学＋灵感”创新服务头部客户，长图、视频等创意新媒体产品，强化了头部客户对南方日报、南方⁺的认同感；三是平台化运作、场景化思维，以“健康＋直播课堂”“国潮粤造”等场景项目的运作，实现社会效益和经济效益双丰收。

第三节 全案服务：全媒体整合营销

从经营一张报纸到经营以报网端三个平台为主的全介质营销，市场需求在改变，营销方式也要主动改变。众所周知，媒体经营的实质就是有效匹配客户需求与目标用户，进而在面对客户与用户的双向服务中创造价值、赢取利润，因此我们必须严格推行集约资源管理，实现降本增效。传统报纸的经营，营销团队主要工作是做准报价工作，做优客情服务。现在，一张报价表已经不能囊括客户的需求，必须加强文案策划服务，配合客户做好主题策划，做优传播工作。那么，如何才能集中优势资源有效连接广告客户和内容用户，从而实现符合融合发展需要的经营领域的供给服务变革？对此，我们的答案是：全媒体整合营销服务。

传统媒体经营有时也会因应广告客户的要求，进行一些线下配合活动，这种项目联动已有“全案服务”的雏形。而全媒体的运营需求，则大大加速了全案服务的进程。这便要求经营团队要善于将集团的资源和产品优势在一个个全案服务业务中进行深度整合和协同运作，最大限度地实现资源价值增值。

一、全要素服务

打开今天的南方日报经营系统服务产品清单，很多客户都惊讶于其丰富的内容，因为除了传统的广告内容策划与生产外，更涵盖了室内户外展播屏（付费墙）、视频制作、品牌活动策划与执行、展陈策划与执行、空间设计与布展、文创IP开发、市场调研与发布报告、舆情监测与数据分析、物流电商等横向多领域的服务内容。

这就是我们近年来在经营领域的一项重要探索：以全案服务推动经营一体化统筹，不断丰富和拓展经营服务领域，通过集约资源、科学管理，推出融合传统服务与新媒体服务的多元化全要素服务。

全要素服务要求全媒体、全流程紧密协作，包括四个步骤：一是前期协作，根据市场需求，跨单元、部门组建虚拟团队，经过讨论快速形成全媒体营销方案和执行分工思路；二是中期拓展，根据全案的矩阵产品，各经营单元、部门集中力量开拓市场，集合客户的需求，根据报网端传播介质及品牌、智库需求分门别类，反馈到服务中台，快速形成服务清单并进入筹备阶段；三是达成合作的客户通过总部和区域分公司各种渠道下单，而南方日报经营公司统一把关、核准合作内容，经核定后快速分发到各个中台进行全媒体产品生产和发布准备；四是报网端多部门协同参与项目执行和传播工作，实现用户最大化、流量最大化、效果最大化，项目组根据执行情况出具结项报告。

伴随着服务的多元化，南方日报经营公司陆续成立了全媒体产品制作、4A代理对接、全媒体策划、活动运营、品牌管理、新媒体运营、数字营销等内设部门，职能更为完善，形式更为多样，推动广告部门向“全媒体运营中心”方向转变。在2019年南方日报企业家高峰对话活动上，南方文创、南方舆情、南方展示、南方产业智库等分别登台向数百家企业推介核心业务，现场也以展示屏、喷画、短视频等形式，集中展示了南方日报经营系统的多种经营产品和代表案例，特别是依托南方+移动端的小游戏、场景互动、AR等产品，让企业用户大为赞赏。

全要素服务也推动了组织变革和效率提升。一方面，适应多个单元、部门加强协作的需求，南方日报经营公司推出经营协作的联席会议机制，重大项目共同开发，共建共享；另一方面，强化项目执行力，在项目带动下，实时组建虚拟部门，以项目经理负责制，协调各方人手，大大提升项目执行和工作人员的流转速度。这种动态协作实际是人力资源管理的有效手段，是现代管理因事及人的先进方法，管理更加扁平化，有效降低了经营成本。

二、全渠道推广

对应全要素服务，那么推广渠道的多元覆盖则是必然的。作为一家国内知名的大型传媒集团，南方报业旗下拥有报纸、杂志、网站、移动客户端、户外LED屏、官方社交账号等各类传播渠道，特别是南方+的传播力和影响力的日益凸显，以及面向微博、微信、抖音、快手等社交平台的新媒体账号矩阵的搭建，为营销内容的一次生成，多层次、多渠道推广创造了有利条件。与此同时，由于集团旗下媒体资源丰富，与外部媒体紧密合作，来自集团自有平台的传播内容，会被诸多的互联网平台以及自媒体抓取和转载使用，实现推广效果的最大化。

除报网端传播渠道外，我们还拥有诸多可以与特定用户群体进行直接连接互动的服务品牌：有覆盖珠三角1700多个社区用户的社区院线平台、覆盖广东知名大中专院校学生的校园工作站、面向CBD（中央商务区）写字楼白领社群的媒体平台等等。在全案服务中，我们能统筹发挥传统媒体、新媒体以及社区等各类平台的特色优势，为客户提供企业品牌和产品O2O（线上到线下）落地，实现企业与目标用户的有效连接、企业产品在目标用户群体中的体验式销售和社会化传播分享。

而随着立体化推广渠道的建立，多元化的全要素服务产品找到了精准营销的出口，使得广告服务的内容与传播介质的属性和要求更恰当地匹配起来。基于报刊平面资源，除常规广告产品外，还推出调研报告、研讨、沙龙等精品活动；基于PC端和“两微”矩阵，除常规资讯发布外，还推出线上展播、投票、报名、条漫等互动类较强、更具传播力的产品；基于客户端的移动平台，推出开屏广告、信息流、焦点图、创意H5、音视频、小游戏等实时信息发布和场景体验的产品；此外，根据南方日报用户趋于高端、行业属性较明显的特征，推出上万平方米的户外高清LED屏和3000块室内阅读屏，精准布屏于密集人流、公共活动、高端社区中，成为推广渠道的有效补充。

2019年底，我们推出“粤菜师傅”系列主题传播，制作多个厨师“PK”短视频，以微综艺的形式传播企业的社会责任和擦亮“粤菜师傅”这个招牌，带动创新创业。系列短视频制作完成后，在南方+客户端首发，随后在部分户外LED屏联播，并通过双方官方微信矩阵进行分发，传播效果非常好。2020年上半年，我们为梅州一公司推出全渠道推广方案，包括报纸广告、网端推广、“两微”推文，并量身打造线上报名小程序，组织看房团和自驾体验团，为其文旅项目引流。

三、全链条运营

全案营销不仅体现在要素资源、渠道推广的“全”，还体现在运营链条环节的“全”。为此，我们积极把自己的服务链条向上下游不同场景、全链条各环节延伸，实现全流程覆盖，从而达到服务效能和经营效益的最大化。

一是探索流量变现。2019年，南方日报经营公司珠海分公司与某二手交易网站达成合作，通过创新引导，双方成功推进南方⁺珠海频道首页全部文章的正文底部广告年度合作，将珠海频道几千万的访问流量对接该网站珠海区域150个门店近3000名经纪人，在南方⁺客户端上为意向购房人群提供“线上＋线下”一站式服务。

二是探索品牌叠加。我们与某汽车品牌推出“交通安全”主题教育宣传推广项目，对接“在＋上课”项目流量，采取开屏广告、信息流推送，并结合创意卡通人物表现“梦想童行”主题。我们推出“惠民行动　南粤有礼”——广东汽车下乡送补贴活动，广汽本田、广汽丰田、广汽传祺和广汽新能源等均参与其中，先后在广州市增城区、东莞市、佛山市等地推出活动，实现线上发动、线下互动的场景营销对接。

三是探索品牌活动。近年来，我们不断强化“线上全媒体，线下多场景”创新运营服务能力，每年策划主办上百场品牌活动，将智库、媒介、传播、用户整合运作，有效拉动线上线下资源的有机融合。如果从活动内容、规模、影响来分析，主要分为三类：首先是重大主题活动，如粤港澳大湾区媒体峰会；其次是行业领域活动，如2019南方报业技术大会暨“大数据＋区块链”高峰论坛；再次是南方自有品牌活动，比如年度主题活动南方日报企业家高峰对话既用好报网端的传播矩阵，又开展线上线下资源对接，推出包括一份重磅行业特刊、一份移动端电子特刊、一次线上新媒体产品票选、一场颁奖盛典、一场高端的圆桌对话、一系列行业发展报告发布等内容。活动有利于各行各业的客户参与到整体传播链条上来，带来十足的人气，实现了品牌叠加，企业家与媒体圈也有了直接对接的优质平台。类似这种“内容生产＋全案策划＋全媒经营＋线上线下整合运营”的打法，已渐成常态，并为各个行业、各区域所复制，出彩也出效益。

以2019年为例，南方⁺客户端全年对接南方日报创新业务需求包括线上投票、报名、展播等项目超过130场，吸引近600万用户参与，其中投票总数达到2.6亿人次。细分这些活动，主要分为展示展播、主题推广、用户互动、主题征稿等类型活动。往深层次分析，与单向性的品牌展示、信息发布不同，在线活动不仅把线下的场景在线上呈现，而且更注重与用户互动，引发转发、参与、评价，准确留下用户的传播数据。通常情况下，一场线上活动参与流量能达到数十万、数百万人次。对于广告主而言，这样的项目运营收获的并不局限于报纸的读者，而是报网端流量多重收获，最大程度覆盖到了目标消费者。

事实上，我们推出的品牌活动是党报品牌在不同场景的溢出效应，而要匹配源源不断的活动输出，则需要建立“分析市场需求—头脑创意风暴—形成整合全案—组建活动运营工作组—开展活动全媒体传播—活动筹办—执行线下活动—全网分发传播”的全流程组织体系，围绕项目各个环节进行整合资源、融合运作、立体传播，以实现社会影响与经济营收的有效提升。

总之，在内容一体化生产与技术一体化支撑的强有力推动下，报网端初步形成了具有南方特色的经营一体化统筹模式，实现内部对经营资源的集中式管理，并以集约资源的方式对接用户需求，这是省级党报在经营管理领域进行供给侧结构性改革的重要实践和创新突破。

案例

区域一体化经营之佛山实践

2004年，在南方日报“珠三角战略”引领下，《南方日报•佛山观察》创办，开启了深耕佛山区域的新征程。

16年来，佛山团队传承“高度决定影响力”的理念，从无到有，从小到大，深耕区域，持续创新，不断探索推进经营一体化进程，有效覆盖佛山市、区、镇三级市场。

目前，佛山区域已逐步发展成为集报网端融媒、城市智库、城市空间运营三大业务板块于一体的全媒型、综合型服务平台，基本摆脱了依靠纸媒“一条腿走路”的风险。

一、深耕区域阵地，推动传播一体化

推动经营一体化，首先要推动传播一体化。

过去16年，南方日报在佛山区域不断夯实阵地建设，通过渠道下沉和横向拓展两大路径，初步构建了报网端一体化传播格局，有效提升传播力、影响力。

在传统报纸时代，南方日报在佛山区域通过“观察”“视窗”产品，构建了覆盖地级市和县（市、区）两级的传播平台。在2004年创办全省首份“观察”的基础上，又以《顺德视窗》为开端，进一步下沉到区，并迅速完成对五区的全覆盖。

目前，《南方日报》在佛山区域形成全省版、佛山观察版、区级视窗版三级覆盖的影响力格局。

市、区两级平台的建设，可视为南方日报在传播渠道上推动纵向一体化的过程。通过强化区域内容生产，一是有效提升佛山区域各级党政用户的黏性，扩大了在佛山基层的“朋友圈”；二是让《南方日报》更接“地气”，有效提升省委机关报在基层的传播力和影响力。

进入移动互联网时代，读者和用户开始向移动端迁移。对此，南方日报在佛山区域积极践行“移动优先”战略，以南方+为核心平台，推动内容生产流程的再造和舆论影响力的重塑，提升内容传播力：一是阵地

覆盖，携手市、区、镇共建频道，将其打造成为各区的移动端主流舆论阵地、综合信息门户；二是流程再造，率先建设全媒体新闻部，以南方+为重心重塑采编流程，夯实报网端采、编、发融合一体机制；三是人员转型，依托“城市方法论”“佛山经济学人”“佛山大课堂”等全媒体产品，培育融媒“产品经理”，依托区、镇频道培育频道（矩阵）主编，推动全员思维转型、能力转型、工作转型。

截至2020年8月，佛山市、区、镇三级在南方+客户端上的共建频道已达34个，共上线32个通讯员矩阵，入驻且开通南方号的单位部门超过1000个，凝聚起佛山全市超过2000名全媒体通讯员，形成珠三角规模最大的全媒体通讯员矩阵。

在此基础上，南方日报在佛山区域成立了新媒体团队，统筹线上线下内容生产。近几年，佛山频道年均原创发稿超过1万条，开展直播超200场，全年总流量超过1亿，有效推动南方日报品牌影响力向移动端延伸。

二、推进智库建设，打造全链条服务

推动经营一体化，关键要推动服务能力转型。

在传统报业时代，报纸经营更多是依靠版面模式。伴随着融媒转型的持续推进，佛山新闻部提出“全媒体、思想者、慢新闻”的转型方向，并确立了“城市智库＋全媒体信息服务”双轮驱动模式，不断升级服务能力，向前向后延伸服务链条，丰富服务场景，形成全链条集成式服务。

以前，佛山区域的经营重点围绕报纸版面宣传投放来展开。对合作客户来说，版面投放往往已经是服务链条的最后一个环节。在融媒平台的支撑下，佛山区域尝试向服务链条的前端挺进，以建设城市智库为主攻方向，持续开拓了课题调研、思想研讨、全案策划、专题报告、创新观察团、政企学习班、图书专著、实体研究院等八条产品线。这些产品深度参与到客户的决策过程中，形成全案服务能力。

近年来，在这一策略引领下，南

方日报打造出一批在佛山本地和全省乃至全国都具有重大影响力的重磅活动。

2016年，在国内率先发起中国制造2025对话世界新工业革命行动，启动“佛山制造问策全球”跨国大调研，奔赴德国、美国、日本、以色列、瑞士、加拿大等六个制造业强国，为广东制造转型升级寻找路径，推出20万字智库成果，既彰显了服务能力，又取得了很好的合作效益。

从2018年起，联合著名经济学家周其仁教授组建专题调研组，以佛山为中国制造业发展的典型样本，连续三年聚焦“品质革命”，为全国地级市开“品质革命”跨国调研之先河。南方日报全程参与大调研活动的策划、组织和执行，负责整合政、企、学、媒资源，承办一年一度的佛山企业大会，经过三年沉淀，佛山品质革命大调研已成为佛山这座城市推动制造业转型升级的重要抓手和智库品牌。

据不完全统计，近几年，南方日报在佛山区域年均承接大型调研报告超10份，每年调研约300家企业，走访国内外约20个城市，举办论坛研讨会约10场，出版图书专著2—3本。这些智库产品，极大地提升了南方日报在佛山区域的新闻影响力、思想引领力、品牌公信力，也有效地拓展了佛山团队的服务能力，不断转化出新的经营成果。

三、进军空间展示，形成综合服务能力

在推动经营一体化过程中，佛山团队还进一步拓展城市空间展示业务，率先探索将纸媒的内容生产能力向实体的城市空间迁移，加速形成综合服务能力。

2017年，佛山团队从无到有参与推进集团与南海区共建珠三角工匠精神展示馆，成功将该项目打造成为集团“深度融合、全面转型”的标杆产品，率先开创“城市空间内容”产品线。

城市空间展示业务，是一个“无中生有”的领域。不少人都认为，一个展馆更多与工程建设、装修设计相关，与传媒业几乎风马牛不相及。但在展览领域，市面上并不缺工程队，缺的是内容团队，而优质内容才是一

个展览的“灵魂”。通过这几年向智库转型，佛山区域在优质内容输出、思想输出上获得了本地上下的认可，形成了新的服务能力。

更重要的是，伴随着时代的发展，展馆作为公共空间，不仅是一座城市的重要“窗口”，更是一座城市人流的“入口”。受众在哪里，媒体的触角就要伸向哪里，对传媒业来说，展馆不仅可以成为媒体输出内容能力的新载体，也可以成为媒体在区域壮大影响力的新型主流传播阵地和服务平台。让媒体从“一张纸”“一个App”向城市实体建筑延伸，构筑出更加持久的影响力。

在这个背景下，佛山团队加快在佛山区域打造城市空间内容产品线，推出多个城市展览展示内容产品，重点包括中国建陶小镇展示馆、佛山状元文化馆、顺德发展成就展、顺德工业发展馆、北滘党群服务中心等。

这些城市空间展示业务涉及工程、设备、策划、创意、视觉、材料、布展、品牌传播等多个领域，不仅考验内容提炼与生产，更凸显了综合服务能力。正因为其综合性，每一个展馆产品的面世，不仅带来了良好的合作效益，更收获了巨大的社会反响，强化市场对报社综合服务能力的认识，形成了一体化推进的良性循环。

■ 总编辑点评：

2019年底南方日报在佛山区域已创下了营收超过7000万元的纪录，比很多省级党报的整体营收还高，2020年再创新高。这是经营一体化路子走得比较好的例子。

媒介的本质就是有效匹配客户需求与目标用户，进而在面向客户与用户的双向服务中，创造价值，激发自身潜力。

无论是传统报业时代，还是全媒体时代，只有赢得用户，媒体才有价值。如何才能拥有更多用户？这是省级党报在融合转型过程中面临的一个重要课题。归根结底，必须提升传播力。只有强大的传播力，才能吸引用户、留住用户。

经过多年发展，佛山区域业务更加多元，基本摆脱了“一张纸”的局限。在这些多元开拓的背后，实际是以“一元统合”为落脚点的。这个“一元”，就是党报党端的传播力、影响力。

要提升传播力、影响力，首先要强化阵地建设。传统报业时代，佛山区域依托《南方日报》主阵地，不断下沉到市、区、镇，贴近地方；在全媒体时代，又依托南方+客户端主平台，迅速将报纸的线下影响力向移动端延伸，与市、区、镇三级共建移动端阵地，适应受众新阅读习惯，增强与用户的连接。

其次是要提升服务水平。这是将传播力向经营效益转化的关键。传统报业时代，经营更多围绕“一张纸”来展开，体现为版面服务。而在融媒时代，经营更多要围绕“线上线下”来展开，体现为综合服务。在这一点上，佛山区域找到了智库这个重要的连接点，以智库为核心，提升服务能力，丰富服务链条，并向城市空间等实体建筑延伸，将党报党端的服务力、影响力写在大地上，写进城市公共空间里。

基于这两点，佛山区域既收获业务，也收获阵地；既收获客户，也收获用户。可以说，佛山区域已初步探索出了“强传播力—（塑造）—高品牌价值—（带动）—良好经营效益”的良性循环之路。

南方日報

創刊號

南方大學即將招生

廣州人民廣播電台已於廿日開始播音

南進大軍所至 廣東殘匪紛紛潰退

廣州市軍管會成立

葉劍英賴傳珠分任正副主任

已開始派員進行接管各有關部門

中國人民解放軍佈告

廣州警備司令部成立

我軍進入迪化

人民解放軍到達迪化

新的中國・新的廣東

—本報發刊詞—

▲ | 1949年10月23日，《南方日报》创刊

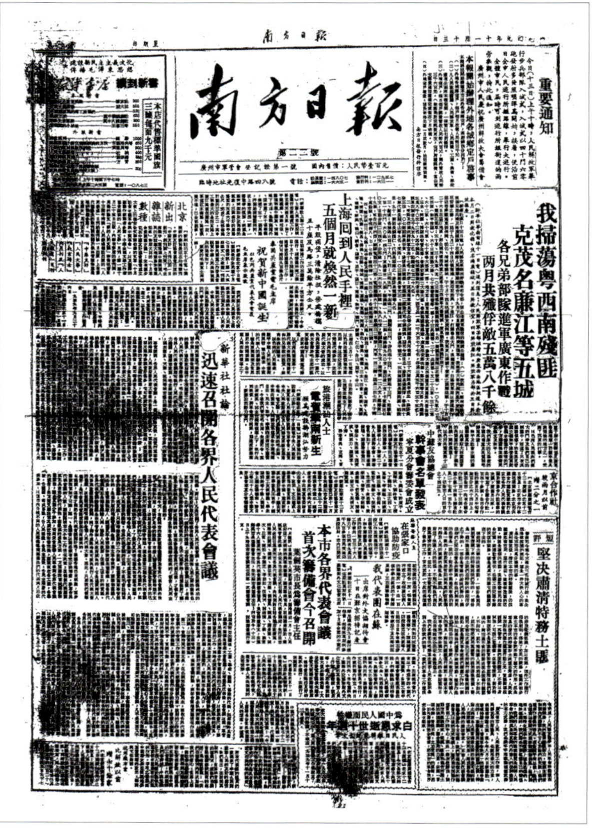

重要通知

南方日報

第二二號

我掃蕩粵西南殘匪

克茂名廉江等五城

各兄弟部隊進軍廣東作戰

兩月共殲俘敵五萬八千餘

上海回到人民手裡

五個月就煥然一新

祝賀新中國誕生

新華社社論

迅速召開各界人民代表會議

本市各界代表會議

首次籌備會今召開

堅決肅清特務土匪

▲ 1949年11月13日，《南方日报》首次使用毛泽东题写的报头

南方日報

团結一心，建設祖國

政治報告

政協全國委員会全体会議繼續举行

要求保証完成春耕需要的新式農具調運任务

▲ | 1956年2月1日，《南方日报》从竖排文全面改用横排文

南方日报

1962.1.1

新年献词

人民日报一九六二年元旦社論

中苏两国党和国家领导人互賀新年

和各国友人欢聚一堂共庆元旦

陈省长曾市长举行新年招待会

緬甸政府经济代表团到穗

陈郁省长昨天設宴招待貴宾

我軍事友好代表团訪越后返抵广州

▲ | 1962年1月1日，《南方日报》首次全面采用简体字（个别字还是繁体）

南方日報
NANFANG RIBAO
腾飞
新年好
雄鸡引颈高歌 南粤再迎艳阳
——1993年广东经济走势展望
省市今天举行活动
纪念双拥五十周年
本报就正式扩版
致读者
九三年：机遇与挑战并存
杨尚昆向海外及港澳台同胞发表新年讲话
更加开放的中国愿同各国合作
广东首批法警被授警衔
团结奋进
——1993年新年献词
在"礼貌安全服务月"里

▲ 1993年1月1日，《南方日报》出版第一个彩色头版

南方日报
NANFANGRIBAO
明日全新改版
实施区域协调发展战略作出重大部署
茂名争创一流石化工业区
主动承接茂石化大工业的产业辐射形成“产业后市”
我国确定水土保持生态建设目标
50年后基本实现山川秀美
“北冕”挟风带雨袭粤
培乐奶粉受污染
火车颠覆京沪线一度受阻
演绎同一个梦
“北冕”拥气变灯真测
省三防办要求“防重于抢”
陈水扁抛出“一边一国”论
从追求“突破政策”“变通政策”向完善法制建立科学的政府管理模式转变
环境新观念开始深入人心
违章铸成终身悔 守规伴你一世安
——广东省公安厅交通管理总队

NANFANG DAILY
南方日报
打造一批“传媒航母”
李长春卢瑞华关注灾情
“北冕”肆虐五华9死12伤，省府工作组赶赴灾区
本报今起全新改版
致读者
面对越来越严峻的跨国企业专利包围，广东企业奋起突围——
争专利就是争市场
广东申请国外发明专利连续两年比增50%
省政府集中采购4000套办公软件
“金山”胜出
鼓吹“台独”是将台湾引向灾难
高考录取今日开始
本科最低控制分数线一分不降
保证700分以上高分考生录取
营业性演出政策大调整

▲ | 2002年8月6日，《南方日报》启动全新改版，成为国内第一份“窄报”的党报

南方日报

高度决定影响力

国家的掌舵者
人民的领路人

习近平全票当选国家主席中央军委主席

南方日报

高度决定影响力

十三届全国人大一次会议选举产生新一届国家领导人

习近平全票当选国家主席中央军委主席
栗战书当选全国人大常委会委员长

王岐山当选国家副主席

新当选国家领导人进行宪法宣誓

会议批准国务院机构改革方案

中华人民共和国主席
中华人民共和国中央军事委员会主席
习近平

▲ 2009年10月23日，《南方日报》开创了“双头版”形式（封面版+头版）。2018年3月18日的《南方日报》是“双头版”中的经典版

南方日报

高度决定影响力

新时代改革再出发的重要里程碑

——写在党的十八届三中全会召开五周年之际

创造新的更大奇迹

——党的十八届三中全会召开五周年述评

庆祝改革开放40周年大型展览明年3月20日闭幕

努力开创我省应急救援工作新局面

一场特别的民企"聚会"

省委省政府法律顾问座谈会在广州召开

更好发挥法律顾问作用 加快推进新时代法治广东建设

李希马兴瑞出席会议

湖南大雪 广州南站32趟列车停运

南方日报

高度决定影响力

中俄两国元首互致新年贺电

中俄两国总理互致新年贺电

中美两国领导人互致贺信庆祝两国建交40周年

国家主席习近平发表二〇一九年新年贺词

《求是》杂志发表习近平总书记重要文章《辩证唯物主义是中国共产党人的世界观和方法论》

《告台湾同胞书》发表40周年纪念会明日上午在人民大会堂举行

拥抱新时代 改革再出发

——新年改版致读者

创造无愧于伟大新时代的新辉煌

——元旦献词

▲ | 2019年1月1日，《南方日报》的报型由680mm调整为781mm

第二部分

转型之路

——移动化、平台化、可视化、智慧化

如果把内容一体化生产、技术一体化支撑、经营一体化统筹视为南方报业以整体观、系统论和互联网思维来指导融合发展的战略抉择的话，那么以移动化、平台化、可视化、智慧化为支撑的“四化”，则代表了南方报业适应移动互联网时代的技术变革趋势，有针对性地强化自身传播实力和能力的战术发力点，或者说是推动传统党报集团融合发展、积极应对多元化开放舆论格局挑战的具体抓手。

南方报业的“四化”之路，是因应技术变革所触发的用户阅读场景和需求，以及互联网对舆论传播格局的颠覆重塑而生的。假如要为这种重构的历程寻找一个指向性的标识，不得不提及2012年7月中国互联网络信息中心（CNNIC）发布的第30次《中国互联网络发展状况统计报告》，在那份报告中，手机首次超过台式电脑，成为第一大上网终端，一种随时随地的互联网资讯需求和获取场景逐渐成为主流。由此，互联网名副其实地“移动”起来，并引发了一连串变革。

相比于新世纪的前十年，移动互联网及随后催生的一系列新技术、新平台、新思路、新玩法，对传统媒体的冲击可谓是疾风骤雨式的：“报纸越来越没人看”，“经营收入出现断崖式下滑”，优秀的采编人才纷纷“转型”，人人感叹“新闻的黄金时代已经过去，寒冬正在来临”。固然，这样的局面出现，原因是多方面的，但最直接的还是在于，面对技术冲击，很多媒体的准备和应变能力不足。

过去几年里，围绕融合发展的时代课题，传统媒体展开了一系列积极有益的探索，形成各种不同的思路。围绕移动互联网时代下的传播能力建设，南方报业明确提出推进“四化”，着力“在内容的不可替代性、服务的不可或缺性上下功夫”——

推进移动化，我们坚持“移动优先”，开展了一系列全面而深刻的流程再造，推动采编主要力量向移动端转移，着力提升内容品质，奋力抢占舆论制高点。

推进平台化，我们以打造新媒体拳头产品南方⁺为切入点，强化内容的专业生产、聚合生产、开放生产，加强与读者和用户之间的互动和连接，打造适应新型主流媒体建设要求的党端、我端、大端、强端。

推进可视化，我们充分整合利用内外技术力量和资源，创新提升融媒体产品生产能力和手段，以供给侧结构性改革不断满足用户的多元化产品需求，推出了一批又一批具有现象级传播效果的融媒体产品。

推进智慧化，主要是智能化、智库化，一方面依托大数据技术强化内容分发精准传播，在内容的生产和传播过程中加大技术赋能、创意赋能，另一方面突出“新闻＋服务”，打造传媒智库矩阵，强化决策参考作用，生产了一系列对象化、定制化智库产品，提升党报围绕中心、服务大局的新能力。

在“四化”中，移动化具有牵一发而动全身的地位。基于移动化变革，平台化、可视化、智慧化意味着传播枢纽和方式方法的重大变革和综合服务能力的延伸。相比于报纸的单向度传播，由移动化催生的移动端平台化，充分展现了在内容聚合和服务连接等方面的巨大潜力；借助图片、直播、短视频、图表、动漫、H5等可视化的呈现，为新闻真正“活”起来提供了无限可能；综合运用大数据、云计算、人工智能等手段，不仅使新闻生产本身变得更“聪明”、更有针对性，同时也拓展出包括智库产品在内的众多智慧型内容品种和服务。

第一章
移动化

2020年，CNNIC发布的第45次《中国互联网络发展状况统计报告》显示，截至2020年3月，我国网民规模达9.04亿，较2018年底增长7508万，其中手机网民规模达8.97亿，较2018年底增加了7992万人。回溯至2012年7月，CNNIC发布的第30次《中国互联网络发展状况统计报告》，当年上半年我国手机网民规模达3.88亿，手机首次超越台式电脑成为第一大上网终端。短短七年间，手机上网人数就增长一倍多。

倘若上述两组数据还不足以让人们看到更多这个时代的传播趋势的话，那么请再看一组耐人寻味的数字：第30次《中国互联网络发展状况统计报告》曾注意到，“虽然中国网民规模增速自2009年以来就持续放缓，但手机网民规模却呈现爆发式增长”；第44次《中国互联网络发展状况统计报告》进一步指出，网民中使用手机上网人群的占比由2018年的98.6%提升至99.1%，“2019年我国手机规模达8.71亿，网民中使用手机上网人群的占比进一步提升”。

通过上面两份报告的数据不难发现：如果说互联网深刻地改变了我们的生活，那么毫无疑问，以手机为代表的移动通信技术和设备，正是主导这种改变，形塑我们今天“移动化生存”的最重要力量。

站在这样的角度来审视传统媒

体行业正在经历的融合发展历程，尽管在这个过程中有诸如数字化、社交化、平台化等无限可能和方向，但最终落实到人们获取信息、学习娱乐、沟通交往等方面的主要手段方式上时，移动化恐怕是最需要正视和把握的变革趋势。概而言之，其中最基础、最深刻的变革要求，是移动化。当手机屏幕取代了报纸，当用户可以随时随地轻松获取资讯、与内容生产者无缝连接互动时，其所传达的不止是读者的阅读需求和品位变了，而是新的舆论传播场景变了。就此而论，移动化正是这一系列变革的起点。对此，习近平总书记深刻指出，“移动互联网已经成为信息传播主渠道。随着5G、大数据、云计算、物联网、人工智能等技术不断发展，移动媒体将进入加速发展新阶段。要坚持移动优先策略，建设好自己的移动传播平台，管好用好商业化、社会化的互联网平台，让主流媒体借助移动传播，牢牢占据舆论引导、思想引领、文化传承、服务人民的传播制高点”。

围绕建设新型主流媒体的融合转型目标，从2015年起，我们就把移动化作为推动集团融合发展的“先手棋”，将其置于融合转型的战略高位，创办南方$^+$客户端，推出南方网移动版，大力发展“两微”，推动采编人员向全媒体转型，逐步精简《南方日报》版面，将报纸资源、产能、成本向网端流动。2017年，我们深入实施移动优先战略，加快推进以南方$^+$为重点的新型主流媒体建设。2019年元旦，南方日报启动新一轮改版改革，再次明确“移动化、平台化、可视化、智慧化”的“四化”路径，其中更是将移动化置于首位。

第一节
移动优先：确立全新理念

人在哪里，工作的重心就要跟到哪里；主阵地在哪里，主力军就要在哪里。在融合发展的大背景下提高传播力，一个重要前提是：明确我们的读者和用户在哪里，他们的阅读习惯和需求是什么，有效传播的路径和手段有哪些，必须有的放矢，切忌漫无目的。

从2012年的3.88亿，到2020年的8.97亿，手机上网用户规模的激增，足以看出绝大多数人获取信息方式向移动端明显转移。用户阅读习惯的变化，自然意味着阵地的变化，相应地也会引发新闻生产方式和舆论传播格局等一系列连锁反应式的变革。

一、移动化之变

2019年3月的《求是》杂志曾刊发编辑部文章《媒体融合：用得好是真本事》，在谈到“为什么要坚持移动优先策略”时，开头这样写道：

如果有人问，现在信息传播的主渠道是什么？一般都会回答：互联网。这个答案不错，但并不完整。更为准确的答案，要在互联网前面加上“移动”两个字。

互联网与移动互联网，本质上都是网络信息技术的一部分，然而两个字之差，带给媒体的竞争方式、发展方式是截然不同的。

拉长时间距离，互联网在逐渐向公众普及的早期，曾给传统媒体的新闻报道提供了莫大助益。借助门户网站的抓取、转载，传统媒体的新闻报道可以一夜间“传遍大江南北”，即便是没有直接转化为相应的版权收益，但切切实实提高了传统媒体的传播力和影响力。

与此同时，无论是BBS（网络论坛），还是网络博客、社区，也给新闻报道提供了大量线索素材。2008年前后，以《南方都市报》“网眼”、《南方日报》“在线”等为代表，许多传统媒体开设了面向互联网舆论场的报料、话题等相关版面，以新闻媒体的专业操作，来挖掘网络线索、网络热点的新闻价值，在当时取得了很大成功，推出了关于“最牛钉子户”“华南虎照”“郭美美与红十字会风波”“躲猫猫”“天价烟”等事件的大量脍炙人口的报道，一时间引领风骚，打造了互联网时代的新闻品牌栏目。站在这个角度，互联网给传统媒体新闻报道提供了巨大养分。

比照第30次《中国互联网络发展状况统计报告》，也正是在接下来几年里，以智能手机普及为代表，互联网开始向着移动互联网时代迈进。与之相对应，微博、微信等社交性媒体平台相继出现，微博企业号政务号、微信公众号跟着出现，自媒体逐渐流行起来，再后来短视频平台出现了，视频号出现了，直播带货流行起来了……

这对传统媒体又意味着什么呢？再回看《南方都市报》“网眼”、《南方日报》“在线”等栏目，在微博、微信的机构号和自媒体账号逐渐成形之前，靠的就是传统媒体人的专业能力做“硬新闻”，通过采访核实将网络上的热点转化为读者和网民喜闻乐见的新闻报道。然而，社交媒体机构号的出现，很快就压制了专业新闻记者的“核实过程”。在一起突发事件引发网络关注后，为了避免事件发酵，政府部门和相关机构往往第一时间通过自己的社交媒体账号作出回应。在这种情况下，传统媒体再具有独家性的报道，等到第二天见报时，其独家性和时效性也早已不复存在了。与此同时，自媒体号出于流量需要，往往会在第一时间跟进梳理、整合相关内容，这样一来，传统媒体新闻报道的议题设置功能也随之被削弱。

面对移动互联网的加速发展，传统媒体新闻报道的式微，不只体现在“网眼”“在线”这样与互联网直接相关的栏目版面上。实际上，从2010年前后开始，大家已经明显感觉到，无论是国内新闻、国际新闻，还是地方新闻，无论是政务新闻、社会新闻，还是娱乐新闻、体育新闻，面向互联网的传播速度越来越快、传播时效越来越短。特别是世界杯、欧洲杯这样存在明显时差的比赛，当报纸版面推出赛果和分析报道评论时，互联网上的相关内容已足足传播一整天，人们的注意力也早就转移到接下来的新比赛了。此外，社交媒体机构号、自媒体号也向舆论制高点发起了猛攻，传统媒体不得不正视移动互联网所带来的深刻变革。

二、移动互联网带来的变革

围绕移动化所带来的一系列变革，近年来学界展开了广泛的探讨。学者彭兰认为，移动化、社交化、智能化是传统媒体转型的三条主要路径。其中，移动化不等于媒体客户端，它是媒体产品的一次系统性升级，包括产品形式、产品结构以及支持它们的产品思维等各方面；移动化也意味着在内容产品中增加更多的社交元素和关系黏性，使社交成为内容的生产与传播动力[1]。学者宋建武也提出媒体深度融合的方向在于平台化、移动化与智能化结合的新机遇。移动化与智能平台、机器计算、社交属性等交织在一起，越来越强大的即时数据收集能力、运算能力不断塑造、破坏、再建人类的圈层、社会关系和处理各种事务的规则[2]。

结合南方报业近年来的发展实际，探讨移动化对舆论传播格局和传统媒体的影响，突出表现在以下几个方面：

（一）移动化极大地改变了新闻生产的“时”的观念，“即时性”重塑了读者和用户的阅读场景

对纸媒来说，传统的生产流程是采访—编校—版面制作—印刷—投送—与读者见面，其中从采编完成到与读者见面，特殊情况下，最短也需要三四个小时的印刷和投送时间，常态下则需要七八个小时。相比之下，移动化极大地缩短了中间流程。当新闻稿件不必再印刷成白纸黑字，而是通过网络页面就可以丰富呈现的时候，“时”的概念就发生了深刻变化。面对这种情况，除了少数独家深度报道外，大多数消息稿件已经不可能像过去那样“按部就班”地走流

[1] 彭兰. 移动化、社交化、智能化：传统媒体转型的三大路径［J］. 新闻界，2018（1）：35－41.
[2] 宋建武. 媒体深度融合：平台化、移动化、智能化［J］. 视听界（广播电视技术），2018（4）：22－27.

程，对即时性的要求更高。更重要的是，从消息的传播主体看，与报纸在传递时间效率上形成激烈竞争的，不仅有同行，还有那些活跃在第三方平台的机构号。对传统媒体来说，如果不能够真正第一时间将信息“送”到读者和用户手上，那么用户对其依赖性将大幅降低，其传播力也就随之大打折扣。

（二）“时”的变化，引发了传统媒体新闻生产的全流程变革

正如前文所提到，新闻生产要适应移动化的阅读场景变化，必然要改变原有的生产流程。同时，面向移动终端的生产，与印刷生产相比，不仅“时”的效率高，而且具有非常明显的成本优势。在这种情况下，将新闻采编主力向移动端转移，既是客观要求，也是现实需要。而一旦转移到移动端，那么就必须对原有的采编流程进行再造。由此也就催生了传统媒体平台化建设需求。另外，移动化的新闻信息推送往往瞬间就会传播至互联网舆论场，在“抢时效”的情况下如何保证质量，同样需要相应的流程变革。

（三）移动化的丰富呈现手段，要求传统媒体新闻生产的产品变革

相比于报纸，甚至是广电节目，移动端在图片、流媒体等新技术赋能下，新闻产品的呈现形式显然更加丰富，同时也为打造融合文字、图片、声音、视频、动漫等多形式的立体化专题报道提供了更大空间。就新闻生产的“量”而言，简单地将报纸内容复制转移到移动端，是远远无法满足用户需求的。实际上，随着“时”的竞争日益白热化，新闻产品综合品质的竞争越来越重要，成为提升传统媒体传播力的重要基石。以庆祝新中国成立70周年报道为例，南方日报除了推出152个版的特刊外，还运用媒体融合新技术，同步推出电子特刊、“大美广东”手绘长卷H5、21个地级以上市的航拍短视频，全景式展现70年来广东社会经济发展的壮丽篇章。

（四）移动化的强互动性，为新闻和服务的个性化、定制化供给提供了更多可能

基于微信、微博等平台的移动化具有很强的互动属性，这种互动性既可以对新闻生产形成反馈，也是增强用户黏性的必要手段，结合移动端的大数据分析，面向特定群体、用户的个性化生产和产品运营就必不可少。

三、南方报业的移动化历程

回应网络时代的用户新闻资讯需求，南方报业旗下各媒体早在21世纪初就相继推出了数字报和官方网站。这些数字报和官网更多的是传统媒体的衍生品，不能等同于今天人们所探讨的“移动化”。

实际上，如果认可智能手机的出现加速了真正的“移动化”互联网时代的到来的话，那么在“前移动化”时代，最具代表性的新闻产品无疑就是手机报了。2004年前后，随着移动通信进入2G（第二代数字手机通信技术）时代，移动互联网开始投入使用，出现了以WAP（无线应用协议）技术为主的互联网移动化，彩信开始流行。手机的媒介功能和特性开始被逐步认识，各种新兴的手机媒体陆续出现，其中最典型的是手机报，这是最早出现在移动端的具有订阅功能的多媒体信息。2005年8月8日，南方报业“手机报纸”业务正式上线运营，包括《南方日报》和《南方都市报》，同时提供彩信、WAP两种版本。彩信版的手机报纸采用包月定制的订阅方法，订阅后，用户每天会在第一时间收到图文并茂的彩信新闻，每条彩信包含8—10条当日重要新闻。

总体上看，手机报能够在一定程度上满足用户的个性化需求，但局限性较大：用户使用成本高，信息源有限且信息量小。这一阶段的移动媒体还不存在终端化现象，技术上仅限于订阅式推送服务，与使用何种软、硬件终端无关。2009年以后，移动技术领域进入快速发展阶段。2.75G（移动EDGE网络）、3G（第三代移动通信

技术）网络的引入及Wi-Fi（无线网络）的普及，使得移动网络速度大幅提升，使用成本明显下降，移动互联网用户数激增。微博、微信等移动平台也是从这个时期开始迅猛发展，随后又出现了今日头条等主打智能推荐的聚合类平台。

2015年起，南方报业逐步将最核心的生产力投入移动互联网，以创办南方⁺客户端为平台支撑，将“移动优先”置于改革转型的战略高位。经过近年来的探索，“移动化”改革初见成效。2020年初的新冠肺炎疫情是一次重大的公共卫生危机事件，进一步改变了未来的传播格局，也加速了移动化的步伐。在此次报道中，南方⁺影响力大增，传播力大长，各级党委、政府对南方日报和南方⁺的重视也达到了前所未有的高度。数据显示，南方⁺在苹果App Store（应用商店）新闻类排名一度摸高至第四位，真正实现了跨越式增长。

第二节 先端后报：重塑内容生产

对于媒体而言，内容生产始终是最为核心的竞争力。传统媒体要转型，首要任务就是要推动面向移动互联网的产能升级。需要指出的是，面向移动互联网的产能升级，并非简单地将报纸内容搬到移动端，而是要满足移动用户对即时性、多元化、高品质的内容需求。推动移动化，我们首先明确了“移动优先、先端后报”的内容生产新理念。在这一理念指引下，进行了包括流程再造、产品转型、用户思维等多方面的探索。

一、流程再造支撑转型：“策采编发”移动化

为推动面向移动端的产能升级，2015年开始，我们以南方⁺为主平台，以报道指挥系统（现升级为“南方融媒系统”）和全媒体策划会为抓手，大力推动移动优先、先端后报。

“全媒体策划会”由南方日报的

"采前会"改革而来，从最早的以报纸为中心，转型为报网端共同参与、移动优先，是"策采编发"流程再造的龙头业务，同时也为全媒型人才培养提供重要支撑。而作为移动化"策采编发"最重要支撑工具的"南方融媒系统"，伴随着名称的变化，功能越来越丰富，使用范围不断扩大，成为南方报业最主要的工作平台之一，也是最重要的移动办公工具。

以全媒体策划会为代表的"策采编发"流程再造和南方融媒系统建设互为表里，在推进媒体深度融合中的地位至关重要。依托全媒体策划会和南方融媒系统，"策采编发"移动化得以全方位发展。

（一）生产融合：流程再造，一体统筹

在前文中我们提到改革"三会"制度，这既是内容一体化生产机制的确立，也是生产流程从以报纸出版为中心向以移动端为中心的转变。从2017年8月起，我们就从形式到内容对"三会"制度进行了大幅度改革。上午10时的"采前会"改为"全媒体策划会"，报网端值班人员一起参会，由南方日报白班编委轮流任指挥长，安排专人担任执行总监。会议内容一是抓策划，每天筛选讨论重点选题，网端从"被动用稿"到"主动下订单"；二是抓评价，从"评报"改为"评报网端"，南方⁺、南方网编辑把前一天稿件的传播情况制作成可视化图表，在会上点评分析，以传播效果倒推采编部门源头生产改革。下午4时的采编协调会则更加强调报网端的融合协同。由于抓好了前端的策划、统筹、协调，晚上的编前会只对《南方日报》当晚的版面安排作确认和微调，随着融媒系统的使用，均可在线上完成。

流程再造有效激发了创造力，提升了传播力。以2018年3月7日全国两会期间习近平总书记参加广东代表团审议的报道为例，当晚南方⁺就推出特别节目《总书记，广东人民对您说……》短视频，全网点击量超过1500万次。电视台同行感叹"你们效率真高"。这是报网端前后联动、融合生产的成果——前方报网端团队

合力拍摄剪辑，后方派出九路记者到广州、深圳、珠海、佛山等地采访群众，发到前方合成，反应快，效果好。又以2018年高考放榜为例，全省40名高分考生分数被屏蔽、分散各地，我们提前策划，充分发动全省各地记者站的采访力量，南方⁺、南方网滚动播报、持续更新，从早上一直追到当天20时，终于集齐40个考生故事，推出集纳报道，南方⁺单篇报道点击量达380万次，整组高考报道点击量破2000万次，取得了良好的社会效果。

通过流程再造，移动端生产能力大幅提升。南方⁺客户端上线之初，南方日报每天“先端后报”的稿件仅十余篇，现在南方⁺客户端已成为南方日报记者发稿的主平台，全部稿件几乎都已实现“先端后报”。

（二）人员融合：你就是我，我就是你

随着媒体融合的不断深入，对日常运作机制和人才素质的要求也越来越高。在这种情况下，如何创造一种机制，让采编人员主动配合、积极参与移动化的改革调整，乐于接受“技术赋能”，就成为推进改革面临的一个重要问题。

2017年“三会”制度改革后，上午的全媒体策划会“移动优先”的理念逐渐成为主导，各部门报题里哪些是可以即时生产出来的，哪些是可以进一步发掘的，南方⁺客户端提前知道，提前介入策划，这是很好的发展方向。但下午的采编协调会往往又回到以报纸为主。这就形成了一种矛盾：上午的会布置移动端选题，到了下午却只讨论报纸版面安排，两者是脱节的。这个问题如果不解决好，移动化就相当于只走了一半，甚至会削弱前期的努力。

怎么办？

媒体的融合首先是人的融合。面对这个问题，我们从人着手，不断强化融合。为了更好地适应移动发展新趋势，真正做到“主力军进入主阵地”，我们从报刊网端抽调骨干成员，成立了南方⁺客户端编委会。编委会系客户端内容生产运营工作的管理机构，设置总编辑、副总编辑、编委等职务。总编辑负责南方⁺内容全面工作，副总编辑分管相关领域工作及值班期间导向把控和内容出品，编委轮流值班。编委会定期召开南方⁺采编会议，就重大选题进行商议。

人员的融合马上体现在流程改革上。上午的全媒体策划会从由固定的执行总监主持，改为由南方⁺的值班副总编辑轮值。南方⁺的副总编辑由南方日报部分采编部门主任和客户端总内容官兼任。这种身份的重合，使人员融合进一步加强，开会效率大为提高。下午的采编协调会则强化了南方⁺值班编委的协调跟进作用，着重汇报南方⁺题目的进展，在讨论版面安排之前，大家能了解上午的情况，南方日报晚班的值班编委也能了解移动端发稿的状况。

身份转变带来了明显的变化。改革之前，执行总监以统筹协调人的身份主持全媒体策划会，工作更多是调度性质，对南方⁺的业务生产没有管理、指导的责任，手段、参与的方式都“隔”了一层。南方日报部门主任兼任南方⁺副总编辑并主持全媒体策划会后，报端的融合就落实到人的融合上，不再是客客气气“走过场”，而是从“贵端”变为“我端”。一是主持人会自觉地往“移动优先”的角度去表达，去适应身份的变化；二是通过会议实现身份转变的具体展示，使融合不再悬在空中，而是天天看得到。

全媒体策划会是人员融合的直观体现，在其背后，还有一些表面看不到，但实实在在发生着的“化学反应”，推动移动化不断前行。南方日报一些部门主任兼任了南方⁺副总裁、副总编辑，经营公司一些负责人兼任了南方⁺的副总经理，这些职务的交叉，使人员的融合不再停留在业务交流层面，而是参与值班、参与管理、履行职责，把自己放在南方⁺的团队层面上来，把自己当作南方⁺的人，南方⁺也把他们当作自己人。最简单的例子，在过去，南方日报部门主任参加南方⁺的年会，是以客人的身份参加，现在则是一家人。有这样的身份，南方日报各部门就有更大的主动性、责任心去打破报端之间的隔膜，充分与南方⁺更多产品线的团队进行合作，让“移动优先”落到实处。

（三）工具融合：结合需求，适应趋势

从2015年到2020年，经历六年发展，从最初的一体化报道平台到报道指挥系统，再到后来的南方融媒系统，采编支撑平台的变化，见证着南方日报移动化的发展，也反映出主流媒体对技术工具的倚重达到前所未有的高度。

传统媒体时代，报纸对稿件的时效性要求不高，白天采写的新闻只要晚上按时交稿即可。进入移动化时代，采编时间被大大缩短，甚至要求采编同时进行。这就对采编系统的实时性、交互性提出了非常高的要求。2017年6月，南方日报、南方网、南方⁺正式启用“报道指挥系统”，报网端一线采编人员的“策采编发”流程，都可通过报道指挥系统完成，替代了原本基于电话、微信的沟通调度工作，起到了事半功倍的效果。

具体来说，在报道指挥系统里，记者、编辑、审稿人员的工作都汇集到同一个平台上，除了具备稿件可回溯、全流程留痕等安全性保障，更重要的是，稿件的生产状态是实时更新的，一篇稿件从报题开始，采编相关部门、人员都可以介入，充分满足了移动化传播的实时性、交互性需求。

举个例子，2020年1月24日，融合直播与滚动报道的题材《年初一凌晨他们抵达疫区！广东医疗队驰援湖北武汉疫情救治》端内收获阅读量2200万，超过2000名用户积极评论，用户点赞及评论点赞超过10万，全网转载500余家。

彼时恰逢除夕夜，广东首批医疗队出征驰援武汉。南方⁺编辑从南方融媒系统报题中看到该选题，及时介入，安排三名编辑全程跟进。并且通过融媒系统即时与多部门沟通，确定了“直播＋实时滚动”的方案。

得益于融媒系统的协调，南方⁺实时沟通南方日报与南方都市报的前方报道团队，两个团队的视频直播接续协

力，第一时间直击了医疗队出发全程，共进行2小时52分钟有效视频直播。

在此过程中，采编人员同步撰写、发布滚动稿件，从过万文字、数千张图片和上百条视频信息中挑选出重点、亮点整合成焦点，依照时间顺序对前方各医院医疗队的报道进行了梳理，及时准确地记录这些闪光时刻。

这只是日常工作的一个缩影。事实上，目前报网端整个“策采编发”的过程，均高度依赖南方融媒系统，大多数业务都通过这个系统得以处理。全媒体策划会要求所有报题都必须通过南方融媒系统报送，上午、下午两个会的数据都要在这个系统上汇总，报端系统的值班人员都要用同一套后台。可以说，“移动优先”的理念成为采编人员意识的自觉，就是从所有的业务数据规整到南方融媒系统这个统一的中台开始的。

二、产品形态倒逼转型：移动直播+短视频

随着移动互联网的发展，移动端直播和短视频行业发展迅猛。据2020年CNNIC第45次《中国互联网络发展状况统计报告》，截至2020年3月，网络直播用户规模达5.6亿，较2018年底增长1.63亿，占网民整体的62%。网络视频（含短视频）用户规模达8.50亿，较2018年底增长1.26亿，占网民整体的94.1%；其中，短视频用户规模为7.73亿，占网民整体的85.6%。为适应移动化生产，近年来南方⁺客户端不断强化直播和短视频内容的制作，使其成为新闻生产的重要载体。这种新的产品形态，也促进采编人员的工作业态发生明显改变。

（一）技术赋能，助推移动直播普及

在近年来传统媒体转型发展的探索中，移动端视频直播是不可或缺的内容产品。2016年3月，南方⁺移动直播平台“直播广东”上线，四年来共完成直播4600多场，其中视频直播超过2800场。其间，直播数量逐年大幅递增，从2017年的1000场，到2018年的1500场，到2019年的近2000场。亮眼数字的背后，是移动互联网

技术的支撑和采编人员移动化生产形态的巨大变化。

“直播广东”上线之初，信号传输的不稳定是最大的“拦路虎”。平面媒体记者对直播出镜原本就经验不足，碰上信号卡壳，更是手足无措，好不容易树立起来的信心又受打击。更甚者，信号测试的时候一切正常，等到正式开始的时候又中断了。其中有多方面原因，包括客户端自身的平台建设、4G（第四代移动通信技术）网络的稳定性等。这让我们深深地感受到，移动互联网时代的技术壁垒之森严。

开弓没有回头箭。为了解决这个问题，我们多措并举、多方求解。在加强自身平台建设的同时，也努力寻求第三方解决方案。转机出现在2017年，经过多番比对，南方⁺选定了TVU信号保障设备。这一“神器”的介入，无疑给直播团队打了一剂强心针。在随后的一场列车直播《直击陈可辛〈三分钟〉原型人物刘钟母子团聚瞬间》中，南方⁺的直播信号完胜同行。此后，随着多路4G信号聚合传输技术的完善，使用成本也不断降低，移动直播也随之不断普及。

与此同时，各类新技术的应用，也在推动移动端媒体报道形态不断进化。包括VR、AR、4K（超高清分辨率）等视频领域技术，近年来被不断应用于视频直播领域。例如，南方⁺客户端直播广东平台在2019年就尝试了4K级视频直播、六镜头VR视频直播、双镜头VR视频直播等新技术。在这些实践中，新技术带来了全新的视觉体验，也对直播中的数据传输有了更高的要求，而5G网络带来以较低成本解决该需求的机会。2019年也被称为5G商用元年，广东5G网络建设走在全国前列。也是在这一年，南方⁺的直播广东平台积极探索基于新一代移动通信技术的视频直播生产。在世界超高清视频产业大会、世界电信日和广州国际灯光节等重大活动报道中，“直播广东”平台多次尝试使用5G网络进行移动端视频直播报道。

（二）平台赋能，拓展移动化生产能力

技术的发展让移动直播的工具日益成熟，但对于向来以“笔杆子”著称的纸媒采编人员来说，刚开始接触这个工具是有某些畏难情绪的。为此，除了在技术上持续更新、完善平台功能，南方⁺也努力推动直播平台建设和运营规范，降低使用门槛，同时持续提供培训服务，为采访部门赋能，培养出镜记者的采访能力，让直播成为采编人员“能用、乐用、善用”的平台工具。

打铁还须自身硬。要让大家把直播“玩”起来，首先自己得有过硬的专业本领。视频直播报道中，幕后导播编辑是核心一环，从直播线索监控、直播发起、直播策划到直播的实现等均离不开导播编辑的参与。但是，同南方⁺直播平台从无到有一样，早期客户端并没有专业的导播编辑，所以只能先从内部挖潜，让文字编辑通过学习、实践掌握使用云导播平台后掌握导播技能，转岗为导播编辑。而随着平台的发展，导播的技术要求越来越高。在南沙大桥通车的直播中，南方⁺采用前方与后方虚拟演播厅连线的模式，这对团队来说是全新的挑战。为此，导播编辑团队加班加点学习掌握虚拟演播厅的虚拟导播机、特效包装设备、字幕机基本使用技能；记者团队学习演播厅连线主持和外景出镜技巧；跑线记者协调一线施工人员和专家在连线采访中出镜接受采访及各种所需资源；音视频部新媒体团队和摄影记者根据需求赶制多部短视频、动态效果图、虚拟直播间包装效果图等，并根据测试效果反复修改。正式直播前，团队全员利用周末加班彩排10余遍。有了前期的充分准备和演练，正式开播时，整场直播内容流畅，达到广电级标准。

众人拾柴火焰高。作为平台方，除了自己会用之外，更重要的是推动一线记者和编辑使用。南方⁺的直播数量之所以在短时间之内有较大幅度增长，得益于南方日报全体采编人员的大力支持。一方面，南方⁺导播编辑和技术部门协作，简化直播操作流程，

形成标准化操作手册，并在珠三角、地方、专刊等具备编辑团队的部门进行推广培训，培养出一批熟悉移动直播的导播编辑。另一方面，遍布全省21个地市的记者是南方+直播的最大“宝库”。在直播平台上线初期，记者出镜报道存在两大基本难题，一是不敢出镜，二是出镜报道表现参差不齐。出镜记者的表现是直播质量提升的关键，我们通过考评激励、团队建设等方法，不断鼓励记者多出镜，同时也从中遴选出镜报道能力强的记者进行重点培训。2017年至2019年，南方+客户端每年都在集团内部开设“金牌主播训练营”，聘请学界专家和广播电视新闻领域一线优秀出镜记者前来授课，在培训课程设置上突出直播出镜采访和主持训练，帮助平台使用单位各部门、各站点一线记者提升出镜表现。

经过培训和直播报道实践，南方日报多个采访部门已经形成相对固定的直播团队，使用门槛的降低带动了内容生产加速，2019年全年生产1900余场直播，2020年仅上半年就生产了2030多场直播。除此之外，集团旗下南方杂志社、南方网和南方农村报，也是南方+客户端直播平台用户，他们与南方日报、南方+一起，在集团内逐步形成“一个后台、各自表达”的移动传播生态。

（三）抓准定位，抢占移动化权威报道阵地

技术和人才是移动直播报道不可或缺的生产基础，而抓准适合自身定位的移动直播选题，更是需要长久锻炼的硬功夫。

政务类报道是党报的强项，到了移动传播时代，如何继续发挥核心优势，用合适的形式进行传播？南方+选择了政务类视频直播这个风口。与传统报道方式相比，政务直播更加灵动，体现移动化现场感、互动性强等特点，与党政机构治理能力创新的需求更加契合。而与秀场类直播相比，政务直播则更适合南方+作为广东权威政务资讯发布平台的定位。经过数年的努力，南方+客户端已经牢牢占据广

东第一权威移动直播平台地位。

近年来，全国两会的“代表通道”“委员通道”“部长通道”直播报道已成为各家媒体比拼的重头戏。此前，两会现场视频直播历来是电视台的保留项目，南方⁺客户端在这方面并没有经验。

2019年广东省两会首次开设“代表通道”和“委员通道”，成为广东推行阳光参政议政的新举措。“代表通道”和“委员通道”是新现象，能不能进行现场视频直播报道，各方面对此也没有现成的经验可以借鉴。经过南方日报时政记者团队积极协调，在获得允许的情况下，南方⁺成功进行现场视频直播《广东省政协会议“委员通道”首次亮相！六位委员发言关注这些领域》。这也是广东省内首个对这一政务公开新举措进行直播的移动端平台，确保了第一时间向广大用户传递参会委员声音。

第一场直播的成功进行也带来了积极效应，随后，南方⁺客户端又进行了《广东省政协第二场“委员通道”来了！委员们关注哪些话题？》《广东两会首个“代表通道”走起来，履职为民展风采》等现场视频直播，完整呈现了省两会阳光参政议政新形象，也强化了南方⁺客户端广东权威政务资讯发布平台的定位。

2020年初，新冠肺炎疫情暴发。突发传染病疫情是对公共卫生应急机制的考验，是对政府信息发布能力的检验，也是对媒体报道能力的检验。做好权威信息发布，第一时间向广大受众准确传递广东最新疫情，体现广东省防疫抗疫信息发布透明，是南方⁺客户端直播报道的重中之重。

广东于2020年1月21日举办首场疫情防控新闻发布会，并于1月27日开始每天举办。1月28日，申请获得直播许可后，南方⁺客户端当天即实现对发布会进行视频＋图文滚动形式的直播。此后，南方⁺客户端每天都进行视频＋图文信息发布的直播报道，均为自主拍摄和导播。至2月17日，连续26场发布会直播报道总点击量近千万，及时向民众传递权威信息，全面展现广东公开透明、科学防控的良好形象。

除了政务类的活动直播，自然灾害、突发事件的移动直播也是体现主流媒体权威性的关键抓手。南方+客户端直播广东平台上线后，为报网端的抗台风报道提供了更广阔的空间。南方+上线后不到一年，2016年台风“妮妲”袭粤，南方日报与南方+联合组建了抗台风直播报道小组，报道小组包含南方日报总部记者、驻站记者、突发记者、摄影记者及客户端编辑近百人，既有气象、防风抗灾相关部门的跑线记者，也有驻广东各地的一线记者。根据气象部门和省三防办发布的信息制定报道预案，报道团队提前派遣记者前往“妮妲”可能登陆的地点，直击台风登陆现场。省防总启动防风II级应急响应后，南方+立即启动抗台风直播。庞大的报道阵容带来了前方丰富的一手现场内容，台风走到哪里，记者就追到哪里，直播报道就跟进到哪里，并及时推送重大节点信息提醒用户关注。此次直播共持续了36小时。

抗击台风“妮妲”的直播报道仍以图文滚动播报为主，随着报道经验更加丰富，现场视频直播报道逐渐成为抗击台风报道的标配。2018年，超强台风“山竹”登陆广东报道是南方+直播影响力和公信力的一次集中体现。2018年9月13日至17日，超强台风“山竹”登陆广东，围绕台风登陆前的预告、预防资讯动态发布，登陆后的影响和政府救援措施，南方+共进行了14场直播。其中，在《超强台风“山竹”进入登陆倒计时》和《“山竹”登陆！省防总提醒》两场直播中，南方日报发挥对接权威信息的关键作用，执行记者连续三天值守省防总、省突发预警信息发布中心等指挥决策与权威信息发布的中枢。执行团队邀请广东省气象台首席预报员参加直播报道，出镜记者现场传递各方疑问，专家进行独家释疑，南方+是现场唯一全程视频直播的主流媒体，为各地指挥协调防风抗灾提供了有效的信息支撑。单场直播点击量更是达到了700万次。

直播受时长限制，往往随着新闻现场结束而结束，但新闻价值的传播仍有很强的生命力，对此我们会将一次拍摄的内容生产出短视频、微海报、动图等产品，实现直播内容的二次生成、多次传播。目前已逐步形成一套完整的直播副产品生产流程。

（四）业态转变，选题操作模式更为多元

对于党报记者而言，移动直播、短视频等新生产形式的出现，除了在技能上提出更高要求之外，更重要的是工作业态、个人意识上的转变。从工作业态上来讲，有两个转变。一是要从“及时性”向“实时性”转变。以前强调记者要及时发稿，新闻采写完毕马上就要给编辑传稿。有了移动直播之后，新闻的发生与信息的传递是同时进行的，要实时发稿。二是要从“文字化”向“影像化”转变。以前文字与摄影记者分工明确，报纸上也只有文字、图片两种形式。有了直播、视频之后，不管是文字还是摄影记者，都要承担起拍摄视频和图片的职责，有时还要出镜主持。从个人意识上来讲，除了要有文字的抽象思维，还要有影像的具象思维。过往通过文字描述可以间接表达的新闻，现在都要求有现场画面的支撑，所以记者从一开始策划直播、视频选题的时候，就要把这个意识立在前头。

同时，移动化也为传统党报记者的新闻生产提供了更多发挥空间，越来越多记者乐于并善于使用直播、视频等形态的新闻产品来做好新闻报道。春运报道短视频作品《盲人程序员春运回家路：1700公里，路漫长，票根是唯一方向！》即是其中一例。2019年的春运报道中，南方日报记者了解到盲人程序员王孟琦要从深圳返回河南老家的线索。王孟琦当时25岁，是深圳市信息无障碍研究会的高级工程师，天生双目失明，要从南到北跨越半个中国，乘坐高铁和客运巴士，辗转行程1700多公里，才能返回河南许昌的家。王孟琦的特殊情况，有助于展现中国春运的进步之处：一位在大城市奋斗的盲人青年，也可以

享受到中国高铁发展带来的通行便捷，顺利回家过年。

面对这样一个好线索，我们跳出传统媒体文图报道的思路，决定派出团队一路跟拍，制作一部反映主人公回家路的微纪录片。从2019年1月30日到2月1日，南方日报两名记者和南方⁺客户端一名摄像全程跟随王孟琦，记录下这段特殊的春运旅途，并赶在2月4日除夕前完成稿件写作、图片处理和微纪录片的制作，于除夕当天发布报道。该组报道共包括一篇2000余字的文字报道及多幅图片，以及一部时长为9分20秒的微纪录片《回家》，成为当年春运报道的一大亮点。尤其是微纪录片，视频场景带来的真实和贴近感，除了能更完整地呈现旅途特殊之处，也能通过报道采访对象的原声旁白，更直接地呈现其丰富的心理活动，让作品更有温度，打动人心。正因此，该作品获得2019年度广东省新闻战线“走基层、转作风、改文风”活动优秀作品一等奖。

在党报记者向移动端转型生产方面，《学徒》系列短视频节目也具有一定的代表性。2019年5月1日，《南方日报》互动新闻栏目《学徒》在南方⁺客户端上线。这是一档有关匠心、职业的体验式短视频节目，意在拉近报道与受众之间的距离。在节目里，记者当起学徒，向劳动者拜师学艺，通过对一个工种的体验式报道，带大家一起感受、调研广东经济发展的火热现场。从2019年5月1日正式发布起，截至2019年底，该栏目共推出20期视频，在南方⁺客户端、微博、抖音等平台同频共振。记者奔赴东莞、韶关、广州、惠州、佛山、上海等多地深入进行体验式采访，用文字、图片、视频等形式多维度、立体呈现劳动者的奋斗故事。如在韶关南岭国家级自然保护区乳阳林场，记者与护林防火大队中队长周水金一起体验巡山护林，跋山涉水，体悟一名基层护林员10年不渝的坚守，展现当地经济发展与自然生态保护的历程；在体验送电架设工工作的节目中，记者爬上30余米高的模拟电塔，感受高空作业的不易，展现广东强大的电网建设力量；在体验危化品救援队员工作的节目中，记者穿上重约10公斤的防化服，和队员一起配合参加高难度救援演习，挖掘救援队背后的故事，透视该行业的发展趋势……相比传统新闻报道，《学徒》栏目使用竖屏短视频形态，使得观看体验更有浸入感，将工作现场变得活泼有趣，对记者而言也是一种叙事方式的创新。

工作业态的变化也体现在一系列VR直播作品中。2019年，南方+客户端推出“壮丽70年　VR全景看广东”系列直播，包括《丹霞山峭壁环卫工》《无人艇为珠江“体检”》《体验广州5G时代》等，为迎接未来直播技术的进化积累经验。

相较于常规的视频直播，VR视频直播的尝试更具有挑战性，尤其在直播场景选择与流程策划方面。鉴于VR视频的特殊效果，在前期策划时，就必须重点考虑应用场景，充分发挥VR视频全景式、沉浸式的体验优势。而对记者而言，除了要满足直播的实时性，还要兼顾VR的全景性，即记者周围360度的场景皆会进入拍摄范围，这又是一种全新的报道场景。比如在丹霞山峭壁环卫工VR直播中，出镜记者手持自拍杆拍摄，一边爬山一边解说，让用户有第一视角的观感。为了进一步增强动感，还安排了记者跟随环卫工人体验峭壁“蜘蛛人”的工作，用航拍机位展现，带来全新视角的体验。

通过直播、微纪录片、竖屏短视频、VR视频等一系列视频形态的内容生产，传统党报记者逐步适应和拥抱不同形态的内容生产形态，在传统的文字图片生产能力之外，逐步拓展出适合移动端的报道能力，有力推动了记者能力的转型和报道形态的革新。

第三节
借力“两微”：加强用户互动

2020年，微博进入第11年，微信公众号也有近8年历史了，社交媒体逐渐成为内容生产与传播的重要动力。

传统媒体的移动化转型，大多是从微博、微信开始的。通过微博、微信的运营，传统媒体将自身的内容注入移动平台，并在此过程中逐渐熟悉“移动优先”的理念，改造传统的采编流程。随着媒体融合的深度推进，有的媒体选择自建平台，有的则继续将“两微”作为主平台。但无论如何，作为移动端的两大主要社交工具，“两微”始终是传统媒体移动化转型必不可少的工具。

南方日报“两微”作为南方日报重要的第三方渠道，与移动端主平台南方⁺客户端形成一体生产、立体传播的格局。同时，广东省政府新闻办官微“广东发布”自2019年委托南方⁺客户端运营之后，南方报业为“广东发布”注入优质内容和技术资源，使其扩大在政务领域的影响力，有望形成政务传播的新样板。

自建平台南方⁺客户端建立之后，“两微”成为有效的分发渠道。近年来，南方日报通过“两微”最大限度地推广客户端的独家资源，打造品牌，用独家优质内容提升影响力和传播力。微信公众号有垂直传播的优势，信息到达率较高，南方日报抓住这一特性，在官微上推荐精华内容，提升南方⁺的品牌露出。比如在庆祝新中国成立70周年的报道中，“南方日报”“广东发布”官微结合南方⁺《70秒云上瞰广东》系列报道的精美航拍画面，并整合更多衣食住行的服务性资讯，先后推出《为什么是广州？》等21个地市的微信推文，与南方⁺共同形成立体传播。

微博在公共事件上有较强的传播力，且其140字的文本形式容易制造悬念、形成导流，因此我们通常会将南方⁺上一些话题性较强的新闻转化为“微博体”，并通过简单的操作跳转到南方⁺客户端的专题或直播等相关页面。比如在2020年全国两会前夕，南方⁺结合脱贫攻坚主题推出“带货王”系列直播，邀请在粤委员代表推介自己家乡的特色农产品。南方日报官微巧用微博流行语“能买1斤，咬咬牙买3斤”，引发年轻用户强烈共鸣，阅读量达178万，点赞量18.6万，评论6203条，转发7700余次。次日直播卖鸡，还没开播，已有15.6万人预约。“跟着南方做公益”成为微博热门标签，并实现对南方⁺带货直播的有效导流。

用户互动是传统媒体的薄弱环节，“两微”则能在一定程度上补齐这一短板，打造具有亲和力的媒体形象，有利于增强用户的品牌认同感。通过“两微”与用户互动，媒体可以及时挖掘用户对事件的意见或者疑问，从而进一步追踪事情的因果，做出具有特色甚至是独家的内容。2019年10月13日，广西发生地震，广东多地有震感，“南方日报”官微第一时间报道最新动态，消息推送后收到了许多网友的留言，编辑在梳理留言的过程中发现“某地凌晨两三点会有余震”的谣言，该谣言已引起不少网友的恐慌情绪，于是立马联系相关单位，发布消息进行辟谣，缓解网友们的不安。

由此可见，“两微”对于媒体自建客户端而言，不只是各有优势的平台，更是能融合发展的伙伴。“两微”利用自身优势“反哺”客户端，可促进客户端不断更新传播理念，焕发新活力。而客户端在利用“两微”提升传播力、影响力的同时，也可不断深化“移动优先”“用户优先”的理念，积极融入互联网生态圈，实现共同发展。

案例

南方日报2020年全国两会“云报道”

因疫情防控需要，2020年的全国两会，地方媒体记者入会采访名额大幅缩减。这对媒体的策划能力、采写能力、组织前后方联动能力、新媒体生产能力、技术支撑能力等提出了新的考验。

面对新挑战，南方日报围绕两会主题、议程，坚持“移动优先”，在“云”字上做文章，强化政务报道的移动化，对外整合“两个现场”“多方热议”“各方围观”，对内整合前后方，联动报、端、微以及第三方平台账户，推出云直播、云数据、云客厅、云调研等系列新形态产品，联动了代表委员与普通群众，联通了两会现场与广东基层，打通了场内与场外，有力传播了两会好声音。

一、紧扣习近平总书记两会期间重要讲话精神，通过云直播、云采访，推出系列原创报道，唱响“人民至上”主旋律，凝聚“双统筹”正能量

宣传贯彻习近平总书记两会期间重要讲话精神，是党报的重要职责使命。南方日报浓墨重彩组织了系列报道，并借助5G信号、直播采访系统，既丰富了采访方式，又将总书记的重要讲话精神深入传播至广东生产建设一线。

（一）报端同步推出“以人民为中心的广东实践”系列报道，生动诠释“以人民为中心的发展思想”

系列报道坚持报端一体策划、一体生产、一体安排发布。紧扣习近平总书记在参加十三届全国人大三次会议内蒙古代表团审议时强调的“以人民为中心的发展思想”，《南方日报》连续六天推出“以人民为中心的广东实践”系列报道，刊发评论员文章、系列述评（一、二、三）、两会综述（上、下），结合生动的广东实践，深入解读总书记“以人民为中心

的发展思想”。这些报道均同步生产图文版的网文产品，在移动端传播，获得广泛关注。

（二）生产“学习日记”H5，通过设计“签到打卡”环节强化学习分享的互动性

南方日报根据总书记的两会新闻报道，第一时间推出《2020全国两会学习日记》H5，精选每天学习重点，制作精美的学习微海报。为了鼓励用户分享、转发，H5专门设计了每日签到页面，在移动端打造学习、传播、分享总书记两会重要讲话的氛围。

（三）推出四屏云直播，将直播间搬到一线，让代表委员与基层一线共同学习热议

疫情在物理上造成了人与人的会面不便，但5G信号具有高速率、低延时、大带宽的特点，让人们可以在任意地点、任意时间，通过任意视角、多种形式联通、互动。基于此认识，南方日报启动了多屏直播采访工作，不断运营、调试、完善多屏直播系统，推出三场《奔跑吧，吾粤》四屏云直播节目。凭借5G信号和多屏直播系统，记者们先后将直播间搬到了医院、生产车间、科研实验室，邀请一线工作人员与在北京参加两会的代表委员共议疫情防控、制造业高质量发展、科技创新等话题，既让一线工作人员学习总书记的重要讲话精神、了解两会热点和代表委员们的思考，又让代表委员们了解救治、生产、科研一线的情况，共同学习热议。节目生动、现场感强，探讨的话题切实。围绕该直播推出的报纸报道、短视频花絮也获得广泛转载。

（四）借助5G和云直播采访系统，专家访谈视频同步存储快速剪辑推出

移动化探索，也要用好移动化软硬件设备。为了更精准理解总书记的讲话精神，南方日报第一时间通过云直播系统专访中国人民大学习近平新时代中国特色社会主义思想研究院副院长王向明、中共中央党校（国家行政学院）教授竹立家等知名专家，推出解读文章，并利用云直播系统同步存储视频采访内容，快速剪辑推出短视频产品。

二、围绕两会主题和代表委员履职，打造自有数据库，推出云数据系列产品，让宣传更有说服力、报道更有深度、内容更易传播

5G技术规模化、泛连接的特征，赋予了万物皆可数据化的可能，因此智能时代的核心是数据。南方日报重视数据资源，在此次两会报道中特别重视对各种权威文件、代表委员履职工作的数据归集、整理以及分析加工，推出系列全媒体产品。

（一）搭建数据库，深入分析两会重要数据的意义，并丰富数据可视化表达

为准备两会报告，南方日报从国家统计局、广东省统计局的历年数据中有针对性地提取、统计关键数据，建立数据库。两会召开后，立即根据权威文件，提取关键数据，与已建立的数据库结合，挖掘数据意义，在南方+客户端推出《两会云数据》系列动图产品《中国经济韧性哪里来，6张动图话你知》等，以动图看趋势，引导受众客观理性地看待当前经济发展的危与机，动图设计醒目、美观、有质感，大大提升了报道的传播力。推出《数读两会》系列短视频《2万亿怎么发？2.5亿怎么减？》等，用数据分析、算账的方式，以动画的表现形式呈现，让数据更好理解，产品更易传播。

（二）通过5G云客厅等形式的采访，建立代表委员履职数据库，集中呈现基层代表委员履职“好声音”

代表委员履职报道是两会报道的重要内容，也是两会期间的重要数据。尽管受疫情的影响，今年全国两会南方日报前方报道记者人数减少，但通过前方的现场采访、后方使用直播平台等系统云采访，南方日报基本实现了对广东基层代表委员报道的全覆盖。

在广泛、深入采访的同时，南方日报建立了代表委员意见、建议、议案、提案和发言的数据库。推出《代表委员议“是”厅》H5，以美观的设计，集中展现代表委员的履职“好声音”，还设计了点击分享代表委员观点海报的互动环节，引导用户将“好声音”传播开来。

三、不断完善直播技术，推出云调研，展现代表委员履职“带货（带建议）”的风采

受疫情影响，今年直播带货节目形式火爆一时。不少政府工作人员、人大代表、政协委员走进直播带货节目。南方日报在全国两会召开前夕也推出了直播带货节目，颇有新意。从5月15日开始，南方日报、南方+客户端连续推出三场直播带货。在5G信号和直播系统的支持下，移动直播流畅呈现，基层代表委员走到田间地头、茶山、养鸡场为贫困村带货，点击量超过400万次，当天卖出15万元脱贫产品。而这样的直播，过去需要电视台派出直播信号车才能做到。

南方日报不止于此，每场直播都紧扣代表委员通过直播带货开展调研，准备意见建议，为进京开两会“带货（带建议）”。5月18日《南方日报》头版推出的《广东代表委员走进直播间当起带货“网红”　一块块屏幕连着民情民意》更是深入、生动地观察了广东代表委员的履职调研新方式；推出的短视频《他们杠杠带货王》，展现了带货中的风趣与思考，获得广泛传播。

■ 总编辑点评：

2020年南方日报全国两会报道因时而变，借5G技术，强化技术支持，强化数据思维，丰富报道形态，让新闻更生动，推出了一批创意新、品质好、传播广的作品，有力地做好两会新闻报道工作。

报端以及南方日报的微博、微信，内容一体化策划、生产，技术一体化支撑，这些工作和内容集中体现了“移动优先”的原则。

用好了5G技术，实现了直播升级。充分利用5G信号高速率、低延时、大带宽的特点，突破了传统电视、网络直播活动对网络信号、地域条件的

限制，很方便地实现了多屏云直播、云采访，创新了直播形态。

强化了数据思维，拓展了产品形态。5G时代，数据、数据库的意义更加凸显，提炼、梳理基于采访形成的大量数据，并通过动图、短视频、数据库等形式进行传播，不仅挖掘了新闻，还让内容更悦读，更易传播与分享。

强化了技术支撑，形成了工作模式。全媒体时代对内容生产的技术支撑的要求越来越高。内容和技术必须在实战中相互协同、不断融合。此次两会报道，在统一指挥下，南方+客户端的技术团队不仅支撑了直播等技术需求，保证了系统的安全、稳定，还全面与内容团队融合生产，《代表委员议“是”厅》H5的生产便体现了这种支撑力。

第二章

平台化

随着融合发展时代大潮的来临，报纸作为信息获取渠道的地位式微，用户阅读习惯的改变，新的平台建设成为重要的时代课题。2014年，美国社交媒体网站创始人乔纳森•格里克组合“平台（Platform）+媒体（Publisher）”，首次提出了“平台型媒体（Platisher）”一词，足见“平台化”天然就带有“融合”意味，与媒体融合发展的趋势可谓不谋而合。媒体平台化突出的是聚合和连接两大功能。前者意味着，平台正逐渐取代报纸，成为在信息爆炸时代用户获取有效资讯的主渠道；后者则意味着，基于平台，信息与服务、信息的提供者与获取者，告别了单向度的“传一受”关系，转变为“点对点”“一对多”“多对多”的多向度网络化交互联系。

对于传统媒体而言，平台化无疑意味着一场深刻的变革。到底要不要平台化，平台化会不会削弱内容传播力？如何正确处理“内容为王”与平台化的关系？传统媒体平台化该遵循什么样的路径？南方报业是如何选择平台化的切入点的，又是如何推进平台化的？

第一节
自建平台：掌控移动端主阵地

平台是互联网技术催生的产物，也就决定了现实中平台化变革的发起和引领者往往并非传统媒体。无论是资讯聚合类的门户网站客户端，还是“两微”、脸书（Facebook）等社交平台，抑或天猫、亚马逊这样的电商平台，都是具有不同功能属性的平台。特别是其中的资讯类平台，既为传统媒体的平台化提供了大量先行经验，同时其自身也是多元舆论场中的有力竞争者。艾媒数据中心2019年的一份报告显示，新闻客户端这样的资讯聚合平台日益成为用户获取信息的主要渠道。截至2019年，我国新闻客户端用户规模达6.95亿人，预计2020年将超过7.24亿人。与此相对照，传统媒体如果不能重建平台价值，就有可能失去话语权。

一、借力，还是苦练内力？

对媒体来说，平台化有着巨大的吸引力。以今日头条为例，从2012年成立至2018年8月，仅用了短短六年时间，其日活跃用户量达到1.5亿，几乎超越了全中国所有报纸的发行量。对任何一家省级媒体来说，即便是拥有一个日活跃量达到今日头条十分之一、百分之一的平台，对传播力提升的效用也是巨大的。必须清醒地看到，推动平台化对于传统媒体来说，面临很大的掣肘。除了技术支撑能力不足，体制机制上如何切入“互联网生存”状态，同样是重要的考验。这就决定了传统媒体要实现平台化转型，注定是一条艰难之路。

与“媒体平台化”相对应的，还有一个趋势是“平台媒体化”。从全球范围看，以社交连接、技术驱动、资本创新为主导的商业平台日益成为主流枢纽平台。在欧美国家，脸书和油管（YouTube）在年轻用户群体中占据优势地位。在中文互联网世界，作为社交平台的微博、微信，作为资讯客户端平台的今日头条、一点资讯，作为短视频类平台的快手和抖音，作为音频类平台的喜马拉雅，都成为不同类型的平台媒体化主导者。面对商业属性极强的媒体化平台的激烈挑战，主流媒体倘若不积极拥抱平台化，就解决不了联系用户的问题，也就无法有效履行职责使命。

如何平台化？与门户网站新闻客户端等第三方合作，是传统媒体拥抱平台化的一条可选择之路。前者拥有技术和运营优势，而传统媒体拥有高品质内容生产的不可替代能力，二者如果能协同合作，会产生“1+1>2”的效果。然而，现实证明，多数情况下，这往往是传统媒体的“一厢情愿”。一方面，凭借巨大的技术优势，诸如门户网站新闻客户端的抓取能力远超过任何一家地方媒体的生产能力，这就意味着任何一个地方媒体的内容供给，对门户网站新闻客户端而言，都只是其中的一部分，从而也就决定了二者合作的不平等地位；另一方面，传统媒体仅仅是出于拓展传播渠道、回避技术短板的考虑，拱手让出高成本生产的优质内容、珍贵的用户数据，无疑会丧失自身成长的主动权。

传统媒体拥抱平台化的另一种路径，是借力商业平台，通过注册微博、微信、短视频账号等，强化内容分发，提升自身的传播力。国内外媒体纷纷进驻各大商业资讯、视频和社交类平台，开设官方账号早就成了“标配”。这种路径依托商业平台，以自身品牌为支撑，新媒体公众号集聚了上百万乃至千万的粉丝，确实为传统媒体传播高品质内容提供了有力支撑。包括“人民日报”等一些党报新媒体账号，也顺应互联网的强开放和连接属性，加强与粉丝、用户的沟通互动，打造了党媒在互联网舆论阵地的全新形象。借力第三方商业平台，节省了传统媒体“另起炉灶”的技术、时间投入成本，特别是考虑到技术支撑的短板以及平台成长往往需要一个过程，因此，不少媒体完全依托于第三方平台，好像活得也还不错。

不过，对一家小而灵活的市场化媒体或者自媒体而言，完全借力第三方平台可能不会有太大问题，然而对南方报业来说，“借力，还是苦练内力”，这是一个“To be，or not to be”的问题。最终我们选择了在“借船出海”的同时也“造船出海”。

首先，传统媒体借力第三方商业平台，实际上扮演了“内容奶牛”的角色。正如业内分析者所注意到的，“大部分传统媒体主要借助微博来维持内容和品牌影响力、借助微信巩固其在移动舆论场上设置议程和社群互动的能力。相对于商业平台自身的广告收入、用户增长和竞争优势而言，传统媒体的原创内容无法通过向平台媒体授权内容使用获得足以支撑原创新闻生产的成本收益”[1]。一旦传统媒体放弃了核心优势的变现能力，也就失去了可持续发展的物质基础。

其次，借力第三方商业平台，实际上使得传统媒体难以摆脱“依附者”的角色。这种依附关系的结果是：一方面，传统媒体并不掌握内容分发的主动权，比如一篇公众号文章能不能通过审核，最终决定权在平台，而一旦不能发出，实际上就切断了内容传播的重要渠道；另一方面，当平台定位发生变化时，传统媒体的相关渠道建设可能就“一夜间化为乌有”，最典型的是账号被注销。此外，很多门户网站的业务变动频繁，今天跟风开设微博频道，明天跟风开设视频平台，然而一番市场竞争的风吹雨打后，相关业务一旦调整，传统媒体辛苦投入开拓的渠道就打了水漂。

再次，最重要的是，对南方报业这样肩负巩固壮大主流思想舆论重任的党报集团来说，完全“借力”第三方商业平台，就无法实现聚集用户和留住用户的战略目标，不利于精准抓住用户需求、智能匹配使用场景和权威信息，做不到让人民群众聚合在我们主流媒体的自主可控平台之上，不

[1] 张志安，曾励．媒体融合再观察：媒体平台化和平台媒体化［J］．新闻与写作，2018（8）：86－89.

能最大限度地助力形成天朗气清、生态良好的新型互联网空间。同时，正如前面所指出，媒体平台化背后，除了内容的聚合，实际上还有连接的需求。通过连接整合资源、强化运营，平台化对于传统媒体而言，作用远不止传播渠道建设，同时对经营的一体化统筹和多元开拓都有重要价值，有利于提升主流媒体的自我造血能力。

二、南方$^{+}$：广东省委、省政府第一权威移动发布平台

人民群众在哪里，我们的新闻舆论阵地就应该在哪里。顺应移动互联网发展新趋势，我们必须进行内容供给侧结构性改革，减少无效和低端供给，扩大有效和中高端供给，促进要素流动和优化配置，把优质的新闻资源、产能、成本从传统的版面、栏目中释放出来，向移动端转移，从而实现党报影响力在新媒体平台的迁移和扩增。

广东作为全国经济排名第一、常住人口最多的省份，网民网站也是全国最多的，为打造一个信息聚合平台提供了良好土壤。而凭借强大的社会资源整合能力和内容原创能力，南方报业完全有条件有能力建成这样一个平台。2015年，经过慎重考量，我们从打造自主可控平台、巩固壮大主流舆论阵地的战略高度出发，最终决定倾全集团之力打造一个面向移动端的平台化拳头产品——南方$^{+}$。

作为南方报业平台化的重要支撑，南方$^{+}$的定位在融合发展的实践中不断强化：

首先是“最权威”。自上线之日起，南方$^{+}$客户端就认准自身定位，充分发挥南方报业的内容生产优势和资源整合能力，对内兼容了南方报业旗下媒体的内容发布，包括《南方日报》、《南方》杂志、南方网、《南方农村报》、《南方周末》、《南方都市报》、《南方人物周刊》、《南都周刊》等的优质内容；对外不断聚合全省政务新媒体及机构新媒体，把握省内重大新闻及重要资讯在移动端的首发权，牢牢占据广东省委、省政

府在移动互联网领域的第一权威发布平台位置。

其次是“最及时”。2016年3月，南方⁺在上线之后的第一次全国两会报道中，共刊发报道1027篇，其中原创报道442条，直播28次全国两会重要议程及新闻发布会，制作H5、视频产品50多条，总点击量过千万。南方⁺快速的反应、充足的信息量和准确的新闻点，收获了用户的一致好评，也让各级党政干部、公务员等主流群体看到了自主可控平台的新能力、新价值。经此大战，南方⁺在主流人群中的接受度逐日提高，成为许多人获取权威信息的首选移动平台。

第三是“最广东”。除了为用户提供新闻资讯，南方⁺客户端还依托与广东省及各地党政机关的长期合作，不断提升服务能力。目前，南方⁺已设立21个城市频道。通过内部资源整合，南方日报21个记者站、南方网21个地方频道和南方⁺客户端的21个城市频道正在推进一体化运行，未来将实现党报、党网、党端在省内各地的全面覆盖，全方位构建主流舆论阵地。

正是依靠强大的平台功能，五年来，南方⁺客户端传播力与日俱增，下载量逐年增加，从1000万、3000万、5000万、6000万，2020年底达到7000万；南方号入驻量逐年增加，1000家、3000家、5000家、6000家，2020年底达到7000家；实现了主流传播的百万+、千万+、亿+，平台总发稿量已超过260万条，新媒体产品生产近3000件，直播超过6600场；营收从最初的1000万元逐年增加，3000万元、1.2亿元、2.1亿元，2020年底超过2.6亿元，累计利润超过2亿元。

第二节
产能跃升：聚合内容＋开放生产

时至今日，当人们探讨苹果公司在智能手机时代带来的商业模式改变时，都不得不承认苹果App Store作为手机应用平台化的创新价值。正如有分析者指出，在App Store出现之前，运营商在手机中预装软件是推广手机软件的最佳途径，然而这种模式不仅极大限制了用户的选择权，更限制了提供给用户的应用数量。而借助App Store，苹果公司只需要一套面向开发者的SDK（软件开发工具包）和必要的技术支撑，就激发了无数自由开发者的积极性和创造性，不但毫不费力地将其智慧汇聚到自己的平台内，更通过应用的出售分成，开拓了新的收入来源。同时，由于应用开发者强烈的用户需求导向，那些好的应用丰富了苹果手机的功能，无异于提升了苹果手机的价值。

通过平台聚合、分发和传播，为自己创造价值，这恐怕是App Store带给我们的最大启示。诚然，媒体平台化与手机应用平台是截然不同的领域，但背后的构建逻辑，有着明显的共通之处。对像南方⁺这样的新媒体平台来说，当前面向用户提供的主要产品是资讯。从数量上看，传统媒体每天数百条原创稿已经是生产的上限，然而这远远无法满足移动互联网时代下的用户需求，因此也难以锁住一个手机应用对用户的黏性。

通过平台化满足用户海量、优质的信息需求，强化与用户的联系，把所有这些元素综合起来考虑，以南方⁺为支撑的平台化转型路径也就逐渐清晰起来。

一、坚持内容立身

对于媒体来说，内容是立身之本。离开了好的内容，没有面向用户的不可替代的内容，媒体平台的用户黏性将很难维持，平台的生存自然也就成了无源之水。正如一款好的手机应用可以提升用户对手机的使用体验一样，要想推动媒体平台化走得更远，以优质内容把平台打造成用户不可或缺的信息获取渠道，显然是一项重要的基础性工作。

作为南方报业移动化的重要支撑，南方⁺既是内容和服务聚合的平台，也是从报纸向网端输出的重要出口。因此，南方⁺的平台化，首先便是对集团旗下媒体优质内容的兼容。

在建设南方⁺的过程中，集团各单位不分你我、不计得失，为南方⁺提供了源源不断的支持。南方日报全面实行“先端后报”，每天供给南方⁺的原创稿件，从上线之初的10多篇，到现在日均300多篇，增长超20倍；《南方》杂志在南方⁺开设观点、党建等频道，每月发稿超千条，并邀请243家各级党建号集体开通南方号，联合南方⁺举办“党建创新案例评选”等线上线下活动；南方网与南方⁺进行了全面融合，为南方⁺稿件在PC端的分发进行持续不断的优化和提升，全年分发稿件1.5万条；南方农村报在南方⁺开设南方农村报、乡村振兴、茶业及产业园四个频道，2019年全年发稿近3000篇，直播138场，并利用农博会等场合现场推广南方⁺；南方周末2019年为南方⁺供应超过1500篇稿件，建立重点选题联动机制；南方都市报每周供给南方⁺图文稿件超千篇，100%发给南方⁺。

在积极拓展政务新媒体号入驻的同时，南方⁺也发挥南方号切口小、垂直性强的特点，将其作为提升原创内容生产力的重要抓手。于是，整合集团资源，针对各媒体、各部门、各栏目开设的“自营号”“集团号”应运而生。这些“自营号”“集团号”更多致力于官方权威信息背后的梳理和解读，如“广东健康头条”“广东教育头条”“粤有料”等，与机构号内容形成互补，进一步丰富南方号平台内容形态，提高南方号整体质量。

比如“广东健康头条”由南方日报时政新闻部医卫团队负责运营，医卫团队在医疗健康相关热点事件发生后，往往第一时间跟进，解读专业话题，采访专家答疑解惑。2020年1月19日，国家卫生健康委确认广东首例输入性新冠病毒肺炎确诊病例后，“广东健康头条”第一时间发布消息，同时将备好的解读内容，以文字、图片和视频等元素“和盘托出”，推出《新型冠状病毒肺炎怎么防？记住这六点！》《关于新型冠状病毒，你关心的都在这里》等科普解读报道，及时满足了社会公众的需求，缓解了紧张情绪，阅读量短时间内迅速超过150万。1月23日，广东启动重大突发公共卫生事件一级响应，拉响了战斗警报。记者首发消息后，又立即在“广东健康头条”推出了解读文章《广东启动重大突发公共卫生事件一级响应，意味着什么？》，内容权威，及时解渴，关注度高，仅在南方⁺客户端的流量就超过900万。

“粤有料”是南方⁺的原创账号，自2015年12月28日发布第一篇原创稿件起，便紧跟广东的时事热点，挖掘热点背后的故事和话题，深入浅出解析政策、经济、民生、城市等领域的热点，为用户提供有料、好看的政经观察，创造出一大批叫得响的爆款网文，如《粤有料丨新年首个工作日广东获赞，“粤式反转”背后发生了啥》《粤有料丨落实全面二孩，广东神速修法抢第一，这些内幕可以说》《粤有料丨广州⇋香港仅48分钟！广深港高铁票价站点大曝光，收好这份交通攻略》《粤有料丨在中美贸易争端升级的72小时里，广东企业都在做什么？》等，均为高流量产品。“粤有料”不仅仅停留在图文呈现的基础层面，更是充分运用GIF（图像互换格式）动态图表、短视频、一图读懂等形式多元呈现，有意打造简明、悦读、有意义的政经类网文精品，其中不乏令人津津乐道的爆款网文。

二、坚持开放生产

要满足不同用户的海量信息需求，平台化就离不开开放生产，这对机构媒体来说更为重要。在深度融合、用好用足集团内容资源的同时，南方⁺客户端致力于拓展南方号、合办频道、南方拍客等外延资源，做到专业生产与开放生产协同发展，共同构建丰富的内容池。

（一）南方号

互联网的发展和通信技术的进步，推动了自媒体的蓬勃发展。在互联网大省广东，越来越多的党政机关、社会团体，开始积极主动地运用各类自媒体手段，发布权威资讯，满足大众的信息需求。为了提升政务信息发布和政务服务能力，南方+于2016年10月推出南方号平台，积极拓展各地市、各垂直系统单位的政务新媒体集体入驻南方号。

1. 定位与发展

牢牢占据权威信息发布的第一平台位置，是平台确保内容权威的主要手段，也是南方号与其他商业平台的最大区别。南方号建立之初，就确定主要目标用户是广东省内各级党政机关、社会团体、企事业单位等发布主体，简言之，就是广东的政务新媒体。

上线以来，我们全力推动各地市、各垂直系统单位的政务新媒体分批次集体入驻南方号，在全省形成示范效应。2017年底，南方号入驻数量达到3000家，基本覆盖全省21个地级以上市及省直系统。2018年底，南方号继续扩大入驻规模，对全省各级重点区县、镇街进行全面覆盖，入驻数量达到5000家。平台推出各种运营功能，包括投票互动、评论点赞、私信功能等。2019年，南方号入驻单位达到6000家。平台整合南方报业资源，在内容运营方面推出同题作文、“周末打卡”、“反诈骗联盟”等。在运营过程中，推出“我要上首页”“南方号首发计划”“南方号优选计划”等，全面提升南方号的功能及服务能力。

截至2020年底，入驻南方号平台的广东政务新媒体已突破7000家，覆盖广东21个地级以上市及重点省直系统，建立并运营南方号矩阵超过50个。南方号月均发布稿件超5万条，月均阅读总量超6500万。重要原因之一，便是发挥南方日报深耕广东的优势，以长期以来建立的良好信任与互动关系为基础，将各级党政机关推进治理能力现代化的需求与南方号聚合传播、权威发布的特点有机结合起来。

2. 内容建设

每个生产个体都有自身局限，开放生产不等于放任生产。政务发布号并非每天都有重磅新政，他们“闲”时的生产力如何激发？这就需要平台引导，让生产者拥有更明确的生产目标。南方号的经验是“全面撒网”和

“重点捕捞”相结合，做到有的放矢。

全面撒网，是指由南方号制定一套生产规范，如抛出一个话题、规定一种内容形态、举办一次活动，让入驻的机构号在固有的框架内最大限度自由地创作。同题作文是其中最常规的应用。南方号针对不同主题和社会热点，向机构号派题征稿。在单个话题的框架里，机构号根据自身特点和擅长领域进行创作，且不限体裁、不限角度、不限形式。比如台风天的同题作文，应急管理部门、气象部门及时发布最新指引，地市频道发布本地动态；教师节，教育类机构号可以撰写教师故事，健康类机构号则可关注教师职业病。

疫情防控也是南方号的重要战场。新冠肺炎疫情暴发后，作为广东政务信息权威发布平台，南方号运营中心迅速联合广东省卫健委、广东省疾控中心、钟南山院士名医工作室、中山大学附属第一医院、南方医科大学南方医院、中山大学附属第三医院等一线医疗机构，推出“权威医线：新型冠状病毒肺炎如何防治”同题作文，及时发布一手疫情资料，普及防疫知识。广东启动重大突发公共卫生事件一级响应以来，南方号共发布疫情相关稿件79 621篇，总流量达1.64亿，全方位、多角度呈现广东各地各部门落实疫情防控相关举措的权威资讯，并从“疫情通报”“击破谣言”“防疫科普”“医护坚守”四个维度，凝聚起抗击疫情的强大正能量。

同题作文对拉动生产效果显著，其优势在于一方面能让更多机构号参与，同时又能凸显机构号各自的特色；另一方面，打破参与限制，不同行业、系统、地方的机构号，只要在同题作文的题目中有话可说，就能一展身手，形成特有的凝聚力。

作为同题作文的延伸，南方号也设置了一些主题栏目供更积极和更有能力的生产者参与。例如每周五推出的主题游玩攻略“周末打卡”，就要求生产者梳理出带有主题性质的游玩路线，如“七夕约会地图”“国字号古村落探营”“文创园种草清单”

等，供用户周末休闲参考。还有根据热播影视剧梳理相关知识点的“热剧新知”，如《都挺好》中“断绝”亲子关系的苏明玉还要养父亲吗、《小欢喜》中母女间“虐心”的相处如何破解等。

为读者答疑解惑，离不开专业知识，难度指数上升，生产辅助也随之加强。为此，我们安排平台编辑介入机构号生产，帮助生产者策划选题、提供思路、提供指引等。同时，加大平台的配套推广力度，如制作推广海报、重点位置推荐、多平台分发等。

单纯的内容引导多少会让人产生疲态，所以我们也适时进行一些更深层的刺激——比如线上线下活动。2019年年中，南方号举办“我们的湾区大文章”新媒体爆款大赛，短短一个月，便收到70余个政务号的近百份新媒体作品，光是点赞投票数就达到10万+。不少政务号根据活动要求生产的新媒体内容，在南方+客户端首页“霸屏”，其中一部分还被学习强国广东学习平台选用。事实也证明，与活动类运营相结合，的确能让开放的内容生产产生质与量的飞跃。

不过，值得注意的是，这类“深层刺激”贵精不贵多。一来，时间成本、人力成本较高，平台和生产者都耗不起；二来，太过频繁，也会让人失掉新鲜感，让生产方的刺激效果大打折扣。

如果说广撒网式的发动生产是对“量”的追求，“重点捕捞”则重在“质”的提升。那些生产能力强、内容质量好、合作意愿足的生产者，平台会给予适当扶持，给这部分“尖子生”开小灶。比如南方号的“重点选题”，就更倾向于与相关领域的优质机构号合作。2019年教师节，平台重点向“广东教育”南方号派题约稿，推出《还原援藏援疆教师的一天》。这一作品在教师节同题作文中脱颖而出，稳居同题内容流量榜首。付出劳动的“广东教育”南方号，既收获了流量，又强化了品牌展示，对南方号平台而言，则收获了丰富而优质的内容，可谓双赢。

有时，对于那些有足够实力形成自有栏目的机构号，平台还承担“孵化器”的角色，为其提供更多的支持和帮助。如“广东教育”南方号的“粤教一周纵览”、“中山六院”南方号的“每周医答”，都是平台与机构号合作推出的栏目。平台辅助孵化、推广，除内容把关和选题建议外，更多的是为其配备优质推广资源，如开设专题页、提供互动支持、制作推广海报、设计栏目UI（用户界面）、重点分发等，内容则由机构号主导生产、自由发挥。

（二）合办频道

如果说南方号是通过横向挖掘资源进行开放生产的话，那么与地市区县镇街、垂直系统紧密合作的300多个合办频道，则代表了南方⁺平台借助党报集团的影响力进行纵向连接的开放生产。

1．定位与发展

随着影响力逐步增强，南方⁺客户端版图同步扩大，向广东各地的市、县、区乃至镇街延伸，形成广铺网、深渗透、强政务的扩张模式。截至2020年6月，南方⁺客户端在21个“城事”频道的基础上，拓展上线了各地市旗下共300多个县区、镇街与垂直系统的合办频道，它们分别由南方日报珠三角新闻部、地方新闻部与区县、镇街和垂直系统共建运营。

合办频道的拓展有三大着力点。

首先，南方⁺客户端在市和县区频道实现基本覆盖后，继续向数量更大的镇街一级开拓，为地区官方发布打造一个移动端的权威信息集散中枢。地市、区县、镇街频道共建，聚焦地方党委、政府中心工作，提供社会民生服务，做大做强区域主流舆论阵地。

其次，向金融、教育、医疗、环保等民生垂直领域开拓。通过垂直领域精细化运营，加强精准服务，拓展内容产品，从而创造主流媒体新的商业模式。

最后，以产业园区、国有企业等为重点切入产经领域，并在此基础上加快拓展纯商业客户。如梅州、汕头房产频道，由多个地产品牌以众筹方式出资共建；汕尾教育和茂名地产频道，则选择与商业公司合作，为推动频道市场化运作探路先行。

以潮州频道为例，可以了解合办频道的发展轨迹。基于前期南方网潮州频道良好的合作基础，2017年底，南方日报潮州记者站与潮州市委达成合作协议，从2018年1月1日起，双方共建潮州频道。早期运营过程中，通过“行走海丝　精彩潮州”大型文化行走活动等官方重点项目的策划执行，夯实主流价值观的宣传阵地。从2018年下半年开始，南方$^{+}$的合办频道迎来了高速增长期，多个地市实现市、区县全覆盖。2018年9月20日，南方$^{+}$潮安频道、南方$^{+}$湘桥频道、南方$^{+}$饶平频道、南方$^{+}$枫溪频道同步上线，加上已上线的市级频道，潮州实现全域覆盖，形成了“1＋4”移动媒体矩阵，更好地唱响新时代潮州振兴发展“好声音”。随后的2019年，南方$^{+}$合办频道实现了井喷式发展。这一年，区域新增合办频道超65个。2019年8月，南方$^{+}$潮州税务频道上线，实现第一个行局的突破。随后潮州文旅、潮州房产、潮州公安等频道陆续上线。2019年11月，凤凰茶旅小镇频道上线，这是南方$^{+}$客户端在粤东粤西粤北开设的首个街镇频道。

从合办形式来看，各地市子频道已经实现了市直、区域、商业三大领域的全面共建。除了政府支持的各市、区县和市直单位合办频道，还逐步探索出由企业出资众筹、与商业公司合作等多种频道共建模式。具体到各市，基本形成了“市级＋区（县）＋行业（垂直）”的频道矩阵。未来，我们将不遗余力推动南方$^{+}$深耕广东，扎实推进频道合办，争取实现市、区县频道全覆盖。

2. 内容建设

近年来，南方$^{+}$合办频道紧扣重大节点，服务各地中心工作，内容生产不断推陈出新，以全媒体报道实现立体传播，带动流量和影响力双丰收。

2020年初，新冠肺炎疫情突如其来，有关防疫抗疫的政策发布、服务资讯、突发事件犹如一场信息海啸，如何准确、清晰地向公众传递信息，考验党端信息呈现能力。针对海量信息，南方⁺客户端分别通过专题、频道等功能针对性梳理不同类别新闻和资讯，并采用机器学习技术辅助人工选稿，以从海量稿件中筛选出用户最关切的内容及时发布。我们严格执行三审三校制度，制定详细的内容审核标准，采用人工审核＋机器辅助共同处理，严把刊播出口，将真实可信的疫情信息和防疫资讯带给用户，决不给虚假信息提供传播渠道。

疫情期间，南方⁺客户端共运营与疫情相关专题超65个，覆盖广东全省，并针对21个地市、部分县区以及重点垂直领域设置针对性专题，大大提高细分内容的抵达效率。珠三角合办频道发布疫情相关稿件3万篇，流量超3亿。其中，以“停课不停学”为目的的“电视课堂”成效最为显著，大大提升了用户的黏性。

以“广州电视课堂”为例。3月上线后，在不足一个月的时间里，南方⁺“广州电视课堂”单课程和直播的累计流量已突破1000万，评论数过万。专题内单节和直播课程数量超过2000节。“广州电视课堂”是广州市教育局集合全市优秀师资，组织制作的一批线上教学课程。南方⁺云学校也于该课程上线当日同步直播“广州电视课堂”小学、初中等学段的课程，让学生在家就能约见名师，上线不到一个月就人气爆棚。

高人气源于不断“上新”。疫情后如何调整心理？弹琵琶的手形是怎样的？如何提升身体核心部位能力？从上线开始，越秀少年宫每周一都会推出新课程。

高人气也源于形式多样。3月24日，南方日报、南方⁺客户端在“广州电视课堂”中推出“宅家逛广州”这一新鲜板块。上知天文，下知地理，“宅家逛广州”通过直播、短视频等形式走进广州的图书馆、博物馆、动物园等文化旅游设施，带用户“云”游广州。

为了使网课观看便利，我们在技术层面提供了充足的保障，确保南方⁺

在新冠肺炎疫情期间专门开设的“我的战‘疫’生活”。

新闻报料对媒体来说由来已久，从这个维度来看，南方拍客并不是新生事物。但是作为互联网时代连接用户的新平台，南方拍客承载的使命远远不止新闻报料。它是融媒时代南方日报、南方⁺客户端开放生产、连接用户、读懂广东的工具。

在开放生产方面，通过南方拍客平台，可接收用户拍摄的图片、视频，扩大新闻素材来源，强化报道视觉呈现，通过PGC＋UGC＋OGC的有机结合推动南方⁺客户端内容的开放生产。

在连接用户方面，一是主动连接，策划互动性强的活动，吸引用户通过南方拍客平台参与，实现推广品牌、增强黏性、回馈用户等目标；二是被动连接，树立服务百姓的形象，吸引用户向南方拍客报料，担负起倾听百姓声音、反映百姓困难、解决百姓问题的社会责任。

在读懂广东方面，基于南方拍客平台的庞大用户和一手数据，可以为广东社会画像，帮助政府了解社情民意。这有赖于大数据技术的开发与应用，也为南方拍客未来的发展预留了广阔的想象空间。

2. 内容建设

截至2020年6月底，南方拍客项目软件迭代10多个版本，搭建了“新闻策划—素材上传—选题派料—审核发布—稿费发放”的完整生产闭环，积累用户超过5000名，接收视频、图片素材逾3.5万条，成稿全网点击量1亿次。

南方拍客是一个公共工具，南方日报各个采编部门、记者站，集团内的各媒体都可以申请开设话题并自主运营、共建共享。自2019年1月1日正式上线至2020年6月底，集团各媒体先后使用南方拍客开设了“曝光不文明养犬行为”“我心中的好医生”“南方报业小记者”“马上问，记者一帮到底”等40多个话题。

南方拍客通过两个前端入口接收用户的投稿，即独立的微信小程序“小南报料”和南方⁺客户端原生入口“我要报料”。这两个端口，更适应移动互联时代的用户习惯，将“电话报料”升级到了“视频报料”，为南方拍客项目奠定技术基础。尤其是“小南报料”的研发，使得南方拍客得以借助全国最活跃的社交媒体平台——微信，降低了用户使用门槛。

拍客不是记者，投交的素材良莠不齐、真假待证。要开放生产，也要内容真实，为此，运营团队规定所有拍客稿件必须严格执行三审三校审核把关流程。南方拍客的每个话题、栏目，我们都指定专人专职负责，职能接近“经理人+记者”，需要联系拍客、处理投稿，但无论什么时候，他们都只是PGC或PUGC（专业用户生产内容）的生产者，而不是发布者。

或许有人认为这样的发稿流程在“读秒”的当下媒体环境中有点不合时宜，但一番实践下来，运营团队更坚定了严格审核的决心。不管是在新冠肺炎疫情期间还是在台风、暴雨、地震的素材征集中，团队都收到了不少“张冠李戴”或“陈年历史”的素材，如果不是严格把关，或许就像其他个别媒体一样“掉到坑里”了。

除了三审三校制度，我们还借助技术力量，通过“白名单”“黑名单”制度管理拍客，拉黑屡报假料、捏造信息的用户，真金白银奖励投稿质量高、数量多的用户，实现关口前移。“白名单”制度则通过“南方金牌拍客计划”来实施，团队每月遴选若干名达标的拍客，认证为“金牌拍客”，并发放奖金，以资鼓励。

第三节
内容分发：第三方平台拓展影响力

移动互联网时代，获取信息的渠道有千万条，用户的注意力正在被急速分割。对于优质内容来说，酒香也怕巷子深。就算内容再好，如果缺乏运营，就可能沦为自娱自乐。随着客户端的发展壮大，南方$^{+}$除了发挥在主流政经报道等硬新闻上的优势，更需要构筑、强化自身品牌，通过多样化的手段持续生产对用户有价值的内容，让不同层级的用户快速有效地获取资讯。

从移动互联网的发展趋势来看，微博、微信、今日头条等商业平台的竞争优势还将持续，其长期积累的数亿规模的用户也是传统媒体无法忽视的目标用户。为此，南方⁺选择的路径是，在签订版权合作协议的基础上，进驻商业平台，扩大粉丝规模，提升传播力、影响力，并通过商业平台对自有平台内容进行引流。

2018年初，南方⁺客户端内容中心更名为“内容运营中心”，并成立第三方内容运营小组。由此，南方⁺客户端内容的传播从以往的生产、包装、发布的单线模式，逐步拓展为生产、包装、发布、分发、运营的多元立体模式。

一、版权保障系统为内容分发提供基础

2017年下半年起，南方⁺客户端与南方日报各部门、集团内部各子媒体的融合发展渐趋成熟，原创内容的发布已形成一套稳定的生产机制，技术力量与数据支撑方面也逐步形成保障。南方⁺客户端有对外输出内容、打造品牌影响力的需要；而商业客户端等外部平台由于没有采编资质，对原创内容有天然的需求，对优质的原创内容需求则更为强烈。

基于此，南方⁺客户端紧抓数据引擎快速发展风口，开始与今日头条、腾讯新闻、一点资讯等10余个商业资讯平台逐一进行版权洽谈并分别签订合作协议，以“头条号”“企鹅号”“一点号”等方式分别入驻各大平台，并持续不断输出内容。重视版权、形成版权使用规范，这为内容的安全、精准分发提供了基本保障与有力支持，是内容分发工作的重要支撑举措。

同时，围绕此项工作成立了专门的工作小组，称为第三方内容运营小组，与各平台内容推荐部门组建微信对接群，第一时间推荐原创优质内容，其中以本地重大时政、社会、民

生新闻以及国内外重大新闻事件、原创策划、评论解读等内容人工推荐为主，大数据智能推荐为辅，形成“人工＋大数据”的推荐模式，充分发挥南方⁺权威、准确、迅速获取一手消息的优势。

以南方⁺客户端头条号为例，自2017年末入驻今日头条以来，截至2020年6月初已发布内容18万条，累计获得粉丝200万，周均引流1000万，为南方⁺客户端品牌带来持续而广泛的曝光量。

为保障众多对外内容输出的权益，南方⁺设计制作了一整套拥有自主知识版权的保障机制，包括三个方面：一是内容安全机制，通过筛选等机制保障内容输出的安全性，同时对输出各平台的内容进行一致性校验；二是防侵权机制，保证在对外输出内容的同时做到安全有序，不侵犯第三方版权；三是内容品牌输出机制，包括图片添加水印、视频对外输出增加片头片尾等，在内容输出的同时打响了品牌。

二、借鉴其他平台运营模式

经过两年多的第三方内容输出探索，我们发现，除政经类硬新闻以外，社会属性较强的软新闻在外部平台也具有强大的传播力。依托南方日报主要部门与21个地市深耕本地的垂直资源，权威内容与本地突发事件能够获得迅速响应。

2019年，南方⁺客户端发挥强大的内容生产优势，在突发事件发生时第一时间到达现场，还原事实，利用现场直播、小视频等呈现手段，抢占传播先机，通过第三方分发平台扩大传播效应。如《最新通报丨广州林和中路小车撞人事故致13伤》《突发！深圳罗湖一小区楼坍塌，南方⁺记者直击现场》等社会突发类题材多次进入今日头条2019媒体直播周榜前十。

新冠肺炎疫情发生以来，各商业客户端对权威信息、优质原创内容的渴求更为迫切。在此背景下，我们发挥权威内容源优势，为南方⁺客户端外部号带来巨大流量。以南方⁺客户端头条号为例，通过适应平台属性的推荐，发布的多条抖音内容获得亿级传播，《解密神秘数字“137”》《汕头首例“新冠肺炎”患者治愈出院》等微头条，均获得超千万阅读量；《广东确诊新型冠状病毒肺炎的第一夜》《广州新增3例确诊！实地探访收治患者的市八医院》《直击武汉“封城”首日》《今天上午，广州首例外籍患者治愈出院》等内容，既有权威信息发布，也有一线直击，还有外围解读，均获得百万阅读量，总阅读量超2000万。

通过与第三方资讯平台的密切联系，我们获取的运营经验为反哺南方$^{+}$客户端本身的运营模式创造了更多可能。一方面，通过第三方的内容需求与大数据反馈，以更大用户量的阅读需求为参考标准，也推动了南方$^{+}$生产端对内容进行从快从优的正向调整。内容产出后，人工推荐方向不断适应不同平台属性，使内容获得更高效的传播，由此形成由外而内的生产机制良性提升互动。

另一方面，“人工+大数据”的推荐模式也被充分地借鉴到南方号工作中来。2019年，南方$^{+}$客户端成立了南方号运营中心，设置专人专岗对接南方号政务小编，以实现重点内容的快速推荐，同时通过智能推荐引擎对用户点击进行预测，为南方$^{+}$用户带来“千人千面”的智能阅读体验，使南方号稿件的用户精准达到率显著提升。

三、短视频平台源源不断创造“爆款”

自2016年以来，抖音、快手、微视等短视频平台异军突起，成为新的流量聚集地。以抖音为例，截至2019年8月，抖音的日活跃用户数为3.2亿，60%的用户拥有本科以上学历，主要集中在一、二线城市，90%都小于35岁。可见，聚集了大批中高端用户的抖音平台，仍然有吸附流量的巨大潜力。以人民日报、央视新闻、新华社为代表的央媒成为首批入驻抖音的媒体“大V”，这些央媒号通过运营阵地的拓展与调整，将传播重心转化到短视频平台，并以精良的短视频制作吸引聚焦了大批年轻粉丝，抢占新生代用户的舆论高地与传播话语权。

2018年6月8日，南方⁺客户端正式开始运营抖音账号。将目标定位在成为广东甚至全国的头部媒体“大V”，通过一年半时间的运营，南方⁺抖音号已经成为拥有百万粉丝的媒体账号。

截至2020年6月，南方⁺抖音号发布超过800条作品，获赞数超2000万，粉丝近200万，条均点赞数超3万。

纯粹将抖音视为视频内容的分发平台，仅仅把南方⁺现成的视频剪短并发布到抖音，并不能产生好的传播效果。要打造爆款，抖音需要符合平台定位和调性的专业化表达。

爆款的出现很大可能决定于某一瞬间，这些瞬间包含了强烈的情绪，通过音乐、字幕、文案的包装，将人性中感人的情绪放大到极致，就有机会成为爆款。2019年元宵节，南方⁺客户端在一系列元宵节庆稿件中，挖掘到一对基层民警夫妻执勤的暖心画面，随即发布视频《这是什么神仙爱情！佛山民警夫妻元宵执勤相遇，丈夫给妻子递水，眼神好有爱》，配以当时抖音热门歌曲《一百万种可能》，不到10秒的视频最终获得1712万次播放量、92万点赞。该短视频体现了主人公对妻子的关怀体贴，既顾“小家”也有“大爱”，一个瞬间包含双重感情，两者叠加，在节日氛围中戳中了许许多多用户内心最柔软的地方，获得强烈共鸣。

打造爆款还要“从头抓起”，仅仅依赖于即时发生的突发新闻，内容的丰富程度还远远不够。在生产源头及时介入，有利于抖音视频的及时生产，为传播争取有利的时间与空间。

2019年8月3日上午，中山市人民医院进行了一场心脏器官捐献和移植手术同步的“换心”手术。南方日报、南方⁺记者对这一过程进行全程直播，抖音运营编辑全程跟进，发布相关内容《#中山 “我的生命在你身上延续” 看完心脏移植手术全程，一颗心重新跳动》。

直播一开始并无抖音的剪辑计划，但编辑发现全程流程有序紧凑，时间线性很强，足以支撑一个完整的故事线。于是直播结束后根据前方素材及时剪辑，结合抖音平台传播特点对配乐、镜头安排以及文案呈现精细打磨，剪辑出26秒抖音视频，展现了鲜为人知的换心手术全程，成为南方⁺抖音号的独家内容。该短视频一经发布便引发广泛传播点赞，最终播放量超1113万次，获赞47万。

2019年10月1日，庆祝新中国成立70周年大阅兵当天，我们的抖音号从直播开始前就逐步积累素材，同时选好合适的剪辑模板与音乐，当阅兵分列式结束的时候，第一时间剪出卡点视频《这不是复制粘贴！这是大阅兵》。该视频播放量超千万，获赞超106万，再造南方⁺抖音号爆款，在当天阅兵热点爆发的情况下踩准了传播节点，走在同类内容的前头。这也有赖于对第三方平台的熟悉、提前充足的准备与内容生产的有针对性。

案例
南方⁺云学校平台建设

2020年初新冠肺炎疫情肆虐之际，南方报业携手广东省教育厅共建南方⁺云学校，开展线上教育。这所云端之上的学校由南方名记者吴少敏工作室牵头实施，在南方⁺客户端开设“在十上课”频道，汇聚全省名师线上精品课，为停课不停学的学生提供权威学习平台。

通过新技术应用、新平台建设，南方⁺云学校聚合1万多节名师线上精品课，吸引全省882万城镇或农村学生上线学习，课程总点击量超1亿次，有效推动区域教育公平且有质量地发展。上线当天，带动南方⁺客户端在苹果商店的新闻类App中排名快速上升到第四位。

一、新场景擦出线上教育火花

在承接南方日报优质内容产能的同时，南方⁺大力推动客户端的实用功能的搭建，比如集合交党费、办理电子证照和护照通行证，以及查询公积金、考试升学等，入口一键登录，便能一网通办。

2020年初广东先后两次延迟开学时间，以防止疫情输入学校。1月28日省政府发出通知，中小学、幼儿园2月17日前不开学，大专院校、中职院校、技工学院2月24日前不开学；后又再次延迟开学时间，2月底前各级各类学校不开学。延迟开学的消息在南方⁺客户端成为爆款，端内点击量1400多万次。

学校不开学，学生去哪儿？不开学，云端学，这是在家上课的新应用场景。

线上教育一直以来是推进教育公平、提升教育质量的重要手段，因缺乏应用场景、瓶颈明显而效果不佳。之前的线上教育平台，大多成为教师教研交流阵地，鲜有能够吸引学生在线上学习的。

2月8日，南方⁺客户端捕捉到这一新应用场景，试水上线“在十上课”频道，连续推出广东实验中学、华南师范大学附属中学、华南师范大学附属小学、东风东路小学、华阳小学等一批名校名师精品课。学生在评论区留言提问，名师在线及时回复。短短五天时间，名校精品名师课关注度高、认可度高、传播力强，点击量突破百万次。

疫情在家学习的新应用场景，使线上教育和媒体平台“擦出火花”，海量线上名师精品课开始从云端走近学生。

二、新平台聚合海量视频

托底、公益、便捷是广东线上精品课的显著特点。考虑到南方+覆盖面广和可操作性强，2月26日广东省教育厅发出一份《“粤课堂”线上教育操作指南》，把南方+客户端指定为省级线上精品课“粤课堂”的权威收看平台。

我们集中力量打造南方+云学校，推动信息内容、技术应用、平台终端共融互通。南方+客户端的“在＋上课”频道作为服务示范入口，流畅打通阅读场景和学习场景，把党媒连接用户能力转化为服务社会的场景入口。

上线首日，92节“粤课堂”精品课程在线用户突破120万人次，总点击量592万次，其中点击量100万＋课程1节、20万＋课程3节、10万＋课程10节。南方+客户端在苹果商店的新闻类App中排名上升1496位，仅排在UC浏览器、今日头条、腾讯新闻之后，名列第四位。

南方+云学校小试牛刀后开始形成平台的“虹吸效应”，聚合更多线上精品课。

两个多月，南方+云学校上线超1万个精品课视频，吸引超过882万名中小学生在线学习，视频点击量超1亿次。广州、东莞、佛山、梅州等10地市名师精品网课，相继在南方+云学校上线，成为各地学生线上学习的本土课程。东莞频道同步更新由东莞市教育局统一定制的小学课程，包含3—6年级的10个学科，覆盖全市60万中小学生，300多位老师参与制作，其中不乏名师工作室主持人、学科带头人，资源优质，关注度高。

南方+云学校还与教育部门深度联动，聚合新闻、视频、习题、考试，让学生享受一站式服务。

名师精品课上线前，省教育厅官

方网站、微信公众号多次推介如何下载南方+、观看网课；“广州电视课堂”上线后，广州市教育局官方微信公众号把南方+客户端作为收看主渠道；东莞市教育局官方微信公众号专门介绍南方+客户端的平台页面和课程内容，并附上二维码入口……持续进一步扩大用户群体，覆盖范围广，推介效果好，学生对平台的信任度更高。

南方+云学校是一次开放生产的有益实践，提升主流媒体的用户连接和社会服务新能力。

三、新技术实现沉浸式学习

小屏连大屏，屏屏可观看。

4月13日，南方+云学校上线了投屏功能，用户只需打开南方+客户端，点击视频播放器上的“TV”按钮，即可实现一键投屏到电视上观看，将“粤课堂”和10地市线上精品课“一网打尽”。投屏新技术的应用，既推动学生实现沉浸式学习，又减少影响视力的风险。

建设新型主流媒体的短板往往在于新技术的应用。上线五年来，南方+客户端始终坚持技术优先发展，才能在线上教育中经受层层考验，展示出领跑者的姿态。

数百万学生同时在线观看视频，要有强技术力量支撑。“粤课堂”上线首日，省教育厅指定四个平台，有的没法登录，有的打不开，主要原因是技术支撑不到位。而南方+当天也有112万学生同时观看名师精品课，并发流量达到每秒48G。学校、学生和家长反馈，南方+客户端线上课堂观看流畅、分类清晰、转发方便，甚至很多老师将视频链接发至群中，写进教案，供学生学习。

不仅如此，每个线上精品课数百M到一两个G，对于下载上传的技术要求高，在技术部门的支撑下，南方+客户端每天又快又好上传数百个精品课；“广州电视课堂”由广州市教育局集合全市优秀师资，南方+客户端采用直播的形式，每天直播七八场，收看非常流畅，上线不足一个月流量突破1000万、评论数过万；增强互动功能，佛山频道对接开展心理、生命、思政教育微课点赞，累计流量超100万，并策划“天使归来 英雄开讲”系列微课，流量近80万。

如今，学校全面恢复正常教育教学秩序，“在十上课”频道也完成了使命、迎来了新生。2020年7月，南方报业和省教育厅共建“广东教育发布厅”，联手打造广东教育的展示窗口、名师精品课的示范入口。

■总编辑点评：

平台型新型主流媒体，能发挥强大的连接功能，聚合各方资源，连接各类用户，迸发出强大的生命力。南方+云学校的建设和探索，就具有这样的特点和影响力。

及时挖掘用户需求。进入移动互联，用户在哪里，媒体的触角就要抵达哪里。南方+云学校及时发现学生停课不停学、教师停课不停教的用户需求和社会痛点，并联合教育部门，汇聚名师资源，发挥出平台聚合的强大力量。

大力推进开放生产。新型主流媒体建设，极大拓展媒体的可为空间。拥抱新技术新平台后，南方+云学校承载882万学生的在线上课需求，做强用户需要的实用服务功能。这得益于开放生产的平台理念，聚合全省上万个名师视频，释放平台红利，进而提升新闻客户端的影响力、传播力。

实现主流媒体价值。新型主流媒体要自觉承担起举旗帜、聚民心、育新人、兴文化、展形象的使命任务。南方+云学校聚集青少年用户，推进主流媒体资讯，助力主流价值观深入人心、落地生根。

产品实用好用，平台方有大用。新型主流媒体被用户需要，才有源头活水，才能枝繁叶茂。

第三章

可视化

从《南方日报》的“视界”版、《南方都市报》的“数读”版，到南方[+]客户端的“视频”“南方拍客”频道，到“一图读懂”、微海报、记者Vlog（视频博客）、H5等融媒体产品，再到南方名记《武松来了》这样的脱口秀专题节目……对今天我们的用户来说，“打开”南方的方式越来越多样，看到的新闻产品形式越来越丰富。上述产品的一个共同特点，就是可以通过“看”新闻，以更加快速、生动的方式获取新闻资讯的重点，更直观、身临其境般地进入新闻现场。

伴随着新技术的兴起和阅读方式的变化，可视化成为媒体转型的一个重要趋势。狭义的可视化，源自1987年美国国家科学基金会报告《科学计算之中的可视化》。该报告将可视化定义为“利用计算机图形学、图像学等技术，将规模庞大且错综复杂的数字替代为视觉图像，帮助人们更好地理解科学技术概念”。而在数字技术飞速发展的今天，可视化的应用领域也早已从科学计算扩大到了包括信息传播在内的生产生活各领域，人们对可视化的理解也宽泛了很多。其中，新闻传播的可视化，就是将传统新闻报道中的文字和数据，通过图片、图表、动漫、H5、直播、短视频等方式呈现，让新闻表达更加简洁直观、新闻内容更加通俗易懂，给读者和用户带来全新的阅读体验。

值得一提的是，以运用图表、图片乃至视频方式进行报道而论，可视化并不都是“新玩法”：从1821年英国《卫报》刊登了世界上第一条数据新闻算起，距今已有差不多200年历史；随着相机的发明，英国《每日镜报》早在1907年就刊登了照片；自电视诞生以来，运用图像报道新闻也有近百年历史。

较之100年前乃至更早，今天媒体转型过程中的可视化，作为一种理念和实践，被赋予了更丰富的内涵，成为提升媒体传播力的重要手段。

第一节 视觉表达：让报道“靓”起来

新技术推动下的新闻报道，内容与形式已经不再是彼此分割的两件事。这正是新闻报道可视化蔚然兴起的重要原因之一。而随着传播技术的快速发展，可视化的趋势也不断得到强化，它不再仅仅是新闻的一种表现手段，同时也成了新闻内容本身。

一、一图胜千言

作为最早的也是最直接的可视化产品，即使在移动互联场景下，在短视频、微视频获得越来越多用户青睐的现实中，图片的传播价值、传播能力和传播效果依然相当重要，“一图胜千言”依然是传播共识。下面我们通过两个采编案例来体会新闻图片和新闻图表在当下传播力建设中不可或缺的价值。

案例一：最美逆行者

2020年初，新冠肺炎疫情突如其来。除夕夜，包括广东、浙江等在内的多省医护人员紧急集合，夤夜驰援湖北武汉。战“疫”期间，广大医护人员舍生忘死、义无反顾、逆行出征、大爱无疆，书写了可歌可泣的战“疫”壮丽诗篇，被誉为“最美逆行者”“新时代最可爱的人”。

为什么说医护人员“最美”“最可爱”？相信经历过疫情的人们心底都有一个共同的记忆，那就是南方报业旗下各媒体拍摄的“最美逆行者”组照——

2020年2月5日，南方都市报摄影记者钟锐钧跟随广东省第二批援助湖北医疗队进入武汉。接下来的几天里，他坚持在医护人员交班的洁净区守候拍摄。医护人员脱下防护服出洁净区时是不戴口罩的，在那个瞬间，每一个医护，没有了防护服和口罩的包裹，在镜头前重新成为“自己”，这时的他们疲惫又放松，是“最真实的”，记者敏锐地抓住了这一瞬间的温情与力量，一张张带着战“疫”痕迹的肖像就此产生。

为什么这样的照片打动人？至少有两个方面：一是真实，摄影记者深入抗疫第一线，直击现场，用镜头记录下广大医护人员奋战在“生死线”的真实状态；二是蕴意丰富，透过一张张被口罩勒出痕迹的脸庞，每个人都可以从中读到丰富的内容，比如工作的高强度，还有一些医护人员面对镜头时显得很害羞，他们既是与病魔作斗争的伟大战士，又与普通人一样也会疲惫，所以说“一图胜千言”。

图片传回后方，打动了编辑部，他们相信这组真实而富有细节的图片能够打动自己，也同样能打动更多的人。经过讨论，编辑设计制作出一组极富视觉冲击力和感染力的海报，命名为“最美逆行者”。2月13日晚，这组图文专题在南都客户端和南方+推出，随即相关海报及其长图也开始在移动端传播，迅速引发广泛共鸣。这组肖像随后在南都各新媒体平台的浏览量很快突破千万，并被人民日报、央视新闻、新华网、腾讯、新浪、网易等超过160个媒体渠道转载。

随后，以“最美逆行者”肖像为核心素材制作成的巨幅LED屏海报，在广州塔、广州猎德大桥等地标建筑滚动播放，燃爆全城。2月18日晚起，广东21地市积极响应，1000多块巨型LED屏为“逆行者”亮灯。与此同时，南方都市报迅速再推短视频、H5等各种新媒体产品，在官方微博建立话题，上线“疫痕”照相馆H5《让我记住你的脸》，全媒体产品进行二次多元传播，传播力不断叠加、放大，实现从刷屏到刷楼（登上城市地标）再到刷城（全城亮灯致敬），从线上到线下再到线上的传播路径，成就了一个现象级经典传播案例，也成为这场战“疫”报道可视化传播的优秀代表。

案例二：一图读懂政府工作报告

2020年5月22日上午，第十三届全国人民代表大会第三次会议在北京人民大会堂隆重开幕。特殊背景下的全国两会，有很多不同寻常之处。当天上午，国务院总理李克强作的政府工作报告，全文不到1万字，媒体称“为改革开放40年来最短”。

历来国务院政府工作报告被视为中央政府的“年度施政纲领”。2020年的政府工作报告大幅度精简，与战“疫”仍在持续有很大关系。然而，对于新闻媒体来说，站在传播的角度，政府工作报告还可以更精简、要点更突出吗？或者说，对于新闻报道来说，相比文字，还有没有更直观展现政府工作报告要点、亮点和工作重点的方式？

5月23日，《南方日报》以整版篇幅推出图解政府工作报告的报道《两万亿元直接惠企利民——一图读懂二〇二〇政府工作报告》，用融合图文的四个版块“战‘疫’总结”“报告金句”“2019年成就回顾”“2020年发展展望”组合勾勒报道的要点、亮点和工作重点，繁简适度，一目了然。同一天，《南方都市报》也以跨版方式推出《一图读懂政府工作报告》，9500余字的政府工作报告，浓缩在两个版的图表中，简洁，生动。

这样用“一图读懂”方式解读全国两会、地方两会政府工作报告，以及重要文件、方针政策的方式，显然并不是南方报业首创。然而，在持续的实践中，可视化成了南方日报、南方都市报等近年来重点打造、已经颇具特色的一个重要产品形态。更重要的是，按照报网端的协同互动生产要求，这样的可视化产品，往往采取“先端后报”的分发方式，通过“扫码读全文”打通报纸和网端的联系，实现从报纸到网端的导流。

二、可视化：让新闻报道“活”起来

正如前文所言，今天新闻报道的

可视化手段中，如照片、图表乃至视频，相当一部分是前互联网时代的技术成果。将这些手段结合到新闻报道中，并不是全然的“新玩法”。以新闻图表为例，早在20世纪70年代末，被誉为信息图表设计的代表人物之一的奈杰尔•霍姆斯，就开始了在美国《时代》周刊的“解释性图表”实践。在南方报业内部，无论是南方日报，还是后来的子报子刊，摄影记者都是一支重要的团队。早在1997年，南方日报就提出“图文并重，两翼齐飞”的理念，让新闻摄影这一翼也飞起来。我们有很多优秀的摄影记者，给读者留下的经典照片更是数不胜数。比如1998年抗洪期间，南方报业记者拍摄的一张名为《我是记者》的半身照，因其震撼力和感染力，成为“98抗洪”这一历史事件中记者精神的写照；2008年南方冰灾期间，南方都市报摄影记者陈奕启在广州火车站拍摄的“爱心接力”照片，以极强的视觉冲击力传递了灾难现场触动人心的温暖力量，一经刊发就在读者中间引发强烈共鸣，也在网络上广为流传。

无论《我是记者》还是“爱心接力”都获得了巨大的口碑，但限于当时的传播条件，并没有形成“最美逆行者”这样的爆款效应。站在专业的角度，这些可视化的作品并非缺乏高水准，根本的区别在于当时技术的限制，使好作品的传播力大打折扣。今天，适应从纸质阅读到电子阅读、从系统阅读到碎片阅读、从严肃阅读到轻松阅读的转变，可视化有着广阔的发展空间。

基于此，可视化对于新闻媒体的传播力建设而言，至少意味着三个方面的认识论变化：一是照片、图表这些过去在报纸版面上整体上处于“配角”地位的内容，今天已然成为提高新闻媒体传播力的重要新闻产品，早已不再是根据文字需要可以随意“放大缩小”或者是可有可无的内容了，好的可视化产品可以成为塑造媒体传播力和品牌影响力的“拳头产品”；二是新闻内容可视化的落脚点在于读者和用户需求，而不是单纯地为了把文字内容转化成图像、图表，因此可视化的作品既要有形式上的表现力、传播力，也要有内容上“新闻性”“可读性”“服务性”等体现新闻产品属性的实际价值；三是可视化意义下的新闻“活”起来，不只是以形象化、生动化的方式让文字报道的内容变得更加直接、简洁、立体，还需要打通报刊网端的界限，让同一主题的可视化产品，在不同的介质平台间“活”起来，既要实现新闻内容本身的立体化，也要实现传播的立体化。

第二节
南方战法：一体化＋灵活性

融合发展时代，新闻可视化是以数据新闻为发轫的。2009年3月，英国《卫报》成为全球第一个成立数字新闻部的报纸，针对新闻选题收集分析海量数据，在收集、过滤、分析数据后，通过图表、地图或互动效果图等形式进行数据可视化转化，从而完成视觉化新闻叙事过程。在国内，财新传媒是最早实践数据新闻与可视化的传媒机构之一。财新传媒新闻可视化与互动新闻报道，内容覆盖了时政新闻、国际新闻、财经商业新闻、突发新闻等多个类别。而南方报业也不断因应新形势、立足新技术，深入推进改版改革，创新内容产品的视觉化表达，逐渐探索出适合自身发展的可视化路径。

一、立足既有优势，通过改版改革强化报纸内容的可视化

媒体可视化探索，不止于网端，更早的是在纸上。报纸版式的设计优化以及版面上对图片的重视使用，可以说是最早的可视化；以图表设计制作为代表的数据处理，则是可视化的进一步发展。强化报纸内容的可视化呈现，是《南方日报》近年来改版的明显趋势。

2002年以来，《南方日报》经多轮改版，实现了整体端庄大气图文并

茂，细节严谨规范的视觉设计，也提出了以图形化设计提升信息传播品质的要求。但是直到2016年，由于不少编辑和美编的报纸编排传统理念根深蒂固、信息图形化设计力量的不足和水平的局限，大部分时候的可视化都是被动填版式的，制作匆忙，细节粗糙，水平参差不一。2016年10月23日，《南方日报》进行21世纪以来的第13次改版，明确将加强新闻可视化作为视觉改版第一目标，确立“阅读体验第一、视觉效果优先”的版面编辑原则，从六个方面进行视觉改变，提升悦读体验，引领党报视觉新潮流。一是版面信息适度化，更加清爽大气，巧于留白，突出照片和互动二维码。二是品牌形象VI（视觉识别规范）化，完善《南方日报》视觉识别规范，强化整体风格设计，规范精致细节，稳定视觉呈现，塑造更鲜明的媒体品牌形象。三是封面导读图形化。四是视觉设计简约化，去芜存菁，力求大象无形，极致简约设计，带给读者轻松愉悦、深刻易记的阅读体验。

21世纪以来《南方日报》16次改版历程

五是新闻呈现可视化，顺应读者阅读习惯，《南方日报》增图减文，加强运用照片、制图、插图、图表来讲故事、摆数据、呈现新闻，强力打造高品质的“视界”版和图说、数说品牌专栏。六是信息图形智慧化，将信息图形的深度化、智慧化设计提升为新的目标高点，拒绝为图形化而图形化，摒弃没有视觉化必要的图形设计，致力于设计真正有深度、有新意、有观点的信息图形精品。例如，2018年10月港珠澳大桥开通，《南方日报》用一个跨版刊登我们自行设计的手绘大桥图，将大桥的发展过程、交通接驳、建设数据等信息完美地与手绘大桥图融合呈现，图表不再只是搭配，而是成为独立、完整的作品。

2019年1月1日，《南方日报》第15次改版，集合南方日报新媒体设计室、南方⁺新媒体实验室之力，南方日报、南方⁺加快推进提升新媒体产品的可视化设计品质。南方日报要闻编辑部全面向全媒体设计转型升级，在做好日报新闻可视化设计的同时，全力支持、分担网端新媒体产品的可视化设计：对版面制图、图表的设计，尽量竖栏、分类编排，以便拆分为适合手机端阅读的竖幅、多屏、动态的图形图表，便于手机端直接采用；充分发挥设计团队技能特长，为南方日报各部门全面提供数据图表、新闻长图、网端海报、漫画故事、H5、动态图形、视频编辑等全媒体可视化设计服务。例如，2019年庆祝新中国成立70周年之际，《南方日报》推出《大美广东》八个版面，以手绘的广东山水水墨画横铺在视觉中心位置，作为串联版面的统一元素，融入广东21地市航拍图片，生动、清晰地展示了各地市新时代的建设新面貌、发展新亮点。整体视觉大气磅礴，图文并茂，主题突出，结构分明，制作精巧，呈现效果好，浓墨重彩打造了一幅大美广东长卷。

二、适应时代变革，不断开拓新领域

从文字到图像，从图像到视频，传播介质不断演进。尤其是近年来随着移动互联技术的进步和智能设备的普遍使用，视频已成为人们学习、工作、生活不可缺少的内容。第45次《中国互联网络发展状况统计报告》显示，截至2020年3月，我国网络视频用户规模达8.5亿，较2018年底增长1.26亿，占网民整体的94.1%。其中短视频用户规模为7.73亿，占网民整体的85.6%。人们通过视频节目进行网课学习，通过视频传输展开工作交流，通过视频内容了解资讯……巨大的用户需求，给媒体融合发展点明了发力方向，那就是在传播力建设中，必须充分重视、积极生产视频产品，将视频作为可视化的“重器”来打造。其中，南方日报的“南方视频”、南方都市报的“南都N视频”是两个重要产品。

在全国省级党报中，我们较早开始视频新闻生产制作，但一直都没有自己的专属音视频品牌，无法形成规模化的生产，在传播渠道和传播力上没能得到充分显示。尤其是“我们”“澎湃”“梨视频”等一系列新闻短视频品牌的强势崛起，让我们备感压力。2018年上半年，南方都市报秉承以硬新闻立身的基因，推出以“强现场、正能量、暖新闻、趣味性”为内容生产指引的“南都N视频”。2019年1月，在前期磨合实践的基础上，集团报网端音视频部成立，全力打造“南方视频”品牌，推动南方日报、南方+视频业务发展迈上新台阶。

新冠肺炎疫情报道，南都N视频以“凡人英雄”视角，塑造医护人员形象，生产的《广东女医师武汉抗疫：瞒着患病母亲上前线，用手套给病人做热水袋》《广东男护士援助武汉，情人节告白妻子：在飞往武汉的航班写好遗书》《东莞隔离区护士生日，女儿在两米外为妈妈唱歌，丈夫暖心加油》等一大批视频产品，击中用户心灵，触发人们情感，获得非常好的传播效果。

南方视频团队在除夕夜就跟随第一批广东援鄂医疗队前往武汉，疫情期间共有五名前方记者在湖北一线采访，发回《凌晨四点的重症病房，我们一起守候黎明》《00后护士投身战“疫”一线：当我穿上防护服，我就不是一个孩子了》《疫情下，我们帮

8个武汉家庭拍下全家福》等作品，反响巨大；在本地的“第二战场”，团队成员从春节开始深入广州市第八人民医院、广东省第二人民医院等高危病区采访，在推出《谢谢你们，28名临时妈妈》《市八蹲点记》《移动的“N95”，流动的生命线》等广东战“疫”视频报道的同时，还推出《留学少年48小时回家路》《听，世界工厂动起来了！》《春天你好》等全媒体报道，直击复工复产后的春回大地、万物复苏。抗疫宣传中，南方视频开设“战‘疫’影像日记”“科普战‘疫’”“战‘疫’官宣”等五条生产线，推出《最硬的鳞》《庚子记“疫”》等微纪录片，创新“数据视频新闻”等表达方式，推出“全球疫情大事记”“全家福H5”“发光英雄”等771张抗击新冠肺炎系列微海报（含动图）、26款长图（含手绘长图）、13款互动H5、2款微信表情包、1个系列竖屏揭秘短视频、1条水墨手绘燃系MV、1个前方混剪暖心短视频、1个专业科普短视频、1个彩绘微纪录短视频，以日均5场直播全面报道防疫抗疫最新现场，直播总场数达450场，总点击量超6000万次。

三、组织架构和机制

新闻报道可视化是个既专业又具有创意的生产过程。专业，主要是指无论在新媒体技术的运用上，还是在图文、视频的融合呈现上，都必须展现出高水准，而不能像普通网友、拍客那样太过“业余”；创意，则需要以传播效果为依归，突破想象力限制，使内容的新闻属性得到更好的呈现。基于此，我们着力从组织架构和机制上进行整合优化。

首先是适应南方⁺客户端融合生产的需要，成立报网端音视频部。早在2012年，南方日报成立视觉新闻部视频工作室，随后策划了《广东江河水》《非物质文化遗产》等系列视频专题摄制，经过摸索初步建立起一套基本的采编规范流程，视频生产开始增加。在此基础上，2019年报网端音视频部成立，整合南方日报视觉新闻部、南方网、南方⁺新媒体实验室等力量，以直播、视频、长图、H5、动漫为主的可视化产品生产进入一个更加高速发展的阶段。报网端音视频部加大加快视频产品生产，全力打造“南方视频”品牌，提升“直播广东”产品质量；协同各采访部门、南方名记者工作室，同时加大开放性生产力度，共同推出一批质量好、流量高的新闻；学习掌握H5、动漫、VR等多媒介形态的设计技能，为南方⁺提供全媒体视觉设计服务，推出大量更贴近用户阅读习惯的融媒体产品。

其次是立足于特色，成立侧重可

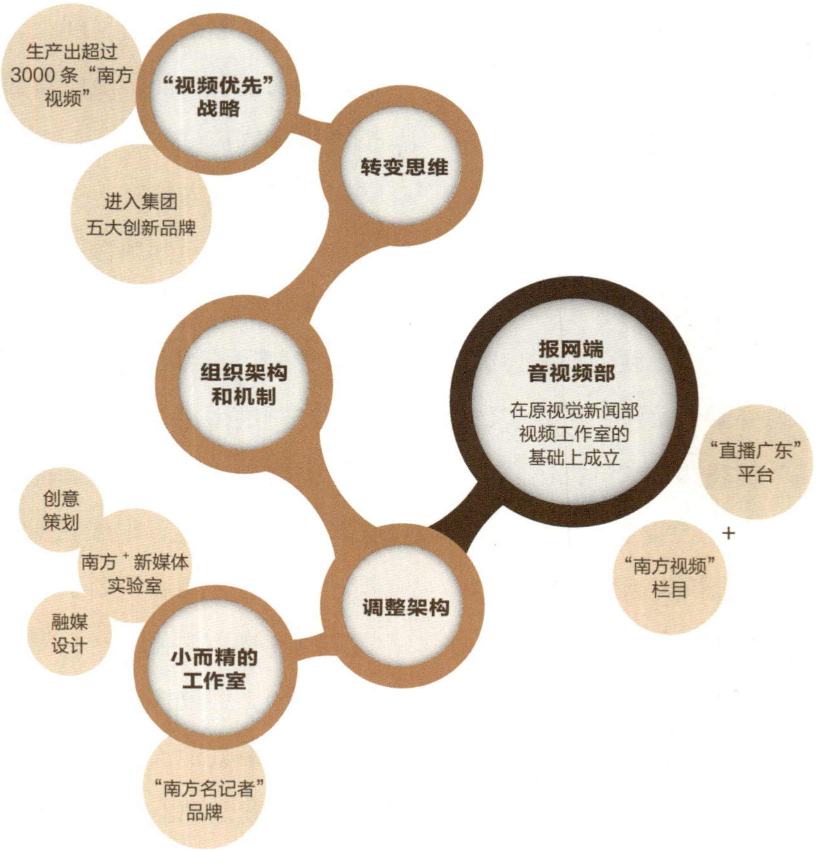

报网端音视频部组织架构

视化产品的小而精的工作室。作为集团可视化产品生产的主力部门，南方⁺客户端和报网端音视频部都组建了各自的专业团队，其中由13位成员组成的南方⁺新媒体实验室成立于2016年，作为南方⁺客户端内容运营中心的组成部门，主要承担平面、手绘、H5、3D（三维立体）动画、短视频等端内融媒产品制作任务。工作室以A、B分组工作制运作，即策划团队（A组）紧贴主题，制作创意创新产品，常规制作团队（B组）承担日常制作任务。以2020年上半年为例，南方⁺新媒体实验室共生产989件新媒体产品（含海报、长图、动图、手绘条漫、H5、动画、短视频），总点击量超1000万次。报网端音视频部则主打“南方名记者”品牌，依托部门入选南方名记者培育工程的“网红”记者，成立个人工作室，将可视化产品的生产范围从记录单纯新闻现场扩展到通过摄影、视频作品记录时代社会变迁。主打栏目《世象》已成为业内颇具影响力的图片故事专栏，2019年，栏目推出的记录林业部门、动物救护部门和民间公益组织抢救海关缴获的21只走私马来穿山甲的《一场穿山甲紧急救护战》获国家地理全球摄影大赛中国区一等奖。

在优化完善组织架构的基础上，我们还大力打造“南方视频”品牌，统一产品规范。2019年初，随着“南方视频”品牌落地，我们在工作理念和体制机制上也进行了相应的改变。一是转变思维：进一步推行“视频优先”战略，让一线的记者编辑逐步改变“文字为主，视频辅助”的传统新闻采编观念，鼓励一线的记者编辑进行以视频为主的可视化新闻产品生产。二是调整架构：在原有的南方日报视觉新闻部基础上，整合南方⁺客户端音视频力量，组建报网端音视频部，形成了涵盖音视频拍摄、剪辑，动画制作，平面设计等各方面人才的团队，重点服务“南方视频”品牌。三是硬件升级：为每一个部门、每一个记者站配备了专业设备。四是人才提质：新招入一批新媒体人才，并为原有的记者编辑提供音视频产品生产培训等。

经过一年来的高速发展，“南方视频”在量和质上都取得了飞跃式的进步。据不完全统计，2019年共出产超过3000条“南方视频”，多个作品被中央电视台、《人民日报》等多家权威媒体和平台引用，在业界形成了一定的影响力。同时，“南方视频”也被纳入集团未来发展的“五大创新品牌”。

第三节
产品形态：“十八般武艺”齐上阵

站在1987年，美国国家科学基金会报告将可视化的重点放在利用计算机图像技术，“将规模庞大且错综复杂的数字替代为视觉图像”，是不难理解的。在获得计算机技术赋予的强大运算和图像呈现能力之前，人们还主要是手工计算、绘图，图形学、图像学无疑是当时最前沿的技术。而如今回头看过去的30多年，支撑可视化的技术变革几乎是一日千里，特别是流媒体技术的飞速发展，使内容的可视化呈现有了更丰富的手段，且交互性越来越强。从早期的数据地图、信息表、时间线，到如今的微视频、数据动漫，可视化的家族成员也越来越庞大。

乘着融合发展的东风，南方报业一方面深挖自身潜力，一方面充分运用新技术，近年来在可视化探索方面取得了明显进展。打开集团旗下任何一家媒体的报刊网端，图文、视频、动漫、微海报、拍客、脱口秀等可视化新闻作品几乎随时、随处可见。仅以南方⁺客户端为例，日均生产可视化作品约130件，其中图文海报等平面生产约为30件，视频约100条，构成了一个多元立体的产品矩阵。

可视化是技术变革的结果。也正因为如此，当我们从分类学的角度梳理南方报业的可视化产品时，可以根据支撑这些产品的不同技术属性，将可视化的“十八般武艺”分为三大类。

一、基于图像技术的可视化新闻产品

在上文中，我们已经说到"一图胜千言"。俗话说"耳听为虚，眼见为实"，图像在呈现事实方面具有天然的说服力，基于图像技术的可视化新闻产品同样具有这个优势。在移动传播时代，我们在这方面的探索实践既有相对传统的新闻图片和数据图表，也有比较新颖的"一图读懂"和微海报。

（一）新闻图片

近年来，我们一直坚持图片内容生产和传播，《南方日报》每周一期的"视界"版在热点呈现、社会观察、故事记录等方面取得了很好的传播效果。比如2019年"视界"版推出的《一场穿山甲紧急救护战》《11岁学走路》《广州大道北地陷》《逆行者》等，都获得了很好的传播效果。2020年新冠肺炎疫情防控阻击战中，我们的图片报道同样发挥了主流传播的作用，《战"疫"影像日记》《向前跑，为生命护航——广东医疗队荆州洪湖十日全记录》《每一天都是生死时刻　广东医疗队武汉战"疫"一线实录》《广东医疗队"零零后"：穿上防护服我就不是个孩子了》等系列影像报道，记录战"疫"感人细节，直指人心，传递大爱。

（二）数据图表

作为可视化最常用的手段，数据图表是最符合狭义的可视化定义的产品，而且是经久不衰、备受推崇的热门品类。特别是随着日益丰富的数据分析技术和呈现方式的演进，今天的数据图表早已不再简单地局限于柱状图、饼状图、气泡图、散点图等传统的统计学图表，而是融合了更多具有交互性和视觉美感的图像呈现技术。

图表作为数据可视化呈现的形式与内容，其核心前提是对数据的挖掘，需要专业人员运用专业知识和能力，对浮现在表面的大众都能接触到的数据，进行专业的分析、梳理、沉淀、归纳后，发现、提炼并总结出数据背后的独家信息，再用图表的方式将数据表达出来，数据可视化方为完成。

2019年2月底，南方日报南方教育智库团队独家梳理积累三年的高校毕业生就业数据，推出《广东高校毕业生就业榜单》全链条智库产品，包括3份榜单、3篇分析报道、1篇内参稿件和1份舆情报告，引起广泛关注。其中的3份榜单《广东高校“薪酬榜”出炉！谁的母校最有“钱途”？》《广东高校“升学榜”出炉！谁的母校最“学霸”？》《广东高校“就业榜”出炉！谁的母校是“Offer王”？》，就是运用数据可视化操作思路进行数据新闻挖掘生产的典型实例，实现了数据新闻的可读、易读、悦读，提高了数据新闻的传播力。3份榜单连续三天在南方⁺客户端“教育观”南方号同步发布，可视化的榜单呈现与详细的就业趋势分析文章同向发力，发布不久就获得超过48万次的端内点击量。通过全媒体传播，进一步提升了产品在全国的传播力、影响力。

（三）一图读懂

与数据图表从数据中发掘信息相反，“一图读懂”更多应用在图解政策方面。通过提炼隐藏在冗长文字中的要点、亮点，“一图读懂”可以快速地归纳、传达政策主旨和精神，引导读者和用户在碎片化的阅读中抓住重点和关键。如今，从大政方针政策，到经济形势分析，当需要从宏观上向用户呈现报道对象全貌时，“一图读懂”是最容易实现的可视化方式。同时，通过加入纵向对比动画，让数据动起来，用户更能从数据的“活动”中直观地体验到发生的变化。

随着全球新冠肺炎疫情的蔓延，2020年3月以来，多个国家采取了限制粮食出口的举措，中国的粮食安全问题成为国人关注的焦点之一。中国的粮食生产和储备情况如何？广东粮食的自给情况如何？市民真的需要囤粮吗？回答好这些问题，数据是最硬核的佐证。不过，“硬核”数据同时存在着“生硬”的问题，不方便用户直观掌握，这时动图的传播优势就体现出来了。4月9日，南方日报南方经济智库、南方⁺联合推出《有必要囤粮吗？看这6张图就知道了》，从生产、库存、进口、春播面积、储备规模、进口大米比例等六方面，将全国粮食总产量和人均粮食占有量、全国和广东粮食储备情况、广东粮食储备和市场供应需求情况等市民关心的问题，用6张动图一一作答，用户通过图表的“活动”情况，直观地看到广东乃至全国的粮食情况，从而增强对粮食生产、粮食供给和粮食保障的信心。

（四）微海报

在可视化探索中，微海报因其内容紧贴热点、形式言简意赅、适合转发等特点，成为新形态下传播的一把“利刃”。我们因应传播需求，发力新闻微海报，在重大政策出台要点解读、突发新闻事件跟进、民生热点信息更新等方面大胆实践，形成生产合作机制，取得了相当好的传播效果。

2018年超强台风“山竹”袭击广东，我们充分发挥报端团队力量，将台风行进路径、省市抗击举措、提醒民众信息等实用服务内容制作成一张张微海报，在朋友圈广泛扩散，成为服务市民百姓、助力政府抗灾的强大帮手。2020年战“疫”报道中，南方+对每日疫情、权威信息发布、复工复产政策举措等等，均在文图视频报道的同时制作生产微海报，共同扩大信息传播方式、渠道和对象，赢得广泛认可。

二、基于视频技术的可视化新闻产品

从国内视频和直播的总体情况看，商业机构类和自媒体类的流量普遍高于主流媒体类，搞笑、吐槽、奇异、脱口秀、吃喝玩乐、穿衣打扮、才艺表演、路人访谈等，是爆款视频的基本盘。在碎片化阅读、“娱乐至死”的当下，主流媒体的视频生产，其内容应该走向何方？核心竞争力要如何体现？作为主流党报党端，弘扬主旋律，传递正能量，是南方日报、南方+的使命和任务，视频生产和移动直播也要服从、服务于主流媒体的职责使命。

（一）短视频

全媒体传播格局下，主旋律报道

既要坚持正确舆论导向、强化核心意识、突出思想指引、传递时代之声，又要充分展现报网端深度融合效能，创新方式方法。近年来，我们发挥视频传播效能，打造一批优质的可视化产品，为时政、经济、文化报道添加“利器”。2019年全国两会期间，南方日报、南方⁺推出“七个一”的视频产品：一本学习日记、一条音乐短片、一个3D动画、一集《典读广东》、一次飞花令、一部微纪录片、一档脱口秀，总点击量超过5000万次，生动展示广东大地的新气象新作为，视频生产赋能时政报道，让时政报道更可亲近，传播更加深入。2018年10月23日，港珠澳大桥正式宣布通车，南方⁺推出3分钟短视频《世象丨港珠澳大桥震撼大片来袭！内附GIF多图分解超级工程》，与图片集一起，成为全国范围内港珠澳大桥通车期间曝光率最高、转载量最大的影像内容之一，并入选“2018年度中国报业融合发展十佳案例”。

即时新闻、突发新闻、社会新闻是最具传播力的重要内容之一，移动互联时代下，这类新闻的竞争更趋激烈。全方位做好这类新闻，可视化是重要手段。近年来，我们在台风、水灾、山火、地震等突发事件报道中，可视化产品形态充分呈现，报道获得全方位的传播。2019年8月25日，乱港分子在荃湾区的非法集结升级为暴乱。我们的特派记者在最前线拍摄记录下大量独家视频、图片、文字。报道抢先全国媒体，第一时间在南方⁺播发，随后被人民日报、央视、中央政法委“长安剑”、今日头条、腾讯等转载，在新浪微博形成热门话题，产生强大的传播力和影响力。

（二）直播

2016年以前说起直播，大家更多的是谈论电视台体育赛事、综艺节目的直播。传统广播电视领域户外直播内容传输多依赖于卫星信号传播、微波信号传输等专业保障设备。新技术打破旧圈层、创造新需求，随着近年来移动通信技术的发展完善成熟、智能手机和云导播系统应用的发展，视频传播的技术瓶颈被打破，移动直播成为一点即爆、广受欢迎的传播形态。基于巨大的网民用户基数和强劲的直播生态，我们加快了发展移动直播的步伐，也使得主流媒体权威信息发布在移动直播中的优势得以巩固和发挥。

2016年6月，南方+移动直播平台“直播广东”上线，至2020年6月底共完成直播4600多场，其中视频直播超过2800场，仅在2019年就完成直播1900场。政务类视频直播是“直播广东”平台内容生产的重点之一。南方+围绕政务传播核心资源和创新表达形式积极运营，打造广东省权威政务直播平台，体现南方+在政务报道领域的传播力、引导力、影响力、公信力。

在全民直播背景下，媒体移动直播除了提升媒体传播功能外，还发挥主流媒体权威发布优势，广泛连接用户，在履行媒体社会责任方面也多有体现。2020年新冠肺炎疫情暴发后，统筹疫情防控和经济社会发展成了各级党委、政府的工作重心。在线下消费低迷、经济受到严重影响的情况下，直播带货成为连接生产者和消费者、推动产品销售的重要手段和有效渠道。在这场战“疫”中，主流媒体不仅用直播报道新闻，也纷纷用直播帮助受疫情影响的农户、商户走出困境。3月起，南方日报、南方+客户端联合广东省农业农村厅推出了“战‘疫’助农”系列活动，第一场直播选定500万斤销售困难的廉江扶贫小番茄，驻村第一书记与嘉宾主持共同直播，传播效果大大提升。直播同时在南方+链接集团旗下南方优品公司，实现直播卖货，不到1小时卖出4万多斤小番茄。随后，系列直播在广东湛江、清远、惠州、佛山、广州等多个城市推广复制，助力农户销售连山大米、番石榴、蕉柑、菠萝等特色农产品，为疫情下解决民生难题、促进经济恢复作出了媒体贡献。

（三）VR／AR

新技术扩大新传播，带来新体验。近年来，VR、AR技术不断发展，应用场景越来越广阔，主流媒体也积极探索将该技术运用到新闻报道可视化形态中。

2016年，我们完成首次VR报道，在南方+发布《史上最燃龙舟赛！国内首条龙舟漂移VR全景视频来袭》VR视频。到目前，“全景看广东”VR直播已成系列规模，先后组织策划了《丹霞山峭壁环卫工》《无人艇为珠江做“体检”》《体验广州5G时代》等VR新闻报道。2019年7月22日起，《壮丽70年　奋斗新时代——广东日记》全媒体系列报道出炉，首次使用AR技术强化报网端互动，用户通过南方+客户端扫码后，即可在《南方日报》上打开视频版“广东日记”，一览70年蝶变故事。

三、基于新媒体呈现潮流的创意产品

移动互联网时代，青少年是主要的活跃人群，手绘、条漫等长图以及动画、H5等可视化产品，是这批用户最能接受、最易接受也是最愿意接受的内容表达。主流媒体在融合转型中，必须充分重视这些可视化产品的研究和生产，创新传播形式和内容，只有这样才能切合用户需求，传播才能有的放矢。

（一）潮表达：长图和动漫

在碎片化阅读趋势下，视觉传达呈现出传播效率更高、范围更广的优势，备受大众喜爱，长图、动画成为融媒时代的常用表达形式，也成为南方日报、南方+打造可视化产品的发力点。

粗略统计，南方+一周便推出两三个长图产品，类别包括数据分析长图、经济分析长图、科普长图、动态长图、手绘长图等，其中不乏《如果“一核一带一区”也有朋友圈……》《漫话中博会 | 中小民营企业“出海记”（请横屏享用）》《这一个月来，“新中产”小明的消费升级路》《多一秒逃生，少一生遗憾，收到地震预警就该这样跑！》等精品长图。

2019年起，南方+推出《我们的节日》手绘长图系列，专注打造高品质手绘产品，至今已围绕清明节、中国航天日、五四青年节、母亲节、父亲节、端午节等推出多期长图。其中，五四百年，南方⁺制作完成漫画手绘产品《告诉你！这才是青年的真实面目！》，多方核实脚本信息，绘制环节以官方史实图片为蓝本进行制作，细数百年青年人特性关键词，融入广东元素；母亲节推出的《广东人为什么减不了肥》，走心的文案、清新的画风，生动勾勒出广东妈妈的形象，有趣、暖心；端午节推出的《屈原老师粉丝首站开！张！了！》，用潮流时尚的粉丝效应作为长图主题，围绕端午纪念主角屈原的文学艺术修为展开，灵动展现传统诗词文化的魅力，画风精美；六一儿童节当日，配合“中国动漫日本行——从水墨中来”展览宣传，结合儿童节节点，南方⁺新媒体实验室推出《我，从水墨中来》长图产品。该产品从130余部中国动漫中，选出31部精品中的精品制作长图，立意上跳脱展示型长图套路，采用第一人称，代入感强，用一滴墨滴走过的路，带出中国动漫百年成就。中国风贯穿始末，衔接自然，笔触古典又带有童真，容易引发共鸣，激起几代人对童年的怀想。作品一经发表便获得不少用户点赞转发，并在全网传播。

动画，作为技术要求更高的可视化产品，近年来越来越成为媒体融合转型的角力场，同时在短视频生产制作中也被越来越频繁地结合使用。南方⁺新媒体实验室聚集了多位动画设计师，与平面设计师一起，为动画产品的生产提供技术和智力支撑。

因应用户阅读兴趣，南方⁺新媒体实验室致力于3D动画制作，让视频产品“潮起来”。例如，2019全国两会期间，南方日报、南方⁺客户端推出3D动画《一年了！总书记，这份广东新时代答卷请审阅！》，生动展示广东深入学习贯彻习近平总书记重要讲话精神的实践。围绕第二届“一带一路”国际合作高峰论坛，推出《你看！广东有本会动的书，讲述世界的“一带一路”》逐帧动画，动画道具和人物均按1：100的比例制作模型，将主旋律硬新闻轻表达。2019年庆祝新中国成立70周年，推出全息视频《壮丽70年的广东答卷》，借助MR混合现实、3D虚拟场景搭建、全息投影等技术手段，展现新中国成立70年以来经济、社会、技术创新等方面取得的成就等等，3D动画制作水平不断提升，产品创意和内容质量不断增强，传播效果不断放大。

（二）互动H5：在游戏中实现内容传播

H5这一可视化产品，因其互动性强、用户连接效果好而成为众多媒体融合转型的“标配”，竞争的焦点在于能否第一时间发现新闻内容的互动性“痛点”，以及创意、制作的水平。

H5的本质是互动小游戏，在媒体传播力建设中发展H5，性质上决定其不能只为游戏而游戏，而是要通过互动游戏传播资讯信息、进行价值输出，从而实现在互动中服务、在服务中引导的目的。

2018年6月，南方日报、南方网、南方+启动“广东练江驻河深调研”，先后派出32组共约70人次全媒体记者接力前往练江流域汕头段，在长达180天的驻河过程中，深入练江干流、15条支流及重要基础设施调研，巡河道，察水情，访河长，问民意。从2018年12月30日起，报网端陆续推出练江驻河日记互动H5、《练江治理的河长制启示》系列述评、《练江驻河日记》全集连载等融媒体产品，前后持续15天，在社会各界引起了广泛反响，凸显巨大的传播力、引导力。其中，2018年练江驻河日记互动H5以手绘动漫为背景，融入7张现场图片、3条现场音频、9条现场视频、3个互动游戏、5个互动答题等，以既有趣味性又有感染力的新颖呈现方式讲述练江治理历程，用户在游戏互动中获得轻松的学习场景，媒体传播得以通过如此贴近用户的方式实现。

2020年，战“疫”中的医护人员是人民的最强铠甲，广东援鄂医护人员更是广东人民关心的英雄群体。疫情期间，我们和广东省卫健委联合推出《史上最全！广东驰援湖北医疗队名单公布，为他们加油》《白衣执甲战荆楚，广东英雄今日回家》两个H5，首次全面展现广东支援湖北医疗队风采，通过给医护加油、向医护致敬等强互动方式，为用户找到情感表达出口，增强用户参与感及转发主动性，传播范围广，社会效益佳。

第四节
努力方向：意识手段同创新

通过对近年来南方日报、南方⁺和南方都市报、南都App可视化建设实践的梳理，我们深感可视化发展要实现良好态势，需要从以下三个方面继续总结、完善和提升。

一、坚持创新传播，时刻保持可视化产品意识

创新意识在媒体融合转型、传播力建设中至关重要，摒弃传统套路和方法，只是实现融合的第一步，如何创新才是关键的。可视化，是实现创新的一个视角。

以《武松来了》视频内容制作生产和传播为例。这是南方日报、南方⁺客户端推出的一款以案说纪、以案说法的脱口秀短视频节目，节目于2017年初由南方名记者赵杨工作室创办。节目的主要形式是主讲人的脱口秀与落马官员的忏悔视频融合，以案说纪、讲法，每集4—5分钟。至今制作播出三季共12集，全网点击量超过3亿次，拉动南方⁺客户端下载超100万次，获得广东省委、省纪委等主要负责同志以及中纪委宣传部负责同志的充分肯定，在广东纪检监察系统产生了强烈反响。

这档节目为何能取得如此优异的传播力建设效果？要归功于选题精准和可视化创意的重要性与关键作用。近年来，中央纪委、国家监委提出了“开门反腐”的理念，开展以案说纪活动，不过随着反腐节目的增多，反腐题材的新鲜感却在下降。如何推出人民群众喜闻乐见、让人看了入脑入心的反腐题材节目是个考验。其中，选题的精准至为关键。为此，团队仔

细研究了近年来广东查处的案件，从中发现具有典型意义的人物案例，比如很多被查的干部都有封建迷信、大摆风水局的问题，一些落马官员身后总有个“熊儿子”，等等。选准这些主题和方向，表达呈现方式就显得很重要了。反腐题材严肃性极强，很多政论片、专题片都操着播音腔，板着脸空洞说教，尽管题材新鲜，但是亲和力不够。为了让硬题材软下来，将说教改为说事拉理，团队决定采取主讲人评书似的脱口秀与落马官员出镜忏悔相结合的方式，以案说纪。主讲人身着长袍，手持写有“清风”二字的纸扇，评点案件。反腐题材报道有了新颖的可视化呈现，刷新了用户对反腐报道的老套路体验，一经推出即大受欢迎。

再以南方名记者曹斯工作室生产的原创主题歌《相信》为例。2018年8月19日首个中国医师节，深耕健康垂直领域的南方名记者曹斯工作室联合广东卫生主管部门、各大医院推出的原创主题歌《相信》，在全国众多医师节融媒体产品中脱颖而出，成为又一爆款融媒体产品，受到国家卫健委、央视《新闻1+1》栏目、人民日报客户端等部门和主流媒体平台重点关注，影响力覆盖千万人次。这也是新媒体传播创新意识、可视化意识的结果。对首个中国医师节的报道，各大媒体都在创新报道上下足功夫，团队早早就定下思路，就是由记者谱曲，写一首针对该职业群体的音乐作品，用原创歌曲及音乐视频来承载广东医生的形象和心声。主创团队在借助词曲直接“传情达意”的基础上，还通过视听元素为产品注入更多内涵。如音乐视频收录了35张广东医生的纪实照片，既展现了广东医生抗击“非典”等重大战役和援藏、援非等天南地北广东医生的风采，也定格了不少医疗一线日常生态中医患共同对抗疾病的感人镜头，让广东医生的共同记忆引发群体共鸣；片尾还邀请了一名医生和小患者回答医患关系之间，医生在白板上写下答案“战友”，小患者擦去医生写的“战”

字，在“友”字上加以补充，写成一个新的字——爱，点睛，升华了主题。原创歌曲和音乐视频《相信》在南方⁺一经推出，就在全国引起了该职业群体的共鸣，被人民日报、腾讯网、国家卫生健康文化推广平台、广东发布等超过500个网站、App、微信公众号转载，全网共振。歌曲还陆续上线QQ音乐、网易云音乐等音乐类平台，再次扩大传播力。

媒体融合，就是一个不断创新的过程。随着技术的发展和用户习惯的变化，创新意识和创新手段也要因时而动、因时而变。可视化作为一种方向、一种思路、一种产品形态，也面临着不断优化、革新的未来。

二、推行编导制等生产机制，将责任落实到人

传统媒体要进行适应移动传播的转型，需要走相当长的路。人的观念、技术的学习和运用、机制的打破与再造等，都是实现整体转型目标必须解决的问题。可视化过程中也是一样。我们在可视化产品生产的实践中，摸索出实行编导制的可视化生产机制，借此引领采编人员融合转型。

2019年，我们参照电视台编导机制，推广形成编导核心负责制。每一个产品的编导就是创作团队的指挥官，负责协调人力物力，跟进产品制作的各个流程，对产品的最终效果负责。这样做，至少有三个好处：一是将具体作品的生产责任落实到人，避免“三个和尚没水喝”的现象。当团队成员的意见不统一时，编导拥有一票否决的权力，但同时也要对自己作出的决定负责。二是确保产品调性的统一。可视化产品的精髓在于表达，但是多头表达也可能导致同一个产品前后基调不统一。编导制的推行让这种表达有多个入口，最终却只有一个出口，保证产品风格基调统一。三是培养了一批综合性的人才。推行编导制，我们始终坚持“能者居之”的原则，谁有能力、有信心做好这个产品，就让谁来担任编导这个角色。同时，各个编导之间保持一定的竞争关系，

让整个团队长期保持积极进取的态势。

经过一年来的探索与实践，编导制在2020战“疫”可视化报道中发挥了显著作用。以短短2分钟的视频作品《湖北，广东已把全身最硬的鳞都给你了！》为例，实施编导制，明确了作品的责任主体和风格走向，又实现了“取长补短”式的资源整合，最终作品呈现出融合创新的几个特点：一是制作精心。短视频虽然是以现成的音乐作为背景音乐，但在逻辑顺序、画面编排、结构节奏等方面都力求精致，符合网络传播要求。二是独具匠心。我们在短视频中插入四幅手绘漫画，将一些相对比较抽象的画面具象化，让人眼前一亮。三是开放生产。集合了10多名专业记者和南方拍客拍摄，又汇集了医院、热心网友等提供的素材。正是有了编导制，如此庞大的资源调动、前期创意、后期合成等工作，才得以收放自如、井然有序，最终拿出优质的产品。

编导制因项目而生，在项目制作生产过程中，编导的协调、组织、统筹能力等综合能力得到充分的锻炼与检验。每个项目下来，对编导及团队成员都是一种促进和提升。与此同时，由一个个编导、一个个项目引领的团队合作，为团队成员转型提供了一个个真实的战场，为集团整体转型培养了人才、锻炼了队伍。

三、打破部门壁垒，跨部门、跨单位虚拟团队协同作战

与编导机制相适配的，就是跨部门甚至跨单位的虚拟团队协同作战法。

与文字稿件有所不同，绝大部分可视化产品，不是一个人甚至一个部门就能做好的，需要多个部门、多个工种共同配合完成。我们深刻地认识到这一点，早在平面媒体黄金时代就倡导虚拟团队作战，到报网端融合的新时期更是大力推广这一做法，从而推动各部门相互融合、相互促进。

2019年，南方日报、南方+、南方都市报联合推出的《云端之上 锦绣南粤——70秒云上瞰广东》系列影像报道，正是跨部门、跨单位虚拟团

队协同合作的结果。

虚拟团队作战的优势显而易见：一是充分释放原有人力的能量。虚拟团队都是临时团队，有需要时从各个部门抽调，完成任务后就地解散。既不影响本职工作，同时也集中力量完成了一些重要任务。2019年我们多个重大宣传报道包括涉港报道、庆祝新中国成立70周年、澳门回归20周年等都采用的是虚拟团队方式，收效不错。二是将媒体融合由机制融合深入到了人的融合。媒体融合，说到底是人的融合。如何让不同部门、不同工种的员工能够在一起擦出火花，这是融合转型的过程中最难的。虚拟团队以“战”代“练”，让一群原本并不熟悉的人围绕参与到一项工作中，互相协调，互相帮助，互相支持，发现问题，提出办法，解决问题。一来二去，他们之间的融合自然就顺畅了。同时，这也促使大家形成了一种技能交换，原本对可视化生产不了解的跑线记者，在这个过程中学会了可视化的表达；原本对线条新闻不熟悉的后期制作人员，也了解了不同线条新闻的特征。在业务流程和产品生产过程中呈现出相辅相成、相互促进的良性循环。

案例
《云端之上　锦绣南粤》系列影像报道

为庆祝新中国成立70周年，2019年9月5日至28日，南方日报、南方+、南方都市报联合推出《云端之上　锦绣南粤——70秒云上瞰广东》系列影像报道，每天推出一个地市的70秒短片，加上预告片及总片共23条视频展现70年来广东发生的翻天覆地变化以及取得的瞩目成就。

系列短视频在南方+、南都App以及南方网、奥一网首先呈现，图片版则在《南方日报》《南方都市报》同步推出，随后进行全网推送，先后登上今日头条首页、腾讯新闻、抖音、快手等平台，被人民日报、广东发布等官方微博、微信转载，并由南方英文网进行了海外推广。据不完全估算，系列影像全网点击量超过5000万次。

这一系列影像报道由南方日报报网端音视频部、南方都市报短视频事业部、南方+共同完成摄制，如此大型的集团内部跨媒体联合出品并不多见。由于报道范围覆盖全省21个地级以上市，单个采访部门的力量有限，与其各媒体单元独立生产，产品多而不精，不如拧紧拳头合力产出爆款。

由于制作刚性成本的制约和人才储备的不足，长纪录片并不是集团内各音视频团队的强项。此外从传播的新特性考量，大多数用户不会在手机客户端上长时间观看视频，我们认为轻巧的短视频更适合本次大型策划的终端呈现，同时为契合70周年的概念，团队最终制定了“70秒云上瞰广东”的理念。

如何用70秒展现一座城市在经济、文化、民生等领域的成就，对摄制团队来说，既是身体意志的考验，同时也是一场头脑的风暴。2019年6月上旬，上述三个部门抽调各自最精干的成员，组成了一个包括摄影、剪辑、包装、文案、运营等角色的20余人的团队，制订了详细到每一个拍摄点分镜头表的拍摄计划，并向相关部门和企业进行了无人机拍摄的报备和申请。

在接下来的三个月时间里，从高山到大海，从城市到乡村，团队成员的足迹遍布广东21个地级以上市以及下属各县区、乡镇，运用无人机、延时摄影等技术，拍摄城市标志性区域、基础交通设施、文化古迹、美丽乡村、名山大川等，积攒了超过6000 G的图片和视频素材。团队成员起早贪黑，上高楼，下滩涂，爬荒山，穿丛林，甚至在荒郊野岭过夜，只为找到最佳拍摄角度、等候最合适的光线，拍摄最为壮丽的景色。

当前，技术赋能在新媒体制作与传播上越来越重要。在70秒的短片里讲完一个城市的主要内容，需要快速并丰富的镜头语言，而把几分钟、几小时的拍摄素材压缩在一个较短的时间内以视频的方式播放，可以产生绚丽多彩、气势恢宏的视觉冲击力。因此，团队运用了大量空中十地面延时的摄影技术，以及空中十地面的一镜到底技术，对天气和设备要求高，对拍摄成员的技术要求更高。例如，在广袤海面或崇山峻岭中拍摄，无人机很容易因为失去信号而偏离设定的轨迹，甚至会因为大风或树木影响而有坠落的风险。

在后期剪辑上，则用到了Bridge、LRT、Light room、After Effects、Premiere、Final cut等软件，每条片子都经过反复打磨，大到镜头之间的衔接，小到字体的颜色和大小，虽然只有70秒的长度，但对剪辑编辑的要求都是极为苛刻的，很多时候，光音乐就换了数十个版本。成片由各方团队集体观看，审核出最后的出品。文案组成员则为每条片子设计多张精美海报以及撰写一篇能引起用户共鸣的推文。

连续23天不间断推出报道，极大地考验了团队成员的默契和意志。2019年9月5日起，《云端之上　锦绣南粤》系列影像报道陆续推出，南方日报和南方都市报报网端全部打通，短视频在南方+、南都App以及南方网、奥一网呈现，并设立专题栏目放在显著位置。与此同时，《南方都市报》每天推出一个精美的图片版，

《南方日报》更是在国庆特刊中用八连版来展示《大美广东》长幅画卷，并运用AR技术，在报纸的图片中集纳了21个地级以上市的70秒短视频，读者可以通过AR扫描，全方位领略广东各地高质量发展的崭新气象。南方英文网则在境外社交平台脸书和图片墙（Instagram）上发布系列短视频的英文版，对外展示新中国成立70周年下的大美广东，在两个海外平台上的点击量近40万次。

除了集团自有平台，团队中还有专人负责第三方平台的推广和运营。在微博建立“云端之上 锦绣南粤”话题，该话题阅读次数达1255万。预告片《70秒，带你云上瞰广东》被人民日报官方微博转载，“70秒看广东”迅速登上微博话题热搜，相关海报被选中为微博开屏轮播图，仅一集就取得了421万十的点击量。此外，团队在今日头条建立相关专题，被今日头条首页推荐近一个星期。团队与快手平台联合发起的“15秒看广东”话题征集活动，共计参与人次1.7万人，征集作品约3.2万件，话题总点击量1.8亿次。

系列短视频还在广东省多个重要标志性区域例如广州南站、花城广场等地循环播放，系列全景图片则被使用在“庆祝新中国成立70周年广东发展成就图片展”中，在省内多个城市主题公园里展出，吸引大批游客以及市民观看。

此次系列影像报道取得良好的传播效果，源于采编协作到报网端全面打通，再到第三方推广运营，各环节的紧密融合。短视频时代，团队配合非常重要，尤其是在重大主题宣传报道中，对于如何在集团层面迅速组建一支“招之能来，来之能战，战之能胜”的全媒体队伍，集中力量办大事，这是一次十分有益的探索和实践。

■ 总编辑点评：

2019年是新中国成立70周年。往常，纸媒对类似重大节点的报道，多是止于文字＋图片，作品表现形式多年未改。近年来，随着媒体融合的探索实践，对重大节日的报道，形态更加多样，手段更加丰富，渠道更加全面。由南方日报报网端音视频部、南方都市报短视频事业部、南方+共同摄制的《云端之上 锦绣南粤》系列短视频，取得很好的传播效果，充分验证了媒体融合中“可视化”的重要作用。复盘这组系列产品的生产与传播，我认为有以下几点值得总结：

其一，对重大主题的可视化呈现，契合了当下传播趋势。今天的传播已不再是“我说你看”，而是在生产之前就得充分研判用户的阅读兴趣，或者说阅读痛点。这组系列短视频，没有生产冗长的视频内容，而是将大量丰富的素材，浓缩成每座城市70秒的流动画面，切切实实地适应了当下用户的阅读观看习惯，从而达到广泛传播的效果。

其二，专业的技术追求，是可视化好作品的重要保障。一部视频70秒，如何让用户在欣赏中获得壮美之感，绝不是一些画面的简单堆砌即能实现。这组产品在拍摄制作各个环节运用了最新的技术，加之团队的拼搏努力，才有了这样的高品质。

其三，全方位的运营，是传播效果最大化的有力推手。优秀的作品要实现传播效果最大化，运营必不可少。这组系列视频推出后，在各大平台充分全面地推介呈现，并引导用户参与互动，最终实现了广泛传播。一句话：酒香也怕巷子深，好酒仍须勤吆喝。

第四章

智慧化

2016年，Alpha Go（阿尔法围棋）战胜人类围棋世界冠军李世石成为人工智能发展史上的里程碑事件，让本已备受学界、业界瞩目的人工智能真正引来大众的广泛关注。同样是在2016年，VR/AR技术成为热点，从国外的谷歌、苹果、微软、索尼，到国内的BAT（百度Baidu、阿里巴巴Alibaba、腾讯Tencent），大批科技和媒体巨头都先后涉足这一领域。加之大数据、云计算、移动互联网、物联网等技术的日益成熟，以及微博、微信等社会化媒体的广泛应用，新一轮媒体变革呼之欲出。

在2016年腾讯网媒体高峰论坛上，腾讯科技旗下互联网产业趋势研究机构“企鹅智酷”联合清华大学新媒体研究中心共同发布了《智媒来临与人机边界：2016中国新媒体趋势报告》并首次在国内提出了“智媒”的概念。报告指出，智媒是以技术为导向的一种媒体形式，智媒时代，以人为主导的媒介形态开始被打破，各种智能物体及新技术的交互融合，推动传媒产业链的新变革。

随后，“智媒”这一概念得到深入讨论，业界、学界对此也有很多阐释，大多数人将“智”理解为“智能”，“智媒”即媒体智能化，并总结出万物皆媒、人机合一、自我进化的三大特征；进而从信息生产角度认为智媒化将带来以下可能：用户分析与匹配的场景化、智能化与精准化，新闻生产的机器化、智能化与分布式，新闻传播的泛在化、智能化，新闻体验的临场化，互动反馈的传感化与智能化等[1]。

在南方报业的实践探索中，我们认为将“智媒”之“智”理解为“智慧”更合适。“智能”更多的是体现新技术在新闻传播领域的渗透使用，而“智慧”则体现了“人”根据自身情况和用户需求，在不同情况下作出综合判断和提供多种服务的主观能动性。“智慧”与“智能”，都离不开对新技术的运用，但“智慧”更突出了“人”在传播力建设中的主导作用，若任由这种主导地位淡化，或将“人”的主导权让渡给技术或机器，不可避免地会出现一系列问题，比如过度依赖算法推荐所带来的“信息茧房”、“有意义”让步于“有意思”、主流价值削弱、舆论导向跑偏等。

事实上南方报业是全国比较早提出“智慧转型”口号并作出战略布局和实践探索的传媒集团之一。在2016年10月制定的《加快融合发展三年行动计划（2016.10—2019.10）》中，我们就提出了建设“新闻资讯领先、传播手段先进、服务能力突出、产业形态丰富，拥有强大舆论引导力和市场竞争力的智慧型文化传媒集团”的目标。在2020年初，我们基于三年来的实践探索，在推进媒体融合向纵深发展，建设全媒体传播体系的新阶段，又制定了《南方报业传媒集团高质量发展三年行动计划（2020—2022）》，强调以先进技术为驱动，推动内容生产、传播方式的全链条革新以及服务手段的调整，实现智慧采写、智慧运营、智慧服务，为推进国家治理体系和治理能力现代化发挥更大作用。

基于此，我们将“智慧化”定义为：以智能技术为基础，以人机协作为特征，以大幅提高生产传播效率为

[1] 彭兰. 智媒化：未来媒体浪潮：新媒体发展趋势报告（2016）[J]. 国际新闻界，2016（11）：6－24.

重点，以建成具有强大传播效能和综合竞争实力的智慧型文化传媒集团为目标，为用户提供智慧化的内容产品和多种服务，加快实现由“融媒”向“智媒”提升的转型实践。

第一节
智慧革新：内容生产传播全链条

在内容生产领域，我们既注重推进技术驱动，努力提升内容生产、传播服务的精准度和抵达率；也强调“人”的价值判断与导向引领，通过“人机协作、以人为主”模式，实现在主流价值引导下的智能发现、智能采集、智能加工、智能审核、智能推送，大幅提高生产传播效率。

这一过程可比拟现代通信过程，我们在信源、信道、信宿、编译和反馈等核心节点上逐项发力，通过产品重生、供需重构、模式重置等方式在内容供给侧结构性改革上取得全链条突破。

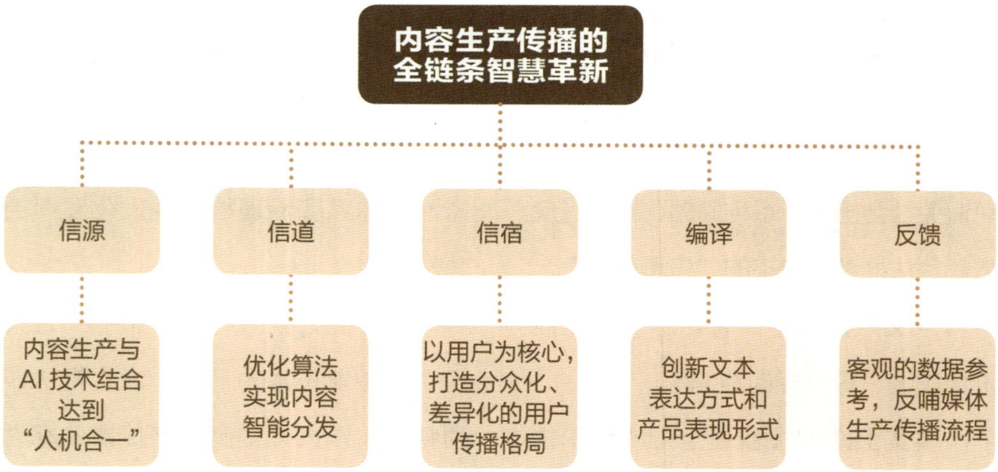

内容生产传播的全链条智慧革新

一、在信源节点上，“智能写作”“智能编辑”“智能校对”“智能风控”等程序化内容生产方式被广泛运用

信源是信息的发布者。程序化内容生产以人工智能技术为支撑，突破传统创作模式，再造信息生产流程，拥有更快的速度和更高的效率，大幅度降低新闻生产的人工成本。

内容生产与AI（人工智能）技术的结合是“大数据算法”与“自我学习”的过程，是“人操纵机器的能力”与“机器认知人类思维和偏好的能力”相生相长从而达到“人机合一”的产物。它按提前设定的框架规则，使用计算机程序采集事件数据、加工新闻素材、生成新闻成品（智能写作）、完成编辑校对（智能编辑、智能校对）、实现自动监管（智能风控），从而完成新闻生产和传播的完整过程。

2017年1月17日20时9分，一条名为《20日广州—武汉还有大量无座票》的原创稿件在南方都市报自媒体平台发出，作者是南方都市报的写稿机器人“小南”，这也意味着，国内首个民生领域的写稿机器人正式上岗。基于自然语言处理技术、机器学习算法，融合领域知识，发掘重要的消息事件，以秒速生成报道，这是“小南”的工作模式。但“小南”目前尚不具备人类的思维，它只能依据既有的数据和事先设定好的程序写稿，不能像人类一样思考并提出自己的问题。因此“人机协作”必不可少，这也是确保机器写作健康发展的重要保障。机器写作给南方都市报带来的改变是巨大的，“小南”自上岗以来累计写稿已经超过10万篇。

不仅在机器人写作领域先行先试，为提高内容编辑质量和效率，南方报业的智能编审校对模块、智能内容风控模块也于近两年陆续上线，运用机器纠偏与人工干预相结合的方式，全方位筑牢内容生产安全防线。

二、在信道节点上，不断优化具有主流价值观的党媒算法，实现内容智能分发推荐，建立与用户的最优连接

信道指的是信息传递的通道，从媒体角度来说就是内容传播分发的渠道。在移动应用和社会化媒体发达的今天，具备算法优势的新兴分发渠道对传统渠道形成降维打击。算法重构了渠道，凭借强大的数据资源，进行用户画像，运用智能化分发推荐技术将新闻资讯推送到用户手中，大幅度提升海量内容与用户个性化需求的匹配度和匹配效率，建立信息世界的“按需分配”机制。

2019年10月，经过三年的自我迭代更新，南方+客户端6.0版本正式推出同时具备个性化智能推荐以及主流媒体价值权重的党媒算法。党媒算法与商业算法的不同在于，将正确政治方向、舆论导向、价值取向细化为平台可具体执行的规则参数，赋予主流媒体价值权重，聚合优质内容，同时发挥把关人作用，建立更科学的逻辑以完善算法，避免同质化刷屏，最终根据用户属性、行为、偏好等个性化特征进行智能推荐，既实现“千人千面”，也解决了信息过载和内容泛滥等问题，体现党媒的公信力与权威性。

三、在信宿节点上，明确“用户优先”策略，细分传播用户结构，优化用户线上线下体验，强化媒体与用户的连接

信宿是信息传送的终点或目的地，传播过程中的信宿即用户。在信宿层需要明确的重点是用户在哪里、用户的需求是什么，这也是传播能力建设的着力点和落脚点。

作为省级党报集团，我们始终坚持以人民为中心，植根广东本土，融入粤港澳大湾区，根据地域人口结构、区域分布、社会特征等趋势细分目标用户，在细分传播用户结构基础上，集团各媒体之间进行差异化定位，制定差异化的传播策略，初步形成分众化、差异化的用户传播格局。

“用户优先”是南方报业的核心

策略，我们以用户为中心，深入把握用户对优质内容的需求、对多场景服务的需求，以及参与生产的需求，做了一系列尝试。近年来，我们不断优化“线上多媒体、线下多场景”的连接，不断提升信息整合服务能力，丰富城市空间、南方优品、289园区等线下空间、产品和服务的应用场景，实现线上线下通道的快速切换。以南方⁺为主平台，“南方号”“合办频道”“小南报料”“南方拍客”等产品陆续上线，逐步建构“开放式”与“外循环”的新闻生产模式，满足用户的参与需求，增强用户的互动和黏性。旗下南方周末实施内容付费工程，对南周优质内容价值和产业链进行数字化挖掘和拓展，打造知识付费产品线，设立与会员制相贯通的计量式软性付费墙，以用户为核心，以付费会员为方向，再造生产流程和消费场景。

四、在编译环节上，丰富传播呈现形态，打造“技术＋美学＋创意”的融媒体产品，增强跨媒介叙事能力，形成现象级传播

编译环节是指上传端的信息编码和送达端的用户译码过程。信息编码体现在内容呈现对传播介质的高度适应性、话语方式的创新和新闻产品的创意赋能等方面。它将提高传播的技术含量，通过内容与形式的巧妙组合，打造“技术＋美学＋创意”的融媒体产品，让有时效性的内容产生更大的吸引力，扩大传播效果。用户译码是积极利用用户的参与来完成新闻的整体性叙事，提供体验式传播、沉浸式传播，通过用户与用户之间、用户与媒体之间的关联与协作，共同完成全景式报道，赢得广泛用户群，形成现象级传播。

一直以来，我们致力于创新文本表达方式和产品表现形式，用新媒体手段唱响主旋律，积极运用短视频、H5、直播等形式让主流报道“活”起来。在党的十九大、全国两会、庆

祝新中国成立70周年等重大节点上，先后推出《新四大发明神曲》《直播答题解读政府工作报告》《VR全景看广东》等爆款融媒体产品及《广东日记》《70秒云上瞰广东》等系列全景报道，凭借精准的内容和生动的表达，让主流新闻不仅服务于核心用户，更“飞入寻常百姓家”，成为大众喜闻乐见的全媒体产品。同时，运用互联网运营思路，发起投票、征集等线上运营活动，以辅助类传播方式吸引用户参与，并以此为入口为优质内容导流。

五、在反馈环节上，提升数据驱动下的传播效果智能化监测水平，实现采编量化考核以及版权的追踪追溯

在反馈环节搭建全媒体传播效果的智能监测平台，是以原创内容为源头，利用大数据智能分析技术获取媒体转载分析、传播路径追踪及用户互动评论等情况。通过效果反馈，既实现媒体从个人到全局的生产力统计，也实现从自身到竞媒之间的传播效果多维比对，反哺媒体生产传播流程，形成传播链条闭环，为信源、信道、信宿、编译等节点的优化提供有效的数据参考，促进自身影响力提升。我们自主搭建的大数据平台“南方智造”，在实现智能策划、智能生产、智能分发的基础上，还强化对传播效果的智能化监测：对内，将传播数据引入采编绩效考核，以客观数据弥补主观评价的不足，为优化改革绩效考核机制提供数据支持；对外，通过获取涉及非法侵权转载相关信息实现版权保护。

第二节
智慧服务：南方传媒智库成矩阵

2019年《南方日报》创刊70周年之际，按照广东省委的部署，我们启动了党报功能提升计划。这里所说的提升党报功能，就是要顺应分众化、差异化传播趋势，推出个性化、对象化、定制化的内容产品，提供高品

质、专业化、特色型的智慧服务，将媒体功能由单纯的信息传播向思想挖掘、战略研判、方案供给、价值传递延伸，推动主流媒体通过智慧转型，更好地满足党委、政府及各类社会主体在各个层面、各个领域对决策科学化、信息化、数据化的需求。

南方传媒智库矩阵的建设就是我们提升党报功能、推进智慧转型的重要一环。这是贯彻落实中央部署、履行党报集团职责使命的重要举措。党的十八届三中全会通过的《中共中央关于全面深化改革若干重大问题的决定》明确提出，加强中国特色新型智库建设，建立健全决策咨询制度；2018年3月，国家新闻出版广电总局印发《关于加快新闻出版行业智库建设的指导意见》，鼓励主流新闻出版单位建设媒体型智库。国家治理体系和治理能力现代化建设的不断推进，要求包括主流媒体在内的多元力量在更广领域、更深层次参与到社会治理之中，南方报业也不应再局限于观察者、记录者的角色，而要通过参与智库建设，在政策研究、咨询、评估、发布、传播各环节全面发力，在国家治理的大文章中担负起更大责任，贡献更多力量。

南方传媒智库矩阵的建设，也是我们在新的传播条件下进行转型发展的必然选择。主流媒体的权威性不光来自党和政府的赋权，更重要的是来自自身的能力和影响力，来自对国内外重大事件的深度报道、独家报道和精辟评论，来自对主流社会（决策者、产业界、知识界）观点和思维的塑造能力。因此，主流媒体的主流地位不是一成不变的，目前党报党刊的影响力有所下降，其在信息传播渠道上的独有优势正在削弱，更需要挖掘在深度内容生产上的优势，通过研究生产具有科学性和权威性的深度内容和知识产品，巩固壮大自身的影响力。这与传媒智库的功能不谋而合，我们进行智库建设就是在新媒体时代探索转型、提升传播力影响力的主动尝试。

事实上，南方报业很早就开始进

行具有智库特色的探索。2003年，南方周末便发起了中国企业社会责任调研，2008年又成立中国企业社会责任研究中心，以智库的方式进行更全面、更专业的研究。2005年起，南方日报连续12年推出《珠三角竞争力报告》，以大量数据对比全方位解构珠三角。2014年以来，我们因应大数据浪潮，倾力打造南方舆情数据研究院，作为国内首家从专业媒体角度专注“治理现代化”研究领域的复合型智库，至今已实现“省市—县区—镇街—企事业”覆盖，搭建起覆盖广东全省的舆情服务网络。

在多年的实践探索基础上，我们正式推出由南方经济智库、南方法治智库、南方城市智库、南方教育智库、南方党建智库、南方数字政府研究院、广东乡村振兴服务中心、南方周末研究院、南都大数据研究院、南方舆情数据研究院、南方产业智库、南方文化产业智库等12个智库机构组成的南方传媒智库矩阵，进入以传媒智库矩阵建设为龙头、以智慧化服务为特色，全方位提升服务能力的新阶段。

一、南方传媒智库矩阵的特点

一般而言，智库提供的产品主要是两类：一是知识产品，即研究成果，包括内参、研究报告、论文等；二是基于专业知识的服务类产品，包括评估服务、规划服务、咨询服务、系统集成、数据调查、会议服务等。南方日报的理论评论文章和内参、舆情报告本身就是非常成熟的智库产品，有效发挥了决策参考作用。此外，调查性报道、深度报道等作为信息产品的一部分，也天然带有智库产品的“基因”。如何将新闻产品转化为智库产品，实现“深度与广度并存、研究与传播并重”？集团各智库充分发挥媒体连接广泛、垂直深耕的优势，从原本擅长的调查报道入手，将数据化思维、智库化生产要求融入题材选择、采访调研、内容生产、成果传播的全流程，通过自助渠道传播放大影响力，形成了“南方深调研”“南方党建”“南方舆情”“南方评估”“南方指数”“城市治理榜”等系列智库品牌产品，在为用户提供智慧化服务、推进国家治理体系和治理能力现代化方面作出了积极探索。

（一）基于自身特色优势的组建模式

南方报业旗下智库或是依托所在单位或部门的强势业务进行转型实践，或是从原有业务出发，对标市场需求进行相应的培育。这种基于自身特色优势的组建模式，既让12个传媒智库在成立之初就能持续生产高质量的智库产品，吸引到相应的目标用户群；又通过各自不同的服务方向和研究侧重点，形成互补发展的良性态势。

由南方杂志社牵头集团各媒体时政、党建相关资源重点建设的南方党建智库，充分发挥《南方》杂志作为省委机关刊物的权威性、指导性作用，根据广东基层党建实际，突出“中国特色、南方气质”，确立“党建传播、党建研究、党建服务”三大核心任务，明确“上级党委部门决策党建工作的参谋、机关企事业单位研究党建工作的助手、广大党员群众参与党建工作的平台”工作定位，助力全省党建研究工作。智库于2018年11月列入由广东省委组织部指导的“广东省党建智库”，2019年以来，完成国家级、省级以及各地各单位委托的党建课题30多个，发起全国、广东基层党建创新案例征集遴选活动，合作共建9个基层党建研究基地，并推出一批相关研究报告。

主要由南方日报经济新闻部负责运营的南方经济智库，借助原有的资源优势，聚拢国内核心经济研究力量，打造出“系列深调研”“南方评估”等一批智库品牌，拥有政策评估、课题研究、指数报告、高端论坛、立体发布厅等产品体系。出品的包括《重整行装再出发》《开放崛起》和《向上突围》等一批图书在内的“南方传媒智库丛书”，多次被列为省委全会参阅材料，受到与会代表的高度肯定。

由南方日报时政新闻部运营的南方法治智库，作为一个地方性法治研究机构，一方面孵化法治传播矩阵，开展普法活动，做全省政法工作的形象管家和宣传阵地，为各单位、各地市设计法治名片；另一方面整合媒体、学术、社会资源，组织论坛、沙龙，撰写调研、内参，为全省政法工作建言献策，争做决策高参。目前，南方法治智库已形成了较为完整的产品体系。全省公检法司系统400多家单位的政务新媒体，均已受邀入驻南方+客户端“南方号”平台，形成全省最大的政法新媒体矩阵。

南方城市智库脱胎于集团下属的各个城市记者站，依托省内外丰富的学术资源，以粤港澳大湾区内的城市为主要研究对象，对城市发展的热点问题和成长发展方向进行跟进研究，提出具有建设性、可操作性的应对策略和路径建议。

南方教育智库是与广东省教育厅合作建设的智库项目，建设思路与南方法治智库相类似。目前，智库建设的教育垂直领域大数据库，围绕教育领域的人才、科研、就业、升学等关键内容，已积累了超过30万条有价值的数据，并依托数据库制作发布多份数据榜单，引起社会广泛关注。

南方数字政府研究院以南方网为平台，积极参与“数字广东”建设，规划、设计、建设全省政府网站集约化平台，为全省600多家政府网站及8000家政府机构提供服务，致力于打造以大数据、人工智能等信息化技术为特征的服务能力，为广东省各级政府通过互联网提升社会治理能力、服务群众提供各种解决方案。

广东乡村振兴服务中心是我们在广东省委农办指导下成立的新型机构，主要工作由南方农村报承担，致力于服务广东乡村振兴战略的实施，通过全面整合政府、科研院校、社会力量等资源，构建符合广东特色的乡村振兴服务平台。主要开展市县乡村振兴规划制定、乡村振兴培训、乡村振兴讲习所建设运营、乡村治理创新、新业态培育、农业产业发展规划咨询、乡村建设规划与设计、乡村建设成效评估（评价）、乡村振兴博览会和乡村振兴博览园运营等业务。

由南周报系倾力打造的南方周末研究院，作为南方周末付费智媒建设计划的重要一极，下设中国企业社会责任研究中心、绿色研究中心、公益研究中心、城市区域研究中心、文娱工作室、防务工作室，在垂直化内容生产基础上，生产内参、分析研究报告、数据咨询服务等产品，构建融信息连接、资源整合、要素集聚于一体的新型媒体智库。

承担着带动南方都市报从传统新闻信息生产机构向数据智库机构转型重任的南都大数据研究院，分设课题中心、产品部、技术部、民调中心、商业数据部、数据项运营部。目前在新经济新业态领域、城市治理领域、区域经济领域、新生活和鉴定评测等五大领域推进了50多项研究课题，建立了20个研究团队，成立六大资源联盟平台，归集30亿条存量数据，建立30个垂直数据库，已形成数据报道、榜单评价、民意调查、咨询研究、鉴定测试、评估认证、数据库及轻应用等八大类近百项智库产品和服务，其中广州城市治理榜、个人信息保护研究、新经济企业声誉榜、南都鉴定评测榜单、中国孵化器50强榜单等课题成果，已经形成鲜明品牌效应，在决策层和垂直行业领域产生显著影响力。

南方舆情数据研究院从2014年成立以来，已逐步成长为华南地区专注于“治理现代化”领域最权威、最具影响力的复合型智库，是互联网治理智库联盟、南方大数据创新联盟的成员单位，并入选“中国智库索引（CTTI）”来源智库。研究院通过大数据采集与深度挖掘，还原社会真实意见构成，洞悉舆情事件发展规律与趋势，提供应对与引导建议，助推科学民主决策。出品的若干专报、简报定期为省委、省政府提供服务，建立了稳定、畅通的信息报送通道，成为省委、省政府日常决策的重要参考。

由南方日报专刊部负责日常运营的南方产业智库，立足于产业发展规划智囊、行业资源整合平台、公司治理战略咨询、消费行为趋势研究，重点服务广东和粤港澳大湾区产业经济发展。智库聚焦粤港澳大湾区现代产业体系建设，已实施推进粤港澳大湾区AI产业深调研、绿色智慧出行产业深调研、5G产业深调研等系列产业深调研活动，完成《国潮粤造•广东国潮产业发展报告》、《南方公益•企业公益传播力报告》、“上市房企60健康指数”等智库产品，初步形成了包括数据新闻、产业报告、生活指数、产品测评、榜单推荐、产业论坛、行业年会在内的系列智库产品。

由南方289文化投资公司联合旗下产业公司发起成立的南方文化产业智库，主要围绕粤港澳大湾区区域新经济发展、数字文化产业、文化消费提升、文化助力乡村振兴、文旅融合发展、地方特色文化等领域，进行重点研究。

（二）从深度报道到智库产品：数据驱动的运作思维

在信息时代，数据是智库发展的基础性要素。数据缺失导致研究成果和决策参考遭受质疑的情形在传统智库越来越明显，而对于数据的沉淀和积累也成为传媒集团智慧化转型的优势之一。南方传媒智库在多年的实践中深知数据对于智库研究的重要价值，对于大数据的挖掘、分析和应用也成为南方传媒智库的运营基础所在。

1. 数据化操作的“系列深调研”

党的十九大以来，围绕广东省委“大学习、深调研、真落实”九大课题，南方经济智库陆续开展了“奋力实现‘四个走在全国前列’深调研”“广东河长•广东江河水深调研”“世界级湾区深调研”等深度调研。这一系列深度调研，在完成好党报集团舆论引导的职责使命外，强调数据思维，坚持技术赋能、数据驱动，通过互动式采访、定制式调研、清单式归集、模块式输出，生产出调研报告、内参、专报、排行榜、案例库、论文、图书等智库产品。

在“世界级湾区深调研”中，我们的记者在粤港澳大湾区进入正式规划阶段后，分赴纽约湾区、旧金山湾区、东京湾区等世界三大湾区，历经

40天实地走访、近一年的调查研究，行程53 754公里，遍访当地近50名权威人士，收集了大量宝贵的一手研究报告和资料，并经过深入梳理分析，推出《世界级湾区深调研》系列全媒体报道，形成了“五个一”的产品序列——一组报纸深度报道、一组全媒体产品、一份调研报告、一份大数据产品和一组专报，总字数超10万，在海内外引起了强烈反响。在此次深调研中，记者除了常规采访、记录事实，还采集了各大湾区的经济数据，以便进行量化分析研究和长期跟踪观察。采访结束后，对这些数据的收集、归类、整理和分析，又让我们能够生产出更有深度、更专业、更有说服力的内容，而不仅是举例子、摆事实。据统计，在粤港澳大湾区专题采访与调研中，南方经济智库与超百个机构建立联系，与500余位专家学者、企业界人士进行了深入交流，建立起大湾区专家库及专题数据库。

这一数据库优势又为我们在2019年3月对《粤港澳大湾区发展规划纲要》（下简称《纲要》）进行解读时发挥了关键作用。当时，为充分解读好《纲要》，南方经济智库独家采访到一批参与《纲要》起草的核心专家。采写报道随即在《南方日报》陆续推出，由于专家核心高端、解读权威到位，获得广泛好评。

2. 来自自有数据库的榜单产品

作为华南地区首个教育垂直领域的媒体智库，南方教育智库的运营团队非常重视数据的采集和积累。在日常的采访中，注意从具有数据产生基础的政府部门以及高校、研究机构获取数据，构建体系化的教育垂直领域大数据库，围绕教育领域的人才、科研、就业、升学等关键内容，积累了超过30万条有价值的数据。

仅在2019年，南方教育智库就依托大数据库，发布了“世界四大湾区高校竞争力排行榜”“广东高校就业质量榜”等16份数据榜单，在南方⁺客户端点击量超300万次。特别是南方教育智库联合广东高等教育学会副会长、广东医科大学副校长曾志嵘教授团队共同推出的“世界四大湾区高校竞争力排行榜”，首次通过对四大湾区113所大学的教学、科研实力数据进行比对，分析湾区高校群各自的特点，指出粤港澳大湾区高校群未来发力的方向，引起旧金山湾区多所高校、粤港澳大湾区高校的广泛关注，更获得教育部肯定。

南都大数据研究院连续发布六年的“广州城市治理榜”是南都“榜单评价”的典型案例。通过设立完整的指标体系，对广州各区和各政府职能部门开展公共治理能力进行系统观察和测评，七年来，“广州城市治理榜”的评价主题和数据维度，一直紧密围绕广州中心工作，同时也与时俱进不断优化。2020“广州城市治理榜”围绕推动“四个出新出彩”、实现老城市新活力的指示要求，以数据评价、案例分析形成12个子榜单，既有创新推出的全国首个“老城市新活力”评价指数、展现抗击新冠肺炎疫情成效的“羊城战‘疫’”优秀案例、基层党建创新榜、数字经济优质落地场景等子榜单，也有连续发布多年的高质量发展榜、营商环境榜、改革创新榜等子榜单，彰显广州城市更新、人工智能与数字经济“双引擎”的强大动力。“广州城市治理榜”不仅仅是排座次，而是更积极地提供建议，为改进社会公共服务、提升公共治理水平提供解决方案和决策参考，日渐成为城市政府提升治理效能的重要动力。

为了持续不断地将数据转化为资产，“建数据库，打造工具”是南都大数据研究院开展每个课题项目的必选动作。南都2018年成立了企业声誉研究中心，以国内274家新经济企业为样本，制定声誉关联指标，构建了新经济企业声誉监测数据库，实现样本企业声誉值的实时量化。而依托数据库，课题团队进一步生产多种形式的智库产品。

（三）从线上到线下的全品类服务

如果说调研报告、指数、榜单等产品是传媒智库的标配产品，集团各智库更是积极发掘自身优势潜力，建设从线上到线下的全链条产品和服务。在线上，传媒智库充分发挥背靠媒体的内容生产优势，从单纯的调研报告向H5、长图、动漫、音视频等多形式产品拓展；在线下，从媒体的资源连接优势入手，通过培训、会议、论坛、展馆等多种形式不断拓宽服务范围。

1. 覆盖全省的“智慧党建”服务

南方党建智库在全省党建领域发挥着不可替代的重要作用。2018年7月，广东省委组织部委托南方党建智库承担“广东省物业管理党建”专题调研。2019年，省委组织部再次委托南方党建智库对广东省镇街党校建设等工作进行专题调研，并撰写专题研究报告，为相关工作提供决策参考。

我们的“智慧党建”服务并没有止步于此，还通过党建共建的形式，选择有代表性的地区和单位，根据不同研究主题，合作共建了10个南方党建智库基层党建研究基地和3个全国党刊红色教育基地，制定基地管理办法、建设标准和相关流程，作为南方党建智库向基层延伸，开展党建研究、教育培训的重要载体，并针对不同领域的党建实践推出研究报告、视频、党建空间等一批研究成果和融媒体传播产品。

目前，南方党建智库及集团“智慧党建”板块的党建服务已形成以基层党建研究基地共建、专家观察团等为代表的“党建观察”类，以全国暨广东基层党建创新案例遴选、“粤治”党建类创新案例、深圳党建质量大奖等第三方评估评选活动为代表的“党建评估”类，以党建视频拍摄制作、党建动漫制作、红色文化视觉设计等为代表的“党建视觉”类，以“南方圆”红色文化空间、各地基层党群中心、各类党建展陈策划设计提升等为代表的“党建展示”类，以全国党刊红色教育基地、党建培训、舆情培训、红旅等为代表的“党建培训”类，以南方党建智库系列特刊、红色文化主题出版物、口袋书等为代表的“党建出版”类，以南方党建智慧云平台、政务数据应用、党建新媒体矩阵建设为代表的“党建数据”类等七个主要业务类型的整体服务，传播能力、研究能力、服务能力不断提升，定位于“各级党委部门党建参谋”的作用日益彰显。

2. 从“舆情监测”到“社会治理”

另一个在线上线下都已建立起自己服务品牌的智库是南方舆情数据研究院。从成立之初的“舆情管家”到如今的“传媒智库”，研究院已经成功建起覆盖广东全省的舆情处置网络，用户以党政机关为主，以大中型企业为辅。通过充分发挥“传媒＋数据”的优势，为党政机关提供更科学、更可靠、更具前瞻性与参考价值的智力服务，走出了一条舆情服务高端化的道路。

与其他舆情机构不同的是，南方舆情数据研究院除通过全网采集搜索、大数据挖掘、采购多个外部数据源、对接集团各媒体采编信息等多渠道实现舆情监测全覆盖，为用户提供舆情监测预警、分析研判、应对引导、技能培训等一揽子服务外，更依托自身数据库，以高度的政治敏感性、全局观和专业性为各级党政机关提供智力服务。

仅2019年，南方舆情数据研究院便发送各类报告3000多份，其中，有4个专报、简报定期为省委、省政府提供服务，建立了稳定、畅通的信息报送通道，成为省委、省政府日常决策的重要参考。由南方舆情数据研究院发布的SCRI（南方舆情社情风险指数)、TISA（社会治理传播指数）等指数，已成为全省各地衡量社情标准的一项重要指标。

在2019年年中，南方舆情数据研究院的“舆情弦”解析系统正式发布。该系统通过跟踪每个指标数据变化趋势，通过差异化对比、校正，从而更客观、全面地展示一个区域、人物、事件的状态，从而发现影响舆情的本质性因素。在南方报业智库大会上，我们发布了运用该解析系统及衍生的指标体系生产的蓝皮书，完成了对大湾区11个城市“社会治理密码”的解构。

在线下，南方舆情数据研究院从2014年起，连续七年举办“粤治——治理现代化”优秀案例推介系列活动，共评选出192个优秀案例，范围包括政府治理创新、舆情引导、网络问政、大数据与公共服务、品牌管理等，涵盖了政府治理体系的多个维度，也将许多行之有效的治理经验推广到全省各地。这种通过对案例进行评估、选拔、奖励、宣传和推广的形式，鼓励政府治理创新的做法，受到各界好评，形成了一个党政部门、社会组织、专家学者和新闻媒体多方参与的平台。目前，“粤治”活动已成为国内较有影响力的社会治理领域年度盛会，得到了俞可平、郑永年、周宏仁、何增科、任剑涛等知名专家学者的大力支持和积极参与，成为总结广东治理经验、提升治理能力的重要平台。

3. 扎根地方的“定制服务”

在移动互联网时代，我们既面临海量信息轰炸的信息过载，又存在有效内容难觅的知识不对称。在珠三角一线城市，研究的专家多，提出的方案和产品也多，但到了二线乃至三线城市，知识产品就非常匮乏，好不容易邀请来的专家走马观花式的调研往往不接地气、难以施行。而这块市场的供给方就理所当然地落到了南方传媒智库头上。

正是紧盯这一点，南方城市智库结合珠三角发展需求，提供相应的定制服务。仅以佛山为例，从2012年起，南方城市智库每年承接佛山市委20多项研究课题，此外还会推出一项大型策划或行动，主题完全按照佛山市委、市政府的中心工作量身定制：2012年的《八问八论八策》、2013年的《中国大镇调查》、2015年的跨省全国调研、2017年的《城市方法论》、2018年的“品质革命”大调研……每一次策划和行动，都触到了佛山市委、市政府当年工作的痛点。

目前，南方城市智库建设呈现出五个明显的特征：产品化成为牵引，跨国调研成为常态，战略咨询成为品牌，决策内参成为标配，研究载体建设成为新需求。2019年，以佛山“品质革命 对标世界”跨省跨国大调研、“岭南世界观”寻访全球南海会馆为代表的调研类项目，以广州黄埔增城论坛、深圳企业社会责任峰会、深圳治理现代化实践论坛、大湾区东莞发展新机遇论坛、深化粤欧先进制造合作论坛为代表的论坛类项目，以广州两大党群服务中心、深圳党建优秀案例评选为代表的党建类项目等取得阶段性进展。其中，佛山跨省跨国大调研范围涉及国内10多座城市，以及北美、欧洲、东南亚、非洲的10多个国家，创下了记者站智库调研地理范围的新纪录，在全国范围内引发广泛关注；南方日报惠州新闻部参与建设的博罗县新时代文明实践中心项目获得了中宣部、省委宣传部主要领导的充分肯定。依托南方⁺多元化的传播手段，这些智库产品成为高流量作品的重要来源，比如，深圳党建优秀案例评选点击量近300万次。

二、南方传媒智库矩阵建设的经验

从组建之初，我们就明确，智库建设的主要目标是提升主流媒体对重大战略和政策的研发能力及传播能力，更好地服务于推进国家治理体系和治理能力现代化，在这一过程中我们也摸索出了以下三条经验。

（一）人才是基础

媒体竞争关键是人才竞争，在智库建设中更是如此，研究力量是智库建设的核心资源。南方报业汇聚了一批高素质的采编人才，他们具备一定的社会洞察力与课题组织能力，能把握国内外热点，做出相应的课题研究。特别是各部门的资深跑线记者，深耕行业多年，既熟悉国家政策和省内情况，又了解各级政府部门和企事业动态，能在做好日常性的新闻报道之余，挖掘出更具深度的智库产品。

各传媒智库也积极从采编团队中遴选、培养研究型人才，推动有条件的成员由“媒体人”向“媒体—研究复合型人才”转变。如广东乡村振兴服务中心就将农村人居环境整治第三方评估作为服务省内乡村振兴战略实施的重要举措，组建了专门团队开展相关工作。目前，中心第三方评估团队凭借过硬的业务素质和职业操守，完成了广东省、市、县三级乡村振兴评估30多次，实地走访超过3500个行政村、逾1万个自然村，与数以万计的基层干部群众进行了访谈，拍摄了数十万张照片，形成了超过百万字的评估报告，对各地推进农村人居环境整治工作中存在的困难和问题进行客观分析，并提出有针对性的意见和建议，有效促进了广东农村人居环境整治的深入推进。

（二）传播是优势

与官方智库、高校智库、科技智库和社会智库等其他智库相比，传播力是媒体智库最大的优势。借助优质内容生产能力和自有强力传播渠道，我们能通过有效传播提升智库产品的知名度，扩大智库成果的影响力。

对传播的重视，让我们在制作智库产品之初，一方面注重根据不同的传播渠道，生产多种类产品；另一方面发挥好集团媒体品类齐全、传播渠道强大的优势，将智库产品有效传播出去。

以南方法治智库为例，2019年，智库团队经调研发现，伪装成民间借贷的非法套路贷现象愈演愈烈，严重扰乱经济秩序，侵害群众利益。为此，团队成员通过问卷调查、暗访、翻阅卷宗、数据分析等方式，揭露犯罪手法，寻找背后根源，提出治理建议。系列调研的成果既在《南方日报》、南方+客户端以《难解：借8万，要用半辈子还？》《不解：我是如何陷入圈套的？》《反解：我是这样“套路”你的》《破解“套路贷”的套路有多深？》等深度报道形式呈现，又推出《借款10万，卖房还债！小老板惨遭套路贷大姐头威胁》音频节目，通过小剧场形式以案说法。在系列调查报道发布引起广泛关注后，及时举办线下法治沙龙，邀请司法办案机关、互联网金融行业、法律等领域的嘉宾，围绕打击治理套路贷话题展开讨论，并就如何从源头上铲除套路贷的滋生土壤建言献策，最大限度地扩大智库成果的传播面、影响力。

（三）体制机制创新是保障

与传统智库的体制机制不同，媒体智库在人员组成、奖励机制、课题承接、研究内容选择上都具有一定的自主性与独立性。我们对传媒智库矩阵的建设则充分发挥了这种灵活性：

在组织管理结构上，我们并没有从集团层面成立标准意义上的智库组织，只是在业务构成里增加了很多智库服务，由成立该智库的业务单元负责课题选择、人员调配、项目实施等日常运作，遇到重大事务如投资、大型策划等，则提交到集团党委会、编委会讨论决策。

在人员组成上，我们实行“专职+兼职”“内脑+外脑”的方式，专职的智库研究员仅占少数，大部分为跑线记者兼职担任，各业务单元积极将新闻报道、调查研究、智库产品生产融入日常工作当中。我们还充分发挥媒体连接优势，聘请来自学界、业界的专家出任“外脑”，进一步提升智库产品的专业水准。以南方舆情数据研究院为例，其专家委员会成员由北京大学、清华大学、中国人民大学、国务院发展研究中心、国家发改委学术委员会、国家核安全专家委员会、新加坡国立大学等海内外高校、智库的知名专家、学者以及知名网友组成，专家委员会主任有三人，分别是北京大学讲席教授、政府管理学院原院长俞可平，香港中文大学（深圳）讲席教授郑永年，国家信息化专家咨询委员会原常务副主任周宏仁。

在生产机制上，我们强调融合协作，对于重大研究课题，记者不再按区域板块划分部门，而是实现领域资源垂直聚合，形成更高效的选题联动。产品生产也不局限于单一部门，而是由一线记者、报纸编辑、美术编辑、交互设计、视频剪辑等相互配合，协同作战。在南方日报2018年12月推出的“广东练江驻河深调研”中，来自集团各主要采访部门的32组共约70人次全媒体记者接力前往练江流域汕头段，巡河道、察水情，访河长、问民意，见证治河行动，记录治理进程。在前期长达180天驻河深调研的基础上，在南方日报、南方+客户端推出2018年练江驻河日记互动H5、《练江治理的河长制启示》系列述评、《练江驻河日记》全集连载等融媒体产品。其中，2018年练江驻河日记互动H5以手绘动漫为背景，融入7张现场图片、3条现场音频、9条现场视频、3个互动游戏、5个互动答题和10余处文字描写，全景式呈现练江治理历程，相关报道被广东省河长办、省水利厅、省生态环境厅官网、官方微信全文转载，在汕头当地干部群众中反响强烈。

在新闻报道与智库产品之间，我们强调反哺配合、互促互进。通过新闻报道形成议程设置，在社会高度关注的背景下推动深入研究；研究过程又提供源源不断的成果和线索，反过来为传播力建设提供更多的数据支撑。比如2017年12月24日，中国自主研制、全球在研的最大水陆两栖飞机AG600在珠海首飞成功。南方城市智库团队第一时间推出了《从前做鞋袜，现在AG600上天！你好，这就是崭新的珠三角》，呈现珠三角创新的最新成果，而这背后正是《2016珠三角企业创新报告》等课题研究成果的二次输出。

案例1

报网端智能校对系统研发

2017年，南方日报要闻编辑部审校室开发了南方日报重大差错快速校对软件，后来升级成为报网端智能校对系统。

以《“走近”让国防教育更“走心”：揭阳市创新国防教育形式出实效》为例，这篇稿件于2020年9月18日22时10分在南方$^+$客户端首发。

当天，南方日报要闻编辑部审校室值班的新媒体校对员收到待校对的稿件，全文2754个字，还有5张照片，不包含视频。审校工作按照新媒体流程全面展开。

据校对基本要求测算，这篇稿件如果单靠人工校对，按普通报纸校对员的平均校对速度（200—300字/分钟），需要用时9—14分钟。这样的速度很难适应新媒体的校对要求。按新媒体校对员的平均速度（500—600字/分钟）计算，校对这篇稿件约需4—5分钟。时间上大为缩短，效率极大提高，这是怎么做到的？答案是靠技术。

校对员只需把稿件复制，点击“校对”键，用时9.579秒，软件显示：黄色标注（有一定风险，需核对）6处，绿色标注（相似）51处，红色标注（差错待修改）3处，无橙色标注（可疑）。校对员快速通看全文发现差错，重点处理和核对有标注的文

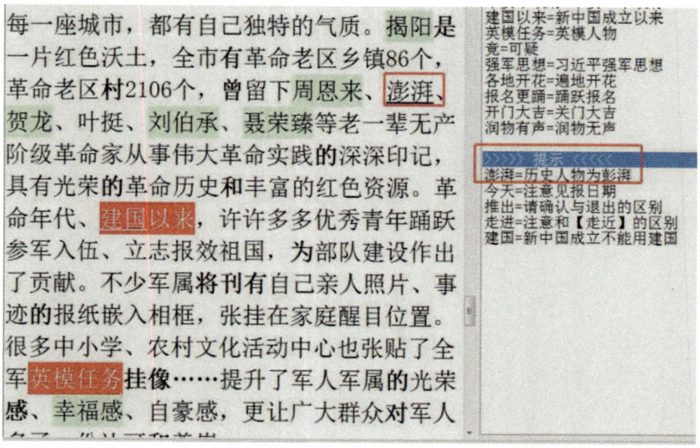

报网端智能校对系统可帮助校对员提高校对效率

字。其余文字，按照校对要求快速审校通过即可。

如果不算人工辅助校对时间，单纯比较智能校对系统校对（9.579秒）和人工校对（3—4分钟），智能校对系统的校对效率比人工校对快18—24倍。如果算上“电脑＋人脑”的时间，智能校对系统的校对速度也比纯粹的人工校对快3—5倍。

从编校质量和传播安全考虑，我们不能完全依靠技术，还需要“电脑＋人脑”的校对模式，进行人工的校正，应对一些复杂的情况，确保万无一失。不过，需要肯定的是，借助智能校对系统，校对员花在单篇稿件上的时间大为缩短，从而腾出更多时间去查疑点，进一步提高校对质量。

报网端智能校对系统是怎么设计出来的？智能校对系统的下一步发展方向是什么？这其中经历了五六年时间的发展过程。

一、校对产品发展为报、端、屏产品，客户端发稿数量持续大增

2015年前，南方日报的校对产品比较单一。随着微博、微信的出现，南方日报的官方微信产品也纳入校对范畴，但是数量不多。

2015年10月23日，南方$^{+}$客户端上线，内容覆盖广东21个地级以上市，24小时全天候滚动更新。南方$^{+}$迅猛发展，2020年的首页发稿量在工作日期间一天平均为200—500条，加上各地市频道和县区频道、行业频道陆续上线，需要校对的南方$^{+}$客户端稿件呈几何量级增加。

对此，要闻编辑部的解决办法之一，是增加校对人力，2015年后每年招聘校对员在2人以上；办法之二，是设计智能校对系统。

二、技术赋能提高报网端产品的校对效率和质量

需求是最好的设计灵感和动力。2016—2017年，要闻编辑部审校室由冯志坚牵头，自主设计了南方日报重大差错快速校对系统。只要把待校对的稿件复制到软件页面，按一下“校对”键，5—30秒钟内就会自动校对完毕，以红色、橙色等不同颜色标注出

存在差错、存疑处，提醒编辑和校对再次核对。

这个系统的基础，是要闻编辑部编辑和校对员提供的词库和差错数据库。每周实时更新词库和差错数据库，让智能校对系统的词库和差错数据库更庞大，发现差错的能力就会增强。

这是单机版的智能校对系统，不会像校对员一样因为眼花、疲惫、被催稿等人为因素出错，但缺点也明显，就是不能嵌入采编系统供其他记者、编辑使用。到了2018—2019年，集团成立报网端产品研发中心，和要闻编辑部共同探索，自主研发出符合新媒体校对规律的报网端智能校对系统，在南方日报报道指挥系统（现已更名为南方融媒系统）2.0版本上线时同步推出。

报网端智能校对系统提供文字和图片的智能校对、协同办公、自动修正、校对记录留存、统计等功能，将新闻内容中的错词、漏词、敏感词、可疑词等在校对环节标注，为记者、编辑和校对员提供智能校对服务，防范常见差错，提升校对效率。

三、开发新功能，“反哺”南方日报差错数据库扩容

根据一线采编校人员的需求，南方日报要闻编辑部和集团报网端产品研发中心可以动态开发智能校对系统的功能，如开发报网端智能校对系统的数据库功能。

所谓的数据库功能就是利用智能校对服务将报网端产品校对过程中的所有校对痕迹进行记录，事后整理出常见差错，定时汇总成常见差错数据库，补充到南方日报的词库和差错数据库中，实行动态更新，进一步提高报网端产品的校对质量。毕竟，智能校对系统依赖的是数据库，“喂进去”的差错数据库越大，准确、有效识别差错的数量就越多。

词库和差错数据库来源于采编校三个环节。记者写完稿后，提交稿件就能选择报网端智能校对系统进行校对，在“采”这个环节发现稿件差错；记者交稿到融媒系统，经过把关投到编辑稿库，编辑使用报网端智能校对系统发现、修改稿件差错，这是编辑环节发现差错；值班的校对员接到稿件后，使用报网端智能校对系统纠错，

这是校对环节发现差错。三个环节发现的差错去重后合并，就是单篇作品的差错；差错在多篇作品中出现，具有一定的普遍性，就是《南方日报》、南方+的常见差错，也是有效的差错数据。

采编校三个环节共同努力，更好地发挥报网端智能校对系统的能动性。既能纠错，又能记录差错；既能提高校对效率，又能提高校对质量；既能在结果上减少报网端的差错，又能调动采编校等环节工作人员的积极性，从源头上减少差错出现概率，让采编人员把重心放到产品的策划创新上，放到产品的写作、剪辑上。

■ 总编辑点评：

内容把关管理是新型主流媒体的刚需。一个客户端的日均发稿量是一家报纸的几十倍甚至上百倍，如果没有智能校对系统的助力，全靠人工把关，简直没法想象。

智能校对系统靠的是“电脑＋人脑”。它很好地利用了报纸的词库和差错数据库，拥有一定的智能纠错功能。但是这并不意味着“人脑”就可以休息。校对员接到校稿任务，不是把稿件放到智能校对系统就万事大吉。因为系统是靠已经发现的差错进行纠错的，产品出现新的差错，它就“无视”或“近似”了，差错不会自动改正。因此，校对员的主观能动性不能丢，工作热情不能丢，“电脑＋人脑”相辅相成才能提高校对质量。

下一个迫在眉睫的校对功能就是高质量的视频校对。视频爆发式增长，成为内容传播的主要形式。如果采用传统的人工校对，费时费力不讨好。因此我们正在对视频中的文字、图像实现快速智能校对。第一阶段，要能防范重大差错，特别是重大政治活动和敏感突发事件上能预警，提醒纠错；第二阶段，要能常态化预警视频产品的文图、音频等内容差错，提醒纠错；第三阶段，对视频表现形式不符合规范的地方进行预警和纠错。

案例2

南方舆情服务治理现代化

南方舆情数据研究院（以下简称南方舆情）是国内首家从专业媒体角度专注“治理现代化”研究领域的复合型智库。自建立伊始，南方舆情以“舆情+数据”为方向，以助推“治理现代化”为工作中心，着力于建设有中国特色、南方特点的新型智库，多年来一直是广东舆情服务领域的龙头。目前，南方舆情为广东省超过160个用户提供服务，其中大部分为政务用户，覆盖了省内各大厅局和广东21个地级以上市。

近年来，传统媒体不断寻求融合转型之道，拓展“媒体+”服务，越来越多的传统媒体整合品牌资源、政经资源和信息资源，切入舆情服务领域。同时，随着数据产业的快速发展，市场上也出现了越来越多从事舆情服务的技术型公司，要在激烈的竞争中保持优势，智慧化是决胜的关键。集团要求南方舆情以智能技术为基础，以人机协作为特征，以大幅提高生产传播效率为重点，为用户提供智慧化的内容产品和多种服务，不断突破服务瓶颈，持续引领行业标准，竞争优势不断得到扩大。

一、产品：推动创新　提升体验

近年来，南方舆情坚持以“理论创新”加“技术创新”，全面带动“服务创新”，产品功能不断丰富，在全面提升用户体验的同时，也不断更新舆情市场的服务形态。仅在2019年，南方舆情就在多个层面实现了多种形态创新突破。

在理论创新方面，2019年，南方舆情提出了“舆情弦”理论，将物理学的“弦理论”引入舆情领域，将影响舆情发展的各类因素分解为“弦”，从而得以发现本质性的影响因素。基于该理论，“舆情弦”解析系统正式发布，该系统以原创理论研究推动基础工作的开展，通过科学统计模型跟踪每个指标数据变化趋势，通过差异对比，从而更客观、全面地展示一个区域、人物、事件的状态，为舆情分析和研判提供有效参考。

在生产工具创新方面，南方舆情从2014年成立至今，发送各类报告近万份，其内容涵盖了广东乃至全国近年来热点舆情事件的分析、研判和应对。基于强大的信息积累，南方舆情在2019年完成了舆情案例库第一期的建设，实现了舆情研判的半自动化运作。目前，第二期数据增值正在开发中，将通过数据分析和可视化呈现赋予入库的信息更大的价值，并期望在未来能实现数据的商业化输出。

在产品形态创新方面，南方舆情在2019年推出了“舆评”服务。针对政策、重大项目、各类活动实施后舆论反应进行分析、预测和评估，提出更符合民众需求或减轻不良影响的对策和措施，进行跟踪监测，确定舆情风险等级，编制专业评估报告，并致力于与媒体同行一起，共同推动“舆评”成为地方政府重大事项决策立项前，与“环评”“稳评”并重的正式程序。

二、智库：塑造品牌　扩大影响

在舆情行业里，技术的“智能”支撑，是提升效率的关键，但核心的竞争力，则是来自人脑的“智慧”支撑。南方舆情确立了“传媒＋数据”“传媒＋智库”的跨界思维，建设专注于数据治理与精准服务的新型智库，并逐步实现了从舆情管家到舆情智库的转变。

一是智库服务得到了充分认可。在服务大局方面，南方舆情凭借在涉粤舆情、意识形态等方面专业的研判，协助广东省委、省政府把握和引导舆情走向，构建主流舆论新格局，形成了常规化的智库服务模式。在深度研究方面，“广东省强化基层治理战略研究”的专项课题也均顺利结题，智库服务从日常化逐步进入深度化、专业化。在影响力方面，若干舆情专报等重点报告报送省及国家相关职能部门，提供了有效参考。

二是“粤治”活动成为治理领域权威盛会。七届“粤治”活动评选推介从数千个来自全省各地、各部门、各领域探索社会治理方面的先进经验中，评选出了192个优秀案例。同时，顺德社会治理创新评选等“小粤治”活动也在各地落地开花，品牌影响力加速向基层渗透。借助每年举办“粤治”交流会的机会，南方舆情定期或定项发布的各类研究蓝皮书，也为阶段性提升治理水平提供了重要参考。

三是智慧研究硕果累累。近年来，南方舆情陆续出版了《粤治撷英——治理现代化的广东探索》《沟通与善治——参与传播视野下国家治理的广东经验》等集中体现广东各地区、各领域治理现代化成果的专著。“全媒体资源库和舆情智库”等项目多次获得王选新闻科学技术奖。2018年，南方舆情成功入选“中国智库索引（CTTI）”来源智库。

三、技术：专注数据　打稳根基

作为中国首家融合网络舆情、社会舆情、媒体舆情的综合舆情服务平台，南方舆情充分融合了网络舆情的大数据、社会舆情的线下渠道数据、媒体舆情的实地调研数据，实现各类数据的标准化处理。充分发挥数据优势，是南方舆情生存发展的根基。

南方舆情通过标准的规范定义和服务的封装编排，构建了一个承接技术、引领业务，可快速连接萃取的智慧数据中台，高效满足前台的数据分析和产品服务需求，并在此基础上进行技术研发，开发了多种数据分析应用，打稳技术根基的同时，也不断推动业务的创新发展。

基于该中台，自采的互联网数据、合作互补数据、线下信源数据、采编业务数据经过标准化数据接口统一格式后进入数据分析层，打通数据孤岛，解决舆情数据的多源异构问题，减少烟囱式协作，确保舆情数据的多元性、完整性。同时，通过多种技术手段实现了结构化、非结构化数据资源的融合管理，分析处理后的标准规范化舆情数据，为舆情服务应用提供了调用基础，为各类个性化、定制化的舆情产品提供基本支撑。

舆情数据中台的核心是数据模型、算法服务和数据产品等能力，通过搭建灵活快速应对变化的架构，更快实现前端产品需求。一方面避免业务高度复用的功能重复建设；另一方面所有业务触点信息均可流向中台，解决数据孤岛，形成信息共享。借助中台的沉淀能力，研发更灵活，业务更敏捷。下一步，舆情数据中台也将阶段性演进，不断形成“技术平台＋建设方法论＋数据产品＋运营服务”解决方案的整体输出，快速调整应对未来的市场变化。

四、初心：智慧化的方向标

南方舆情自成立伊始，就以推进国家治理体系和治理能力现代化为使命。在这七年中，媒体格局发生了翻天覆地的变化，各种新模式、新手段、新玩法让不少同行变得浮躁，也让不少媒体走上了舍弃专业、追逐流量的道路。在这种充满不确定性的变局中，南方舆情始终紧紧坚守推动治理现代化的初心，在智慧化中牢牢抓住核心优势，发挥主流价值，最终得到社会效益、经济效益的双丰收，走出一条媒体转型的创新之路。

■ 总编辑点评：

作为国内最早开展舆情服务的媒体机构，南方舆情是南方报业在媒体转型中的一个重要尝试，可以说走出的每一步都是对媒体行业的崭新探索。七年间，南方舆情从一个提供舆情管家服务的机构，到成长为“治理现代化”领域具权威和影响力的复合型智库，成功的智慧化转型主要依靠了“快、准、实”形成的核心竞争力。

快，就是数据化转型快。南方舆情研究院成立于2014年，并在一年后正式更名为南方舆情数据研究院。两个字的名称差别背后，是整个研究院资源快速向做大数据化倾斜，这是一种战略性的改变，此后这种战略选择也被其他媒体舆情机构所借鉴，南方舆情在竞争中建立了先发优势。

准，就是定位准。南方舆情成立伊始就以推进国家治理体系和治理能力现代化为核心价值，这是对时代脉搏的精确把握。现在这项任务已经成为全党的一项重大战略任务，南方舆情多年的探索和积累的价值也慢慢得到了充分显现。

实，就是坚持只做一件事。近年来传播的形态日新月异，传统媒体影响力衰减，使提升传播力受限，不少媒体在这种冲击下彷徨迷惘，失去了方向。南方舆情能够自始至终聚焦社会治理，坚持只做一件事，做好一件事，这种“实”劲在当下媒体变局中尤为难得。

方向准，是战略；创新快，是战术；够坚持，是价值观。三者兼具，就是核心竞争力。

《南方日报》创刊时的社址广州市光复中路48号（1992年摄）

1969年至1989年7月1日，南方日报社在广州市东风路729号办公（1992年摄）

▲ | 1989年7月1日，位于广州市广州大道中289号的南方日报采编大楼正式启用

▲ | 位于广州市广州大道中289号的南方报业传媒集团全景图（2020年摄）

▲ | 2019年8月28日，位处黄埔临港经济区的南方智媒大厦开工建设，打造“智慧型媒体产业园”（效果图）

▲ | 2017年2月17日，广东新闻战线举行打造南方“主流网红”座谈会

▲ | 2019年初，约4700平方米的融媒体中心建成启用，报网端编辑人员共600余人入驻

▲ | 2019年10月23日，广东省委在广州珠岛宾馆举行纪念南方日报创刊70周年座谈会。省委充分肯定南方日报社70年的光辉历程和突出贡献，肯定“南方日报始终是党和人民靠得住、信得过、干得好的新闻媒体”

▲ | 2020年10月23日，南方⁺创立五周年，举办合作伙伴大会暨7.0版本上线活动

第三部分

支撑之基

——“肌体”革新与名记工程

以“传播力”为核心，再造内容生产、传播、反馈全流程，是一项需要理念、技术、资本、人才、体制机制等要素协同配合的系统工程，而在这一过程中，科学高效的支撑保障体系是不可或缺的重要一环。

高质量的支撑保障体系从哪里来？一靠创新体制机制，二靠人才队伍建设。但归根结底，关键在人，在激发人的创新创造活力。

在传统媒体时代，南方报业能取得成功的一个重要原因在于，我们建立了一套行之有效、高度适应平面媒体发展的体制机制，培养、吸引了一大批传媒人才，激发出巨大的生产力。比如实施“龙生龙，凤生凤”的多品牌战略，坚持和而不同的企业文化，造就了同一集团、气质不同的众多一流媒体；坚持实施“用人用在风华正茂时”“谁出主意就由谁来干”“内部自由流动，肥水先流自家田”等人才理念，使全集团呈现出人才流动的“泉涌效应”。

2012年以来，随着报业发展的外部环境发生急剧变化，融合转型成为南方报业必须作出的战略抉择。同时，在集团内部，一些深层次、关键性的矛盾和问题不断凸显，并越来越成为加快融合转型、实现高质量发展的瓶颈和掣肘，其中最突出的就是体制机制滞后、新媒体人才匮乏。集团原有体制机制的底层逻辑和基本框架是为传统报业而定制的，并在数十年的运行中得以固化。虽然集团早在2010年就喊出全媒体转型的口号，但不少员工仍用“报纸思维”来做互联网产品，这带来了至少两个弊端：一是不注重精准传播，二是不注重及时抓取热点。思维固化带来的弊端绝不是喊口号、做动员就能改变的，必须从生产习惯、业务流程、信息采集途径、薪酬考评制度等方面进行全面革新。此外，集团原有的人才培育机制，虽然曾成功培养出一批又一批名记者、名编辑，但照搬照套用来培育全媒型人才，也显得力不从心、成效甚微。原有的媒体间“条块分割、各自为政”的管理体制，也使得集团在推进媒体融合发展时效果不尽如人意。可以说，转型越往前走，来自体制机制的阻力就越大。

作为治本之策、长远之计，我们近年来在大力建设全媒体传播体系、多元化产业体系、引领性技术体系的同时，以刀刃向内的勇气对原有体制机制进行除弊革新，着力建设高效能支撑保障体系，“哪里不顺就向哪里动刀子”。现已初步建立起一套适应新的媒体格局、舆论生态和文化业态，有利于推动集团高质量发展的组织架构、管理体制和运行机制。

这是一场重大而深刻的变革，是一个脱胎换骨的系统工程。在这一过程中，我们把握好改革的节奏和时度效，做到循序渐进、蹄疾步稳，注重处理好“变”与“不变”的辩证关系，充分评估原有支撑保障系统有生命力的内核，在扬弃的基础上继承发挥传统优势。一系列体制机制革新，包括人才培育制度改革、薪酬考核机制调整、基层创新活力激活、组织架构优化等，对集团提升总体传播效能和综合竞争实力起到了重要支撑保障作用，彰显了体制机制变革在媒体转型中“牵一发而动全身”的关键作用。

第一章

体制机制改革

改革开放以来，南方报业的文化体制改革，大致经历了媒体子母分离、成立集团、采编经营两分开以及融合发展的过程。

《南方日报》作为母报，“龙生龙，凤生凤”，先后裂变出《南方农村报》《南方周末》《南方都市报》《21世纪经济报道》《南方人物周刊》等10多种子报子刊。1998年5月18日，以《南方日报》为旗舰的南方日报报业集团组建成立，是全国省级党委机关报中的首家报业集团。2005年7月，按照中央和广东省关于文化体制改革的部署，南方日报报业集团更名为南方报业传媒集团，保留事业单位性质。2007年10月，广东省人民政府正式下文同意南方报业传媒集团的转制方案以及公司章程等。按照采编业务与经营业务分开的原则，剥离所属报、刊、社的广告、发行、印刷以及实业等经营性单位和部门的经营性资产，组建“广东南方报业传媒集团有限公司”，采编类资产则剥离到“南方日报社”（事业单位性质）；在集团之下，还有南方杂志社、南方新闻网两家成员单位；同时组建了集团党委会、管委会、编委会，南方日报社社委会和集团公司董事会、经营班子，这几套机构分别在经营业务和采编业务中发挥着不同的作用。集团实行“事业单位，企业化管理”，建立起法人治理结构，基本实现全员聘任制和绩效工资制。

近年来，在这个文化体制框架下，南方报业紧紧围绕提升传播力这个根本目的，以报网端为主体，先行探索体制机制改革，坚持一体化发展方向，构建更加适应媒体融合、产业转型、技术引领与管理创新的组织架构和制度体系。

按照集团融合发展“分步走”策略，南方杂志社、南方农村报、南方周末、南方都市报目前处于自成转型生态阶段，在内部改革和创新上有着较大的自主权和一定的独立性，在集团总体布局之下，既协同发展，又各具特色。这四家媒体的实践将在本书第四部分专门概述。

第一节
优化组织：引领融合发展

深化改革，组织先行。2014年7月，作为南方报业传媒集团加快传统媒体和新兴媒体融合发展的重点工程，全国重点新闻网南方新闻网整体并入集团，开启与南方日报的融合之路，南方日报的原官网南网并入南方网，南方网21个地方频道和多个行业频道由南方日报相关团队运维，初步实现报网融合。2015年10月，南方报业举全集团之力打造的拳头产品——南方[+]正式上线。以南方[+]的建设为契机，倒逼南方日报、南方网进行流程再造，从采编协调机制、新闻快速生产机制、用户交流机制、绩效考核机制、产品化运营机制等多个领域深化改革，实现“一报一网一端”深度融合，踏上媒体融合向纵深发展、建设新型主流媒体的新征程。

一、设立集团报网端融合运营委员会

2017年11月，集团成立报网端融合运营委员会（简称“融合运营委”），作为集团报网端融合发展工作的议事协调机构。融合运营委主任由集团党委书记、南方日报社社长担任，执行主任由集团总编辑担任，分管报网端的其他班子成员任副主任，报网端

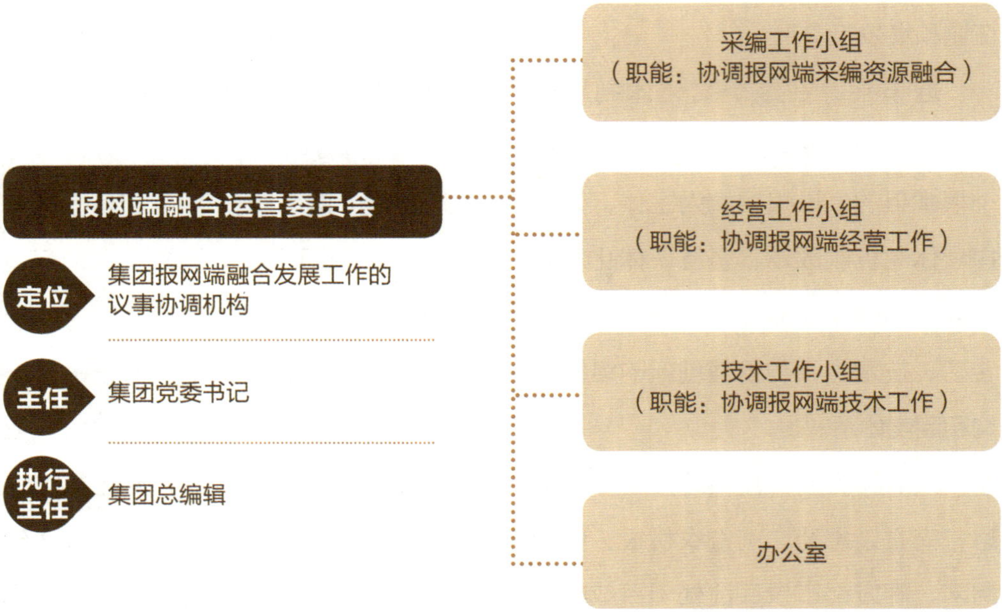

报网端融合运营委员会组织机构

有关部门负责人担任融合运营委成员。

议事协调机构的高层级、高规格非常必要，推动媒体融合发展没有先例可循，需要协调解决、摸索的问题很多，仅靠单个人、单个媒体左冲右突效果有限，必须充分协商、集体决策，重点事情重点办，特殊事情特殊办。

融合运营委下设采编、经营、技术三个工作小组和办公室。采编工作小组主要负责“内容一体化生产”工作，具体而言，负责协调报网端采编资源融合，一方面推动南方日报优质采编资源向网端流动、加快南方日报采编人员转型，另一方面推动网端为报端提供更好的发布渠道和新媒体产品制作及支撑服务。经营工作小组主要协调报网端“经营一体化统筹”工作，通过经营制度优化和绩效考核导向，逐步形成南方日报、南方网、南方+全案营销解决方案，三者之间实现绩效考核完全打通。在一些成熟领域试点事业部制，由一个经营单元同时承担报网端经营任务，一体化开拓市场。技术工作小组主要协调报网端“技术一体化支撑”工作，整合南方网、南方+的技术资源，为南方日报提供技术支撑。融合运营委办公室设在南方日报行政部，对融合运营委的决策进行执行协调和督办。办公室主任由南方日报行政部主任担任，副主任分别由南方网、南方+相关负责人担任。

（一）建立协商决策机制

融合运营委建立了高效透明的决策机制，全面协调指挥报网端融合运营，引导各业务单元打破利益藩篱，拆除资源壁垒，形成资源共享、优势互补的发展合力。比如，融合运营委每季度召开一次南方+建设推进会，听取集团各媒体、南方日报各部门及各地记者站、南方+的负责人汇报工作、献计献策，部署下一步工作重点，真正将“举集团之力建设南方+”理念落到实处，推动南方+实现跨越式发展。

这几年融合运营委领导开展了全媒体改版改革、融媒体中心建设、南方智媒云建设、协议薪酬改革、南方名记者培育工程等多项工作，有力推动报网端深度融合，通过报网端内容一体化生产、技术一体化支撑、经营一体化统筹，做强党媒的主责主业，努力探索既符合中央精神，又具有自身特色的融合转型之路。

（二）定位不同介质发展方向

做好新闻舆论工作尤其是政治报道、主题宣传，是党报、党网、党端共同的主责主业，但因此就将报网端都办成同一副面孔、同一个声音说话，与推动媒体融合发展，提升传播力、影响力、引导力、公信力的初衷背道而驰。

融合运营委针对不同目标用户，精准定位三个介质发展方向，实行错位发展。其中，《南方日报》要打造成为“政经纸”“观点纸”“深度纸”，以深度见长，以政治的高度、思想的深度、理论的厚度、人文的温度、文字的精度取胜；南方网要打造成为广东第一互联网新闻门户，以权威、即时、准确的新闻信息和政务发布取胜；南方+要打造成为广东新型主流媒体传播平台，以创意传播、爆款产品、开放互动、快捷服务取胜。三个介质协同不雷同、分工不分家，共同构成相依共存的融合新生态。

（三）实现报网端“此长彼长”

差异化发展之路取得显著效果。到2019年底报网端不仅总体覆盖人群达到了2亿峰值、技术支撑能力位居全国前列，综合经营指标更是达到了历史高位。以2019年经营收入为例：数据显示，2019年，南方日报广告收入达到3.27亿元，同比增长11.3%，继续在高位运行；南方+收入达2.1亿元，同比增长75%；南方网收入1.27亿元，同比增长38%。可以说，报网端从相加到相融，达到了此强彼强、此长彼长、此优彼优的效果。

二、组建新的融合生产机构

以南方+为枢纽，报网端成立多个跨媒体的融合生产机构，以“成熟一个推进一个”的办法试点扁平化组织结构。

（一）成立南方+编委会，实现人员、内容、推广、运营“真融合”

在发展初期，南方+的内容生产和管理由南方+内容中心负责。随着南方+迅猛发展，短短三年发稿量呈几何级暴增，受主流人群关注度越来越高，业务范围越来越拓宽。在这种情况下，设立南方+编委会负责全端内容生产的统筹管理、确保快速扩大的内容生产能力实现“可管可控”，成为不二选择。

南方+的管理班子，实行的是“专职＋兼职”的体制。总裁、总编辑、总经理，由分管报网端工作的班子成员担任。副总裁、副总编辑、副总经理，则由南方日报采编部门、相关媒体负责人和技术、经营单位负责人担任。

同样，南方+编委会也采用“专职＋兼职”的办法组建。目前，组成人员除3人为专职外，其他均由各媒体采编骨干组成。其中，总编辑由集团领导兼任；6名副总编辑中1人为专职，其余由南方日报相关编委、部门负责人和其他媒体副总编辑兼任；20名编委由南方日报各采编部门、南方杂志社、南方都市报、南方农村报、南方⁺等媒体抽调采编骨干兼任。这样的人事安排增强了各媒体、各部门“共建共治共享”的积极性，实现了人员、内容、推广、运营的“真融合”。

南方⁺编委会的设立也有效解决了南方⁺人手不足的难题。客户端24小时生产传播内容，人员分三班轮排，满负载运作。兼职编委在做好本部门工作之余，全力参与南方⁺的三班轮值，使南方⁺如虎添翼。

守好阵地。南方⁺编委会成立以来，接连制定了导向管理制度、内容运营编辑规范、直播操作规范等多项制度。2020年，在战“疫”背景下，面对瞬息万变的媒体传播格局，南方⁺编委会的制度优势进一步释放，守好了阵地。从战“疫”关键阶段到全国两会等重大报道，南方⁺编委会严格值守，从严从紧加强把关，落实意识形态工作责任制，其间没有出现一次导向问题，政治平安，导向平稳，舆情平静；针对关键、敏感的时间节点，南方⁺编委会更是加强把关，确保全方位筑牢意识形态安全的“护城河”“防火墙”。此外，南方⁺编委会在不断完善制度建设的基础上，还在产品研发中心支持下开发了优质稿件共享稿库，建立了南方⁺首页与各频道编辑人员的互联互通机制，进一步打破信息壁垒、提升效率、规范流程，全方位展现了南方⁺作为广东省委、省政府的权威主流移动端，以及一个具有300多个共建频道的平台型客户端的党端担当、大端风范。

建设阵地。管理只是南方⁺编委会的职责之一，南方⁺编委会重要的价值也在于建设——负责策划生产更多面向互联网、满足网民需求的内容。从构成上看，南方⁺编委会成员本就是各部门业务骨干，他们全面的业务能力和资源调度能力，为南方⁺内容建设注入强大力量。仅2019年，南方⁺就创造了超过13亿次的端内点击量的纪录，打造了大量守正创新的融合精品、红色爆款。2020年上半年，南方⁺客户端共发稿69.4万条，全端总点击量超12.73亿次，其中点击量超千万次的稿件3条，超百万次的95条，超10万次的313条，全网点击量37亿次。南方⁺直播广东平台共生产直播2030场，新媒体实验室共生产1102件新媒体产品（含海报、长图、动图、手绘条漫、H5、动画、短视频）。这些数字充分说明南方⁺编委会在看好“+”的同时，也全力当好了“+”。尤其围绕南方⁺“广东第一权威移动发布平台”的定位，南方⁺编委会将唱响主旋律当作最重要的职责使命，坚持守正创新，优化内容产品，提升传播力。如在南方⁺首页首屏显眼位置，通过图文、H5、短视频等多种形式突出宣传、解读、阐释习近平总书记的重要讲话精神，激发信心，鼓舞士气，振奋精神，凝聚力量；对于在疫情防控常态化背景下举办的全国两会，南方⁺联动“云报道”团队，主打精品硬核内容，依托科技神器助力，让用户第一时间全面了解两会重要资讯，感受代表委员履职风采，全网阅读量超2300万次，通过10余个分发平台送达超2.3亿人次，共142万人次通过南方⁺“云见证”这件全国政治生活的大事；对新冠肺炎疫情防控阻击战，南方⁺充分发挥党端引领作用，主要依托全天候运转的战“疫”频道，在2020年上半年共发布32万余篇全媒体稿件（包括59场广东省新闻办疫情防控发布会），创造了全网超14亿人次的流量，进一步彰显了广东战“疫”权威新媒体平台的作用，展现了广东人民战“疫”的作为与担当。

（二）成立报网端音视频部，可视化产品量质齐升

2018年底，我们对南方日报视觉新闻部进行了调整，将报纸版式设计工作剥离至要闻编辑部，将摄影摄像、视频制作等力量与南方⁺新媒体实验室整合，成立全新的报网端音视频部。

这样的调整极大提升了我们在音视频产品生产和运营方面的能力，增强了工具型、体验型、服务型产品的开发力度，从而能稳定提供大批量、多类型、高品质的可视化产品。

报网端音视频部成立后，打造

出一支打得起硬仗、经得住考验的团队，在庆祝新中国成立70周年、抗击新冠肺炎疫情等重大报道战役中担当重任，成为可视化生产的主力。在报网端全面推行的“影像精品行动”进一步掀起了原创高品质产品的生产热情，短时间内使可视化产品量质齐升，为南方⁺提供大量优质内容，成为新的流量入口。

此外，报网端音视频部一方面聚集了大量可视化产品制作人才，以做强新媒体实验室和创意视频实验室为支点，为各媒体各部门内容创新提供强大支撑，有效解决了此前制作人手不够、产品拥塞排队等问题；另一方面引入外部创意和生产能力，通过“内部品控＋外包服务”的形式，进一步提升产品生产力和表现力。

在硬件上，集团融媒体中心演播区投入使用，虚拟演播室、实景演播室、录音室、摄影棚等较全面地满足了直播生产和视频拍摄的工作需求。

2020年新冠肺炎疫情加速了可视化报道进程。报网端音视频部以战练兵，不断理顺生产流程、锤炼可视化表达，除了从除夕起分批分次不断派员至湖北一线，拍摄制作各类音视频产品外，在后方也是不间断生产各类影像产品，《战“疫”影像日记》《科普战“疫”》等品牌栏目声名鹊起，《00后广东护士》《独腿网格员》《市八蹲点记》《最硬的鳞》等精品视频质量上乘，微海报、长图、互动H5、微信表情包等丰富品种百花齐放，成为南方⁺流量的主要入口。

（三）成立报刊网端理论评论部，占领传统媒体和新兴媒体两个舆论阵地

作为广东省委机关报，《南方日报》的理论评论工作是围绕中心、服务大局的一面旗帜，是党报履行48字职责使命的重要抓手。早在2002年，《南方日报》就在全国党报中率先开设了评论版，此后评论版比重不断加大。近年来我们准确把握舆论生态的深刻变化，有效发挥理论评论在舆论引导中的中流砥柱作用，着力打造“南方评论高地”，推出了《论五大发展理念》《改革要在解决突出问题上下

功夫》《看待中国经济必须坚持两点论》等一系列现象级、标杆型评论作品，数量质量在全国媒体中名列前茅，形成了“省级党报系统一流、某些领域不可替代”的广泛影响力。近年来，有《为民便民就是要从细节抓起》《要高度警惕“凑数式问责”》《补足乡村医疗“空白点”需要合力》等20余篇评论被《人民日报》等权威媒体转载，借助“二次传播”，“南方评论”的影响力如涟漪般一圈圈扩展开去，成功实现能量放大和思想延伸。2016年，“打造‘南方评论’高地”写入广东省委十一届六次全会报告。新闻舆论的一项具体工作取得成绩而出现在省委全会报告之中，在广东的历史上尚属首次，在全国也非常罕见。这既是省委对南方日报评论工作的高度肯定，也是对南方日报评论工作的殷切期许。

在做强做大报纸理论评论的同时，我们进一步进军网络主阵地，充分运用新技术、新应用创新评论呈现方式，积极运用漫画、微视频、音频、H5等多种形式，通过深耕内容、创意包装等多种方式，打造网上网下“南方评论”品牌。以《叮咚快评》新媒体评论专栏为基础，在微信、南方+等平台开设“南方评论”系列账号，打造网络传播领域思想高地，构筑网上网下“同心圆”。

2019年初，我们整合南方日报理论评论部和南方杂志社、南方网、南方+、南方农村报的理论评论队伍，成立报刊网端理论评论部，通过流程优化、平台再造、人员交流，实现一个管理主体、一体统一调度。报刊网端理论评论部归集各部门、各平台理论评论产品，扩大评论员队伍，合并同类产品，实现作者共享、稿源共享、内容共享，形成合力；同时，也充分考虑报刊网端各自的平台属性和特点，确保报刊网端各自优势内容进一步发挥优势，同时注重差异化用户、差异化内容、差异化传播。

在评论引导方面，报刊网端理论评论部统筹南方日报、南方杂志社、南方网、南方+评论产品生产能力，在抗击新冠肺炎疫情、全国两会、建设粤港澳大湾区、经济特区建立40周年等重大主题报道中，报刊网端全媒作业，“四箭齐发”，一体发声，为读者提供评论“套餐服务”，既满足了不同传播载体需求，又在舆论场上形成一体化的传播声势。

在理论宣传方面，报刊网端理论评论部统筹参与“学习强国”广东学习平台建设，具体负责学习平台的供稿、编辑审核、活动组织等工作，将南方理论评论优势和“学习强国”的渠道优势打通，让精品内容上平台，提高了南方评论、南方理论的全国影响力，唱响了南方声音。以南方日报《理论周刊》、《南方》杂志、南方网、南方⁺、“学习强国”广东学习平台为主阵地，加强报刊网端理论评论工作联动和互融共通，极大地推动南方理论评论更好地占领传统媒体和新兴媒体两个舆论阵地。

实践证明，报刊网端理论评论部集合党报、党刊、党网、党端优势资源，全面融合，取长补短，放大优势，筑牢了“南方评论高地”，提升了南方理论品牌，进一步扩大了主流价值影响力版图，确保舆论场上的南方声音不缺席、应主导，在重大事件和重要节点上不可或缺、一锤定音。

（四）成立报网端产品研发中心，形成核心研发动力引擎

为了切实推进技术一体化支撑，2018年底成立报网端产品研发中心。该中心依托南方⁺技术中心、产品中心和南方网技术中心，联合集团其他媒体单元技术力量，整合资源进行产品研发，形成核心研发动力引擎，切实助力南方⁺发展，推动集团深度融合。

报网端产品研发中心用了不到一年的时间，实现两条产品线迭代升级。一是南方⁺产品。中心快速响应报网端采编经营部门的需求，一年内完成南方⁺16个版本的更新迭代，不断完善功能建设，大大优化用户体验，为做强南方⁺移动媒体宣传平台进行技术赋能。二是融媒体中心软件平台，即南方智媒云。这是一个庞大的系统工程。报网端产品研发中心优化上线了

南方融媒系统、版权系统、内容智能校对系统等七个系统，更好地服务各单元业务需求。新系统上线运行后，日均处理稿件超过1000篇，真正实现了媒体业务策、采、编、审、发、评、馈等全链条的技术100%自主可控；还可随时根据需求，快速高质量升级迭代，加快实现智能化生产、智慧化传播。随着南方智媒云的上线，南方报业充分掌握了自主技术，原来在技术上被“卡脖子”的问题得到全面解决。

2020年，报网端产品研发中心进一步建设了南方智媒云，对内推动媒体融合、赋能智能化生产，对外支撑南方+等媒介智慧化传播，夯实集团媒体融合健康可持续发展的技术基石。

报网端产品研发中心探索出一条具有南方报业特色的“自主可控”研发之路，建成了成体系、蕴含集团运营理念的技术平台，打造了一支熟悉媒体业务、默契担当的研发团队，成为媒体融合高速发展的技术引擎和支撑平台。

（五）成立报网端版权工作部，破解全媒体版权保护痛点

随着传统媒体向全媒体转型发展，媒体自身使用版权作品的频次也在增加，版权问题变得更加复杂。媒体有时是维权者，有时又会变成侵权者。如何进行版权保护是媒体的痛点，如何做好全媒体版权工作则是更大的痛点。媒体怎样避免陷入侵权纠纷的泥淖，又该如何不再“守着金山要饭吃”？

为破解这一难题，集团2018年底成立报网端版权工作部，将南方日报、南方网、南方+的版权归口管理，建成了集版权预防侵权、有效维权和运营管理于一体，制度、内容、技术和法律等方面有机融合的集团版权生态运维闭环。报网端版权工作部下设版权管理与法律事务两个子部门，以虚拟团队的形式开展工作。

首先，我们通过技术赋能，自主研发了南方版权运维系统“南方版专+”。在大数据时代，依靠人工进行监测、取证、固证、维权已经无法

满足版权维护的需求，依靠技术赋能建设流程自动化的版权运营平台已迫在眉睫。为此，2019年，我们结合自身版权维权实践，应用“大数据分析+人工智能+区块链”技术手段，自主研发了集确权、监测、存证、维权于一体的一站式版权服务平台。该系统实现全网技术监测、线上存证、在线公证申请及公证材料与互联网法院的网络对接，极大提高了维权效率，降低了维权成本。

其次，我们进一步理顺了版权管理流程，实现报网端版权管理的良性运转。积极探索代理集团下属媒体版权运维方式，实现集团版权运维融合发展，版权运维收入较之2018年实现10%以上的稳步增长。与此同时，随着新媒体业务和南方+客户端的发展，集团报、网、端、“两微”收到的被诉侵权案件也日益增多，近年来版权团队统筹报网端所涉案件处理，全面参与版权诉讼活动，全面理顺了报网端所涉诉讼案件的处理流程。我们还不定期对采编人员进行版权培训，强化采编人员的版权意识，为版权工作的开展夯实基础；每季度梳理一次侵权风险并提出相应防范治理方案，多管齐下，有效遏制版权案件数量。自2018年以来，网、端未发生一例因违规使用第三方享有著作权的作品而引发的侵权诉讼，预防侵权效果显著。

三、建立全媒体编辑部

报网端融合后，“一次采集，多元发布”成为新的业务流程，各采编部门的组织架构和人员配备也要进行调整优化。我们一方面推进采编分离更彻底，原来由南方日报采访部门负责编辑的部分版面统一改由编辑部门负责，原来由编辑部门负责的少量采访工作划归采访部门，原来属于视觉新闻部下辖的版式工作室，考虑到工作联系和便利，也划归编辑部门；另一方面，全力推进采访部门向全媒体采访部转型，做到“一次生成”，推进编辑部门向全媒体编辑部转型，做到“多元发布”。

通过组织架构优化和资源重新配

置，我们整合打造南方日报要闻编辑部、南方⁺内容运营中心、南方日报地方新闻部全媒体编辑部、南方日报珠三角新闻部全媒体编辑部等四大编辑部，共同组成全媒体编辑部。它们分工明确、各司其职，形成了多个介质一体化运营、多平台发布的新模式。

（一）南方日报要闻编辑部

我们强化南方日报要闻编辑部的“总装车间”职责，《南方日报》原来由经济新闻部负责编辑的财富版等版面，由文体新闻部负责编辑的文化版、体育版等版面，统一改由要闻编辑部负责编辑。要闻编辑部编辑与地方新闻部编辑进行混编，承接地方新闻部辖下各地“观察”（地市级地方版）、“视窗”（县区级地方版）以及南方网、南方⁺上百个地方频道的编辑工作，解决了地方新闻部编辑力量不足的问题，使各地记者站可以更专注于服务基层、开疆拓土。要闻编辑部审校工作室在传统的纸媒审校外，新增南方⁺首页频道、南方日报采访部门运维的垂直频道和智库报告等的审校工作。目前审校工作室每人每天的新媒体审校量在6万字以上，远超此前报纸审校的日均最高2万字标准。但通过向技术要人手、向管理要人手，人员并没有增加甚至略有减少，工作效能大幅提升。

（二）南方⁺内容运营中心

南方⁺内容运营中心定位为“移动端的要闻部”，是移动端的第一播出部门、内容生产的支撑部门。目前分为播出、新媒体创意策划、直播、第三方运营等若干功能小组，主要承担着三重角色。一是内容总出口。负责南方⁺首页的内容运维，按照内容“多、快、新、近、实”的要求不断优化南方⁺端口。南方日报采访部门采写的新媒体原创稿件、全网抓取的重点热点稿件、集团各媒体的优质内容、南方号和各频道的重点看点内容均通过南方⁺编委审校流程后在首页发布。二是创新梦工厂。主要围绕重大主题宣传、重要节点、热点新闻进行新媒体创意策划，年均生产过千件包括长图、条漫、H5在内的创意新媒体产品，以融合手段唱响主流声音。三是服务加油站。一方面提供内容生产的支持支撑，包括依托“直播广东”平台提供直播支撑，为10余个第三方运营平台提供优质内容的分发传播支撑；另一方面担当桥梁作用，为采编发链条中的技术优化和其他需求提供解决方案与解决索引。

（三）南方日报地方新闻部全媒体编辑部

随着媒体融合发展的不断推进，南方日报地方新闻部编辑工作室升级为地方新闻部全媒体编辑部，业务范围从原来的纯报纸编辑拓展至全媒体编辑，除了负责地方新闻部所负责的3个区域“观察”、8个“视窗”版面的编辑工作，还全面负责所管辖12个记者站旗下的12个南方网地方频道、140多个南方$^+$合办频道以及2280多个南方号的内容管理、运营和维护。

地方新闻部全媒体编辑部以12个记者站新闻生产的“中央厨房”为自身定位，在原来不到10名人手的基础上通过与要闻编辑部实行混编，大大增强人力配置和单位人力产出。地方新闻部全媒体编辑部的编辑也从单纯的报纸编辑向会策划、会采写、会编辑、会直播、会进行新媒体产品生产的全媒体编辑转变。目前，地方新闻部全媒体编辑部以4个编辑人手完成每月至少200个报纸版面的编辑工作，以6个新媒体编辑完成南方$^+$上每月3万多条的稿件发布。

（四）南方日报珠三角新闻部全媒体编辑部

南方日报珠三角新闻部全媒体编辑部是协调与服务珠三角9个地市记者站的内容生产中枢、传播品控中枢、智库产品研发中枢。在内容生产与传播上，以南方$^+$客户端建设为核心，实现了报网端三个端口的一体化采编审发，所有编辑人员均实现了互联网化转型。主要负责南方日报9个区域“观察”、若干“视窗”版面与9个南方网地方频道、160个南方$^+$合办频道、3000多个南方号的内容把关、编辑工作，年发稿总量超过10万条，直播超过1200场次。在内容品控上，与南方日报珠三角地市记者站实现前后方深度融合与协同生产，构建起覆盖选题策划、编辑审核、把关流程、开放生产、激励考核等的全链条品控流程，推动媒体融合逐步深入。在城市智库建设上，成立城市智库工作室，在重大策划、课题研究、数据采集、产品设计上强力支撑各地市记者站，打造出一系列优质智库产品，进一步提升报网端的传播效率和服务效能。

四、采访部门全媒体化

南方日报的采访部门则更早实现了全员全媒体转型，记者从理念到实操均得以快速转型为全媒体记者。目前，南方日报所有采访部门均转型为全媒体采访部，既承担南方日报的采访工作，也为南方网、南方$^+$等新媒体平台服务，南方$^+$没有另设采访部门。南方日报的采访部门、新闻部、记者站，同时也是南方$^+$的采访部门、新闻部、记者站。通过全媒体采编部门的建设，采编人员不断提高适应媒体融合趋势的内容生产能力、产品制作能力和精准传播能力，打造出一系列导向正确、品质精良、广受欢迎的精品，舆论引导力和社会影响力稳居业内前列。

第二节 优化资源：实现科学供给

我们持续推进供给侧结构性改革，减少无效和低端供给，扩大有效和中高端供给，通过撤并新设部分业务单元、改革生产指挥体系、激活基层单元、建章立制管人管事等方式，促进要素流通，优化资源配置。

一、瘦身健体，《南方日报》持续改版改革

《南方日报》自21世纪初以来，秉承永不停歇的创新精神，连续实施了16次改版改革，成为业界独一无二的现象。前10次改版，有效应对都市类报纸迅速崛起的冲击，走出了一条党报走市场的成功之路；后6次改版，

则是积极应对新技术、新媒体带来的挑战和机遇，以全媒体转型为方向，拥抱变化，引领变革，走出了一条独特的新型主流媒体建设之路。

距今最近的，分别于2016年10月23日、2018年1月1日、2019年1月1日、2020年1月1日启动的4次改版改革，均以报网端深度融合为重点，强调“优化内容，转移产能，融合发展”，即报纸做减法，瘦身健体，网端做加法，承接产能。

通过改版，我们将《南方日报》打造成全新的、优质的“政经纸”“观点纸”“深度纸”，体现政治的高度、思想的深度、理论的厚度、人文的温度、文字的精度。一般性即时突发新闻和文体动态、行业服务、区域动态类信息分流到网端，不再占报纸版面。优化了板块结构，精简细化了专刊、副刊、“观察”、“视窗”等版面，强化了政经报道、深度报道和分析评论。实施动态增减版机制，从实际出发，根据当天内容和广告情况动态调整版面数量，平时严格控制版面，遇重大节日、特殊节点则进行增版，履行好政治责任和社会责任。

去产能、节成本是为了扶持新媒体。我们把优质的新闻资源、产能、成本从传统的版面、栏目中释放出来，向移动端转移，实现党报的传播力、引导力、影响力、公信力在新媒体平台的迁移和扩增。实施版面优化和动态增减版后，南方日报将节省下来的生产成本用于扶持南方⁺，为南方⁺的发展提供了较为充实的物质基础，有力引导了主力军转向主阵地。这种“算大账不算小账”的胸怀，迅速做大了新媒体这块“蛋糕”。

二、重心下沉，激活基层单元

南方日报向来注重激发基层活力，鼓励基层改革创新，推动基层探索和顶层设计的良性互动。

南方日报社在广东省21个地级以上市均建立了记者站，这是整个集团基层单元的重要组成部分，承担着联系地方、服务基层的桥梁纽带作用。

我们注重发挥驻地记者站的优势，以总部的新闻资源、技术资源、平台资源、管理资源为依托，将优质资源下沉到一线，激发基层记者站的活力，使其成为主流媒体向地市拓展和整合资源的尖兵，在新的媒介生态下，更成为报网融合的前沿和试验田，实现从记者站向区域全媒体发布和运营中心转变，更好地服务集团发展的现实需要。

（一）“佛山模式”探路转型创新

2015年，南方日报在佛山记者站率先实行采编人员薪酬考核管理的新办法，通过制度设计，在全站层面设立了采编综合绩效奖，以新闻策划、产品创新、管理服务等六项指标作为导向来激励引导采编人员转型。实施这个制度后，一个显著效果是记者站的管理团队，包括新闻总监、主任助理及七个小团队负责人更加聚焦于做影响力、做转型创新、做团队服务，管理层更有威信，也增强了团队成员之间的凝聚力，全站推出的优质产品越来越多，影响力也越来越大。

2017年4月，南方日报佛山记者站出台了六条具体考评办法（简称“新六条”）。“新六条”以南方$^{+}$为核心，以“先端后报”为方向，实现以端的考评为主、报纸的考评为辅，坚持稿费只增不减的原则。简要而言，就是所有稿件不管见不见报，不管是即时新闻还是深度稿件，只要先发客户端，就按报纸的基础分、等级分来考评，同时还有端的流量奖励和见报后的加权奖励。“新六条”的导向作用非常明显，充分激发了团队全员向新媒体主阵地转移的积极性。2017年1月，南方$^{+}$佛山频道单月发稿量只有600多条，单月总流量不到80万，在全省记者站排名中游；试行“新六条”后，当月佛山频道发稿量激增到1700多条，总流量达到880万，在全省记者站中排名第一。

2020年，佛山区域移动端主流舆论阵地不断巩固和扩大：全年市区镇三级共建频道新增14个，南方$^{+}$佛山区域子频道总数达到37个；全年总流量突破1亿；全年开展直播超过200场；此外，南方$^{+}$佛山区域共建设30个南方号矩阵，吸引超1000个单位部门入驻开通南方号，凝聚起全市约2000名全媒体通讯员，建立起珠三角最大的全媒体通讯员矩阵。

伴随着转型的深入，记者站原有的组织架构已不能满足全媒体融合发展的需求。为破解这一难题，南方日报于2019年底批准在佛山记者站启动新一轮组织变革，按照“内容建设为根本、先进技术为支撑、创新管理为保障”的总要求，对佛山记者站组织架构和管理机制进行改革，探索建立支撑全媒体传播体系和现代治理服务的平台型组织。以党支部为统领，将佛山新闻部升级为报网端全媒体新闻部，将南方日报经营公司佛山分公司升级为面向客户的报网端全媒体运营部，将佛山办事处升级为专注数据管理的报网端行政及人力资源发展部。整个架构在集团内外资源整合的支撑下，构筑起以用户为核心的平台化组织，以用户、客户、数据为支撑的融合转型新格局，为集团记者站体制机制创新探路。

（二）“深圳模式”探索“智媒”转型

作为特区，深圳的媒体竞争环境异常激烈，南方日报紧紧抓住粤港澳大湾区建设和支持深圳建设中国特色社会主义先行示范区的重大历史机遇，着力打造深圳区域创新发展中心，加强深圳记者站的建设，全面盘活资源，调整优化团队人员结构，强化作风建设，强化制度的指挥棒作用，激发深圳记者站团队干事创业的激情与活力，使之成为南方日报智媒转型的试验田。

2019年，深圳记者站借助“融媒”和“智媒”两大引擎驱动，全媒体融合转型和智库建设从小到大、从少到多、从弱到强，打造了多个智库活动品牌，从“南方报业观察团”到“深圳民生微实事百姓口碑榜评选”，从“党建引领基层治理评选”到“2019深圳金融峰会”，从“圳治——深圳2019治理现代化榜单”评选，到教育领域的“2019深圳科技创新教育大会”等，近百场智库活动贯穿全年，服务党委、政府的能力得到全面提升，在深圳的影响力稳步增强，实现了新的跨越。

（三）“珠三角战略”攻城略地

上述佛山记者站和深圳记者站蓬勃发展的景象是南方日报扎根基层、深耕区域的一个缩影。事实上自2003年开始实施“珠三角战略”以来，我们在珠三角九个区域市场都获得巨大成功。尤其近年来，通过“珠三角战略”，我们的媒体品牌在珠三角九个区域市场不断衍生、强化、整合、扩张，通过与各地合作开办“观察”“视窗”，共建网端地方频道、城市频道，打造南方号，提供舆情服务，运营城市空间，建成了多级产品平台，取得了社会效益和经济效益的双丰收。各区域你争我赶，2019年，第一梯队的经营公司佛山分公司营收首破7000万元，深圳分公司首破6000万元，一家分公司的盈利超过许多媒体的整体收入。第二梯队的东莞分公司首破4000万元，珠海、广州分公司首破3000万元。其他分公司也刷新了自己的营收业绩纪录。

（四）“粤东西北战略”一年一台阶

2020年，南方报业开始在广东“非珠”地区启动实施《“粤东西北战略”三年行动方案（2020—2022）》，计划用三年时间再造一个“地方”，打造又一个“珠三角”。“粤东西北战略”创新体制机制，下沉总部重心，激发了末梢活力。一批年富力强、有想法、有能力的年轻干部走上了地方记者站站长、副站长的岗位，省级党报的影响力垂直延伸到粤东西北基层，构建起与各地市的良性互动关系，将媒体服务领域由纸媒向全媒体延伸，从单纯的信息传播向思想挖掘、战略研判、方案供给、价值传递延伸，壮大南方报业在地方市场的竞争实力。“粤东西北战略”采用“一年一台阶、三年大变化”的“三步走”策略，具体举措包括“实现‘观察’全覆盖，巩固党报支柱地位和核心竞争力”“共建频道数量倍增，构建地方全媒体矩阵新格局”“拓展多元化业务，进一步提升南方品牌价值”“探索适合业务发展和市场开拓的体制机制创新”“增加采编经营人手，提高员工待遇”等。

三、管建并举，建立统一品控标准

在信息传播多元化的当下，一些网站和自媒体“标题党”盛行、新闻反转频频、抄袭盗图低俗无禁区、文字差错司空见惯等，为蓬勃的舆论生态蒙上了阴影。有鉴于此，南方报业作为主流媒体，高度重视内容生产传播的品质，坚持履行好政治责任、社会责任，建立了党报、党端、党网统一的品控标准，努力营造更负责任、更具理性的舆论环境。

（一）建立网上网下统一的管理制度

南方报业建立完善内部审核把关等一系列规章制度，坚持党网、党端与党报的内容品质一把尺子一个标准严到底，用制度来提高约束力，用制度谋事干事。严格遵守国家相关管理部门针对互联网内容的系列法律规定，包括网络版权保护法规、互联网新闻信息服务管理规定、互联网直播服务管理规定等。在重大政治节点、重大突发事件、重大公共疫情、重大自然灾害等发生时，根据统一部署和要求迅速启动应急响应工作。

南方舆情数据研究院还开发了专项技术，实时跟踪集团旗下媒体刊发稿件的转载传播情况，重点分析传播热度增长较快的稿件，提前预判舆情风险，最大限度避免内容管理出现漏洞。

（二）处理好效率与规范的关系

短短五年间，南方$^+$发展迅猛，仅原创内容产量就由日均几十条向几百条、上千条不断跨越，到2020年6月，日均原创内容产量已达3000条以上。这样惊人的生产力，如果做不到“可管可控”，南方$^+$将可能从“最大增量”发展成“最大变量”，后果不堪设想。为此，我们处理好效率与规范的关系，建立了“三审”发稿流程，既要速度更要保证品质。组建了南方$^+$编委会，实行“编委＋高级编辑＋编辑＋校对”把关机制，从全流程各环节严格内容的审核和管理。

南方日报要闻编辑部专设了新媒体审校室，负责南方$^+$、官方微博、微信公众号等新媒体内容的审校，审校流程与纸质媒体一致，决不搞两套标准。同时，注重对审校人员的学习培训，每月均开展培训，讲评当月发现的未见报差错，提升全员的业务能力、把关能力。为加强全流程质量把控，南方日报要闻编辑部每月编发编校质检报告，重点介绍校对发现的记者编辑易错的采编案例，从源头上抓编校采质量，通过各个环节及时反馈，形成考核和监督制度，促使“校对把差错关”向“采编校出版系统全员全程把差错关”转变。

（三）给出版流程装上“安全锁”

南方日报进一步完善出版流程，对版面大样、出片等签发流程和后台技术等进行优化，实施值班编委最后签（撤）版面的按钮制度，通过技术手段确保安全出报。

该制度的核心内容就是在出版上增加值班编委签（撤）按钮，值班编委签发按钮确认后，版面才能交到工厂付印，并在版面交给工厂后，增加撤签按钮，若要撤版，须确认撤签按钮。这一制度通过技术手段控制版面签（撤）流程，极大降低了人为差错概率。

该制度在南方日报安全出报机制上发挥了“安全锁”的重要作用，有效防范安全事故，确保了出版流程顺利安全运作。

第三节 优化考评：推进薪酬改革

薪酬制度改革，是传统媒体全面转型的迫切要求，也是破解当前困扰传统媒体转型融合发展“留人难”的有效办法。媒体的融合转型，关键是人的融合转型，我们所有的发展战略和思路，最终要依靠人才来实现。近年来，不少优秀的传统媒体人才纷纷选择转战新媒体或其他新领域，给传统媒体融合转型带来巨大挑战。“留人难”成为主流媒体融合转型的一大痛点。要破解这个痛点，除了加强企业文化建设，想办法用“感情留人”

外，行之有效的办法之一是顺应当前媒体融合转型的趋势，尽快对传统媒体的薪酬制度进行改革，建立更加符合全媒体时代规律特点、科学合理的绩效考核和薪酬激励体系，从深层次激发人才的专业激情，增强他们的归属感、荣誉感，有力提高队伍的稳定性和凝聚力，充分释放队伍的积极性和活力，为报网端融合转型事业提供保障。

一、以激励为核心，推进绩效考核改革

建立以岗位职责和岗位价值为导向的薪酬和考核体系是激励机制的关键一环。

早在2003年，南方日报便开始进行绩效考评改革，明确绩效工资制，较早建立了以能力、质量、贡献为导向的评价体系和激励机制，将薪酬和绩效挂钩，引入量化考核，奖优罚劣，奖勤罚懒，由南方日报行政部专门负责具体的考评考核工作。经过多年不断地总结和修订，2014年7月形成规范化的《南方日报绩效考评细则》，之后每年均根据执行情况和员工反馈进行修改、完善。

考评的目的是充分发挥南方日报的人才优势，鼓励多写好稿、多编好版，以带动报纸质量提升。考评除直接与绩效工资挂钩外，还作为晋升、评先、解聘、待岗等的依据。有基本任务的采编人员，一年内如果累计三个月不能完成任务，将实行扣罚，累计半年不能完成任务，将由编委会讨论决定调岗或解聘。

2014版的考评细则规定，对于记者编辑每篇（个）稿件（版面）的考核采取“基本分＋难度加权分＋扣罚分”的方法。每月根据个人的总分计算当月的绩效工资。

绩效考核的引入，充分调动了员工的积极性、主动性和创造性，推动南方日报走上加速发展的轨道，实现了个人绩效与组织（单位）绩效的统一。

二、建立全媒体一体化考核机制

随着新媒体的快速崛起，原先以纸媒为重点的考评办法已不适应媒体

融合的发展需要。从2016年开始，南方日报把考评范围扩大，凡是在《南方日报》及新媒体各端口发布的由南方日报记者所采写的新闻作品，均在考核之列。增加阅读率（点击量）作为考评依据之一。一般情况下，南方日报所有端口稿件、图片、版面，其绩效由“基本分+质量分+阅读率加权”组成。各端口基本任务和报纸基本任务分开计算，不能相互替代。

2016年，南方日报社将《南方日报绩效考评细则》修订为《南方日报全媒体考评细则》，增加南方日报微信公众号、南方日报官方微博和南方+的考评内容，并每年根据实际情况补充完善，引导采编人员强化网端意识，实行先网（端）后报，全媒体策划、全媒体发布，激发采编人员创造性地完成全媒体产品策划、采写、制作、推广，保障《南方日报》微信公众号、官方微博，南方+，南方舆情，户外展示屏等全媒体平台的运营，依照多劳多得、鼓励创新、不重复计酬、有赏有罚的基本原则，同时兼顾岗位职责、工作量、劳动强度，为报网端的融合发展发挥了重要作用。

2019年，南方日报进一步调整优化绩效考评办法，树立报网端并重的考评理念，提高新媒体端口的考评权重，增加基本分、阅读率加权和质量加权，鼓励独家、鲜活、深入现场的优质报道，对H5、动新闻、VR、直播、无人机拍摄等新媒体技术产品加大奖励力度，从激励机制上推动“移动优先”，进一步做大南方+的品牌影响力。以往采编人员绩效中报纸占比90%以上，网端占不到10%。实施新的考评办法后，采编人员在网端的绩效占比大幅上升，充分体现了薪酬考核制度在推动主力军进入主阵地中的“指挥棒”作用。

三、打破计件工资制，推行“协议薪酬”

尽管南方日报在建立以岗位职责和岗位价值为导向的薪酬和考核体系上进行了深入探索，并取得了较好成效，但所建立的绩效工资制，对采编人员的工作实行量化管理，这从严格意义上说，基本上仍然是“工分制”按分计酬。

2019年，南方日报进行新一轮全媒体改版改革。在全面分析现行采编人员薪酬管理制度的成效和不足基础上，对率先在南方名记者培育工程中试行的“协议薪酬”探索进行总结，围绕融媒体时代全媒体采编工作的规律和特点，推出了新的薪酬改革方案——实施“协议薪酬”。

此项改革旨在通过充分授权、明确责权利，完善以绩效为核心的薪酬奖惩机制，打破传统的计件工资制，激活和调动采编队伍的工作积极性和创新性，充分发挥部门和团队的管理作用，缩小不同跑线口的收入差距。

这项举措秉持公开、公正和透明的原则，兼顾了效率与公平，力求对采编人员的劳动贡献给予科学合理的绩效考核，有助于激励采编人员主动全力投入集团发展各项事业。这对在新时期增强采编队伍的凝聚力和稳定性，巩固和壮大新型主流舆论阵地具有重要意义。

具体做法是：按照采编经营两分开原则，以“费用包干”和“协议薪酬”方式，从报社层面将部分责权利分解、下沉到部门。报社根据年度发展战略目标和绩效目标，按照责权利一致原则，结合采编部门实际情况，确定该部门的年度绩效目标和费用总量。采编部门根据报社下达的年度任务，结合部门人员、资源等实际情况，对任务进行分解，设置科学合理的绩效考核指标，按月考核部门人员

“费用包干”和“协议薪酬”方式

的工作绩效，并根据考核结果在部门费用总量里给予薪酬激励。

此举的积极意义在于，报社可以将工作重点落到战略目标的研究和制定上，通过“费用包干”和“协议薪酬”方式，更好地实现战略目标管理和费用总量控制；同时也可以更好地激发采编部门的内驱动力，推动对团队成员的工作绩效给予及时、科学、合理的考核，真正将薪酬激励和绩效考核紧密挂钩，增强团队凝聚力，提高团队工作效率。

由此制定的《南方日报采编人员薪酬考核管理办法（试行）》，考核对象为采编部门的全体成员，包括但不限于部门主任、副主任、主任助理、编辑、记者等。

部门主任由编委会负责考核，按年薪管理，实际发放数额与所在部门完成任务情况紧密挂钩。部门副处及以下级别干部（包括南方名记者培育对象）由部门统一考核，编委会设置加权分予以体现。采编人员的薪酬分为工资、绩效奖励、年终奖三部分。

在考核方式上，实行目标管理，自上而下，层层分解；部门考核与个人考核相结合、月度考核与年度考核相结合。

年度绩效考核以公历年为考核期，南方日报编委会根据各部门的新闻供给、新闻品质、全媒体转型成效、产品创新、贡献大小以及产生的影响力等要素，对考核部门年度工作绩效完成情况进行评定，并根据评定结果调整各部门的年度绩效奖励总额。

超额完成目标任务的，在当年绩效奖励的基础上，视超额情况适当提取超额绩效奖励，并直接纳入第二年绩效奖励总额中。

没有完成目标任务的，视完成情况适当扣减当年绩效奖励。若发放金额已超出调整后的核定总额，超出部分须在第二年绩效奖励总额中等额扣回。

对于跨部门合作的绩效考核，打破部门考核标准，建立以人为中心的跨部门考核机制，落实“谁牵头，谁负责”的归口管理责任，由牵头部门统一考核并分配，分配金额统一纳入牵头部门的绩效奖励总盘子。

为确保薪酬改革方案稳妥推进，“协议薪酬”先试点再推广。在南方日报采编部门中选一个或几个作为试点部门；待条件成熟后再推广到其他部门。

2019年，南方日报时政新闻部、经济新闻部、视觉新闻部、专刊部、珠三角新闻部的广州新闻部等五个采编部门作为首批试点部门率先全面实施“协议薪酬”制度。在试行过程中，负责考评的薪酬小组每月收集整理各试点部门意见建议，每季度开会总结实施情况，查漏补缺，举一反三，综合各种变化因素对相关细则、额度进行动态调整。

试点实施一年来，各方面运行良好。事实证明，试点制度提高了部门管理的灵活性，也管控住了采编成本的无效增加。在报社基本不增加投入的基础上，为采编部门赋能，使考评更科学、更精准，推动报社向融媒、智媒转型。

2020年，在原来五个试点部门的基础上，增加文体新闻部、珠三角新闻部总部和机动记者部参与试点，至此，全报社共有八个部门纳入试点范围。“协议薪酬”制度开了传统媒体薪酬制度的先河，受到全国同行的广泛关注。

四、以评优奖优激励精品力作

南方日报通过在机制上的设置，舞动“指挥棒”，鼓励报网端采编人员多出精品佳作，推动新闻品质不断提升。

《南方日报绩效考评办法》对好稿等级的评定有明确的、操作性强的流程指引，每天开展等级评定，鼓励多写好稿、多编好版。各采编部门当周值班副主任或主任助理对当天见报稿件或版面进行等级推荐，南方日报行政部综合各部门主任初评意见，并结合全媒体策划会的意见，初拟当天的好稿和好版等级，经当天值班编委审定后，通过内网向全体员工公布。

除了在考评上引导，南方日报还参考中国新闻奖和广东新闻奖的奖项和标准，每年年底评出年度报网端新闻奖，在年度总结大会上予以隆重表彰奖励，向全集团张榜公布，营造创优争先的氛围，强化精品意识和获奖意识。

此外，南方日报还专门设立月度好作品奖和总编辑奖，每月对报网端精品爆款进行评优奖励。该奖由总编辑亲自审定，对获奖者具有较大的肯定和激励意义，真正起到业务“指挥棒”的作用，大大提高了采编人员的积极性，好作品和爆款不断涌现。

如2019年度报网端新闻奖的获奖作品，绝大部分曾获总编辑奖。在2020年抗击新冠肺炎疫情的报道中，精品佳作频出，《直播丨年初一凌晨他们抵达疫区！广东医疗队驰援湖北武汉疫情救治》、抗击疫情系列评论（南方时论5篇+叮咚快评29篇）、《湖北，广东把最硬的鳞都给你了》、《那个冲在前面的人》、“珠三角战疫”全媒体特别报道（系列特刊、长图、H5、海报、视频等）等报道影响较大，广受好评，上榜1月和2月总编辑奖特等奖。

案例

南方日报全媒体策划会制度（摘编）

为贯彻集团融合发展战略，按照集团“融媒系统”建设方案要求，对南方日报的采前会制度进行改革，将“采前会”转变为“全媒体策划会”，实现报网端一体化统筹协调。突出“三个加强”——加强报网端融合，加强传播效果反馈，加强重点选题统筹。

一、时间和地点（略）

二、成员和职责

1．报网端内容生产指挥长

由南方日报值班编委担任，负责统筹白班指挥报网端联动策划工作。

2．报网端内容生产执行总监

由南方$^{+}$值班副总编辑担任，负责筛选各部门选题，向指挥长汇报。

3．南方日报各采编部门值班主任

主任助理或正科级以上人员参会，提前将报题上传到“融媒系统”并汇报策划思路，切实发挥统筹协调作用。

4．南方$^{+}$客户端内容中心、南方网新闻中心的采编统筹相关负责人、南方都市报相关负责人

分别将网端值班情况和传播情况、都市报重点选题等提前上传到“融媒系统”。

三、流程和内容

（一）评报网端

1．评报

各采编部门值班主任负责，按惯例轮值，挑《南方日报》重点报道、重点版面，网端热点新闻处理、页面等点评优缺点。

2．介绍新媒体传播情况

南方网、南方$^{+}$客户端和“两微”传播情况，由南方网、南方$^{+}$轮值人员汇总介绍。

3．南方都市报汇报情况

当天热点选题、策划思路等。

4．个案分析

选择当天或前一天有代表性的报道个案，结合传播效果进行点评分析，由执行总监负责。

（二）采播部署

1．热点参考

抓取当天网络热点选题，由南方+轮值人员汇总介绍。

2．重点选题

为提高会议效率，各部门前一天22时前在“融媒系统”预报次日选题（特别是重点选题），经在线充分沟通后汇总至指挥长处，指挥长确定为重点选题的，在会上讨论部署落实。其他选题须在当天上午10时前通过“融媒系统”上报。

各部门值班主任可在会上推荐重点选题，报网端编辑也可在会上提出重点选题生产“订单”，由指挥长筛选确定。

（三）工作提醒

指挥长传达相关精神，提示相关舆情信息，对近期重要报道策划提出建议或提醒落实。

■ **总编辑点评：**

全媒体策划会的改革，体现了南方日报在集团融合转型中的旗舰地位和作用，是“内容一体化生产”的具体表现。它压实了责任，赋予南方日报编委会、南方+编委会统率、指挥报网端内容产品生产、刊播、评价的职权；它细化了措施，把“内容为王”信条、“移动优先”战略和“聚焦主战场、把握大局势、占据制高点”要求，落实到日常工作中。内容生产的协同协作、刊播流程的优化再造，使报网端各自的优势得以充分发挥，形成“南方声音”大合唱，在嘹亮唱响主旋律的同时提升传播力。

第二章

南方名记者培育工程

媒体融合，一日千里。在这场激越变革中，人才堪称最重要的决定因素。

移动互联网时代，对新媒体人才的需求比以往任何时候都更为迫切。传统媒体向新媒体进军，普遍缺乏新媒体人才。同时也要看到，传统媒体有着强大的“人才池”，只要培育得当，给予充足的阳光雨露，一池“春水”就能够被激活。

南方报业被业界誉为“中国新闻界的黄埔军校”，是造就和聚集中国优秀新闻人的殿堂。在南方报业70多年的发展史上，曾经培育出一批又一批名编辑、名记者、名评论员，可谓人才荟萃。但如果照搬照套这种成功培育了“纸红”的机制经验，用来培育“网红”，就难免显得力不从心、窘况频出。从2016年开始，南方报业实施南方名记者培育工程，不断突破原有体制机制障碍束缚，为南方报业挖掘了人才、培养了人才、留住了人才，进而推动南方报业走向深度融合，新闻品质不断提升，新闻传播力不断增强，成为建设新型主流媒体的重要措施。

第一节
应运而生：时代呼唤传媒头雁

时间拨回2016年10月。

在南方日报迎来67岁生日之际，南方名记者培育工程成了广州大道中289号大院内频频出现的热词。

当年2月19日，习近平总书记到人民日报社、新华社、中央电视台等三家中央新闻单位进行实地调研，主持召开党的新闻舆论工作座谈会并发表重要讲话，强调媒体竞争关键是人才竞争，媒体优势核心是人才优势，要求新闻舆论工作者“努力成为全媒型、专家型人才”。

南方名记者培育工程正是在这样的背景下应运而生。自2016年10月启动，南方报业在全国媒体中率先提出打造“主流网红”，迄今五批120多人次成为南方名记者培育对象，迅速成长，勇挑重担。

作为全国率先将名记者培育从理论落地为实操的媒体，南方报业探索出一条优秀人才的培育新路，引起全国同行关注，得到中宣部肯定推广。这些年轻人努力奔跑追梦、施展拳脚，为以南方+为主的新型主流媒体建设立下汗马功劳，为南方报业的转型融合积极探路。

一、为何遴选：比任何时期都更加渴求全媒型领军人才

人才是决定媒体生存发展的第一生产力，全媒型、专家型人才决定着一家媒体在全媒体时代的竞争力。

回头来看，南方名记者培育工程饮得“头啖汤”，既能化解媒体转型的现实压力，也是打造百年大报的长远谋划，可谓因时而动、因势而动、因需而动之举。概括来说，实施南方名记者培育工程主要是基于这三个方面考虑：

一是贯彻落实习近平总书记“2•19”重要讲话精神的重要举措。习近平总书记在“2•19”重要讲话中，将党的新闻舆论工作提高到治国理政、定国安邦的高度，提出了新闻舆论工作48字职责使命，要求履行

好这些职责使命，必须创新理念、内容、体裁、形式、方法、手段、业态、体制、机制，必须加强新闻队伍建设。广东省委宣传部要求全省新闻战线贯彻落实习近平总书记重要讲话精神，着力打造一批具有“权威性、影响力、在某些领域具有不可替代性”的人才队伍，推出一批“沉甸甸、水灵灵、抗时效”的精品力作。我们闻声而动，迅速研究培育计划，着手打造全媒体时代的全媒人才。

二是南方报业培育转型“排头兵”的现实需要。传统主流媒体面临着刻不容缓的改革要求和转型任务。2016年10月南方报业制订了《加快融合发展三年行动计划（2016.10—2019.10）》，确定了媒体融合拳头产品和转型发展标杆项目。要成功转型，必须抓住三个重点，即平台、作品、队伍，这些工作都必须依靠优秀人才来推进实现。在这个日新月异的融合发展时代，我们比历史上任何时期都更加渴求全媒型领军人才，希望通过实施名记者培育工程，打造出一支深耕主业、开拓创新、融合发展的“排头兵”。

三是有特长、有潜力的年轻人成长成才的强烈需求。植根岭南沃土，投身改革前沿，引领风气之先，是南方报业与生俱来的气质。一代代南方报人写出了大量优秀新闻作品，深深地参与到了广东和新中国革命、建设、改革和新时代中国特色社会主义建设的进程中。历史发展到今天，身怀特长的年轻媒体人，有着巨大的创新激情，但在传统媒体受到冲击的现实中也心生迷茫困惑，迫切希望抓住互联网带来的内容创业良机，将主战场从报纸覆盖到报网端。面对新形势，集团必须打破常规、因势利导，呵护年轻人的理想和热情，为年轻人探索有别于传统的、新的成才模式。

归根结底，人才是第一资源，没有充足的人才，什么事业都难以为继。南方报业处在媒体融合发展、产业转型升级的关键时期，加快培养造就一支政治坚定、业务精湛、作风优良、党和人民放心的新闻舆论工作队伍，培养一批具有新媒体采编运营能力的全媒型、专家型领军人才，事关南方报业能不能成功实现融合发展、能不能继续延续辉煌。

二、谁能入选：有“颜值”、有素质、有气质

2016年10月17日，集团408会议室成为一批年轻南方报人的舞台。当日下午举行的南方名记者培育对象遴选会持续了四个多小时，50多名候选人亮相，在讲台上分享了自己对媒体转型融合的思考、对自身职业发展的设想。

谁能入选南方名记者培育工程？许多人关注的是结果，但作为决策者，我们思考的更多是遴选标准和程序。因为只要标准和程序科学规范，结果便可以预期。

为此，我们发动集团上下对“名记者”的界定以及如何遴选进行广泛讨论。人才与培育人才的重要性毋庸置疑，究竟是要让已在业界颇具名气的记者“红上加红”，还是要培养更多后备力量、新生力量？经过广泛征求意见，最终达成共识——这是一项致力于为融合转型事业储备人才的工程，是一项着眼于集团未来发展的工作，花时间、花精力、搭平台去培育好苗子更重要也更迫切。也就是说，这次不是评先评优，评选出来的并非传统意义上“功成名就”的名记者，而是有成为名记者潜质的“种子选手”，规范称呼是“南方名记者培育对象”，重在培养。

有了标准，遴选便有了方向。我们不仅要传统意义上的“写手”，还强调入选培育计划的记者要适应新媒体传播规律，强化用户意识，把自己的影响力从报纸扩展到网络上。

到官宣的时候，我们用“三有”对南方名记者的特质进行了提炼——一是有“颜值”，重点强调“朝气蓬勃，活力四射”；二是有素质，有较强的专业媒体素质、新媒体应用素质和服务用户素质；三是有气质，腹有诗书，心有用户，肩有担当。这三个特点，既彰显“铁肩担道义，妙手著

文章”的报人传统，又体现新媒体素养要求。

最终根据评委投票结果，经集团党委会审议，我们在50多名候选人中，选出了15名在政经、教育、医疗、军事、“三农”等特定领域有一定积累、平均年龄34岁的青年才俊。他们来自南方日报、南方杂志社、南方周末、南方都市报、21世纪经济报道、南方农村报等南方报业旗下六家媒体。坚持新闻品质与创新传播手段比翼齐飞、相互促进，是他们的共性追求。他们已在负责或谋划一些新媒体项目，具有较好的成长性。

三、面对质疑，保持定力不争论，认清方向不迷惘

改革向来是有风险的，媒体变革也注定会遇到不同看法。但南方报业向来以改革求生存、求发展，正是靠着改革，一步步成为全国省级党报集团的排头兵。

这一次，实施南方名记者培育工程，打破了原有的传统媒体时代培养名编辑、名记者、名评论员的方式，而且还伴随许多深层次的体制机制改革。因此，南方名记者培育工程一经推出，迅速引起业界广泛关注，其中也不乏质疑声音。有位知名“网红”“大V”就发表了一篇题为《把名记往“网红”上培养，可能是转型转晕了头》的文章，不点名批评培养记者“网红”的做法：“难道报纸真的已经沦落、溃败到把‘网红’当救命稻草的地步了？”

批评文章言辞激烈，但很明显，作者对“网红”一词有些望文生义了，进而误会了南方名记者培育工程。我们提出的“网红记者”，与那些靠噱头、靠迎合、靠制造轰动追求一朝成名的“网红”是不一样的。我们要打造的是“主流网红”，志在成为互联网的一股“清流”，要成为深耕主业的尖兵，成为内容生产传播的行家里手，在特定领域具有较强社会影响力、权威性、不可替代性；要成为开拓创新的尖兵，带头创新新闻资讯理念、内容、体裁、形式、方法、

手段；要成为融合发展的尖兵，既要能为传统媒体写好稿，又要熟练掌握新媒体技术，创造性地生产优质全媒体产品。

事实上，打造名记者、名编辑、名评论员、名主持人，一直是媒体塑造品牌、提升影响力的重要法宝。在媒体融合发展的新形势下，培养一批全媒型、专家型记者，是媒体转型题中应有之义。有误会不可怕，可怕的是踌躇不前、自乱方寸。

保持定力不争论，认清方向不迷惘，我们坚定实施南方名记者培育工程，正是这样想、这样做的。

四、首次检阅："网红"界的"清流"集中亮相

2017年2月17日，广东省委宣传部、省网信办、省新闻出版广电局、省记协联合召开打造南方"主流网红"座谈会，进一步深入学习贯彻习近平总书记在党的新闻舆论工作座谈会上的重要讲话精神，总结交流全省新闻战线队伍建设成绩，特别是南方名记者培育工程的经验做法，带动广东主要媒体打造全媒型、专家型"主流网红"。

会上，南方名记者培育对象代表赵杨、曹斯、丁建庭、张由琼、裘萍等介绍了培育工程启动以来个人的主要工作和感悟，来自人民日报社、新华社、《新闻战线》、《中国记者》、《传媒大观察》等中央媒体、行业媒体、国内知名自媒体以及省直主要媒体的业界代表，中山大学、华南理工大学、暨南大学的专家学者代表到会进行了深入交流。

这些名记者培育对象代表各有所长。赵杨尝到了"团队作战"的甜头。此前，作为一名负责纪检监察新闻报道的记者，他在筹备一档以案说纪的节目，效果一直不理想，对节目制作的细分工种感到分身乏术。通过南方名记者培育工程，他跨媒体、跨部门在南方日报、南方网、南方$^{+}$寻找合作伙伴，组建了一个包括编导、创意、摄制、动画制作、运营等人员在内的工作室，集合了南方日报、南方网、南

方⁺最强的视频制作阵容，打造了《武松来了》这个新媒体爆款产品。

曹斯不仅在优质内容上发力，生产出很多高质量全媒体产品，还找到了深耕垂直领域的新感觉。她领衔的“南方名医帮”工作室不仅采访到了像中国工程院院士钟南山、百岁国医大师邓铁涛这样的医学大咖，产品呈现也变得丰富、立体。基于良好的互信与充实的团队力量，他们甚至“鼓动”了包括钟南山院士在内的顶级专家放出珍贵的门诊号源作为“南方名医帮”微信公众号粉丝福利，内容深度和解渴度、服务的到位程度在过去是不可能实现的。

作为南方名记者培育对象中的唯一评论员，丁建庭积极组建了新媒体评论团队，动员南方日报评论员全员参与新媒体评论专栏《叮咚快评》写作，并与南方⁺的高级编辑组建了“南方⁺评论工作群”，重构了评论生产流程，确保每天有评论员重点从事新媒体评论产品生产，确保南方评论能第一时间抢占新媒体平台，很快打响了《叮咚快评》品牌。

张由琼优化了工作室的定位与运作。他们以“做南方报业最优秀的新闻尖兵、生产最优质的影像内容、熟练运用新媒体渠道传播、体现大事盛事有南方”为目标，对涉及重大突发、时政新闻事件、生态环保、公益慈善等民生热点话题，运用图片、视频、直播、H5、空中720度全景等手段进行了全媒体生产呈现，全方位提升了传播力。

裘萍明确了当决策者“媒体高参”的定位。她集中力量深耕政务领域，通过深度报道全媒体包装、论坛对话落地活动、音频“私人订制”推送这三个抓手“影响有影响力的人”。聚焦针对城市、区域形象定位的深度分析和把脉报道，助力广州重塑国际影响力，提高其在城市竞争中的话事权。

一组数据让在场行家们印象深刻。短短几个月时间，这一批15名南方名记者培育对象共参与统筹谋划重大主题报道30多组，弘扬主旋律，提振精气神，社会影响大，不少作品获得省委主要领导的肯定。他们创新报道手段，努力寻找主流议题与网络议题高度吻合的结合点，主旋律内容的网民接受度越来越高，产生流量1亿+作品1件、1000万+作品3件、100万+作品7篇件、50万+作品19件、10万+作品28件。好声音、正能量占领了新媒体平台，南方+被越来越多主流人群接受，处于快速上升通道。

全国业界、学界的代表大都认为：内容的重造、创新是新闻媒体不变的财富。众声喧哗的自媒体时代，发声特别重要。南方报业是一个崇尚理想、崇尚创造力的机构媒体，“网红”不同于“明星”，在移动媒体时代，他们必须以真诚、才华和深度接受用户的检验，不仅要满足用户的个性化需求，还要创造新的用户需求。南方名记者培育的探索对全国媒体有示范作用，激发了创造力和潜能，为优质内容生产提供了保障，是“网红”界的一股“清流”。当南方“主流网红”成批量出现的时候，他们的正能量无疑会主导舆论场，推动形成风清气正的网络环境和舆论生态。这个创新做法，值得鼓励和探索。

这一次亮相，对南方报业而言是一个“高光时刻”。我们以座谈会为新起点，认真吸纳与会同行、专家的意见建议，进一步振奋精神、开足马力，一直坚持走到了今天。

第二节
顺势而变：充分释放制度活力

体制顺则人才聚，人才聚则事业兴。

在互联网时代，传统媒体之所以面临诸多困境，一个重要原因就是传统媒体内部体制机制还不够顺畅，对内跟不上媒体融合发展所需，对外又不及市场化商业媒体灵活。这对人才培育造成了一定阻力。要改变这种现状，就要敢于打破常规、树立新规，以体制机制创新为先手棋，为培养优秀人才提供支撑。

南方名记者培育工程，除了重新

定义名记者，更重要的工作就是创新体制机制，在人才培养、内容生产、薪酬福利等方面突破原来的条条框框，充分释放制度活力。

一、两个团队，服务支撑

传统名记者大多以“个体户”的面貌出现，但在全媒体时代，继续“单打独斗”显然已经不行了。培育是一个过程，单靠培育对象自身努力远远不够，必须有团队服务。在名记者培育对象的背后，我们特别组建了两个团队提供支撑。

第一个团队是“服务组”。

集团编委会做好顶层设计——由培育对象所在媒体的总编辑亲自任组长，各相关业务部门、职能部门负责人组成一个“名记服务组”。比如南方日报的“名记服务组”，就由报社总编辑、南方+总裁和南方日报行政部、要闻编辑部等部门负责人等组成，阵容强大，便于统筹协调。

服务组的主要工作在于，一方面做好业务指导、年度考核工作，帮助名记者培育对象规划发展方向，发掘特长潜质，解决好业务瓶颈问题；另一方面做好后勤保障、服务协调工作，帮助名记者调配资源、宣传推广，解决后顾之忧。

实践证明，服务团队的高层级、高规格非常有必要，因为“网红”名记者培育工作是新生事物，没有先例可循，需要摸索协调解决的问题很多，仅靠一个人左冲右突效果有限，必须通过强有力的组织领导，倾斜支持，精心打造。

第二个团队是“工作室”。

在服务团队的统筹支持下，南方名记者可以打破报网端壁垒，“点将”组建团队，实行名记者工作室制度。工作室成员可以专职，也可兼职，涵盖文字、编导、摄影、剪辑、后期包装、动画制作、运营推广、市场开拓等多种岗位。这催生了全媒体作战的超级团队。依托南方名记者工作室制度，名记者变身为团队核心，组成基本班底，可根据需要跨媒体、跨部门抽调摄影摄像、直播、新媒体制作、动漫设计等人才组成虚拟团队，拆除各种有形无形的“隔离墙”。

有了全媒体作战的超级团队，一些以前难以企及的融媒体产品成为现实。比如洪奕宜工作室整合广东省公安厅“南粤警视”、南方日报、南方+多方资源，推出案件类短视频节目《洪记鉴证》，以名记者主讲的方式，结合公安厅的独家档案、音视频资料，打捞细节，解密要案，挖掘幕后。节目题材生猛，话题贴近，无论是船舱里藏了两吨冰毒企图经海上出境的毒品案，还是番禺运钞车1500万元大劫案，都令人瞠目。节目中有很多警方侦查、追捕、收网的一手影像资料，甚至有20多年前大要案件的珍贵视频资料。节目播出两季，引发了一阵“追剧潮”，网友评价“南方警匪片比电影还要燃”“没想到原来真实的办案过程比影视剧还要精彩”。

全媒体时代，团队分工日趋精细化，南方名记者告别传统媒体单枪匹马的英雄主义，汇聚合力打造更为出彩的集体作品。经过几年的实践，这一团队作业模式已深入日常工作，部门与部门的界线弱化，人员之间的融合成为常态。在重大题材的采访报道中，文字、图片、快评、短视频、海报的“立体搭配”逐渐成为“标配”，在一些重大策划、项目中，两个或两个以上名记工作室联动的情况也很常见。

二、不搞“论资排辈”，遴选严格，退出无情

一直以来，不管是媒体行业还是其他行业，在人才选拔和培养上，广为诟病的问题就是行政化色彩浓厚、进出机制不畅通。比如在采编资源分配和支持上，往往以行政职务为最重要的参照标准；在职称和技术等级评定上，门槛比较高，想顺利评上有一定难度，但“一朝评定，终身荣耀”。

近年来，许多媒体特别是市场化媒体积极探索职务序列改革，通过设立首席记者（编辑、评论员）、高级记者（编辑、评论员）、资深记者

（编辑、评论员）、记者（编辑、评论员）、助理记者（编辑、评论员）等采编专业职务序列模式，确立采编人员在媒体单位的主体地位，实现资源向采编人员集中、分配向专业职务序列倾斜，使优秀采编人员拥有较强的职业归属感。这些改革突出首席岗位的业务领衔地位，赋予首席人员较大的业务权限，如业务立项权、选题策划权、团队组建权、资源统筹权、专栏开设权等，部分实现了专业人员和管理干部各司其职、相辅相成。然而，这样的模式沿用的依然是专业职务晋升模式，比如从助理记者到记者，再到资深记者、高级记者，最后到首席记者。总体来看，这仍然是一种不断向上的金字塔结构，年龄、资历因素不可避免掺杂其中，而且缺乏成熟和刚性的退出机制。

与传统的以及改革中的名编辑、名记者、名评论员，首席记者、首席编辑、首席评论员评聘制度不一样，南方名记者培育工程的一个鲜明特点就是“严遴选、强退出”。

严在哪里？打破常规，千里挑一。从一开始制定方案时，我们就特别强调遴选不设年龄、资历、职称等门槛，不搞论资排辈，不搞平衡照顾，不拘一格降人才，集团在职采编人员都可申报。每一次遴选，都要经过公开演讲、严格评审、现场投票等环节，最后确定南方名记者培育对象。2016年至2020年，我们共分五批培育了名记者120多人次，平均年龄34岁，没有一个是处级以上干部，都是在政经、教育、医疗、军事、“三农”等领域具备较好培育潜力的年轻人。

难在哪里？一年一评，重新洗牌。融合发展前无古人，任何新模式都要经历试验。选人难，让人退出更难，讲情面注定搞不好事业。许多人才机制，设计之初看似很完美，但就是因为退出机制不健全，最后聊胜于无。南方名记者培育工程最残酷的地方就是不过关则必退出。在至今120多人次的南方名记者培育对象中，除了少部分人培育成熟、顺利出站，还有不少人是直接被退出的。可以说，每一批都有新人加入，同时也有“老人”退出。正所谓有人欢喜有人忧。但也正是因为严进严出，每一次遴选都能吸引集团大部分采编人员关注和报名，为集团发展成功培育出优秀的全媒体人才。

三、不再“按件计酬”，试行协议年薪制度

南方名记者培育工程的一项重大支撑性改革，就是薪酬分配制度改革。

薪酬分配制度改革是典型的深水区改革。复杂就复杂在，这既是体制机制的问题，更涉及体制机制下每一个具体的人。媒体融合要向纵深挺进，就必须对薪酬分配制度动刀子，敢于打破原来的条条框框，在坚持事业留人、感情留人的同时，也以优厚待遇留人，营造一种朝气蓬勃、活力四射、人人自豪的干事创业氛围。

传统媒体大多实行按件打分、按分计酬的考核办法，虽然其间也有关于分数权重的调整和新媒体指标的加入，但很难突破“分”的局限。这种薪酬考核办法对于过去从事单一报纸新闻产品生产的采编人员来说，不失为公平之举——以分数评定一位记者的绩效成绩，写得多、写得好，分数就高，拿到手的薪酬也就高。但在全媒体时代，制作一档多集的视频产品怎么计酬？怎样激励记者到新闻现场后，写消息、深度报道，还要拍视频、做H5，或者写内参、舆情报告和智库产品等？媒体融合的快速推进让我们发现，传统的薪酬考核办法不灵了，已不能适应融合发展所需，因此必须改革，找到全媒体时代的新办法。

薪酬分配制度改革是南方名记者培育工程的重要支撑，称得上是“四梁八柱”。由于南方报业媒体众多，薪酬考核办法各不相同，集团编委会鼓励各个媒体打破常规、各自尝试。但不管具体怎么改，大方向是明确的，就是要让这批记者从日常琐碎事务和计件工资中适度解放出来，着力经营转型融合的优势项目、品牌栏目、重大题目，释放创造力，多出精

品力作。这在南方报业《南方名记者培育工程方案》中有明确规定："在按原考核体系考核发放的基础上，根据其创新项目的传播力影响力、重点项目的运营效果等进行考核奖励，不设上限。对培养对象要宽容失败，鼓励创新。"

南方日报在薪酬考核办法中，突出综合评价，涵盖发稿量、好稿量、新媒体流量、阅评批示表扬、社会效果等指标，鼓励这批记者积极承担融合转型重任，重点打造精品力作，将主要精力放在生产具有巨大传播力、引导力、影响力、公信力的作品上来。在全新的薪酬考核评价体系中，精品力作已经不局限在报纸端，品类更加多元丰富。除了具有巨大反响的深度调查、舆论监督、大内参等，这些精品力作在新闻品质上要能够冲击新闻大奖，在报道实效上能够真正推动各项工作、推动改革发展；不仅如此，还要承揽类似于"世界湾区深调研"等全媒体项目，或是创建类似于"南方名医帮"等微信公众号，或是打造类似《武松来了》等品牌节目，或是通过媒体自建、跨媒体共建或与外部机构合作产生的转型融合项目……总而言之，这批开路先锋要通过标杆项目、品牌内容吸引用户、留住用户，成为"速读时代"吸引用户进入南方日报、南方+的"路标"，为南方报业培育新媒体新生态。

而对南方名记者培育对象的薪酬考核，最早采用的是"固定月薪+年度奖励"的办法。简单来说，就是每月保持相对固定的薪酬保障，待到年底根据年度任务完成的质量、影响、成效等，由南方日报编委会综合评出"卓越""优秀""良好""达标""不达标"五档进行考核奖励。其中"卓越"档次标准较高，要承担重大报道题目和优势项目，经营品牌专栏，开直播、推动漫视频节目、做H5产品，有高流量新媒体作品等，必须"跳一跳"，才能够得着，由此才能产生激励引导作用。在2017年第一次年度考核中，南方日报"网红"记者全部达标，年度考核奖金都比较可观，总收入相比2016年都有比较大的增长。

随后，我们发现，名记者类别差异很大，很难用统一的考核标准去衡量。南方都市报率先探索记者“一人一策”的协议年薪制，效果良好。于是，从2018年开始，南方日报所有培育对象也实施“一人一策、协议年薪”——由南方名记者服务组与培育对象商定，年初协商好年度任务和年薪指标，到年底进行数量、质量、流量等方面的考核，完成任务则给予100%年薪，未完成依次扣减，超额完成可自动升档。

2019年、2020年，南方日报又对相关考核指标、薪酬档次，进行了优化调整，考评机制日趋完善。不少名记者培育对象的收入，超过了部门主任甚至集团领导，我们在集团编委会上倡导，“主任们要有胸怀，要激励青年人才干事创业出实效”。

第三节
因人施策：引导名记各显所能

如今，媒体融合发展方兴未艾，新闻传播格局日新月异，名记者的标准变得越来越多元和宽泛。除了“铁肩担道义，妙笔著文章”，还需要适应新媒体传播规律，有较强的专业媒体素质、新媒体应用素质和服务用户素质，能够形成具有高辨识度的个人IP，把自己的影响力从报纸扩展到网络上。

同时，媒体是一个高度细分的职业，不同的记者有各自不同的擅长领域，有的人深耕政经新闻，有的人精于评论写作，有的人坚守区域板块，有的人擅长垂直领域……纵然身怀“十八般武艺”，却往往只有一招“必杀技”。

南方名记者培育工程较早便意识到这一问题，因此，既不按照传统纸媒模式培育名记者，也不按照“全才”模式培育名记者。考虑到每个培育对象各有所长、主攻方向不一，培育支持方式也不尽相同。简单说，就是一人一策、因人施策，鼓励他们成为各自领域不可或缺的领军人才。

服务团队根据他们的优势特点，确定了多个培育方向：一是创新传播主业，打造主流爆款；二是深耕垂直领域，专业服务引领；三是探路智慧转型，开发智库产品；四是运营重点项目，拓展价值蓝海。这种一人一策、分类发展的培育方式，给予路径指引，释放出创造力。

一、创新传播主业，打造主流爆款

作为“主流网红”，唱响主旋律、弘扬正能量是南方名记者的使命，也是挑战。只有科学认识网络传播规律，不断推进工作理念、方法手段、载体渠道、制度机制创新，才能具有与亿万网民对话的能力，拓展主流媒体传播阵地。

有别于传统报纸以“天”为周期、以“版”为载体的内容生产模式，新媒体在时间上没有截稿时期，在题材上没有边界限制，在容量上海量储存，天地广阔，大有作为。我们重点引导南方名记者培育对象在这片广袤的蓝海中探索，创新传播主业，打造主流爆款，生产出一批传播广、点击量高、口碑好的融媒体作品，有效提升新闻舆论品质。

赵杨工作室主打推出的《武松来了》，是融合记者专长与产品创意、创新反腐宣传方式的个性化精品。这是一款以案说纪、以案说法的脱口秀短视频节目，为了让硬题材软下来，将说教改为说事明理，参考了10余部国内外影响力较大、品质较高的脱口秀节目，考虑赵杨是天津人，有从小听相声、能说会道的特点，决定采取“主讲人评书式脱口秀＋落马官员出镜忏悔”的创新方式。除了《武松来了》，赵杨、郑佳欣工作室联手在2017年全国两会期间打造了一款《两会TALKS》的短视频节目，聚焦全国两会热点和广东改革开放发展成就，在大数据动画、视频采访的配合下，每集主讲一个话题，时长3分钟左右，诙谐有趣，要言不烦，在南方+首发，经腾讯视频、秒拍视频推送，四集全网点击量突破5000万，成功打造出政经类爆款视频产品。

原创节目《宝览南粤》是南方名记者毕嘉琪牵头打造出的主流爆款。首次以新媒体微纪录片形式深度探访南粤大地上的文化宝藏，深入广东代表性文博场馆，从文物库房中选出重量级文物藏品，讲述南粤国宝不为人知的故事，摒弃严肃生硬的文字表达，用“文物自述”等轻松诙谐的语气来介绍其前世今生。如“东莞篇”推出时正值《延禧攻略》等“清宫剧热”，工作室以“揭秘紫禁城主子们真实生活”为引子，挖掘东莞市博物馆108件故宫调拨文物背后的故事，引发网友们的热烈反响。

互联网信息海量、传播光速，各种观点观念在这里生成发酵，意识形态领域斗争复杂多变。如何在全媒体时代发挥思想引领作用，在乱云飞渡中建立思想“坐标系”，在众声喧哗里确立观念“主心骨”？丁建庭工作室适应传播新形势，打造了新媒体评论产品《叮咚快评》，这也是南方日报评论向新媒体转型的核心产品。《叮咚快评》突出一个“快”字，主要就当天的舆论热点事件及时发声，言简意赅，短小精悍，专供南方+、南方网、“南方评论”微信公众号。但凡是舆论热点事件，《叮咚快评》都会第一时间发出权威理性声音，积极抢占新媒体舆论场的话语主导权。《聂树斌案改判，正义的阳光正照进曾经的阴暗角落》《曹德旺跑不跑不重要，但降低企业成本很重要》等一系列《叮咚快评》新媒体评论，善用浅显的语言阐明深刻的道理，篇幅上尽可能“破长立短”，适应移动化快阅读趋势，提升传播力。

从《武松来了》《宝览南粤》《叮咚快评》的实践看，媒体融合时代，融产品生产探索目前并无定式，而是呈现百花齐放的局面，但爆款却有一些规律共性，如充分融合了生产者的专长与产品创意，充分考虑了目标用户的关切与表达诉求，充分把握了传播引爆点和影响力、时间线等。

二、深耕垂直区域，专业服务引领

在今天这个“人人都有麦克风”“人人都是传播者”的时代，碎片化信息铺天盖地，传统的“杂家型”新闻记者的声音很容易被淹没。此时，需要专家型记者挺身而出，综合运用各方面知识精确把握热点问题，全面准确宣传党的理论和路线方针政策，让用户对主流媒体的声音心悦诚服，在舆论引导中发出主流声音。

南方日报在培育名记者过程中，非常注重根据记者专注的领域和专业，培养专家型记者。他们当中，既有深耕政法、医疗、教育、汽车等领域的“行业观察者”，也有扎根广州、深圳、珠海等地市的“区域观察家”，是各线条、各地市权威消息发布、行业系统专业解读的“行家里手”。

例如，李秀婷工作室扎根医疗领域，生产了一批高质量、有影响的全媒体内容产品。代表作品如《解忧假发店》，以中山大学肿瘤医院附近的假发店为切口，讲述了癌症患者勇敢面对生活的温情故事，传递了真善美，激扬了正能量，阅读量几个小时内迅速突破10万+，许多人读后感动流泪。在不起眼的街角“独具慧眼”发现这一可贵题材，并用高质量的作品来呈现，正源于记者在医疗报道领域的长期积累和具有人文情怀的价值判断。

再比如教育领域，现在教育部门、大中小学纷纷利用新媒体平台，建立网上发布平台，适时发布政策开展活动，更加垂直地服务用户，基本替代了原来纸媒的新闻发布功能。吴少敏、孙颖、王慧等南方名记者及时应变，发挥主流媒体优势，坚持生产独家优质内容，专注“大教育”报道，实现从关注一般的教育行业动态消息升级到独家优质的全媒体策划。以2018年高考季为例，首批“千禧宝宝”参加高考，广东73.3万名考生人数位居全国第二。但在高考前夕，第4号台风“艾云尼”正面袭击广东。吴少敏工作室关注汕头金山中学考点047考场只有一名考生的温暖细节，澄清“因台风取消高考”“台风正面袭击湛江”等坊间谣言，发挥主流媒体澄清谬误、明辨是非、激浊扬清的积极作用，高考资讯在南方+点击量突破3000万次。

除了深耕垂直领域，名记者还要深耕区域，当好“城市观察家”，透过现象看本质，让主流声音更加响亮。2018年初，在广州发展被“唱衰”的背景下，郑佳欣工作室推出《广州为什么是全世界唯一千年不衰的商业城市》上、中、下三篇长文，从地理空间、文化底蕴、决策战略三大角度对广州城市竞争力进行高度的观察梳理，引起了广泛关注，全网点击量超过1500万次。这一系列稿件以原创思想传播正能量，受到专家和广州市领导的关注。在中国发展高层论坛广州国际传播年主题闭门圆桌会上，著名经济学家林毅夫回应：广州作为千年商都不衰的原因，最关键是政府有战略眼光，让广州一直走在改革开放的前沿。

2019年夏天，香港发生“修例风波”，社会陷入动荡。按照部署，南方名记者梁文悦带队到香港采访，坚守百日。他带领前方同事不惧危险、冲向火线，直击暴徒打砸烧堵现场揭露暴行，充分报道中央和香港特区政府止暴制乱、恢复秩序、纾困解难的举措，发表原创报道逾200篇，全网点击量逾1.8亿次，充分彰显了南方报人在舆论斗争中的担当作为。

再比如以深度调查报道为特色的南方都市报记者王佳工作室，紧紧抓住大众关切点，2016年推出了“700元买到同事行踪”“裸条借贷”等报道，2017年又推出了“地下色情直播平台”揭露报道、白内障“神药”莎普爱思风波、“网络营销号乱象调查”，均获得巨大反响，国内媒体跟进报道，相关部门积极回应，上级机关给予充分肯定。

除了报道，服务也很重要。不少名记者通过资源连接和深度服务，扩大媒体服务的边界，持续推动媒体服务的升级。郭小戈工作室推出的“车保姆”服务平台项目便是南方名记者以优质服务创造新价值的典型案例。

项目定位为“做您最贴心的汽车管家”，聚焦“买车、用车、养车”全生命周期痛点，以普及用车知识、导购展开，覆盖所有用车场景，实现线上线下互动，形成服务闭环，极大提升了用户黏性。

当前，专业引领的价值正在不断凸显。越是纷繁浮躁的时代，我们越要沉下心来，越要心存敬畏，只有精品内容才能奠定业界地位，只有优秀内容才能赢得尊重。南方名记者强化核心内容生产，在垂直领域深耕，在深度内容上拓展，以用户需求为导向，充分发掘优势资源、创新服务模式，持续提供高质量、特色化、多维度服务，探索出了一条专业媒体人转型成为专家型媒体人的新路径。

三、探路智慧转型，开发智库产品

互联网、大数据、人工智能、区块链……在这个瞬息万变的时代，新事物不断涌现，思维方式更迭换代，信息过载认知盈余，人们对优质智慧产品的需求日益强劲。

近年来，南方报业推进以智能化、智库化为标志的智慧转型，逐步打造了形态完备、产品多样的南方传媒智库矩阵。媒体的智慧转型，背后主要有三种驱动，而南方名记者培育对象在其中扮演了开路先锋的角色，推出了一批“深度与广度并存、研究与传播并重”，有质量、有影响的智库产品和服务。

一是思想驱动，将传统媒体的调研、观察、分析能力发挥到极致。在实践中，他们立足于国家战略和发展全局，以广东发展作为研究对象，并且选择创新、开放等课题作为主攻方向，深入基层一线获取一手的研究素材，为决策咨询提供科学依据。比如，多名南方名记者合力推出的“奋力实现四个走在全国前列深调研”成果传播广泛，结集成书，作为参阅材料送进了广东省委十二届四次全会会场，得到省领导和与会代表的高度肯定。广东“实体经济十条”落实情况评估报告，直接推动了广东相关新政策的制定出台。郑佳欣工作室牵头打造珠三角全媒体智库，线上打造以“珠三角观察”南方号为主阵地的系列深度观察网文，线下开发城市智库服务的新产品，联合有关机构，从2016年起连续三年推出《大湾区视野下的珠三角企业创新报告》，对珠三角相关政府部门、企业、服务机构等上百家机构展开调研，挖掘珠三角创新发展的新趋势。此举打破了以“版面”为中心的生产模式，带动南方日报珠三角新闻部近50名记者参与其中，推动纸媒记者转变为研究员、分析师型的知识产品供应者。

二是技术驱动，将新技术与新内容深度结合，为媒体智慧转型提供更强有力的动力。他们探索构建更加开放、更加专业的知识数据库，推动知识资源的积累和分享、流动。例如，苏力工作室与工信部门合作，建成广东营商环境企业和政策数据库，涵盖广东21地市2万余家企业数据，收集全国经济50强地市、广东江苏浙江等6个省所有地市、全国31个省（区、市）的政策数据。使用新技术后，同样的工作，以前人工需5人工作30天，现在仅3天即可完成。

三是数据驱动，积极拓展媒体智能化的新边界。数据是信息时代的“石油”。媒体智能化是未来的发展方向，智能化媒体的核心驱动技术是大数据。媒体的公开数据以及采集的各类数据，都可以通过信息交叉验证以及内容关联等方式，产生更大价值。吴少敏工作室在新闻采访过程中“开采”了大量有价值的一手数据，有意识地构建体系化的教育垂直领域大数据，涉及科研、就业、升学、薪酬、人才等方方面面。依托该数据库，吴少敏工作室在2019年推出了16份权威教育榜单。其中，与广东高等教育学会副会长曾志嵘团队合作发布的“世界四大湾区高校排行榜”，是首份系统性梳理世界四大湾区高校综合实力的排行榜，引起教育部高度关注。

知识就是力量。借助于计算机和现代信息技术，知识渗透到经济社会发展的各个方面，知识密集型行业迅速崛起。南方名记者的智慧转型还在路上，大有可为。

四、运营重点项目，拓展价值蓝海

在互联网大潮涌动的当下，传统媒体向新媒体转型，必须依靠自身优势，共享家底资源。在南方报业探索“三个一体化”转型的过程中，南方名记者积极试水全媒项目运营，进一步树立起产品经理思维，响应用户需求，创造更加优质的用户体验，提升全媒体运营的效果，扩大影响力和号召力。

从建设珠三角工匠精神展示馆，到亚洲马拉松锦标赛暨东莞国际马拉松比赛直播，我们探索搭建全媒体运营的创新平台，打造城市空间运营传播产品，树立全数字化、全产业链、全运营化思维，在“线上全媒体、线下多场景”战略转型上迈开步伐，加快推动从媒体融合迈向产业融合。

随着城市化进程的加快，城市空间建设越来越受到政府管理者、建设者、投资者、市民等社会各界的重视。近几年，南方报业参与珠三角工匠精神展示馆、中国建陶小镇展示厅等一系列城市空间运营项目之中，拓展出新的产品线，打开了增量市场的新天地。在这个过程中，南方名记者发挥自身的生产能力和资源聚集效应，推动内容、创意、技术与空间的结合，将科技表达、内容输出、场景体验、融合传播融为一体，为创新空间运营提供了有力支撑。珠三角工匠精神展示馆内总面积近2万平方米，重点呈现近百年来珠三角工业发展及工匠精神的发展历程。多名南方名记者牵头，前后发动组织九个城市超过100名记者、编辑负责信息收集和内容生产。内容团队花费了一个多月时间整理珠三角工业的相关资料，将内容生产力融入城市空间之中；还强化新技术应用，将内容、创意与技术外包团队深度对接，生产出视频、VR/AR等新技术形态的产品，打造展馆内容体验的新武器。

整合线上线下资源，全媒体、全场景的运营拓展已成为媒体运营的重要趋势。一批南方名记者探索构建全渠道运营场景，推动了亚洲马拉松锦标赛暨东莞国际马拉松比赛全程直播、东莞市民运动会直播等众多创新场景的落地，从侧面反映出媒体与城市用户的黏性越来越强，社会连接能力和服务能力越来越强。例如，第17届亚洲马拉松锦标赛暨2019东莞国际马拉松比赛，人们通过南方⁺、广东广电网络电视机顶盒、户外大屏、主流网站平台等渠道，实时收看了南方⁺对该体育盛会的全程独家直播。此次直播时长超过3小时，南方⁺投入了超百人团队，全网传播量超千万。

南方名记者的示范和带动，为新项目和新产品的传播运营注入了充沛动力，将传统媒体在信息管理、内容生产、思想输出层面的核心竞争力进一步向线上线下迁移，进而塑造了全媒体时代新的传播能力和新的服务价值。

第四节
探路有成：打响擢才改革头炮

2020年早春，新冠肺炎疫情来势汹汹。

卞德龙、李秀婷、张梓望等多名南方名记者培育对象主动请战，冒着危险奔赴湖北一线，用笔记录现场，用镜头捕捉真实，用心用情书写感人故事，运用直播、图文、视频、H5等形式第一时间报道湖北疫情防控的相关情况，传递社会正能量，壮大主流声音。广东医疗队除夕夜出征武汉直播在南方⁺客户端流量超2000万，撰写战“疫”热评超过200篇，战“疫”影像日记天天有更新……一个个主流爆款在培育对象手上诞生。

战“疫”报道是一场大战也是一场大考，检验着南方名记者培育工程四年来的耕耘成果。优秀的南方报人用职业精神和专业能力展现了南方“新闻铁军”的风采，用实际行动诠释了新时代党媒记者的使命与担当。实践证明，这项人才培育工程已经探路有成，破局作用明显。

一、标杆示范：以一批人带动一群人

经过四年多的探索实践，南方名

记者培育工程取得了积极成果，创新了人才培养机制，培育了一批全媒体优秀人才，推动了报网端深度融合。

入选南方名记者培育工程，是荣誉，更代表了责任。这个责任就是担大任、接重担，必须拿出真本事、好作品来说话，而不能躺在荣誉榜、功劳簿上自吹自擂、自说自话。在年轻人稍显稚嫩的肩上压上重量恰当的担子，使他们形成职业自驱力，头顶“网红”名记者光环，肩扛内容创新责任，通过更多实践来增长才干、快速成才，这才符合名记者培养规律，也是南方名记者培育工程始终遵循的实践路径。

借助南方名记者培育工程，一大批记者快速成长。他们心有大局、胸有大势，创新报道手段，努力寻找主流议题与网络议题高度吻合的结合点，在各自报道领域体现出强大的潜能，网民接受度越来越高，有效提高了新型主流媒体的传播力、影响力与话语权。这项工程以一批人带动一群人，打造了一支新闻舆论的“南方铁军”，提升了南方报人适应媒体融合趋势的技术能力和新闻能力，以及集团报网端各平台的传播能力，嘹亮唱响了主流舆论的“南方声音”。

一个人走得很快，一群人走得更远。南方名记者带领工作室团队，带动更多采编人员更新媒体理念，实现全媒体转型，进入舆论引导的网络主战场。

二、做强平台：主力军加速进入主阵地

打造新型主流媒体是推进媒体深度融合发展的重要目标。南方⁺是南方报业举全集团之力重点打造的自主可控、传播力强的新型传播平台，是南方报业忠实履行党媒职责使命、占领舆论引导制高点的重要成果。做大做强南方⁺，南方名记者培育对象立下了汗马功劳。他们以南方⁺为主阵地，与南方⁺共成长，提供了大量优质原创内容支撑，让南方⁺成为主流用户获取广东资讯的首选平台。

以往采编人员为新媒体平台生

产的原创内容占比不到10%，90%以上都是对报纸内容的搬运或改写。如今，在南方名记者的示范带动下，大部分采编人员都挺进了新媒体主阵地，着力为南方⁺等新媒体平台生产优质内容，而南方⁺等平台也着力为记者打造个人品牌。以往正面宣传的作品阅读量达到三五万就算不错了，现在南方⁺的统计数据表明，阅读量10万+、50万+的正面宣传作品司空见惯，100万+、1000万+甚至上亿阅读量的爆款也不时涌现。

网络空间存在“尖叫效应”，哗众取宠的内容容易引起围观，但做有意义的爆款，才应是新型主流媒体的追求。南方名记者以“有意思”的方式生产“有意义”的内容，以“有态度”的方式传播“有热度”的信息，构建起健康活跃的新媒体内容生态，用丰富多样、积极健康的产品，满足用户的文化需求，为公众的美好生活添彩。而持续发酵的“爆款效应”，有效带动了南方⁺下载量与流量的稳步提升。好声音、正能量占领了新媒体平台，也让南方⁺被越来越多主流人群所接受。

三、改革创新：形成一整套人才培养和考核机制

国以才立，业以才兴。南方报业启动南方名记者培育工程以来，一批全媒型、专家型人才集中涌现，带动形成一批灵活作战的创新团队，呈现出百花齐放的态势。

在人才培育、内容创新、薪酬制度等方面，我们大胆改革创新，激发活力动力，让南方名记者培育对象从“做事”向“做成事”转变，集中精力经营转型融合的优势项目、品牌栏目、重大题目，释放创造力。他们从原来的“跑线记者”，转身成为负责一个领域的报网端报道、舆情产品、智库产品、公众号维护等各项目产品的“经理人”和“多面手”。一个厨房，一支厨师队伍，集炒、爆、熘、炸、烹、煎、烧、焖、烩、烤、炖、熬、煮、蒸等于一体，做出各式各样的菜肴，供各个渠道选用，这样的作

业模式日渐成熟。

目前，南方名记者还是采编队伍中的“特种兵”，很能干，但数量少，远不能满足南方报业改革转型的需要。未来还要继续复制推广新的人才培育模式，让更多的人才脱颖而出，形成数量充足、素质过硬的全媒化集团军。实施协议薪酬制度也极大激发了采编人员的创造力。

作为全国率先将名记者培育从理论落地为实操的媒体，几年的实践证明，我们的培育措施是比较成功的。通过压担子、配资源，这批记者成长速度非常快。相比传统人才培育办法，成才周期大大缩短，潜能得到极大挖掘。绝大部分培育对象破茧成蝶实现转型。南方名记者也成为南方报业的一张靓丽名片，达到了记者个人出名、集团品牌出名“两个出名”的目的，引起全国同行关注，得到上级部门的肯定推广。

当然，作为新生事物，南方名记者培育工程在实践过程中也存在一些不足之处：一是培育对象表现参差不齐，有的成绩特别突出，有的还看不出太大变化；二是所在的媒体和部门的支持力度参差不齐，有的众星捧月、精心栽培，有的力度不大、看个热闹；三是体制机制的突破力度参差不齐，有的制度设计走得比较远、突破比较大，有的“硬骨头”还没啃下来，还未拿出更科学的解决方案。

南方报业虽然在人才培育改革中抢先一步，打响了头炮，但兄弟媒体你追我赶，先后推出各自的名记者队伍。我们将取长补短，不断加强和改进南方名记者培育工程，全面推动主力军向主战场的转型进驻，为新时代党的新闻舆论工作培育更多全媒型、专家型人才。

案例
名记者成长创造的价值

从2016年至今，五批120多人次成为南方名记者培育对象，一部分人培育成熟、顺利出站，南方日报、南方+的曹斯就是其中之一。历经两年余培育、全方位历练，她不仅实现了自身的成长，也创造了更多价值，特别是带出了一支有想法、有拼劲，具有较全面的新媒体技能以及较强的执行力的内容团队。她的成长是不少出站名记者培育对象的缩影，也充分彰显南方名记者培育项目对人才培养与推进转型的积极意义。

2016年10月，当了七年记者的曹斯，以其深耕大健康垂直领域的专业优势入选南方名记者培育项目，并正式开始孵化“南方名医帮”新媒体种子项目。2019年年初出站时，她与团队在南方+客户端打造多项“10万+”“百万+”“千万+”的全媒体爆款，将“南方名医帮”升级为年点击量破2000万的广东健康头条南方号，更深度连接了广东医、政、媒优质资源。出站后的她又迅速加入南方名记者服务团队，随后还在南方+副总编辑、首席内容官的岗位上，汇聚内容运营中心在直播、新媒体创意策划、第三方平台运营等方面的资源优势，进一步投身南方报业“人才雨林”的建设中。

回顾曹斯的成长经历，南方名记者培育项目进一步激发出她的三个特点：业务好手、管理能手、团队推手。她的成长也鼓励了一批有见解、有热情、有能力的青年媒体人充分施展才华，向互联网新阵地大步迈进。

一、业务好手

南方名记者首次遴选便定下规矩：选出来的“主流网红”要成为深耕主业的尖兵，成为内容生产传播的行家里手，在特定领域具有较强社会影响力、权威性、不可替代性；要成为开拓创新的尖兵，带头创新新闻资讯理念、内容、体裁、形式、方法、手段；要成为融合发展的尖兵，既要能为传统媒体写好稿，又要熟练掌握新媒体技术，创造性地生产优质全媒体产品。

可见，业务导向始终在第一位。

南方名记者首先得是业务好手。无论在采访端统筹大健康工作室的业务，还是牵头大时政团队的转型，又或是在播出端负责集团拳头新媒体平台南方⁺的内容运营以支撑更多名记者成长，曹斯充分发挥业务带头人的引领价值，将策划能力、专业素养、融合技能毫无保留地输注到团队中。

追求卓越、打造融合内容精品成为曹斯工作室成员的高度共识。其大健康团队打造的内容产品具有“抗时效”的突出特点，在充满内容“易碎品”的移动互联时代具有独特竞争力。例如，南方⁺的首档竖视频栏目《独白》走近麻风病休养员、换心人、罕见病患者等，好故事背后是他们对生命的深层次思考，产品影响力大；《凌晨蹲点记》《背篓医生　峡谷柔情》《割肝救子》等报道可读、耐读、悦读，充分彰扬了内容的力量，也多次获得省级新闻奖项；原创MV《81899120》《相信》《乡愁》将真善美的价值观与融合创新的力量通过音乐、视频等手法充分呈现，尤其是为首个“8•19”中国医师节创作的广东医生主题曲《相信》至今被广为传唱，首发后又受到央视《新闻1+1》栏目的关注，成为千万+流量的爆款。

这些作品都是在曹斯的策划、牵头下由团队合力完成的。可见，南方名记者培育项目强调头雁效应，也注重团队力量，是很有远见的。当然，这也得益于弹性的考核指挥棒，让南方名记者培育对象从跑线中解放出来，不再被计件工资所困，能更好地想点子、磨创意、带团队、出精品。

二、管理能手

南方名记者培育工程要求培育对象成为融合发展的尖兵，善用现代传播手段，会使“十八般兵器”，也鼓励他们打破部门界限，采取工作室运作机制融合协作，生产融媒“大餐”，这意味着名记者还要善于调动团队，成为一名管理能手。

树立共同愿景，激发各人潜力是团队顺利运行的重要动力。曹斯很快找到了个人成长与团队成长的“公约数”，通过灵活有效的管理方法，激发团队积极性，并很快找到舞台使大家得以充分展示优长。短短两年余，这支两三人的小团队迅速发展为核心成员有四位全媒体跑线记者和两名音视频骨干记者的融媒体团队，打造了新闻产品、智库产品、舆情服务、线下活动等多元化的业务生态。团队成员有的成为直播出镜主播，有的成为智库报告主笔，有的成为新媒体创作好手，提升了全媒体技能，拓展了个人的业务边界。

这支队伍的产出是可观的：大量颇具传播力的内容精品频获广东新闻奖奖项和广东省卫生健康领域好新闻的一等奖；与广东省卫健委联手建设了省级权威发布平台“健康广东”频道；充分发挥媒体的资源链接能力、专业服务能力，接连举办了三届覆盖全省21地市、引发百万人次参与的“寻找广东好医生”品牌活动，在全社会尤其是行业内产生较大影响。更可贵的是，在曹斯出站后，李秀婷、李细华、张梓望等与她合作紧密的团队成员先后入选南方名记者培育项目，得到了更多施展拳脚的机会，也拥有了更大的成长舞台。

三、团队推手

入选南方名记者培育工程，是荣誉，但更是责任。这份责任不仅意味着要在做业务上担大任、接重担，还意味着要全心全意传帮带，让更多年轻人增长才干、快速成才；不仅要一枝独秀，更要春色满园。曹斯在成长过程中显现出团队推手的担当。

从南方日报时政新闻部科卫工作室负责人，到分管科卫、教育、国际传播工作室的副主任，到部门的业务牵头人、南方+编委，再到南方+副总编辑、首席内容官，无论在台前还是幕后，曹斯总是热心出点子、做服务，在提升自我的同时支撑团队成员成长成才，在所在部门形成了“人才雨林”的效应。如，围绕政治报道创新这一重点难点，曹斯与辛均庆工作室等多次碰撞，共同打造的《粤政一周》新媒体栏目，立足精读一周热门政事，使之成为南方+的品牌栏目；围绕“不忘初心、牢记使命”主题教育的宣传报道，曹斯精心策划了“基层党旗红”全媒体报道，在建党98周年之际，统筹10路全媒体记者深入河源、汕尾、湛江等地农村社区、基层一线深入挖掘，用心用情讲好“黑炭书记”“番薯书记”“苗圃书记”等基层书记带头致富的感人故事，打造了时政新闻部名记者共同生产的“红色爆款”；成为名记者服务团队成员后，在做好由南方名记者唱主角的“广东日记”等全媒体大项目支撑服务的基础上，她还充分调动教育、医疗、音视频等三大领域的名记者培育对象吴少敏、李秀婷、李细华的积极性，发挥他们在内容生产与制作方面的特长，合力经营了讲述同学们轮流背着残疾留守儿童杨思莹上学的感人事迹的全媒体报道《“45双脚”走出求学路》，并谱写原创歌曲《勇敢吧》为其加油鼓劲，打造了三位名记者的联名内容优品，获中宣部阅评表扬以及省级奖项。

随着传帮带效应越发凸显，一批又一批名记者培育对象带动部门全媒体转型，更多充满活力的年轻人为优质内容、优秀人才、优越平台“三优”建设贡献力量，为“春色满园”的289大院增光添彩。

■ 总编辑点评：

南方名记者，已然是南方报业的招牌。而曹斯，则是这招牌中的名牌。

她成为南方名记者培育对象短短两年余，就成绩突出、顺利出站，走上重要管理岗位。这固然是其本人的成功，亦是南方名记者培育工程的成功。个人品牌和集体品牌，相得益彰。

她的成长成才成名，就是南方名记者遴选和培育过程的一个缩影。一批批南方名记者、一批批优秀人才，快速成长起来，她只是其中的佼佼者罢了。

南方名记者的遴选标准，是要求入选者有“颜值”、有素质、有气质，曹斯都很契合，不仅活力四射，专业一流，气度从容，更主要的是，她勇于担当，敢于开拓，善于创新，甘于吃苦，终有所成。

她的成功，在“三个探路”上是颇有说服力的。

人才成长上，曹斯集合了一支优秀的团队，既有本部门的，也有跨部门的，大家齐心协力，支持曹斯，同时，彼此成就，一同成长。其团队里，先后也有三人入选南方名记者培育对象，亦有人走上了管理岗位。

内容生产上，曹斯工作室精品迭出，优品纷呈；内容优质，流量也高企，叫好又叫座。而且，消息、通讯、系列报道、照片、视频、纪录片、H5、海报、歌曲……般般在手，应有尽有。《相信》一曲，由曹斯作词作曲演唱，唱出医护心声，唱响大江南北。有人说，曹斯能写能出镜能制作能词能曲能歌——那是自信的表现。这番话说得是很到位的。

薪酬激励上，对曹斯及其团队，改变考核办法，告别计件制，改行年薪制，一人一策；她深耕垂直领域，根据效果导向，而获得比较高的回报。付出了数倍于平时的汗水，也收获了能体现其劳动价值的薪资。

曹斯出站后，曾任南方日报时政部新闻副主任，并一度牵头部门工作，而后担任南方+首席内容官、副总编辑，独当一面，从被人服务的名记者，成了服务名记者的业务领导。这不仅是角色的转换，也是场域的变化，更是事业的升华。

第四部分

全媒矩阵

——协同融合的“一盘好棋”

本书前三部分主要以南方日报、南方网、南方⁺的深度融合为例，较为详尽地介绍了重塑传播力全链条的思路过程，也偶有提及南方报业传媒集团旗下其他媒体，但未作系统阐述。

我们知道，要形成面向互联网的强大传播力，光靠一两家媒体单兵突进，是不够的。必须整体转型、集团作战，才能形成互为犄角的矩阵效应。

在建设军团化的传播力矩阵的过程中，我们非常注意处理好协同发展的关系，不搞“一刀切”“一个样”。一方面在制定集团战略和行动计划时，充分考虑旗下不同媒体的业务特点，统筹处理好集团总体目标与各单元协同发展的关系，鼓励差异化定位和发展，避免同质竞争；另一方面，充分发挥市场机制作用，去除多余产能，集中资源支持优势媒体做大做强做优。

这些年推动集团整体转型一路走来，深切感受到以报刊为中心的传统媒体发展路径日益艰难，各单元殊为不易，甘苦自知。好在我们起步早、步伐稳，取得了初步成效。如今南方报业传媒集团已建成内容结构合理、传播实力雄厚的全媒体矩阵，包括7报6刊（《南方日报》《南方农村报》《南方周末》《南方都市报》《南方》《城市画报》《南方人物周刊》《南都周刊》等）、1家出版社（南方日报出版社）、16个网站（南方网、奥一网等）、6个手机客户端（“南方⁺”“南都”“南方周末”“南方人物周刊”“城市画报iPad版”“N视频”），还拥有370个微博、微信、抖音、头条号等社交媒体公众账号，3000块互动触控屏，1万平方米户外LED大屏幕。这些媒体特色定位、差异发展，形成和而不同、美美与共的新型媒体集团。而在集团内部，冲锋在前、勇于自我刷新的单元，纷纷止跌回升，在激烈的市场竞争中站稳了脚跟。

其中，《南方》杂志、南方网、南方农村报、南方周末、南方都市报作为各自细分领域的佼佼者，面对媒体转型浪潮，背靠集团强大实力，依托自身优势和现实条件，各出其招，各擅胜场，找到了适合自身实际的转型之路。其探索实践具有代表性、典型性，值得总结借鉴。

可以预见，这几家媒体迈出转型的第一步后，随着面向互联网的传播能力的进一步提升，连接的资源会越来越多，技术的应用会越来越成熟，出品的内容会越来越有价值，垂直细分领域的影响会越来越精准，服务对象的认同依赖度也会越来越高。它们已打开一片充满想象的新天地。

第一章

《南方》杂志：建设守正创新的智慧型党刊

《南方》杂志创刊于2003年12月26日，是广东省委机关刊。2012年起《南方》杂志改为双周刊，2018年杂志月发行量突破120万份，迈入营收“亿元党刊”行列。

在全国地方党刊序列，《南方》杂志是当之无愧的“排头兵”，无论是发行量、影响力，还是办刊水平、经营能力等，都处在全国前列。过去很长一段时间，在不少媒体同行看来，南方杂志社过着“小而美”的好日子：受新媒体冲击小，发行非常稳定，生存不靠广告，走着一条与市场化媒体截然不同的发展路径，好像没有推进媒体融合转型的必要性和动力。

外界的印象，并非南方杂志社真实情况的准确体现。实际上，作为集团的成员单位，面对舆论环境、媒体格局和传播方式的深刻变化，在全集团强化危机意识、奋力实现转型的氛围中，身处同一个集团大院的南方杂志社没有置身事外，而是居安思危、主动求变、提早应变。

2014年，考虑到南方杂志社作为集团的成员单位，其资产和管理相对独立的模式已不能适应媒体融合发展的要求，在广东省委宣传部的支持和指导下，南方杂志社整体融入集团，以破除资源整合与业务融合的障碍。南方杂志社迅速确定了“与集团全面融合”“加快与新兴媒体深度融合”的“两个融合”发展战略，遵循“守正创新、深融提质、优制智转”理念，着力建设“有思想、有温度、有功用、有综合传播力和持续发展能力”的“四有”智慧型党刊社。2017年起，作为“两个融合”的重要抓手，集团赋权南方杂志社牵头整合集团优势资源，重点建设“南方党建智库”项目，以党建传播、党建研究、党建服务为三大重点，探索出了一条具有“南方特色”的党刊智慧转型之路。

第一节
党建传播：彰显党刊权威价值

作为省委机关刊，《南方》杂志是广东省重要的干部学习园地和思想舆论阵地，面向全省520多万名党员和50多万名公务员发行，读者众多且高端，在集团传播力矩阵中具有独特的价值。而在党建领域的独特传播优势和品牌优势，正是党刊综合传播力和竞争力所在。基于此，2014年11月起，南方杂志社更确定了党建垂直领域的思想运营者的定位，并提出加快推进媒体融合、突出党建专业特色的发展思路，持续提升党刊传播力和竞争力。

一、加强全媒体传播平台建设

移动互联网时代，党刊如何顺应媒体格局变革，强化主流媒体地位，是必须直面的重大挑战。

几年前，在自媒体短视频兴起的时候，南方杂志社的新媒体“小编”曾经发出过感慨：如果我们能做党建的“一条”，那该多好！

2015年5月18日，南方杂志社有了第一个微信公众号。如今的“南方杂志”微信公众号，对于广东省党员干部和公务员群体而言，是一个几乎每天必见的工作伙伴。这是因为南方杂志社在开设微信公众号之初就意识到：作为党刊，专注党建领域是党刊新媒体在细分市场上寻求差异化优势的重要突破口，并明确微信公众号“专注政治、政坛、政策；分享思想、理论、观点”的定位。

2017年初，在“两个融合”的框架之下，南方杂志社整合南方日报、南方网、南方+等媒体资源，提出打造“党建新媒体”思路，全力建设“广东最专业的党建全媒体传播平台”，由传统纸质党刊全面向新媒体转型。2018年，南方杂志社承办南方+客户端观点频道、党建频道，以此作为党建新媒体另一主力平台。同时，积极加强与学习强国、《求是》杂志、人民网、中国共产党新闻网、《党建》杂志等中央媒体，全国各兄弟党刊社，以及今日头条、企鹅号、网易号等市场化媒体的合作，立体构筑传统媒体与新兴媒体相互融合、线上与线下互相促进的党建全媒体平台。2018年2月，“党建新媒体”入选由国家新闻出版广电总局组织评审的全国报刊媒体融合创新100佳优秀案例。

微端平台搭台，原创产品唱戏。在拓展新媒体平台的同时，党建新媒体原创能力也在不断增强。2016年，“南方杂志”微信公众号首次推出反映练江治理的原创微视频纪录片《江望》；2017年，《春行山乡丨断掌养蜂人成“脱贫状元”》获得广东省新闻战线“走转改”活动优秀作品一等奖，是当年唯一获奖的微信公众号产品；为配合杂志封面报道《山与海：佛山干部在湛江》而度身订制的同题微纪录片，在新媒体首发后全网总观看量超100万。

在党建新媒体建设起步阶段，南方杂志社积极调动名记主笔作为新媒体原创先锋，重点打造爆款视频产品，推出《寻找最美第一书记》《党知部》《殷殷夜有声》《读•书记》等党建音视频产品。微信公众号粉丝量在一年内增长4倍，仅2017年量产视频产品近40部，总点击量超千万，多部专题视频作品实现了南方杂志社音视频产品从“0”到“1”的突破。

经过几年的努力和探索，南方杂志社党建新媒体如今在党建视频拍摄制作方面已经颇有心得，爆款、精品视频产品层出不穷。当初做党建版“一条”的畅想也正在成为现实。

2019年，南方杂志社党建视频团队的年度视频生产能力已超过50部。其中，中宣部资助优秀选题《粤港澳少年说》，是2019年全国新农民新技术创业创新博览会广东馆的官方宣传视频。2019年12月，推出广东省公安厅机关民警荣休暨新警入警仪式网络直播，在线观看人数将近20万，总点击量超过120万，反响热烈……

随着微、网、端各种新媒体平台建设逐步完善，产品生产能力不断提高，党建专题视频、动画、漫画、长图、H5、音频、VR展馆等全面开花，《南方》杂志已形成极具党建特色的全媒体产品矩阵。

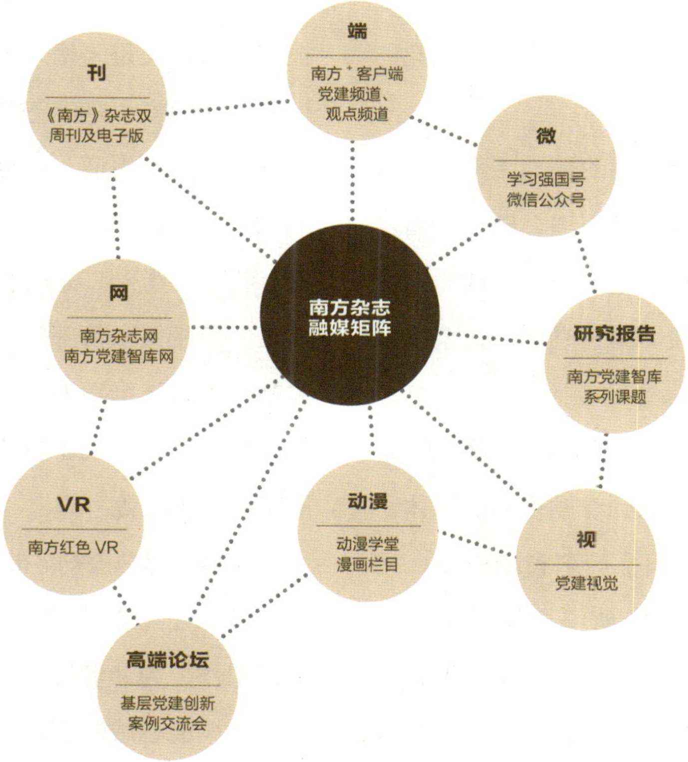

南方杂志融媒矩阵

二、加强主题宣传和舆论引导

媒体融合向纵深推进，优质内容依然是核心竞争力。《南方》杂志对此同样有着清晰的判断：加强党建内容建设，强化党建传播的精品意识，推动党建报道出新出彩，从而突出党建特色。

在2016年杂志改版的基础上，《南方》杂志进一步深化党建主题宣传的品牌化、栏目化、特色化，围绕决战决胜脱贫攻坚，推出了一批党建报道精品。

尤其值得介绍的是，《南方》杂志近四年持续跟踪报道，已在全省乃至全国脱贫攻坚工作战线形成一定影响的“寻找最美第一书记”大型主题报道。

《南方》杂志是全省最早关注第一书记并开设系列专题报道的媒体。2016年11月起，广东省扶贫办、南方杂志社共同启动“寻找最美第一书记”系列专题报道，组织采编骨干力量赴全省各地采写第一书记奋战在脱贫攻坚一线的生动故事，推出了《兄弟扶贫记》《山与海：佛山干部在湛江》等优秀作品，还创作并拍摄《扶贫在路上》“第一书记主题曲”MV，受到驻村干部、帮扶单位和广大读者的热烈欢迎。其中多篇作品获得广东新闻奖、全国党刊年度好新闻奖。《南方》杂志的“寻找最美第一书记”系列报道目前仍在持续开设，已有超过100名第一书记陆续亮相。这些第一书记，既是系列报道的报道对象，又是《南方》杂志的忠实读者。《南方》杂志的“寻找最美第一书记”系列报道，在全省乃至全国的扶贫干部群体中具有很大的影响力。特别是得到广东省委组织部、省扶贫办等相关主管部门高度认可，相关视频报道被推荐为中央广播电视总台《你好，新时代》融媒体作品大赛的特邀参评作品。

在精心做好深度报道的同时，南方杂志社注重以媒体融合思路抓好报道工作，为读者提供多样性新闻供给，多渠道达成情感共鸣，以文图、视频结合的方式深度展现扶贫攻坚一线的感人故事，在微端、网站、第三方平台上同步推送。2020年起，“寻找最美第一书记”衍生出系列新媒体子栏目《扶贫漫记》，以原创动画、漫画、长图的形式制作新媒体产品，整体风格既严肃又不失活泼。

除此以外，围绕中央提出的坚决打赢脱贫攻坚战的庄严承诺，《南方》杂志持续关注脱贫攻坚、对口帮扶、广东扶贫济困日等相关工作，并推出系列报道，获得了良好的口碑。这印证了《南方》杂志在党建垂直领域的传播力、影响力已具备相当优势；也印证了突出党建特色的党建专业报道，是党刊提升传播力的核心资源，是体现党刊价值的核心竞争力。

三、加强理论评论建设

党刊的深度，体现为思想高度和引导力度。集团高度重视理论评论建设，整合南方日报、《南方》杂志、南方网、南方+等优势媒体资源，着力打造南方理论评论高地。《南方》杂志深耕《南方•理论季刊》及《传习录》《政谭》等品牌栏目，既突出厚植深度，更强调深入浅出，持续推出揭示规律、指引方向、凝聚力量的系列特色原创评论，打造“南方原创评论”品牌。

新冠肺炎疫情发生以来，《南方》杂志推出“战‘疫’系列评论”，为营造万众一心、众志成城打好疫情防控阻击战的舆论氛围贡献了“南方力量”，为奋力推进“双统筹”夺取“双胜利”凝神聚气。其中，《复工的从容脚步写着中国的韧性与坚强》获《求是》杂志全文转载，这是《求是》首次转载广东省党刊评论员文章。这是南方杂志社近年来加强理论评论建设的缩影。

秉持加强理论建设的初心，《南方》杂志从2015年9月起，在原出版框架内每季度推出“理论季刊”，精神气质上与常规杂志一脉相承，又具有理论的沉静和专业。《南方•理论季刊》及每期正刊理论评论栏目积极倡导“行思兼备”的思想风尚和理论潮流，擦亮“理论粤军”招牌，为打造南粤理论的平台和高地助力。

在移动互联网端，党刊的理论评论同样有所作为。2016年5月，由南方杂志社承办的“观点频道”在南方+客户端上线。南方+客户端观点频道以时事热点评述、创新理论阐发和党建观点呈现为定位，突出传播思想观点的高、深、广、新、全，致力于做好主流党端的“压舱石”和宣传思想文化的新媒体理论评论阵地，在栏目定位、内容供给上，力争打造“四有”型观点频道。

理论季刊、评论专栏、观点频道，为《南方》杂志理论评论建设提供了“大展拳脚”的立体平台。南方杂志社以此进行深度探索，形成了“导向第一、目的明确，内容厚重、拓殖深度”，具有鲜明党刊特色的理论评论风格。

第二节
党建研究：助力全面从严治党

南方杂志社把“坚守省委机关刊定位，突出党建专业特色”作为高质量发展的基本路径。诚然，加强传播能力建设、创新党刊表达方式、推进媒体融合发展，已使《南方》杂志的声音比过去传播得更远。但南方杂志社对新形势下履行党刊职责和使命的追求并不仅于此。

关于如何进一步突出党建专业特色，提升综合传播力，南方杂志社有着新的思考和探索。2017年11月，南方杂志社牵头集团各类优势资源打造南方党建智库，汇聚广东一流党建学者、国内党建权威专家，积极探索传统党刊采编人员向党建研究人员转型，密切关注全省乃至全国党建领域的实践与创新，明确了“上级党委部门决策党建工作的参谋、机关企事业单位研究党建工作的助手、广大党员群众参与党建工作的平台”的工作定位。

一、以新型智库建设探索党刊智慧转型

党的十九大报告明确指出：“加快构建中国特色哲学社会科学，加强中国特色新型智库建设。”这一重要论述，是南方报业传媒集团打造南方党建智库的理论依据，是南方杂志社全力承办这一重点项目的根本遵循。

2017年11月，南方杂志社派出调研组前往北京，调研媒体智库、党政智库建设情况。在充分调研的基础上得出判断：目前广东省党建研究机构存在研究合力不强、无法满足基层党建工作需求等情况，难以较好地服务于广东省委“进一步把基层党组织建成坚强战斗堡垒”的工作目标。

为此，南方杂志社把建设好南方党建智库作为重点工作，并很快在集团党委的支持和指导下将其上升为集团重点项目，致力于依托传播优势在党建领域提供服务。

在全国党刊系统，南方党建智库是全国地方党刊首个党建智库，南方杂志社率先提出党刊“智慧转型”的发展思路。2018年12月，南方杂志社发起“全国党刊红色教育联盟”，将联盟秘书处与南方党建智库秘书处同步建设，统筹“全国党刊红色教育基地”申报和管理，在广东、四川、河北等地共设立11个红色教育基地。2019年，首次发起全国暨广东基层党建创新案例遴选活动，共征集到600多个省内外创新案例。

《中国新闻出版广电报》《传媒》《青年记者》等业界权威报刊多次撰文，持续观察南方党建智库建设，并作出积极评价，认为南方杂志社通过建设南方党建智库“参与社会治理，提供智慧服务”，“根据自身的特点及时转型”，“找到了合适的发展路径”，“助力新时代党的建设新的伟大工程，为基层党建创新贡献党刊力量”。

二、做各级党委部门的党建参谋

南方党建智库具体在做什么，如何助力全面从严治党、助力基层党的建设？从集团为南方党建智库明确的

三个工作定位中，可以找到答案——做上级党委部门决策党建工作的参谋、机关企事业单位研究党建工作的助手、广大党员群众参与党建工作的平台。

（一）为党建决策提供工作依据

在传媒智库的建设中，“智”的能力和水平是关键。智库的专家队伍由哪些专家组成，有怎样的研究能力，这是智库建设的核心，也是智库建设的基础工程。南方党建智库按照集团打造南方传媒智库矩阵的统一部署，在理念创新、团队建设和技术赋能三个方面不断提升智库建设的专业性和智库研究的深度、精度。2019年6月，南方杂志社成立南方党建研究院，特聘李忠杰、竹立家、党国英、韩冬雪等全国知名学者为“南方理论特聘专家”。目前，研究院紧密联系的省内外知名党建专家学者、南方理论名家近200人。同时，南方杂志社还推动党刊采编人员向党建研究人员转型，以专兼职结合、内外脑协同的方式形成了一支高层次的党建研究队伍。

南方党建智库定位明确、服务性强，符合组织工作需求。近两年来，广东省委组织部每年委托南方党建智库承担党建领域的第三方专题调研，包括广东省物业管理党建第三方调研、广东省镇街党校建设系列调研、领导班子政治建设课题研究等，并将课题研究报告作为省委制定相关党建工作决策的参考依据。

近年来，南方党建智库平均每年承担国家级、省级和地市级的党建项目约50个。2020年广东扶贫济困日前夕，南方党建智库与省扶贫办联合调研，发布广东扶贫济困日十周年调研报告，推出“6•30”活动十周年特刊及纪念画册，在广东省扶贫济困日活动主会场发布。通过承担上述党建研究课题，南方党建智库着力加强党建深调研，不断提升党建领域的课题研究能力。

（二）为基层党建提供智力支撑

凭借《南方》杂志多年来党建主题报道的深入积累和独特触角，南方党建智库深入基层剖析党建创新的鲜活样本，聚焦基层党建的建设经验和思考。两年多来，南方党建智库已与广东各地企事业单位合作共建12个基层党建研究基地，制定基地管理办法、建设标准和相关流程，作为南方党建智库向基层延伸，开展党建研究、教育培训的重要载体，并针对不同领域的党建实践推出研究报告、视频、党建空间等一批研究成果和融媒体传播产品。同时，着力打造一批高质量研究报告、高端论坛等党建服务标杆项目，进一步扩大了南方党建智库党建研究和党建宣传的影响力。

围绕提升党建研究能力和决策参谋能力，南方党建智库2020年上半年与广州市委组织部、广州市委党校等联合举办"羊城村官上大学"工程专题研讨会；在深圳市龙华区民治街道举办党建引领基层治理创新论坛；承办"粤治——治理现代化"2019—2020年度党建引领社会治理创新优秀案例的征集和评选，邀请专家深入基层观察指导基层党建；强化"红色视觉设计"设计能力，为广州、江门等部分党群服务中心和国有企业提供策划设计服务，拍摄党建工作宣传片等，为广东各级党组织全面从严治党提供智力支撑。

三、强化党建理论研究的传媒视角

相较于政府智库和高校智库，媒体智库最大的优势是媒体优势，了解基层，贴近实践，具有丰富的传播经验，可以通过有效传播提升智库产品知名度，扩大智库成果的影响力。

南方党建智库的党建研究，就是建立在南方杂志社党建深度报道基础上，针对基层党建实际，坚持问题导向的应用型研究，这也是媒体智库区别于学术研究机构的显著特色。在这个过程中，理论研究的深度也大大提升了媒体内容的深度。2017年11月，《南方》杂志精心编辑制作出版了学习贯彻党的十九大精神特刊《新时代新作为》，邀请中央党校原副校长李君如，中央党史研究室原副主任石仲泉，中央党校教授戴焰军、李俊伟，国家行政学院教授竹立家，北京大学马克思主义学院教授陈培永等知名专家学者撰文或接受专访，解读党的十九大报告。这就是党建研究与党建传播相互促进、良性循环的一个例证。

南方党建研究院是南方党建智库的党建研究核心，主要功能是统筹规划管理南方杂志社、南方党建智库的年度及中长期党建研究课题，并组织、指导研究人员具体实施推进。研究院下设三个研究中心，以统筹规划南方杂志社和南方党建智库重点研究课题，提升党建研究能力，服务智慧转型战略。

通过成立南方党建研究院、鼓励南方杂志社采编人员向党建研究员转型等举措，通过承担广东省委组织部布置的党建研究课题任务和承接各地各单位委托的党建课题等实战锻炼，南方党建智库着力加强党建领域，特别是镇街党校建设、领导班子政治建设、红色文化挖掘保护等专题深调研，不断提升党建领域的专业研究能力。2019年，南方党建智库专职研究员及特邀专家，先后针对广东社会组织领域党建工作、镇街党校建设工作等，采写多篇内参报道，承担国家级党建课题研究，得到上级机关的高度评价。

第三节 党建服务：重构融合发展闭环

开展智慧党建服务项目，既是党刊智慧转型需要，更是服务全面从严治党的政治责任。南方党建智库在做好党建传播、党建研究的基础上，发挥媒体深入基层、关注实际应用的特点，针对各级党组织的不同需求提供个性化、定制化党建服务，推出一批社会效益和经济效益“双丰收”的党建服务示范项目，探索出了一条融合党建传播、党建研究、党建服务于一体的发展之路。

经过两年多的实践探索，南方党建智库各项任务进展顺利，重构媒体融合发展闭环的效果日益体现。如在打造“广大党员群众参与党建工作的平台”方面，南方党建智库按照有关要求，为各级党组织策划、设计、建设红色展陈场馆，高标准打造江门市党群服务中心、增城国家开发区党群中心、广州市非公党建展馆等，为基层党员群众提供活化党建阵地、丰富文化内涵的“红色芯片”，有力推动全省基层党组织全面进步、全面过硬。

2019年12月，由南方杂志社发起的首届“守初心　担使命”全国党刊基层党建创新案例暨首届广东基层党建创新案例交流会在广州举行。此次活动得到了全国各地各级组织部门和基层党组织的热烈响应，经全国16家地方党刊和各地党委组织部门、专家的选送、评审，共征集到113个全国案例、近500个广东案例，体现了各地扎实推进基层党建三年行动计划的最新成果。此次会议上，南方党建智库发布了《强自基层——2019年广东基层党建创新力报告》。该报告从五个维度对广东基层党建创新案例进行了深入研究，总结了广东在基层党建创新中的路径方法和特色亮点，并展望了广东基层党建创新的发展趋势，是省内党建智库在该领域推出的首份研究报告。

结合此次活动，南方杂志社联合南方+客户端，推出“优秀党建案例线上点赞”活动及会议现场同步直播功能，在微信朋友圈形成刷屏风暴。

此次活动是南方杂志社发挥鲜明党刊优势、探索智慧党建产品形态的一次创新尝试，助力南方杂志社社会价值和经济价值双提升，打造了《南方》杂志党建创新案例遴选的品牌，不但为集团党建全媒体报道转型升级提供了新的抓手，也为广东推进基层党建工作提供了更加坚强有力的宣传舆论支持。

2020年，南方党建智库及集团“智慧党建”板块的党建服务，主要包括七个主要业务类型：

一是以基层党建研究基地共建、专家观察团等为代表的“党建观察”类。

二是以全国暨广东基层党建创新案例遴选、“粤治——治理现代化”党建类创新案例、深圳党建质量大奖等第三方评估评选活动为代表的“党建评估”类。

三是以党建视频拍摄制作、党建动漫制作、红色文化视觉设计等为代表的“党建视觉”类。

四是以“南方圆”红色文化空间、各地基层党群中心、各类党建展陈策划设计提升等为代表的“党建展示”类。

五是以全国党刊红色教育基地、党建培训、舆情培训、红旅等为代表的“党建培训”类。

六是以南方党建智库系列特刊、红色文化主题出版物、口袋书等为代表的“党建出版”类。

七是以南方党建智慧云平台、政务数据应用、党建新媒体矩阵建设为代表的“党建数据”类。

通过强化用户意识，重塑智慧党建核心业务，党建服务打开了新局面。2018年南方杂志社各项智库类策划、服务、产品，超额完成年度经营目标，智库类经营收入首次超过传统广告版面经营收入，成为党刊可持续发展新的“增长极”，智慧转型成效初步显现。

同时，南方杂志社与南方日报各地记者站、南方农村报、南方都市报、南方舆情数据研究院、289艺术传播公司等集团兄弟单位部门的党建类服务策划合作形成常态，报刊网端经营一体化格局初步形成，党建宣传、党建研究、党建服务之间相互支撑、相互促进的发展闭环已初步建立。

《南方》杂志在打造党建新媒体、建设党建智库等方面的探索，是观察党刊如何提升传播力、实现自身转型发展的样本。党刊只有从自身的特点和条件出发实现突破，才能实现全媒体的跨越式发展。党刊只有形成了自身独特的报道特色，拥有高质量的原创作品，才能形成刊物的核心竞争力，才能在新媒体时代占据一席之地。党刊等传统媒体有其自身的独特政治价值和社会价值，唯有与新媒体深度融合，实现优化组合、功能互补，方能留住并扩大用户。

总而言之，党刊的职责是传递党和政府的声音，正确有效地引导舆论。而《南方》杂志的融合转型实践则说明，新形势下党刊职责的完成需要借助新媒体、新技术、新平台，需要不断创新突破，整合优质资源，才能实现从“传媒”“融媒”到“智媒”的飞跃，提升党刊品牌的价值空间，进而提升党刊的综合传播力和可持续发展能力。

第二章

南方网：以“新闻+政务服务商务”实现突围

21世纪初，互联网开始在中国蓬勃发展。作为中央布局全国各省的互联网矩阵之一，南方网（southcn.com）于2001年12月13日以广东省委机关网身份应运而生，成为首批拥有一级新闻登载资质的全国重点新闻网站之一。

近20年来，南方网始终坚持改革创新，不断寻找突围之路。特别是近几年来，我们深刻认识到，媒体要实现可持续发展、更好履行职责使命，就要从党和政府的“喉舌”（宣传报道）向“大脑”（智库服务）、“手脚”（政务服务）等拓展，在为推进国家治理体系和治理能力现代化作出更多贡献的同时，谋得自己的产业发展空间。

在这种背景下，我们充分尊重并发挥南方网的资源禀赋，全力支持其深度参与广东“数字政府”建设，与南方日报、《南方》杂志、南方$^{+}$形成错位发展、此长彼长、此强彼强的媒体融合新生态。

南方网坚持实施创新驱动发展战略，对外打造高质量服务能力，对内打造高质量支撑能力，接连承接研发了广东省“政府网站集约化平台”、粤港澳大湾区（广东）大数据中心、“政务南方云”、“南方双创汇”等一系列新产品新平台新应用，在“互联网+治理”领域实现了全新价值。

服务能力的提升带来了营收能力的提升，2018年全网营收首次迈入“亿元俱乐部”。2019年营收再次破亿，并且收入结构更趋合理，其中技术研发收入占比约23.52%，互联网平台产品收入占比超50%。B端（企业用户商家）付费单位用户规模超过6000个，省直市场覆盖率达100%。营收能力反哺了内容生产能力，为南方网带来了广泛传播力影响力，流量最高进入Alexa全球网站排名前300位，形成良性循环。当前南方网已成为以新闻为核心的综合信息服务运营商，开通了中英双语版本，开设了60多个频道，业务范围涵盖信息发布、商业广告、电子政务、技术服务等领域，网民用户遍布全球各地。

2020年9月，中央印发《关于加快推进媒体深度融合发展的意见》，明确提出“探索建立‘新闻+政务服务商务’的运营模式”。南方网这几年的发展路径，正是对“新闻+政务服务商务”模式的先行探索，对各新闻网站增强自我“造血”机能具有积极借鉴意义。

第一节
产业升级：开发自研平台

21世纪前十年，随着互联网的迅猛发展，各级党委政府意识到，网站是打造联系群众重要桥梁纽带和宣讲解读方针政策、展现工作成绩形象的绝佳载体。开设网站，持续运营，逐渐成为刚需。同时限于各种条件，党委政府的建站运营工作大多需要以服务外包的形式，通过社会化、市场化手段解决，党政信息化市场开始启动。而当时南方网无论是在网站的后台架构、前台代码、安全防护等技术领域，还是在信息编辑、审核校对、发布机制等内容领域，以及在政策解读、联系群众、宣传形象等运营领域，都具备一定经验。需求供给，匹配吻合，南方网找到了“建站运营”这个盈利模式，一定程度上缓解了生存危机。

但建站运营业务本质上仍然是劳动密集型产业，体量小、利润低，增长空间不大。同时，南方网虽然是南方报业传媒集团的成员单位，但其资产和管理相对独立，没有真正融入集团，不能充分借助集团发展多年形成的强大内容生产能力和经营服务能力。

南方网必须结合自身优势，紧贴市场，探索出产业升级之路。

一、全面融入集团赋予南方网全新动能

2013年，南方报业传媒集团围绕传统媒体与新兴媒体一体化发展的目标，推进南方杂志社、南方新闻网整体并入集团。2014年，按照资源共享、优势互补的原则，加快南方网与南方日报深度融合的步伐，全力做强做大南方网。南方网对内要建设成为“集团转型发展的核心平台、集团品牌资源的集聚平台、集团融合发展的创新平台”，对外要建设成为“广东第一新闻门户、外界了解广东第一窗口、广东第一政民互动平台、广东网民第一资讯服务平台”。

全面融入集团赋予南方网全新动能。在与南方日报、南方$^+$实行“内容一体化生产”“技术一体化支撑”“经营一体化统筹”的运营模式后，南方网综合实力和竞争力大增。依托和整合集团优势媒体资源，南方网全面满足用户丰富多样的新闻服务、信息服务需求，提高了传播力、引导力、影响力、公信力，与南方日报、《南方》杂志、南方$^+$客户端共同构成“一报一刊一网一端”党媒立体宣传格局和融合转型生态；全面升级电子党务政务服务和电子商务服务等多层次、多元化的服务能力，提高了经营能力和市场竞争力，经营规模和利润实现跨越式增长；全面加快企业化改造，成为合格的市场主体和承载集团战略转型的经营支柱之一。

二、找准产业升级突破口

为了让南方网、南方$^+$实现错位发展，我们经过深入分析研究，从当时南方网已有的探索积累出发，决定全力支持南方网以承建广东“政府网站集约化平台”为突破口，全力参与广东“数字政府”建设，探索建立全新

的“新闻+政务服务”运营模式。

“数字政府”内涵外延十分宽广，政府网站作为“数字政府”的载体之一，具体业务层面包括信息公开、政策解读、交流互动、网上办事等，要求承建单位有较强的内容生产传播能力、技术支撑服务实力。

南方网通过对全省各级政府网站进行实地调研和细致分析，确定了发力点在于建设政府网站技术平台。一直以来，政府网站由各级政府部门各自建设，管理分散，不同的技术后台、不同的数据格式、不同的业务流程，形成一个个信息孤岛和数据烟囱，与“数字政府”和“放管服”的政策方向差距甚远，亟需一个统一的技术平台，对全省所有政府网站进行统一管理。南方网之前一直从事党政网站运营，在政务服务领域的政策理解和实际业务上都具备独特优势。

三、打造能打胜仗、敢打硬仗的全媒体团队

明确了着力点后，南方网全面全力补齐技术短板、做足长板。一是扩充技术队伍，以产品研发为中心，补全产品经理、架构师、代码、测试、文档等必备岗位。二是完善技术资质证照。广东省党政信息化项目对外采购服务的市场化程度高，公开招投标竞争激烈。集团加大对南方网的扶持力度，在一年多时间内拿到了ISO（国际标准化组织）、“高新”、“双软”等信息化研发必备资质。三是对市场上主流网站系统进行技术逻辑解构，做到知己知彼，百战不殆。

南方网充分发挥拥有党政网站多年运营经验的优势，主要完成以下几项工作：一是对标政策和业务需求进行平台架构和功能设计。二是深入研究国务院办公厅和省政府办公厅有关政务公开的历年政策。三是联系各地政务公开主管部门，展开具体需求实地调研。四是对接业内著名的“数字政府”相关研究机构，深入了解学习最新理论研究成果。

经过培训和实战演练，南方网这支由技术和内容采编人员组成的全

媒体产品研发队伍，成为建设政府网站集约化平台的重要力量。从利用互联网思维和技术推进治理体系与治理能力现代化的角度看，“数字政府”是一个强政策引领和强业务驱动的综合性系统工程，难点并不在于技术研发、设备设施，而在于政策研究、顶层设计、制度建设和持续运营。而原有市场的供给侧绝大部分都是技术厂商，普遍存在“强研发弱设计、强运维弱运营、强技术弱业务”的缺陷。而这些恰恰是南方网深耕“互联网＋治理”领域，多年积累传播能力的优势所在。

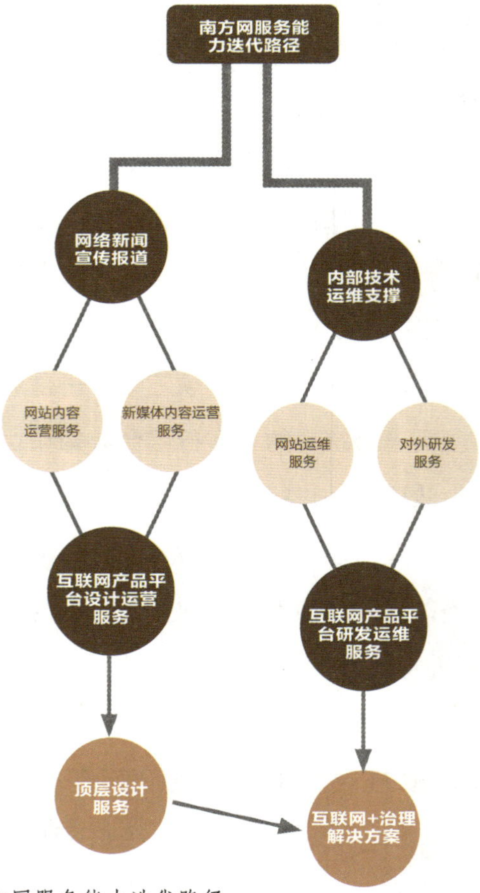

南方网服务能力迭代路径

四、成功研发产品中标“数字政府”项目

2018年，国务院办公厅下发《政府网站集约化试点工作方案》，要求广东作为试点省份之一，推进集约化试点工作。同年，广东省政府办公厅印发《广东省“数字政府”建设总体规划（2018—2020年）》和“实施方案”。这两个方案清晰地证明，南方网选择政府网站技术平台为发力点是非常精准的。

从2017年到2019年，经过南方网近两年的研发投入，具备独特的“榕树形”创新生态架构的“政府网站集约化平台”顺利诞生，可以满足政府网站统一标准体系、统一技术平台、统一安全防护、统一运维监管的痛点需求，并通过内设的信息资源库、实时智能监控、API（应用程序编程接口）中心等模块，创造性地实现不同政府网站之间的数据融通、服务融通、应用融通。而且无论是架构设计、功能操作，还是系统性能、技术指标都大幅超越市场上其他同类型产品。

2019年8月，经过多轮专家评审，由南方网融媒体产品团队自主研发的“政府网站集约化平台”中标，成为广东省政府网站集约化试点工作选用的唯一平台。2019年底，全省588家政府网站及2999个政务新媒体全部迁移到平台上，实现平稳运行。广东省政府门户网站和广州市政府门户网站使用集约化平台后，在国务院办公厅进行的政府网站评比中双双获得省级全国第一、市级全国第一。广东省政府门户网站自1999年建立后，在全国政府网站第三方评比中一直排名中游，与广东网络强省、数字经济强省地位不相匹配。2006年南方网接手运营后，网站排名迅速进入全国前十，现在则是全国第一，受到广东省政府主要领导长篇批示肯定。

同时，集约化平台信息资源库融入电子政务云的底层数据资源池，成为广东省“数字政府”的重要数据来源，为数字政府其他应用提供宝贵的数据资源。比如面向企业提供服务的“粤商通”App，其中涉企政策数据

就是来自集约化平台的信息资源库。另外，广东省政府网站集约化平台是一个动态系统，需要持续稳定进行技术运维和平台运营。作为平台研发方，南方网也顺利中标技术运维和平台运营项目。

经此一役，南方网拥有了第一款真正意义上的产品平台，具备了大型综合性政务技术系统的独立自主研发能力、技术运维能力和平台运营能力。新的服务能力，开拓出新的业务领域，催生出新的市场项目。从2019年开始，南方网为广东一大批党政机关单位提供了新的政务服务，比如向省妇联的“南粤女声”业务平台提供设计研发服务，向省委组织部的广东党建云平台提供平台运营服务，向广州市政务服务数据管理局提供技术运维服务等。

第二节 多元开拓：反哺新闻传播

随着技术实力的提高和经营能力的反哺，南方网在网络舆论宣传这个主责主业上迎来了创新突破。

一、构筑党网分发闭环，定制传播“联名爆款”

党政网站及政务新媒体在互联网传播生态上具有非常重要而独特的地位，既是权威信息的第一来源，又是传播链条上的重要一环。媒体生产的内容产品只要被党政网站及政务新媒体转载，在传播力和影响力上都具有放大效应。同时，党政网站及政务新媒体由于业务原因，原创稿件数量不足以支撑每日更新，因此对来源安全的可转载稿件存在刚需。

南方网利用承建并运营省内多个党政网站及政务新媒体的天然优势，通过平台供稿、数据供给、并网直播、联名生产等多种手段，在南方报业传媒集团与广东党政网站及政务新媒体中间搭建起一条新闻信息数据链路，既满足了党政网站及政务新媒体安全用稿、数据采集等刚需，又为集团原创精品内容建立了一个权威独特的传播渠道，并获得传播力和影响力的权威加持，使集团的精品原创内容与党政网站、政务新媒体的党务政务公开在传播链条上形成良性互促的闭环。

如在2019年广东省两会期间，南方网、南方⁺与广东省人大常委会官网、官微联合推出了《广东人大这一年》新媒体作品，采用视频+动漫的方式，将广东省人大常委会工作报告中的立法工作、监督工作、代表工作、自身建设、2019年工作部署等进行分类梳理呈现，用文字、数据等作简要清晰的介绍，作品的二维码链接同步印刷在省十三届人大二次会议的常委会工作报告第一页的右上角。耳目一新的传播方式，为参会代表更好了解省人大常委会过去一年的工作提供了便捷的途径。

在2020年抗疫报道中，南方网、南方⁺与广东省委组织部官网推出了5组共40张网络海报，展示广东不同行业的党员齐心抗击疫情的动人瞬间和心理独白，全省各级组织部官网、官微全体转发。国家哀悼日当天，南方网、南方⁺再次联合省委组织部官网推出《清明节，让我们向英雄致敬》与H5新媒体作品，缅怀因参与抗击疫情而牺牲的党员干部，在全省各级党组织中引起了强烈反响，获得了600多万次点击量。

二、建设全景虚拟网络展馆，沉浸式展现重大主题

云计算、大数据等技术的发展使得“云经济”方兴未艾，展览、展会、展馆“上云”成为潮流。南方网紧紧把握发展趋势，积极承建网络展馆，采用全景虚拟网络展馆的形式，对重大主题宣传的形态载体进行沉浸式展现。2018年、2019年，南方网连续承建“大潮起珠江——广东改革开放网上展馆”和“港珠澳大桥网上展览馆”，总浏览量突破1亿，累计500万网友点赞，留言评论高达10万多条。

“大潮起珠江——广东改革开放网上展馆”根据主题宣传需要，创新制作了5种浏览模式和6个主题分馆，用多种手段，从多个角度，精选实体展馆中的42个展品，通过37个短视频、2000多张图片，让网民切身感受五星级的“视听盛宴”。网民不仅可以在360度全景虚拟现实、展品精选、图片展板、精选视频、语音播放等模式中根据个人喜好动态浏览，还能在粤港澳大湾区、广东科技创新、生活变迁、影像印记、艺术作品等多个主题分馆，充分感受内容更加生动鲜活、内涵和外延更加丰富、与参观实体展馆截然不同的全新体验，从展馆里的视频、动画、H5、航拍、3D场景、图文中，感受广东改革开放以来辉煌的发展成就。

而“港珠澳大桥网上展览馆”则没有实体馆，只有一座跨海大桥，给网上展馆的表现形式带来了更大想象空间。该展馆创新汇聚采用三维CG（计算机动画）、VR、H5、游戏、音视频等多媒体技术，通过3D虚拟导览员的解说引导，为网民构建身临其境又富含妙趣的游览体验。网民可以从海上、桥上、空中、水中等多个全新视角参观港珠澳大桥，也可以从建设过程、技术含量、科普知识、建设者事迹等多个维度深入了解港珠澳大桥，多种途径感受和了解港珠澳大桥建设过程中“逢山开路、遇水架桥”的奋斗精神、勇创世界一流的民族志气和挑战工程极限的自主创新能力。特别值得一说的是，在3D虚拟导览员引导参观的主线之外，网上展馆还巧妙地设置了一条参观副线。网民可以点击展馆右下角的地图，进入游客视角，通过实景航拍和三维虚拟两种方式游览港珠澳大桥上的7个标志性景观，充分感受跟实际行车游览截然不同的震撼体验。

三、打通跨境落地渠道，借“外”力讲中国故事

“讲好中国故事”是新时期中国加强对外交流的重要举措，事关中华民族伟大复兴与国家软实力的提升。

在现代世界格局中，西方世界的话语体系以及西方媒体的涉华报道中，对中国的误解偏见普遍存在，由此形成的国际舆论环境对国家的发展十分不利。因此，要讲好中国故事，就必须要回答好“在什么地方讲？”“谁来讲？”“听不听得懂？”这三个问题。

近年来，南方网发挥旗下南方英文网的优势，积极创新与海外多家媒体的合作方式，精心策划一系列新媒体爆款作品，同时做好在粤本地外国人的信息服务工作。在这个过程中，不断推进国际传播能力建设，增强国际舆论话语权，向世界展现一个真实、立体、全面的广东。

南方英文网自2016年起便开始着重培育海外社交媒体账号，在推特、脸书、图片墙三大平台开设今日广东英文账号，通过多组“南方拍客看广东”高精度图片、英文版《70秒云上瞰广东》系列短视频、英文版《云端之上　锦绣南粤》短视频，展示广东省21个地级以上市的壮美河山，并对广东优秀文化、旅游资讯、社会发展进行持续报道，同时积极与海外读者进行互动。截至2020年，该账号已拥有超过19万粉丝。

既要走出去，也要请进来。在粤港澳大湾区建设迎来新的历史性机遇的背景下，南方英文网围绕“一带一路”和湾区建设，与东南亚媒体、中国台湾地区媒体开展联合采访及文化周等一系列交流活动，有效搭建起海内外媒体沟通的桥梁，实现海外活动落地，同时为广东省对外讲好湾区故事、带动更多优质资源参与一流湾区建设起到了良好的宣传推介作用。

南方英文网还让“老外”当主角，以亲历共情传播中国声音。2019年是新中国成立70周年，南方英文网以全球各地外国人在广东工作、学习、生活的真实故事为内容，推出“China Do Re Mi（中文名：中国音阶）”外宣融媒体策划。七声是最常用音阶，每弹完一个七声音阶将提高一个八度，十分符合新中国在成立70周年的重大节点上，进一步深化改革和扩大开放，更上一层楼的寓意；

而音乐也是世界通用的语言，符合融通中外的外宣理念。在采访人物选取上，南方英文网精心策划，以初心、创新、匠心为主线，每10岁为一个年龄段，采访了10—70岁的7位外国人，以年龄从小到大的顺序排列成上行的“中国音阶”。“中国音阶”在南方英文网首发后引发海内外强烈关注，被美国广播公司第7频道、美国消费者新闻与商业频道（CNBC）第21频道、日本每日新闻、法新社日本分社、新德里日报等223家媒体平台转载，全网点击浏览量超过5000万。

南方英文网做好本地外国人的生活信息服务，通过他们的口碑传播让更多外国人感知中国温度。2020年注定是令人刻骨铭心的一年，新冠肺炎疫情暴发后，南方英文网积极与省新闻办、省外办合作，每日向在粤外籍人士推出中、英、日、韩、俄、德、法、西、阿9个语种的疫情通报稿件和防疫卫生健康图解《怎么防范新冠肺炎》，通过省新闻办广东声音对外传送机制广泛传播，引起多轮转发；同时策划制作《最美逆行者》《总领事谈广东抗疫》系列英文视频及海报，在南方英文网及海外社交媒体等多平台推出。在本地外国人社区实用信息推送服务方面，南方英文网精准覆盖广东全部66国驻穗总领事馆、商会等外国驻穗机构和在粤外国关键意见领袖，通过英文网官微GDToday每日推送实用信息，获得在粤外籍群体的高度关注和广泛传播。

第三节
深入研发：更新商业模式

南方网通过深度参与广东“数字政府”建设，服务能力、采编能力上了新台阶，营收也连续两年跃入“亿元俱乐部”，全网面貌焕然一新。但严格来说，南方网只是找到了盈利路径，其商业模式并无大的突破创新。基于互联网提供标准化的产品服务，是互联网企业区别于传统IT公司的重要特征，也是南方网应该构建的低投入、高产出的新商业模式。

2020年，南方网对互联网产品市场进行深入调研，围绕广东各级党政部门对“互联网＋治理”的刚需，对南方网多个维度的服务能力进行产品化、云端化的设计研发，探索打造具备互联网逻辑的新商业模式。

一、对南方网发展路径的再思考

首先，从市场需求角度完善南方网的服务模式。一是紧扣集约化平台闭环。在政务公开领域，集约化平台已经成为全省各级政府部门相关工作的闭环，而且需要对标国务院办公厅对各地政府网站及政务新媒体越来越严格的管理要求。对于省直和地方各级政府网站及政务新媒体的主办单位而言，免费使用的集约化平台虽解决了及格达标的问题，但在对标优秀和管理高效上仍存在刚需。因此，依托集约化平台打造满足这一刚需的创新产品，有望获得可观的市场回报。另外，党务、群团、事业单位等领域的网站及新媒体，也存在着集约化的需求。二是智能化。服务能力的产品化，在某种程度上，就是使用算力代替人力、自动代替手动。尤其是在重复性高、机械烦琐又要求细致不能出错的工作领域，使用智能化产品，既能减轻负担，又能大幅提高效率和准确率。三是数据化。通过对大数据进行交叉互现、多维标注、频谱分析，可以提供智能监控、决策参考逻辑支撑等服务。同时，为社会经济提供数据资源的公共服务也是“数字政府”的重要职能。四是差异化。互联网是一个竞争异常充分的开放市场，“互联网＋治理”领域早已成为一片竞争的“红海”。南方网产品服务必须具备差异化，才能打开市场。

其次，从技术研发角度升级南方网的服务能力。南方网虽然已经初步具备对大型综合性系统平台的技术研发能力和经验，但从互联网业界标准看，仍属稚嫩。而且研发是一项投入大、风险高的系统工程，既要有前瞻性，适度超前，又必须实事求是，脚踏实地。切忌好高骛远、异想天开，切忌仓促上马、孤注一掷。因此，南方网技术研发要遵循几个原则：一是自主研发。即使核心功能需要接入外部能力，也要在整体架构设计、产品逻辑或者差异化特色功能上有自主性，不能受制于人。二是低烈度研发技术路径。尽可能选择低烈度研发技术路径实现产品能力，以巧取胜，不求一步到位，研发的世界里没有"一出生便风华正茂"。三是敏捷开发。以用户的需求进化为核心，快速迭代、循序渐进，持续交付。敏捷不只是快，更是规避风险。四是平台化。产品服务追求标准化，而非碎片化。设置可以个性化，需求不能个性化。需求不能只是满足单个用户，而应来自大多数目标用户。

再次，从商业模式角度理顺南方网的盈利逻辑。互联网产品区别于传统IT产品的重要特征是通过云端提供服务，除了不断创新产品外，收费模式是构成新商业模式的重要核心。南方网正在推动建立基于云端的增值收费模式，即将创新产品部署在自有的云资源上，通过云端的界面、数据接口及账号提供产品服务，收取年度租用费用。基于云端的产品收费模式，既可获得稳定的收入，又大幅降低了产品技术运维的人力成本，仅须支付低廉的云资源成本，便能使产品的边际成本急剧递减，利润大幅上升。

最后，从激发活力角度改革南方网的激励机制。新的产品、新的商业模式，需要新的机制与之相适应。如前所述，创新增值产品不但需要持续投入云资源、技术运维、迭代研发等成本，还需要懂政策、熟业务、会产品的跨界团队进行持续运营，以不断提升产品力。衡量产品好坏的一个重要标准就是利润收入。因此，必须把产品团队考核与产品的市场利润收入紧密挂钩。产品收入利润高，其销售和创意、研发、运营团队都应该共同分享，吸引更多部门、更多员工参与创意、研发、运营更多的创新产品，积蓄创新的可持续发展动能。

二、多个互联网产品取得不俗销售收入

2020年，南方网推进了一系列改革举措，打破内部各部门边界，以产品为中心，组成了包括市场、售前、设计、研发、运营在内的虚拟团队，一个产品一个团队，面向“互联网＋治理”领域陆续推出多个以云端服务、年度租用为模式的极具潜力的互联网产品。其中不少产品一经推出，即获得市场认同，取得不俗的销售收入。

1. 内容安全卫士

这是一款专门为党政机关、企事业单位设计的内容智能识别与错误筛查工具，支持对文本对象进行多样化检测，帮助用户快速发现文本的错敏字、错别字、专用称谓等不同类型的错误，提供“一站式”服务的内容安全解决方案。截至2020年9月，内容安全卫士已为7家党政机关单位、300多名用户提供服务。

2. 新媒体矩阵管理平台

该产品能在平台上为购买服务的客户实现数据监控、指令流转、内容发布、信息安全检查等功能，让政务新媒体平台内容管理者的工作更高效。产品包括新媒体账户数据传播监控、通知指令可视化协同管理、网络热点新闻实时捕捉、基层单位新闻素材有序流转、用户资料快捷编辑五大功能模块。截至2020年9月，该产品已为22个党政机关单位、500多名用户提供服务。

3. “智慧党建南方云”

这是以南方$^{+}$客户端为使用载体，由南方网和南方$^{+}$技术团队共同研发的智慧党建平台型产品。平台建设了统一的党员用户中心，全面支持机关、高校、社区、两新等各类型基层党组织快速入驻，各单位只需提供党组织架构和党员基本资料便可成为智慧党建南方云平台的用户，入驻单位的党员初次使用平台只需通过手机号码＋验证码注册登录。已登录南方$^{+}$的党员用户在其所在党组织入驻平台后，即可无感登录进到各自所属党支部，在线完成各项组织任务。截至2020年8月19日，平台已累计入驻11家单位，为全省152个党委、1779个党支部、35 181名基层党员提供服务。

4. 智能监控数据大屏

这是利用大数据、云计算等新技术，为全省政府网站和新媒体运营主管单位精心研发的一款全媒体矩阵关键数据智能监控可视化平台产品。它对照国务院办公厅和省政府办公厅关于政府网站检查考评的指标要求，为各地级以上市政府网站主管单位和全省各政府网站主办单位提供政府网站及新媒体日常运维实时监控，对不符合更新、互动等指标要求或即将超出指标底线要求的网站进行实时警报和提前预警。该产品已应用在省政府办公厅政务公开中心数据大屏和广州市政务数据服务管理局数据大屏上。

5. 政务知识智能搜索

编制政务知识图谱，研发智能型搜索引擎。针对集约化平台上不同层级、不同来源、不同类别数据进行智能化、标签化重构，通过语义解析快速分析出用户搜索目的，主动向用户推送相关的政策及服务，打造政务搜索领域的“百度”级产品。该项新应用已在广东省政府门户网站改版中首次上线使用，助力广东省政务公开工作继续走在全国前列。

6. AI虚拟主播

产品引入领先的AI智能语音合成技术，将枯燥的文本转换为流畅、清晰、自然和具有表现力的语音，通过打造新闻资讯播报场景的高质量特色音库，让音箱、手机、平板等设备化身专业主播，随时随地为用户播报新鲜资讯，打造“视+听”阅读体验模式。

7. 政务智能助理（千人千网）

对政务智能助理进行升级，为政务网站打造用户智能化个人空间。根据用户浏览习惯、关注兴趣、查询历史等行为轨迹，通过绘制兴趣图谱预判用户潜在需求，围绕单个用户关注的方向进行数据动态组织，提供个性化的信息聚合与服务推送，为个人和企业“记录一生、管理一生、服务一生”。

5G时代呼啸而来，人工智能等新技术迅猛发展，万物智联的时代加速到来。我们相信，未来南方网在集团深度融合的强大赋能中，在“互联网+治理”领域还有更大作为。

第三章

南方农村报：开拓“三农”垂直市场广阔空间

南方报业在业界以“内容结构合理”著称，旗下既有党报、党刊、党网、党端，又有植根于珠三角区域的都市类媒体、面向知识分子的精英媒体，更有“为农民说话，为农业服务”的垂直媒体《南方农村报》，非常符合现代传播的分众化、差异化趋势。

《南方农村报》是南方日报社于1963年1月最早创办的一份子报。南方农村报多年来追求报道大众化、内容接地气、经营市场化，深度服务“三农”工作，成为我国“三农”媒体中的领先者。

但毋庸讳言，在集团的媒体矩阵中，南方农村报一直给人“边缘化、草根化”的感觉，传播力、竞争力的提升存在“天花板”。近十年来，移动互联网的勃兴让南方农村报能够突破传播的时空限制，迎来发展壮大的重大机遇。而随着国家一系列乡村振兴政策措施的出台落地，我们充分认识到农业不只有解决吃饭的功能，还有休闲、环保、娱乐、康养、教育等功能，农业可发展延伸出二三产业及多种业态，南方农村报也应该由农业小闭环向农业一二三产业融合的大闭环延伸，信息传播可以更精准，产业服务可以更贴近，智库建设可以更有作为。

因此，从2017年起，南方报业传

媒集团与广东省委农办共同牵头成立广东乡村振兴服务中心，交由南方农村报具体承办。集团全力支持南方农村报以此为突破口，加快智慧转型，深耕垂直领域，壮大综合实力。南方农村报以“讲述广东乡村振兴好故事，发出广东乡村振兴最强音”为宗旨，以“建设最大涉农信息输出港，争当乡村振兴服务排头兵”为目标，大力发展融媒体，培养核心用户当传播枢纽，深度服务利基市场，构建产业生态圈，实现媒体与产业融合，为产业及广东乡村振兴战略的实施提供高品质、专业化、特色型的智慧服务。三年多来，南方农村报实现了四个“打破”——打破媒体间的边界，打破媒体与产业的边界，打破省内与省外的边界，打破城市与乡村的边界，以高质量的垂直服务走向更为广阔的新天地。

伴随着南方农村报的传播力、服务力不断提高，广告及活动收入也节节攀升。2018年底南方农村报的营收首次突破亿元大关，成为国内难得一见的“亿元农媒”；2019年底再次破亿，实现营收1.45亿元，比2009年的1460万增长了8.9倍。

我国是农业大国，全面建成小康社会，最艰巨最繁重的任务在农村，最广泛最深厚的基础在农村，最大的潜力和后劲也在农村。然而在当今非常发达的媒体市场中，专门为农业、农村、农民服务的媒体却少而弱，这有市场的特殊原因。南方农村报以顽强的生命力，不但解决了自身生存问题，而且走上了良性发展之路，在服务乡村振兴的同时，也成就了自己的发展奇迹。

第一节
传播服务：打造涉农信息输出港

相较于都市类媒体，南方农村报更早地感受到危机。一方面，随着通信方式、物流形式的升级，农村邮路成本不断提升，报纸下乡反而较以前更加困难；另一方面，涉农企业是南方农村报的客户主体，在企业能借助新兴媒体平台自行发布信息后，南方农村报的媒体渠道优势不断被弱化。

危机到来，转型势在必行。南方农村报提出打造“独特价值的‘三农’综合服务商”的目标，以服务“三农”为中心，布局融媒体建设，探索媒体与产业的融合，不断提升自身服务能力。目前南方农村报的融媒矩阵有一报：《南方农村报》；一刊：《农财宝典》；一网：南方农村报网，并负责运营南方网的乡村振兴频道；南方⁺：负责运营南方农村报、

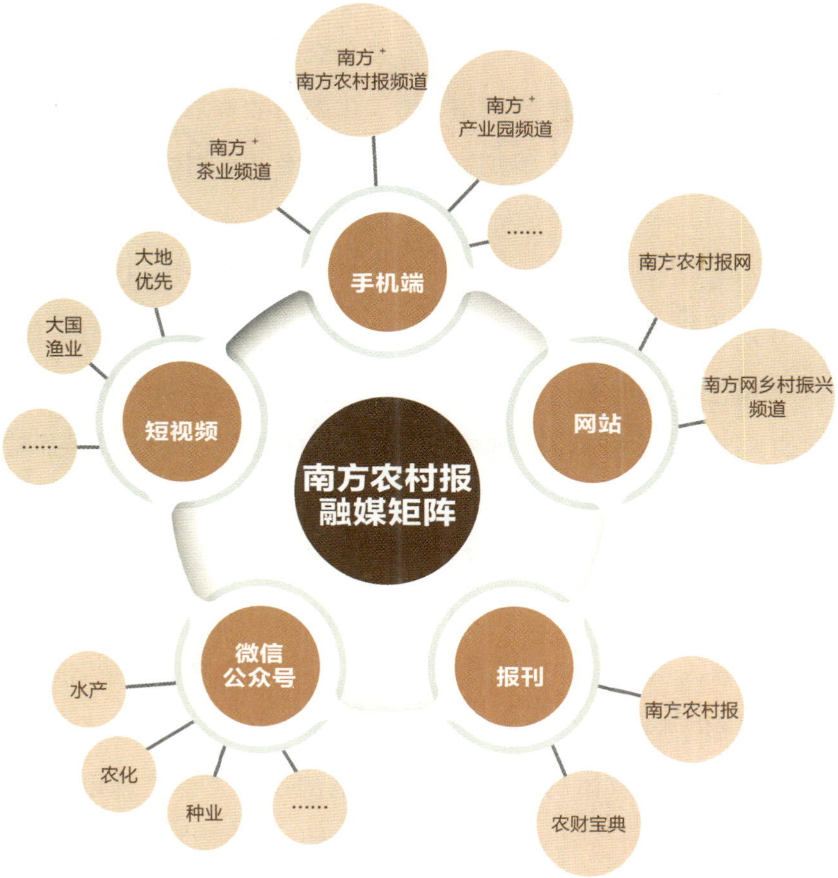

南方农村报融媒矩阵

产业园、茶业三个频道，另有南方号“粤品越有味”“法治前沿”“花木宝典”“达摩院Dmotor”“一村一品”等；系列微信公众号：根据产业细分市场，开设了十数个产业公众号，柑橘、香蕉、猪、鸡、水产、种业、农化等细分行业公众号影响力全国第一；短视频号：在抖音、快手等多个短视频平台上开设了“大地优先”“大国渔业”“优质肉蛋奶”“懂茶家族”“农财君”等短视频号。

一、用户分众化、精准化

媒体在农村有市场吗？答案是毋庸置疑的，而且潜力非常大。根据第三次全国农业普查主要数据公报，2016年，全国共有204万个农业经营单位、398万规模农业经营户、31 422万农业生产经营人员。超过3亿的涉农专业用户，我们能抓住多少？分众化、精准化，是涉农媒体的必然选择，也是天然优势。

早在2002年，南方农村报创建《养殖宝典》，聚焦华南养殖业，就是最初分众化的尝试。随后十余年，《养殖宝典》变成了《农财宝典》，《农财宝典》又化身为数个细分版本——畜牧、水产、种业、农化、茶业等。微信出现后，以其为代表的社交工具以及智能手机为南方农村报打开了前所未有的广阔天地，内容进一步分众化、精准化、精细化。

南方农村报设十数个专业产业小组，专注于柑橘、香蕉、荔枝、龙眼、玉米、火龙果、芒果、葡萄、小龙虾、大闸蟹、加州鲈鱼、石斑鱼、生鱼等细分产业，同时重塑采编流程，实现在融媒体传播语境下“一次采集、N次加工、多元化传播与多终端适配”的生产方式及流程，在多个平台进行内容分发，竭力打造具全国影响力的涉农信息输出港。

一个细分产业的微信公众号，聚集了这个产业从“种好”到“卖好”整个链条的资源，辅以专业微信社群，为从业者提供最专业的信息服务外，还提供了业内难得的资源整合交互平台，所以部分细分产业微信公众号开设两三个月就能积累活跃粉丝量10万＋。

依托移动互联网，南方农村报传播力大增，立足广东，走向全国，用户覆盖全国34个省（区、市），柑橘、香蕉、猪、鸡、水产、种业、农化等细分行业公众号影响力全国第一。

二、立体传播探索新模式

2017年，南方农村报在南方⁺客户端开设乡村振兴频道，与南方⁺融合，进一步实现立体传播。2019年，南方农村报在南方⁺上直播138场，平均每2.6天直播一场，并实现多地同时联动直播。

南方农村报没有自建App，把资源逐渐转移到南方⁺上，南方农村报会否淹没在南方⁺中，以后只有南方⁺而没有南方农村报？只认南方农村报的用户会不会因为不认南方⁺而流失？这其实也是南方⁺与集团各媒体融合发展过程中遇到的共性问题。为此，南方⁺开发了“频道首页化”功能，而南方农村报也将乡村振兴频道改为南方农村报频道，通过“频道首页化”功能，可以将“南方农村报”添加到手机桌面上，从而将南方⁺App变成南方农村报App，实现了从“你中有我，我中有你”到“你就是我，我就是你”的深度融合。

如今，南方农村报通过南方⁺开展定向定点传播，强化有效辐射，“新闻报道＋直播＋深调研报告＋研讨会＋活动或产业链大会或展会”已成为垂直领域里的“南农模式”，为专业用户提供了深扎根、高质量、广传播的融媒服务。

南方农村报在深度服务“三农”的同时，还通过南方⁺连接城市消费者，根据用户需求加强对农博会、种博会、农民丰收节以及猕猴桃节、西瓜节、鹰嘴桃节等农产品活动的报道，建立、宣传农产品品牌的同时，也让城市消费者对农业农村有新的认识。在以实际行动推动城乡融合的同时，也增强了城市用户对南方农村报的认知度，延展了南方农村报的传播力。

三、探索直播新业态

新冠肺炎疫情发生后，南方农村报充分发挥专业优势，迅速开辟保障民生“第二战场”，自正月初五起，以几乎每天一场直播的频率，推动“保供、稳价、安心”产销对接活动，助农开拓农产品销售新渠道，推广广东优质农产品品牌等。同时充分利用南方报业的传播优势和行业资源优势，将政府、现代农业全产业链、互联网平台、网红、MCN（多频道网络）机构等联合在一起，在特殊时期进一步增强党报集团的影响。

直播农产品供应稳民心。受新冠肺炎疫情影响，2020年春节期间全国多地蔬菜、肉类等供给出现短时紧缺的情况。大年初五起，南方农村报即组织采编力量奔赴中山，广州南沙、从化，佛山南海，清远佛冈，云浮罗定、云城等地，深入生产基地、商超、批发市场，联合多个网红开展公益直播18场，真实展现广东农产品供应充足的情况。活动参与累计超过1亿人次，单场直播在线人数最高达150万＋。

让扶贫产品“出山入湾”。随着疫情发展，农产品“销售难”问题凸显，扶贫产业受到冲击。南方农村报记者多次走进贫困村的扶贫产业基地，直播扶贫产品的种养情况，请驻村干部带货。记者甚至直奔贵州乌蒙山，直播广东帮扶的贵州纳雍扶贫鸡养殖基地，在南方⁺直播当天带货量已破千单。2020年4月起，南方报业传媒集团和省网信办、省农业农村厅、省扶贫办联手，南方农村报与地方具体承办，在梅州、清远、茂名等地组织开展广东“助力脱贫攻坚　共建美好时代”扶贫助农公益活动，全网总阅读量高达1.5亿，实现线上销售256万元，带动线下销售1100多万元。

助力企业开启“新零售模式”。在疫情影响下，涉农企业面临传统销售渠道不通的困难，南方农村报策划一系列直播活动，带着采购商走进企业种养基地，采购商现场谈交易，普通消费者线上下单，助力涉农企业复工复产，开启“新零售模式”。4场直播促成超过10万斤对虾销售，总额超过300万元；超过10万斤石斑鱼销售，总额超过250万元；2000万尾虾苗销售，总额近100万元。

第二节
专业服务：推动媒体产业融合

南方农村报以“专业为农业服务”为理念，与产业深度融合，在融媒时代以生态系理念构建“媒体＋产业”新模式，帮助农民实现“种好、卖好”，帮助企业和市场进入发展的良性循环，从而强化媒体在产业和行业里的影响力。

一、当用户的服务者

移动互联网深刻改变了人们的生活方式、生产模式，专业媒体唯有嵌入圈子、跨界整合、聚合资源，才能发挥真正的价值，从而实现强大的传播力。

南方农村报的各种专业号说到底就是分众媒体，用户更关心行业利益，关注专业资讯。与分众媒体相适应的是圈子经济，媒体要获得话语权，首先要打入圈子。这就要求媒体真正树立“用户中心”，在提供信息服务的同时，满足用户需求。唯有如此，才能在垂直细分领域的媒体市场竞争中获得一席之地。

南方农村报以优质内容为手段，搭建由客户、读者等各方共同参与的多功能平台，构建以媒体为核心的、能为各方创造商业价值的生态系统，寻求多方利益最大化，从而实现共同发展。南方农村报从行业观察家转变为核心用户的利益管理者、服务者。在此指引下，报道的选题从原来跟着新闻事件跑，转变为以服务核心品种的核心用户为目的，从满足核心用户的需求出发，提供既可以落地又可以有效积累行业资源的内容，从而实现媒体与产业的融合。

二、核心用户当传播枢纽

经销商是各大企业争夺的关键对象，具备一定规模的家庭农场、优秀种养户的示范作用同样被业界看重。

经销商和优秀种养户也是现代种养技术与现代种养模式的推动者，是行业发展的中坚力量，是可以撬动农业产业链上下游的“关键人物”，就是我们的核心用户。我们在为核心用户提供服务的同时，也把他们变成南方农村报的传播枢纽。

培训是服务核心用户的重要抓手之一。南方农村报的公益培训项目“南农科技下乡直通车”设立近10年，累计已举办1250场活动，覆盖广东、广西、海南、福建、江西、湖南等多个省区和华南90%以上主要农业县市，服务用户达35万人次。这一项目紧扣各地农业生产存在的突出问题，除专家现场授课外，还紧紧围绕一级、二级农资经销商的需求，开展示范田建设、农民观摩会、农资促销会等活动，同时获得种养户、经销商、企业、政府等多方面的肯定，场场爆满。

在拥有数万核心用户的基础上，南方农村报分产业、行业评选出讲诚信、勇创新、敢担当的现代经销商。这些经销商一度成为新锐企业开发市场的重要合作伙伴，经销商与企业均获得新的合作与发展机遇。与此同时，这些经销商分布全国各地，非常乐意成为南方农村报的传播枢纽，并积极参与组织各种落地活动，他们是南方农村报走向全国的坚实基础。

而根据核心用户的发展及报社自身资源组织化的需求，南方农村报开始分产业、行业组建经销商联盟，为联盟成员提供一系列服务，包括最新行情、技术信息、法律、政策咨询，免费或优先参与行业技术交流活动的机会，走进农场、养殖场的机会等。

三、深耕利基市场

随着市场经济发展，农业产业里各细分领域逐渐发达。一直以来，南方农村报都非常关注并深度服务利基市场。所谓利基是更窄地确定某些群体，这是一个小市场并且它的需要没有被服务好，或者说“有获取利益的基础”。而利基市场又被称为“缝隙市场”或“补缺市场”，是被忽略的小块市场。企业在确定利基市场后，往往用更加专业化的经营来获取最大限度的收益。我们服务利基市场的方式是以内容为本，整合资源，延伸各种平台，提供优质服务：

内容产品化——增强内容的实用性和专业性，在刚性资讯上下功夫；让内容品牌化，根据内容采集、生成、传播的特点，将其做成产品，让更多业内人士共同参与、共同分享，他们参与和分享的过程就是传播的过程。

内容活动化——针对业内普遍关注的话题，将其以活动的方式推出，吸引产业链各环节人士参与，其参与的过程也是内容传播的过程。

南方农村报在各细分领域策划多种活动，如凤凰山猪业论坛、农财渔业论坛、中国种业论坛、柑橘产业论坛、香蕉产业论坛等，聚焦行业热点话题，搭建行业对内对外沟通平台；开展中国生猪业水产业风云榜评选、热销作物权力榜、农资新势力评选等活动，筛选各领域的优秀企业和优秀产品；举办农资博览会、畜牧业博览会、种业博览会、猪业博览会等展会，将之运营成业内最有口碑的展会活动等。这些活动规范农业产业的发展，有效驱逐劣币，让一批优秀的现代企业脱颖而出；同时强化了南方农村报在利基市场的传播力和影响力，从而构建了其在农业领域的主流媒体地位。

第三节
智库服务：促进乡村振兴战略

破解“三农”难题需要智力支持，而媒体转型的根本在于创新服务价值、提升服务能力，智库是其中一个重要转型路径。早在2005年，南方农村报已有意识地启动智库建设，通过每年一届的中国农村发展论坛聚集了一批全国顶尖“三农”专家，为广东“三农”改革贡献智慧力量。2017年，在广东省委农办和集团的支持下，南方农村报牵头成立新型智库广东乡村振兴服务中心，整合南方日报、南方网、南方+、南方都市报等媒体资源，服务广东省委、省政府中心工作，争当乡村振兴服务排头兵。智库服务让南方农村报在服务“三农”工作方面的内容和手段都更为丰富。

一、服务区域治理

媒体传播的本质是服务国家治理、服务社会建设、服务公众生活等。南方农村报除了为“三农”改革鼓与呼之外，更以行动推动改革，参与区域治理。

由南方农村报发起主办的中国农村发展论坛先后总结推出农村综合改革的“蕉岭模式”“云安实践”“云浮探索”“佛冈试验”“新兴创新”等，让广东的区域经验风靡全国。中国农村发展论坛智库专家引导蕉岭县探索的村务监督委员会制度，被写入了2018年修正的《中华人民共和国村民委员会组织法》，该县也于2012年获得首届“广东治理创新奖”农村改革奖。云浮市云安区因农村综合改革创新获得国家发改委评定的“中国改革（2010）年度十大县市”称号。

2006年4月，南方农村报与华中师范大学中国农村研究院，以及粤西的吴川市新勇村委会上能村小组、珠三角的博罗县铁场村委会、粤东北的连平县西坪村委会欧村村小组和粤东的蕉岭县广育村委会，共同启动“共建新农村——南农实验”——农民和政府、学术机构、媒体在南方农村地区共同建设新农村，从村民自治的角度探求新农村建设多样化路径。[1]华中师范大学教授徐勇认为，这是一个以人为本、尊重农民权利，由村民充分参与，并且以提高农民福利为目的的社会实验，它把学术资源、媒介资源、政府资源和民间资源有机地结合起来，为国内首创。蕉岭县探索的村务监督委员会制度，就是在广育村起始的。

在这场实验中，南方农村报除了通过报道客观记录整个过程，让实验成果为更多人所知悉外，还充当了

[1] 马华．中国乡村民主的样态与逻辑［M］．北京：中国社会科学出版社，2018.

村务监督的角色，是参与者、实践者。通过对基层治理零距离的观察、操作，南方农村报对基层治理有了独到的理解，为基层治理作出了建设性贡献，也为今天的乡村振兴服务工作积累了经验，打下了坚实的基础。同时，政府、村委与村民对南方农村报都有了最真切的了解与真诚的信任，南方农村报的影响在区域进一步增强。

二、服务乡村振兴第三方评估工作

政策评估是典型的媒体智库产品，“南方评估”已是集团智库的拳头产品，南方农村报牵头执行的乡村振兴第三方评估工作，是“南方评估”的重要组成部分。

为了推进乡村振兴战略深入实施，广东省及部分地市创新性开展第三方评估工作，作为考核评价工作成效的重要组成部分。受省及部分地市、县（市、区）党委、政府的委托，2018年以来，南方农村报在全省率先把第三方评估机制引入乡村振兴领域，在实践中逐渐摸索出包括评估标准设计、评估工作流程、评估纪律要求和评估结果运用等在内的一套评估系统。截至2020年6月，南方农村报承担了3次省级乡村振兴、人居环境整治第三方评估工作，服务了近20次地市或县区级的乡村振兴相关评估，共走访了超过2500个（次）行政村、逾8000个（次）自然村，与数以万计的基层干部、群众进行了访谈，形成了百万字的评估报告，对各地推进乡村振兴工作中存在的困难和问题进行客观分析，并提出有针对性的意见和建议。

专业的第三方评估，精准抓住症结问题，强调问题的剖析和解决，为地方推进有关工作提供参考，为有关部门决策提供精准、深度的报告支撑，切实发挥了第三方评估成果的实践指导意义。如广东省推进乡村振兴战略实绩考核工作第三方评估成果公布后，各地都紧张起来，根据评估报告点出的问题进行整改，人居环境整治工作进度明显加快，不少地方主动出台了相配套的奖惩举措，让压力迅速传导到县、镇、村，形成了你追我赶的态势，有力推动了政策落地。

为了从根本上推动有关工作，除了当专业的评估“裁判员”，南方农村报还尝试担任“教练员”，调动村庄的内生发展动力。在肇庆市鼎湖区的支持下，南方农村报在该区尝试引入竞争性考核机制，在全区各项建设走在前列的21个行政村中，通过综合测评打分，将总得分前10名的行政村列入鼎湖区创建美丽乡村名单，奖励创建资金800万—1000万元。这项工作的最后一步是村干部上台演讲，争取创建资金。其中一位获得千万元资金支持的村干部感叹：“这是一生中最值钱的八分钟！”在此过程中，南方农村报团队为所有参与竞争的行政村提供培训服务，包括政策讲解、村庄资源禀赋梳理、村庄未来发展规划、村干部演讲培训等，把村干部和村民的积极性充分调动起来，全身心投入到美丽乡村建设中。

回到内容生产传播的层面，根据评估成果的内容性质，南方农村报分别采取不同的传播分发渠道：适于公布的评估成果，根据评估的目的和结果进行不同层面、不同方式的解读和发布；仅适用于内部的评估成果，组织闭门会，邀请专家共同探寻问题解决之道；对于全省性的普遍情况，向省委、省政府反馈，为决策提供参考。在服务乡村振兴的过程中，南方农村报采编团队普遍受到锻炼，能力得到极大提升，视野更开阔，思考更深邃，媒体与智库融合得更深入。

三、服务乡村产业振兴

产业兴旺是乡村振兴的重要基础，是解决农村一切问题的前提。农产品销售难一直是农业的痛点，特别是当社会主要矛盾转化为人民日益增长的美好生活需要和不平衡不充分的发展之间的矛盾，建设农产品区域公用品牌成为各地的“必修课”。广东提出“粤字号”品牌强农计划，打造一批“粤字号”农业知名品牌，培育若干个“中国第一，世界有名”的农业品牌，推动广东向农业品牌强省转变。南方农村报服务农业农村多年，对农业、农产品以及上下游产业链有深入的认识，从讲好优秀种养户的故事，到区域农产品的品牌故事，再到文化产品输出，南方农村报全力助力广东省打造“粤字号”品牌工作。

一是搭建平台，导入多种渠道资源。南方农村报参与举办了一系列轰轰烈烈的农产品产销对接活动。先后牵手500多家大宗农产品采购商，导入20多家大电商平台，以及150多家区域电商，协助广东46个县市100多种特色农产品到北京、上海、杭州、吉林、广州等地开展产销对接活动。

二是开展直播，引入社会化营销新业态。2019年开始试水短视频+“网红”带农产品的营销模式，陕西富县和广东遂溪两位县长联手“网红”直播销售，20分钟卖出1500多箱延安苹果和7万斤火龙果。2020年上半年完成了接近200场直播。其中，超过35场邀请了超过50位市长、县长、镇长等走进直播间为广东农产品带货，全网点击超5亿人次，销售额累计超过7000万元。多场带货直播为此前很少上线销售的涉农企业培育了高流量网店。目前，南方农村报正加快直播基地建设，大力发展直播电商业务，使农产品区域公用品牌的宣传推广、产销对接活动与电商销售形成相互支持的业务闭环。

三是文化赋能，讲好“粤字号”农业品牌故事。南方农村报通过对岭南文化的深入解读，加上对农业与农产品的深入认识，打造出一批有情怀、有乡愁、好味道的农产品，农产品有内涵卖得更好，还传递着乐土爱乡之情，激发广大人民的自豪感与幸福感。既有“新会陈皮”“平远脐橙”的展馆设计，也有各类区域公用品牌与企业品牌的VI创意，还有视频、音频、H5推送，涵盖了柑橘、火龙果、兰花、茶叶、对虾、程村蚝等各类“粤字号”农产品。以2020年“广东荔枝”品牌宣传为例。南方农村报利用520宣传策动，打造出现象级的广东特色农产品品牌展示推广事件：世界首架荔枝主题飞机“广东荔枝号”成功首航；“广东荔枝”高铁专列开通；“广东荔枝”登上广州塔高调表白，惊艳亮相上海、纽约、东京等海内外大城市核心商圈大屏幕；淘宝直播一姐薇娅为“广东荔枝”直播带货；“广东喊全国人民吃荔枝”“520就用荔枝表达爱”上了热搜，相关话题阅读量迅速破亿。接地气的农业玩出了“高大上”的花式吆喝，古老的农产品摇身变为“圈粉”全国人民的“网红”水果。在生产大年又遭遇新冠肺炎疫情的情况下，广东荔枝实现丰产又丰收，果农评价：“这辈子第一次见荔枝如此受重视！”让农民真正产生幸福感、获得感，成为这次品牌宣传工作的赢点。

2019年以来，南方农村报参与省内外超过100个农业品牌（含农产品区域品牌和企业经营品牌）的建设与服务工作，形成了一套区域品牌建设的理论体系。2020年，集团申报的广东省乡村振兴文化服务产业园被确定为省级现代农业产业园，集团将全力将其打造成为岭南乃至全国农耕文化高地。南方农村报已深入服务了新会陈皮产业园、徐闻菠萝产业园、遂溪火龙果产业园、茂名荔枝产业园、信宜三华李产业园、梅州金柚产业园、蕉岭丝苗米产业园、平远脐橙产业园等数十个现代农业产业园，取得了阶段性成果。接下来，南方农村报将积极参与广东省乡村振兴文化服务产业园的建设，服务并引领全省现代农业产业园发展。

四、服务乡村人才振兴

乡村要振兴，离不开一大批懂农业、爱农村、爱农民的“三农”工作队伍。培育壮大乡村人才队伍，是南方农村报与生俱来的社会责任。从“思想上的营养餐”到“科技下乡直通车”，从基层党建到职业资格培训，从新型职业农民到涉农产业经销商……南方农村报竭力帮助农村各类人才成长，近两年来平均每年培训约5万人次，不断壮大农村人才队伍，激发乡村能人的“头雁”效应，夯实农村发展基础。

南方农村报与农业发展紧密融合，一直以来均自觉承担农业人才培训工作，且发挥媒体的敏锐嗅觉，抓住产业风向标，为农业发展带来新动能，如南方农村报早在2013年就开始举办广东农村电商人才培训活动。农药管理新条例出台，对经营者提出新的资质要求，2018—2019年，南方农村报与华南农业大学合作举办农药经营许可培训班，共开办培训班72期，培训超过1.3万人，精准辐射超过2万行业人士，有效提升了农资从业人员的专业素质，为农药市场规范管理作出了积极贡献。

随着乡村振兴战略实施，南方农村报响应地方乡村人才振兴的服务需求，开始探索乡村“头雁”培训之路。

合作举办讲习所，播下人才火种。2018年，南方农村报与潮州市凤凰镇共建乡村振兴凤凰讲习所。这是潮州市第一个乡村振兴讲习所，也是潮州市第一个建成启用的镇级党校规范化建设场所，自2018年6月底启用以来，共举办各类培训30多场次，超过3000人参加培训、报告会、讲座等，效果良好。另外，在南方农村报的牵头下，南方报业传媒集团与云浮罗定合作运营的广东首家乡村振兴培训学院正在建设中。

培养“网红”新闻官，创新基层治理模式。2018年，清远市委、市政府首创乡村新闻官制度，对乡村干部进行数字赋能，借助数字媒体打造乡村“新闻发言人”。南方农村报联合暨南大学、北京快手科技有限公司等单位，为清远乡村新闻官提供培训服务，与此同时，还整合政府、高校、媒体平台资源，举办选拔赛、图片展、年货节等线下活动，以“实战”培养乡村新闻官“网红”，建立宣讲团，推动清远基层宣传工作制度创新发展。截至2020年，清远84个镇（街）共1023个行政村陆续设立了乡村新闻官，基本实现了“三传一助”（即传思想、传文明、传文化、助致富）的预期目标，有助于当地的发展。

五、服务美丽乡村建设

南方农村报致力于打通全产业链，对接城乡需求，搭建城乡资源互换融通平台，参与美丽乡村建设，探索农业农村功能拓展与形态变化的多种可能性，推动产区变景区、田园变公园、劳作变体验、农房变客房，把乡村独特的生态价值、文化价值、社会价值转化为农民实实在在的经济价值。

通过举办美丽田园、最美森林小镇等系列评选活动，挖掘有条件开发乡村旅游的美丽田园生态环境片区，通过活动为获选区域带来大量流量，引来更多游客，发展农村新产业、新业态、新模式，进一步带动农户增收。其中广东十大最美森林小镇评选，全省共有15个地市34个镇参与，33万用户参与投票，人气十足。

在集团的全力支持下，南方农村报注册成立广东乡村振兴实业发展有限公司，专业服务产业园规划、乡村振兴战略规划、美丽乡村规划设计与施工建设等项目。自2019年6月成立以来，该公司承接美丽乡村规划15项、现代农业产业园规划3项、田园综合体规划设计2项、美丽乡村建设EPC（工程总承包）项目1项。其中，公司全力打造的江门市新会区南安村，在2019年12月获评国家乡村治理示范村；肇庆市鼎湖区黄布沙村美丽乡村建设EPC项目初具成效，在2020年1月迎接了基里巴斯总统一行的考察。

广东乡村振兴实业发展有限公司结合智慧媒体多元发展的目标，深耕乡村建设领域，努力打造集项目投融资、规划设计，以及施工建设、策划运营、宣传推广于一体的乡村振兴服务全产业链，力争建成全省乡村振兴领域的先进企业。

第四章

南方周末：付费智媒建设计划推进自身重塑

在南方报业的传播力矩阵中，南方周末一直有着独特的、厚重的分量。

这份报纸自1984年创刊以来，36年历程中，一直持续生产着许多出色、独家的报道、评论和文章，并因此使得“南方周末”成为中国最著名的媒体品牌之一，以其特色与口碑拥有大量的认同者和追随者。

但是，在新的技术与传播大变局下，作为内容生产机构的南方周末如何穿越报网端始终拥有强大传播力，如何在信息轰炸中清晰展现核心竞争力，如何在茫茫人海中精准抵达用户群，如何通过重构商业模式为依旧炽热的媒体雄心找到可持续的支撑？未来的南方周末会是什么模样，“纸端”的线下南周与“指端”的线上南周如何保持调性协同共存共同转型？

在这样的背景下，付费智媒建设计划成为南方周末转型的顶层战略和行动指南，并且在近3年的时间里充分证明，内容仍然是南周性价比最高的投资，传播力建设是一切工作的牛鼻子。

南方周末的付费智媒建设计划启动于2018年，包括两大部分：“付费”是指“南方周末内容付费工程”，即建设计量式软性内容付费墙和打造有南周调性的知识付费产品线；“智媒”是指智库建设，核心是南方周末研究院的建设。

目前来看，这是一条契合媒体发展趋势与南方周末特性的道路。

第一节
内容付费：再造生产流程与消费场景

南方周末内容付费工程的目标，是以用户为核心，以内容付费为纽带，以付费会员为方向，再造南周的生产流程和消费场景，促进南周长期稳定地可持续发展。

具体来说，这项工程分为两大部分，分别对应付费墙和知识付费产品这两个关键词：一部分是设立与会员制相贯通的计量式软性付费墙（即用户每月可免费阅读一定篇数，超过此篇数之后如需全文阅读则须付费成为会员），对南周内容的内在价值和产业链进行数字化挖掘与拓展，侧重于“媒体南周”的融合升级；另一部分是打造有南周调性的知识付费产品线，推动南周跨出媒体领域，进入更大范畴的内容产业，着眼于“机构南周”的增长方式转型。

一、付费墙符合世界趋势

从世界范围来看，设立付费墙（Pay Walls），通过在线内容收费抵御传统收入的下滑，甚至借此实现自身商业模式的整体转型升级，这一做法是少数被证明既有效又具备一定可复制性的报业重生之路，能让机构媒体在网络时代既保留媒体主业又在商业模式上实现可持续发展。

最早的报纸付费墙，起源于《华尔街日报》。从1997年起，该报就开始对其在网站上的内容实施全方位收费，后来被称为“硬付费墙”。2011年，《纽约时报》上线了计量式付费墙，规定每个用户在其网络上每月只能免费阅读20条新闻，超过此阅读量就要付费。相较于《华尔街日报》，这一更为“软性”的付费墙上线仅10个月后，《纽约时报》线上线下的订阅总收入就超过了其广告收入，一举突破了该报延续逾百年的以广告收入为主要收入的“二次销售”模式。根据其官网数据，截至2020年第一季度，纯数字有价订阅量由2012年的64万增至500.1万，增幅681%。

除《华尔街日报》《纽约时报》之外，成功设置付费墙的还有英国《金融时报》等报纸。据统计，至2014年，美国有60%的报纸设立了付费墙，其中20家全美销量最大的报纸付费墙的比例超过了一半，而澳大利亚和英国的比例则分别为67%和35%。

这些付费墙差异明显，但决定其成败的关键不在于“墙”本身，而在于其所依托媒体的内容价值，即“你能否为读者提供出色的新闻，而且是别处没有的新闻”。此外，品牌影响力、用户刚需度、运营能力，乃至各国各地区对知识产权的保护制度等，也普遍被视为构成付费墙成功的要素。

二、为什么是南方周末

市场条件渐趋成熟：智能手机基本普及，线上支付渐成潮流，5G时代网速大幅提升，这为南方周末App实施内容付费工程提供了成熟的技术条件；用户为内容付费意识的形成，为实施内容付费工程提供了用户基础；国家对媒体深度融合发展、打造新型主流媒体、实施移动媒体优先发展战略都提出了明确要求，广东省也制定了《关于加快文化产业发展的若干政策意见》，要求打造新媒体发展标杆项目，这为南方周末App实施内容付费工程提供了成熟的政策条件。

良好的品牌基础：“南方周末”已成为中国最著名的报纸品牌之一，36年来拥有数以千万计的忠实读者。《南方周末》已连续11年被中国邮政评为“中国畅销报刊”，在“中国500最具价值品牌排行榜”上，始终处于前十报纸之列，并一直是唯一上榜的周报。

平台已运行多年：南方周末自从2009年在传统媒体中率先推出App以来，已运行超过十年，拥有1800万下载量，注册用户350万，为南方周末实施内容付费工程提供了平台基础。

业务逻辑具备延展空间：新闻付费与知识付费，同属于范畴更大的内容付费领域。其思维方式、生产流程、传播渠道乃至流量变现逻辑等，均有相通之处。自2016年以来，知识付费已成为中国互联网产业的又一风口。而南方周末长期浸润于文化、知识领域，除了做新闻报道，还积累了丰富、深厚且多元的资源。如果能加以优化整合和有效推进，有望在知识付费领域开拓出一个规模超过新闻付费又不失南周特色的全新产业空间。

三、南方周末做了什么

内容付费工程开始于2018年3月，同年8月23日南方周末App推出会员制，随后的11月15日全网上线。经过两年多时间的建设，南方周末内容付费工程建设已完成前两期工程。

总的来看，南方周末App已建立起与会员制相贯通的计量式软性付费墙，会员数累计已超过18万；年网稿数增长42%，融媒体产品增长14倍；在设立了付费墙之后，App下载量增长21%，日活增长15%，端内总阅读量增长超过30%；南方周末官方微信粉丝增长47%，官方微博粉丝增长44%。高品质内容生产能力和新媒体运营能力双双得到提高：2019年，南方周末出现了全网流量近20亿的现象级报道《“不寒而栗”的爱情：北大自杀女生的聊天记录》，并始终掌握着传播的主动权；2020年上半年，《金银潭医院：军运会五外籍运动员患疟疾，与新冠肺炎无关》这条仅数百字的原创网稿，全网流量超过1.7亿，有效粉碎了谣言，在多元复杂的舆论场中充分展现了南周的专业能力与影响力。

知识付费业务“圈粉”16万，原创自主研发课程“南方周末写作实战训练营”成为实现百万级营收的爆款课程，并持续产生着长尾收益。同时，自主开发的《曾国藩家族》《首富的密码》等有声书小课成功跑通了将过往报道进行二次开发的路径，并通过提供新的增值服务有效增强了南周会员黏性。

截至2020年年末，“内容付费工程”年收入已跨过千万元大关，这是南周历史上从未有过的新型业务收入。

具体来说，内容付费工程的主要做法如下：

技术方面：南方周末App经过30多次版本迭代，时刻关注用户反馈意见，不断优化功能，持续提升用户体验。如优化UI设计，体现南周特色；增加语音合成功能，用户可看可听；设立严选模块，嵌入知识付费课程等专有产品供用户选择；推进用户数据中心建设，对用户数据进行收集、整合、分析，通过数据驱动，实现信息传播的高效化、精准化、个性化；依托用户数据中心，探索建设线上运营系统、营销系统，实现运营自动化及用户精准营销，充分挖掘用户的潜在价值。

内容方面：一是在不断提高把关能力的前提下，彻底消弭传统媒体与新媒体之间的差别，融合南方周末旗下包括报纸、App、微博、微信等在内的各个端口，实现“一次生产、按需分发、全程可见”。二是推动采编部门彻底转型，2019年实施改版及报网端融合发展方案和考评调整方案，在生产、分发、考评等所有环节均对网稿和报纸稿“一视同仁”，在南方周末一贯坚持的质量评价标准中首次加入流量系数并不断优化，多维度全方位对作品进行衡量，以真正激励高品质内容。三是紧紧抓住阅读变化趋势提升传播力，采用融媒体技术，不断探索尝试融媒体属性产品，比如2020年上半年新媒体部门结合报纸脱贫攻坚专题内容制作的《H5丨30000000人的命运决战》，仅端内点击量就超过20万，结合报纸版武汉解封专题内容制作的《H5丨解封了，我们选择不忘记》端内点击量16万，均取得了比报纸文图稿件更好的传播效果。四是不断优化新媒体矩阵，努力提高新媒体内容运营能力，研究市场最佳打法与平台“算法”，重视流量但不媚于流量，在乎平台但不被平台所役，在努力提升阅读量的同时始终清醒地牢记传播的责任和目标。

运营方面：一是加大内容运营力度，努力提升会员权益。比如《南方周末》创刊36年，《南方人物周刊》创刊16年，积累了大量报道素材、经典名篇、各类内容数据库，挖掘其中的价值，作为一种为会员提供的特别权益，对会员极具吸引力；同时对资料库内容进行整合提炼，制作成一个个专题小课，进行二次销售，作为会员福利广受欢迎。二是丰富运营手段，促进会员转化并提升会员黏性。充分利用社交媒体平台扩大覆盖人群，实现导流拉新；通过闭环设计（获得南瓜→南瓜兑换优惠券→优惠券购买产品→获得南瓜）优化用户体验，提升用户向会员转化率；通过日常系列活动吸收会员（如购买会员送图书活动）；知识付费产品则根据课程特点，采用推文、组群、线上直播、学习打卡、名家辅导等不同营销模式，积聚用户群。三是走出去探索与其他品牌强强联手，比如与财新、三联联合推出联名卡等。四是积极拓展大客户资源，比如与中国移动、中国电信、京东、支付宝等开展会员共建、积分兑换合作洽谈等。五是以大数据为基础实施精准营销，设计“定向”的会员转化活动，减少对用户的过度打扰，提升用户体验及营销效果。

产品方面：一是构建有南周调性的知识付费产品体系与品牌形象。二是积聚有黏性的知识付费用户社群。三是通过试水训练营、会员卡等各种新“玩法”，使运营体系成熟化，运营手段多样化。四是对外全面打通知识付费渠道网络，对内扫清内容生产转型障碍，建立顺畅的生产机制。五是努力探索推进从新闻到内容衍生产品的开发方式，比如小课系列跑通了将过往新闻报道二次开发成有声书的产品通道；“十大好书”系列试验了将报纸盘点开发成新课程的方式；“怎样讲好一个故事•南方周末写作实战训练营”“怎样表达一个观点•南方周末评论写作实战课”等自主研发原创课程则是将南周数十年在内容生产领域的“秘籍”“心法”抽取出来，提炼成通用课程，同时按南周内部将内容生产当作手工艺活的传承方式，向学员们提供修改作业、直播答疑等增值服务，既取得市场效益也收获了良好的口碑。

四、“三不影响”和“四个获得”原则

综合考虑南方周末作为知名媒体应承担媒体社会责任以及新媒体收入是现有经营收入重要构成部分的实际，内容付费工程实施之初，就定下了两条原则：“三不影响”和“四个获得”。

“三不影响”是指：不影响既有网络流量，不影响既有传播力，不影响既有经营业务。

事实上，实施两年多来看，不仅实现了当初“三不影响”的设想，甚至达到了“三个提高”的实际效果：提高了流量（App端内阅读量增长了30%，日活提高16%），提高了传播力（“南方周末”微信公众号上阅读量10万+的稿件数量持续增长，2019年增长26%，2020年上半年同比再增85%，其中《四人殉职，四人濒危——武汉中心医院“至暗时刻”》仅官方微信阅读量就达400多万，且“在看”超过10万，创历史新高），提高了经营业务收入（内容付费工程实施以来，新媒体平台广告收入增长超过54%）。

“四个获得”是指：获得新型业务收入，获得融媒产传能力，获得智能化平台，获得用户数据。

围绕这“四个获得”，内容付费工程从技术、运营、内容生产等多维度进行了持续不断的改进，均取得了长足的进展。相较工程开始之前，今天南周在网络流量、传播能力、平台智能化、用户数据和新型业务收入上，呈现出全面提升态势，对自身内容生产、影响力建设、品牌形象和经营事业均形成了有力助攻，也使得这项工程真正成为南方周末的“强基工程”。

五、三个长线价值

对未来来说，内容付费工程为南方周末带来三个长线价值。

一是更强的全媒体能力。优质内容既是南周的核心价值，也是其转型升级的核心竞争力。而付费墙的设立，极大提高了用户对南周内容品质的期望值，倒逼南方周末提高内容质

量，再造生产流程，提高全媒体运营能力，将南方周末彻底推上了融媒生产与传播的快车道。

二是更好的智能化平台。截至目前，南周App已进行了30多次版本迭代，形成媒体内容和知识付费两大产品模块，拥有了支付、音视频播放、语音读报、数据采集分析等多项新功能，自身智能化和用户体验都实现了质的飞跃。平台的智能化增强了南周持续发展的后劲。

三是更多的用户数据。经过两年多运营，南方周末会员数已超过18万。随着技术水平与数据积累、挖掘能力的不断提高，过去面目模糊的读者和受众，逐渐变成画像清晰的用户和线上线下的粉丝群体。这些用户数据不仅现在在为南周的生产、运营、经营工作提供日益强大的支撑，它们还是南周未来发展中最有开发想象空间的宝藏。

对南方周末来说，这些长线价值是内容付费工程更深远的意义所在。

第二节 智媒研究院：从内容运营商到智慧文化机构

为适应急速变化的市场环境，探索转型发展的新方式，南方周末进一步改组南方周末研究院，开设“研究”版块，深耕数个有比较优势的垂直领域，立足但又超越内容产品，重组价值链，延伸产品线，推动南方周末从内容运营机构向智慧文化机构转型。

一、行业趋势：研究院成为先行先试的基地

媒体行业市场大势日趋清晰：过去单一的广告模式已独木难支，活动营销、数字化营销、创意营销、整合营销等新的方式应该百花齐放，亟需提升包括资本市场经营能力在内的现代化的全面经营能力。

研究院成为先行先试的基地，已是不少媒体同行摸索出的经验之路。据不完全统计，财新传媒、第一财经、澎湃等都设立了研究院或研究

智库等专门机构，有些传媒的研究机构所带动的收入贡献甚至占到了三分之一。

在南方报业传媒集团内部，也已经形成了一批有代表性的传媒智库，各个智库都充分发挥各自优势，实现了全新价值。

二、南方周末研究院：垂直领域的发动机与孵化器

媒体智库的核心优势就是媒体的传播力，研究与传播并重，深度与广度并存。

2017年，南方周末研究院开始转型，在随后的付费智媒建设计划中，研究院进一步升级，明确深耕垂直领域的发展思路。功能上，转型后的研究院成为南方周末创新发展的发动机与孵化器；架构上，研究院则立足于顶层设计，超脱传统的采编、经营与报纸、新媒体公司等旧架构，成为一个高规格跨部门平台。

南方周末研究院以南方周末为依托，一方面利用其全国布局的综合新闻媒体优势，充分发挥媒体的整合和实践能力及南方周末自身的品牌影响力；另一方面，南方周末研究院联合国内外相关智库领域的优秀学者、专家、企业及组织从业人员，积极推动智库研究和实践。如研究院下设的中国企业社会责任研究中心目前就拥有50多名专家。南方周末研究院逐步形成了“前沿研究—评价监测—平台搭建—集体行动—品牌传播”五位一体的策略。

在南方周末研究院，各研究中心（或工作室）的主要目标是在各垂直领域内进行深耕，实现内容生产的垂直化，在此基础之上，将垂直领域的内容优势从单一的报道向内参、研究报告、管理咨询、大数据分析及排行榜开发等智库类产品延伸，形成新的支柱型业务。

各研究中心须围绕各自领域进行多元服务、智慧变现，保持对该行业和领域的密切关注和研究，借助南方周末的全媒体平台，最大程度地建设垂直领域的影响力，并探索新的经营

增长点。

研究中心的内容输出则以新媒体平台以及衍生品为主，包括但不限于行业报道、研究报告（每年发布相关研究报告，培育南方周末的垂直话语权）、榜单评价等等。

研究中心还需要探索如何将影响力变现成经济效益，特别是需要极力探索新的经济增长来源，包括但不限于：策略定制（结合企业需要，提供企业宏观策略及微观定制等）、高端论坛等活动（既重话语权建设，又能实现品牌传播）、报告定制（针对特定领域，承接相关企业的各类专业报告定制）、数据服务、咨询服务、能力建设服务（充分发挥媒介连接的作用，提供数据、咨询、专业能力建设等新型服务；搭建行业垂直交流、学习平台，提供培训服务，提供行业教育服务）、出版服务（针对特定领域，出版增刊、别册、图书等）。

三、有南方周末调性的研究院

截至2020年，南方周末研究院下设中国企业社会责任研究中心、公益研究中心、绿色研究中心、防务工作室、文娱工作室、城市（区域）研究中心。

1. 中国企业社会责任研究中心（CSR研究中心）

CSR（企业社会责任）研究中心以全面推动企业社会责任为使命，提供调查研究、咨询分析、发展建议、信息发布等服务，是南方周末旗下最早成型的智库，智库成员包括来自中国企业社会责任研究领域的专家、学者、政府官员以及NGO（非政府组织）机构从业人员等。

由该中心发起的中国企业社会责任评选（始于2003年），是根据政府部门、数据公司等科学、可测的第三方数据及调研为研究基础，对企业资产规模与社会责任作出的综合研究与评估，并形成“世界500强企业在华贡献排行榜”“中国（内地）民营企业责任榜”“国有上市企业社会责任榜”三大榜单。同时通过设立“经济责任”“慈善公益”两个子体系榜单，生成一张对境内企业CSR状况的全面评估榜单。该榜单是同类媒体评选中发起最早、操作时间最长、涵盖面最广、调研数据最庞大的一个。

主要工作包括：整合外部资源，建立和运营“南方周末中国企业社会责任研究中心专家智库”；开展企业社会责任调研，包括年度调研和行业调研。建立社会责任传播阵地，在企业社会责任领域持续发声；持续开展企业社会责任调研，包括对互联网等社会比较关注的行业进行专项调研；建立企业社会责任信息平台；创新性举办企业社会责任年会、线下沙龙等活动；开拓CSR报告、咨询等项目。

2. 公益研究中心

该中心成立于2016年，是致力于新闻与公益融合创新，以及中国公益案例库、数据库及智库建设，专注公益组织传播能力研究、公益品牌深度挖掘及提升等工作的媒体智库。

目前负责的主要项目包括：中国公益传媒奖学金班、公益报道计划、公益微视频大赛、方舟儿童保护计划等品牌公益项目。

3. 绿色研究中心

该中心成立于2017年底，依托于南方周末绿色新闻部资源与人力，深耕环境、健康等两大专业垂直领域。自2009年开始，绿色新闻部每年发布“漂绿榜”，从2014年起推出“健言沙龙”，出品内参《健言参考》，每周发布“中国绿色公号排行榜”，对政府环保部门、企业、NGO、高校环保组织等细分领域公众号的每周表现进行排名，成为不少环保部门考核业绩的标准。

目前主要聚焦三大类：第一类为公益类活动，以“中国绿色传媒研究奖学金班”和“新食局公开课”为代表；第二类为漂绿案例，以“中国绿色公号排行榜”为代表的净化行业环境的评价产品；第三类为决策咨询报告，以“健言沙龙”为代表，受部委委托，提供相应行业报告以及定制报告。

4. 防务工作室

该智库成立于2013年，宗旨是打

造南方最权威的民间防务学术组织、军事战略研究机构，建立通向决策层的快捷通道，搭建媒体与军事智库、高校研究团体的桥梁。自成立以来，该智库每年举行一次高端论坛，并已发表一系列引起高层关注的内参报告，推出了多个系列的防务视频，获得了良好反响。

5. 文娱工作室

2018年初，南方周末研究院成立了文娱工作室，以“24楼影院”“文艺是个局”两个公众号、南方周末App及报纸为核心阵地，生产包括音视频产品的全媒体内容，构建南方周末在文娱领域的传播力、影响力，同时培养一支专业的人才队伍。

6. 城市（区域）研究中心

城市（区域）研究中心，对以城市为核心的区域经济进行研究，整合采编、经营、运营的资源，打通报纸、新媒体等渠道壁垒，为地方政府提供城市营销等服务。

第三节
勇拓新路：从传播力转型到经营转型

在人们认为社交媒体和技术公司抢夺市场、带走大量用户注意力的时候，一纸风行36年的南方周末正在积极改变自己，直面凌厉的数字化变革和平台媒体的挑战，通过实施付费智媒建设计划，极大地提升了南方周末在融媒体时代的传播力。

与此同时，付费智媒建设计划也在商业、产业方面重塑着新的南方周末。通过对内容价值和产业链条进行前所未有的深度挖掘与拓展，南方周末在战略定位与顶层设计上，将原有的媒体产业提升为空间更为广阔的内容产业。至2020年中，“内容付费工程”和“智媒建设”两大部分已为南周带来近5000万元的收入。如果整个付费智媒建设计划的目标全部实现，则意味着将在产业上再造半个南周。

事实上，在2017年，南周的可持续发展曾经跌落进低谷。但到了

2018年，报社经营收入却大幅增长了34%，2019年再增长28%，2020年上半年又增长了10%。

南周如何一步步脱离困境，在全球市场化机构媒体的普遍寒冬中，实现连续两年半双位数的逆势反转？原因固然很多，但是，始终相信内容、坚持投资内容、全面依托内容，是这一变化中最重要的逻辑主线。这几年来南方周末一直在收入结构上推进转型，努力将传播力上的转型转移到经营领域，从而在商业上构成良性循环与可持续发展的支撑。

一、使有价值的新闻变得有价格

从2018年起，南方周末正式启动付费智媒建设计划，其中以软性付费墙建设为重点的付费会员制的实施，真正使有价值的新闻变得有价格。

会员制的推出，成为南方周末一个新的经济增长点。会员制上线以来，推进进度符合预期，顺利完成阶段性目标，由此带来百万量级的直接收入。随着付费会员数量的不断增加，这项新的收入一直在持续增长。

作为转型主阵地的新媒体平台，渠道价值也在进一步放大。在内容供应量持续增加、内容品质提高、运营手段不断提升的情况下，南方周末新媒体阅读量与粉丝量均得到提升，渠道影响力进一步放大，以“两微”为重点的新媒体平台收入，继续保持迅猛增长态势，2019年比上年同期增长超过100%，2020年当线下收入受疫情影响时，新媒体平台的收入却进一步增长，并由此带来了利润率的大幅提升。

二、以调性的土壤培育新物种

随着市场化媒体经营的竞争加剧，南方周末在聚焦主业的同时，充分发挥南方周末的品牌影响力，在充分论证的前提下，着力开辟新的赛道、培育新的物种，从而做厚发展安全垫。

2016年底，以南方周末原电视部团队为主要班底，南方周末与上海灿星合作成立南瓜视业，进入视频生产领域。2018年推出文化教育节目《同一堂课》，获得巨大成功。

2018年底，在付费智媒建设计划框架下，南方周末切入知识付费领域。一方面通过知识付费产品的分销获得新的收入；另一方面原创知识付费课程也成为新的增长点，比如南瓜视业推出视频课程《故宫•皇帝的一天》，全网销售超过2万份；南方周末写作实战训练营，第一季推出即营收过百万元，据此制作的衍生产品音频课程也取得近百万元的销售成绩。这些都是全新的收入。

2019年以来，南方周末研究院在前期试验的基础上，发力基于南方周末调性的文创产品的开发和销售，收到了意想不到的效果。当“没有一个冬天不可逾越”成为一条温暖的围巾，当“大国小鲜”成为一件有态度的T恤，当南方周末那些让人耳熟能详的句子烙在一件件有调性的产品上，文创这条产业链条逐渐跑通，为南方周末新增了一个以百万计算的收入增长点。

未来南方周末还将进一步加强市场研判，捕捉更多市场机会，进一步拓展多元业务，降低主业经营风险。

三、新业务支撑新的经营格局

经过近年来的调整、优化，目前南方周末整体情况逐步向好。

2019年，南周报系总收入超过1.44亿元，实现连续增长。其中非发行经营性收入增幅高达20%，整合营销服务占收入比超过60%，新媒体平台营收占比上浮显著，业务结构进一步优化，品牌影响进一步加强。

来自付费智媒建设计划的新型业务收入，正在快速增长，形成南方周末经营“V”形反转的重要支撑：2019年，南周来自付费会员、知识付费产品和研究院业务等三方面的收入共约2400万元，较上年增长52%。其中，前两项构成的内容付费工程收入的增幅高达5.6倍。

而在经营总盘子里，来自付费智媒建设计划的收入占比17%，较上年提升了4个百分点。无论从增速还是占比都可看到，在助推南周“V”形反转的增长结构中，转型升级带来的新型业务收入正在发挥越来越重要的作用。

“对内容的投资，仍然是南周当前性价比最高的投资，”在2020年7月底的集团年中工作会议上，南方周末总编辑王巍如此形容，“只要采编内容保持貌美如花，经营就能做到赚钱养家。”

两年多的实践反复证明，南方周末是国内少数可以凭借自身优质内容实现可持续性发展的机构媒体之一。创新运营优质内容的商业模式，符合南

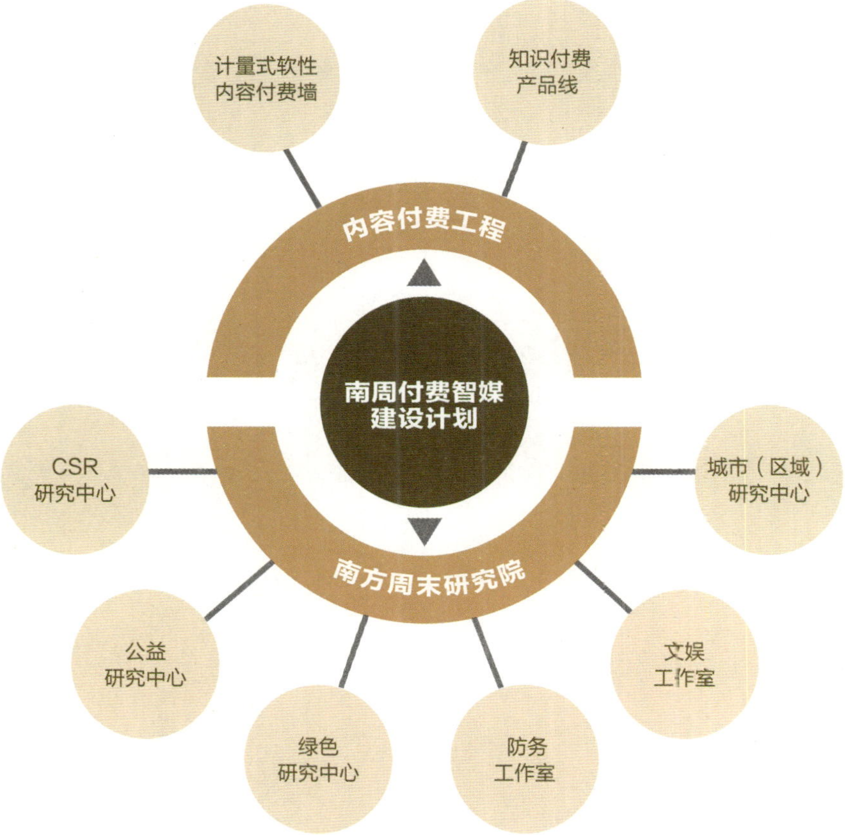

南方周末付费智媒建设计划

周的资源禀赋和比较优势，也是一条能让机构媒体在互联网时代继续坚守媒体主业、秉承新闻雄心的有效路径。

时代瞬息万变，将很快全面进入万物互联的5G社会，内容付费正在迎接“文艺复兴”，而国际政治经济形势风云突变，政治角力场、资本市场、舆论场处处波诡云谲，对媒体的大考验已兜头而来。南方周末，正迎着时代风雨，在自己的道路上努力前行。

第五章

南方都市报：新闻生产与智库生产比翼齐飞

从“办中国最好的报纸”到“做中国一流智库媒体”，南方都市报的转型特点鲜明、成色十足。

1997年，《南方都市报》创刊，主打广州、深圳两座中心城市，全面覆盖珠三角区域。经过23年的发展，南都从一张“小报”成长壮大为中国都市类报纸的领军者、传统新闻信息生产机构向数据智库机构转型的领跑者、中国报业最具影响力和最有价值的品牌之一。

随着新媒体的快速发展，曾经高歌猛进的都市类媒体面临前所未有的挑战。全国很多都市报发行量萎缩，经营滑入亏损，部分同行先后休刊。曾创下无数辉煌战绩的南方都市报，同样也切身感受到了生存发展的巨大压力。

在全面提升面向互联网的传播能力的总体布局之下，集团积极推动、全力支持南都转型，核心思路是增强南都全员的用户意识，强化精准生产运营，在做好公域流量的基础上，强化精域流量，刹住传统无效内容供给，解放人力做精准有效的内容和服务。在这个思路下，2018年，南都提出了“做中国一流智库媒体”的目标愿景，突破传统媒体报道、观察、监督的角色定位，主动将自身纳入区域和行业治理链条，积极参与打造共建共治共享的社会治理格局，为“中国之治”贡献媒体力量。

经过近3年的实践探索，南都逐

步构建起“优质原创＋创意传播＋智慧服务”三大核心能力，形成了“优质原创＋民生帮办＋检测评价＋治理类产品＋垂直类产品＋创意传播类产品”六大核心产品，建立了智库产品全新标准体系，形成了与媒体同行之间的供给差异，重新标识了新时期市场化媒体的内容特色，初步探索出一条符合中央精神、行业趋势、自身实际的独具特色的智媒转型之路。

南都智媒转型，媒体属性是基础，内容生产是根本。新闻生产与智库生产之间相互支撑、互为促进，不仅大幅提升了内容原创能力，更有力增强了精准传播的效力。有一组数据很能说明问题：2018年，南都推出新媒体稿件7万篇（条），日均近200篇（条），总阅读量80亿＋。2019年，推出新媒体稿件12万多篇（条），日均330多篇（条），总阅读量100亿＋。其中，短视频、音频、直播、条漫等更具移动互联网传播特质的产品爆发式增长。而2020年，推出新媒体稿件15万多篇（条），日均400多篇（条），总阅读量230亿＋，阅读量千万＋的稿件有99篇。优越的内容生产传播能力在全国独树一帜，成为南都的核心竞争力。

南都的突围之路得到了上级主管部门、业界、学界的关注和肯定。上级机关认为：“南方都市报在经济发展、公共治理和社会热点话题等方面发挥独特作用，有效提升了媒体服务能力和品牌影响力，为传统媒体创新发展提供了一条参考路径。”中国记协常务理事、书记处原书记王冬梅2019年12月在广州参加“智媒赋能治理”高峰论坛时表示：“实践证明，南都的探索是成功的，以数据服务提升了媒体宣传平台的高度，以多元传播提升了信息的密度和覆盖的广度，既满足人民群众的信息需求，又为党和政府提供决策参考。获得了社会效益和经济效益双红利，体现了传统媒体转型的新能力新价值。”

据2020年世界品牌实验室发布的《中国500最具价值品牌》分析报告，南都品牌价值为455.78亿元，在榜单中名列第152位。

第一节
智媒服务：数据驱动转型

2018年2月，南都大数据研究院正式成立，南都开启了从传统新闻信息生产机构向数据智库机构转型之路。

南都大数据研究院的基本目标和定位是：坚持正确舆论导向，不断提升南都新闻竞争力，围绕中心，服务大局，以数据生产为核心，以智能技术为驱动，以行业标准制定为抓手，主动将自身纳入国家治理体系和治理能力现代化建设，致力成为区域和行业公共治理链条上的一环，打造中国最具传播力、引导力、影响力、公信力、研究力、服务力，且充分实现市场价值的智库型媒体。

2018年12月，探索不到一年，南都举办首届南都智库产品发布周，在北京、广州两地，举办9场活动，发布有关个人隐私保护、政府治理、新经济新业态等的8份报告，进一步坚定向智媒转型的决心。

2019年6月，南都智库转型的代表产品广州城市治理榜，成功从全国330个申请项目中脱颖而出，获得由北京大学政府管理学院院长俞可平教授主持的首届“中国城市治理创新奖”优胜奖，这也是全国22个入围项目中唯一来自媒体机构的案例。众多专家学者给予广州城市治理榜高度评价，认为这是媒体发挥监督和评价职能转型的有益探索，体现媒体智库所呈现出来的创新力量。

2019年11月底，南都大数据研究院和人民日报抖音号、新华网融媒体研究院等一起入选中国应用新闻传播十大创新案例。评审委员会的推荐词是：主流都市报融合转型存在普遍挑战和困难，致力于“办中国最好的报纸”的《南方都市报》，靠数据业务的整合运营走出了一条都市报融合转型的新模式。中国新闻史学会应用新闻传播学会会长张志安教授评价称：“南都的转型既具有不可复制性，同时又具有可示范性。不可复制性是指南都的内在文化与学习能力，一般都市报很难复制，但又具有可借鉴性，因为所有组织、行业转型归根到底是人的转型，在这方面南都具有示范效应。”

2019年11月底，南都举办第二届南都智库产品发布周，在北京、广州、深圳、佛山、东莞、珠海6城举办了16场线下活动，密集发布18份研究报告。各类智库产品轮番登场，有声有色，获得广泛关注和高度认可。

2020年12月底，南都举办第三届智库产品发布周，在北京、广州、深圳、佛山、东莞、珠海、惠州、中山、博鳌9城举办了18场线下活动，发布了27份报告榜单。时间见证了南都智媒转型事业的蓬勃发展。

一、建立四大业务矩阵，开拓五大领域课题

数据改变了世界，同样也改变了我们对待世界的方式。向智媒转型的南都，努力由单一的新闻角色，向研究、服务、参与的多维角色纵深发展。

2018年初，南都大数据研究院首次实施课题公开遴选，共有35个课题参加遴选评审，最后遴选出首批五大领域的20个立项课题。目前，南都已逐步构建起以数据新闻、数据产品、数据应用以及数据产业为依托的四大业务矩阵，围绕城市治理、区域经济、新经济新业态、新生活及鉴定评测五大领域垂直开拓50个课题项目，2018年至今生产并发布各类智库产品400余个。

围绕城市治理的课题项目包括广州城市治理榜、营商环境评价、数字政府研究、法治与基层治理研究等；围绕区域经济的课题包括粤港澳大湾区财富与投资研究、城市更新研究、广东乡村振兴研究等；围绕新经济新业态的课题包括个人信息保护研究、新经济声誉监测研究、新业态法治研究、中国孵化器50强等；围绕新生活的课题项目包括广东省全民阅读指数、在线教育和校外培训治理研究、健康科普传播力研究等；围绕鉴定评测的课题包括南都优选口碑榜、化妆品质量测评等。

得益于课题的垂直性，研究成

果大都能精准抵达决策层和相应行业群体，在业内引发广泛关注和积极评价，从而进一步促进各个课题组形成各具特色的研究方法和模式，加深课题研究能力和社会需求的匹配对接。

比如，2016年《南方都市报》一篇《700元买到开房记录》报道引爆全网，也让大数据时代个人隐私保护的问题直面公众。在此基础上，南都个人信息保护研究中心成立，一方面追踪个人信息安全相关热点，另一方面针对网站与App的隐私政策合规度进行测评，针对不同行业与不同主题推出报告，并将历次测评发现的问题结集成书；同时不定期举办个人信息安全论坛进行行业交流，以及组织线下公益活动促进公众增强隐私保护意识；未来则计划做中国的TRUSTe（TRUSTe是美国一家公司，提供隐私认证服务，帮助企业做隐私合规管理），提供隐私密封方案，开启评估认证服务等，致力于促进大数据产业发展与个人隐私保护间的平衡。

二、运用八种生产手段，传递新服务新能力

“思想挖掘、战略研判、方案供给、价值传递”是南都新服务、新能力的发展方向，“数据报道、榜单评价、民意调查、咨询研究、鉴定评测、评估认证、数据库、轻应用”则是南都智库产品生产的8种主要手段。

连续发布7年的广州城市治理榜是“榜单评价”的典型课题。通过设立完整的指标体系，广州城市治理榜对广州各区和各政府职能部门开展公共治理能力进行系统观察和测评。7年来，广州城市治理榜的评价主题和数据维度，一直紧密围绕广州中心工作，同时也与时俱进不断优化。比如，党的十九大报告提出建设“数字中国”，为此，2019年课题组调整指标，新设“数字政府服务力榜”；另外，在一些垂直领域也推出专业榜单，如“河长履职榜”等，推动河长制的落实与创新。

在2019年第二届南都智库产品发布周上发布的《2019粤港澳大湾区营

商环境调研报告》是营商环境课题的一个阶段性成果，该报告的形态主要以调研、咨询为主。课题团队花了半年时间深入大湾区主要城市，访谈政府及市场主体40家，并从珠三角8万多家企业数据库中抽取样本完成企业营商环境满意度问卷调查。此外，还从珠三角主要城市收集到52个营商环境改革创新案例，组成样本库邀请专家针对性评价。

为了持续不断地将数据转化为资产，拓展定制化服务空间，“建数据库，打造工具”则是每个课题项目的必备品。南都2018年成立了企业声誉研究中心，以国内274家新经济企业为样本，制定声誉关联指标，构建了“新经济企业声誉监测数据库”，即通过微信小程序平台，为企业提供实时声誉比照查询、负面舆情及时捕捉、网民情绪管理提示、公众诉求集纳分析等服务。目前这个数据库每天入库数据超过25万条，实现样本企业声誉值的实时量化。而依托数据库，课题团队进一步生产企业声誉日常监测报道、声誉关联测评调查、阶段性声誉榜单及监测报告等多形式的智库产品。

轻应用，主要指为智库产品传播配套更多样的形态，包括互动H5、悬念条漫、动图动画，以及音频视频等，都是让智库产品不只是报告形态，而要更加移动化、智能化。通过南都强大的传播渠道和丰富的传播手段，将课题成果有效传播出去。

三、聚合资源搭建联盟，探索建立会员体系

“数据南都，连接一切”，是南都大数据研究院在资源开拓方面的一个目标，致力于搭建资源聚合平台，聚集和拓展媒体转型发展的新动能、新优势。自2018年以来，南都逐步建立了南都教育联盟、南都金融联盟、南都指数联盟、南都创客联盟、广东质量提升联盟、南都健康联盟六大联盟，联合各界开展更有影响力的合作。同时，南都还探索建立会员体系，力求实现用户精准运营。目前，

小南课堂、南都非虚构写作平台、湾姐朋友圈等产品已经上线，带动了圈层运营、私域流量。

比较典型的如广东质量提升联盟，广泛连接了包括SGS、必维等在内的20多家检测机构，以及中国玩具协会、广东电器商会等行业协会，一同关注社会高质量发展、企业质量提升、产品消费升级等内容。南都教育联盟，是在广东省教育厅指导下，由南都与广东各地市教育局、各高校、中小学校、教育学会、企业携手组建，旨在整合教育界、产业界、学术界等社会各界资源与力量，打造全媒体传播、第三方评价、教育资源融合和信息服务共享四大平台，促进教育信息交流、服务、共享，共同促进广东教育再上新台阶。南都指数联盟，则倡议互联网企业开放数据，共享数据，让数据在流动、聚合、交互和应用之中赋能治理，一同为构筑良好数据生态献策，为建设社会治理共同体助力。

在第二届南都智库产品发布周“智媒赋能治理”高峰论坛上，南都携手广东部分高校院系共建“大数据人才实践基地”，希望进一步打通人才培养输送通道，拓宽数据领域的社会视角、政府视角、行业视角、法律视角。同时，南都与高校共同发起“城市大数据应用创想大赛”，目的是进一步调动公众对大数据的感知热情与应用思维，推动大数据相关专业建设，充分发掘大数据人才；并提供连接转化平台，促进数据价值的充分释放，激发创造出更多服务经济民生、社会治理的大数据服务产品和解决方案。

第二节
智库生产：重新定义内容

“办中国最好的报纸”与“做中国一流智库媒体”，这两句口号并排印在《南方都市报》的报纸封面上，新闻生产与智库生产的关系不言而喻，双轮驱动，相向而行。这既是南都对当下的阐释，也是对未来的憧憬。

一、新闻生产智库生产，两者相辅相成

南都大数据研究院成立之初，就提出了新闻与智库是南都的“车之两轮、鸟之两翼”，相辅相成，缺一不可。建设智库并非不做新闻，而是以新闻生产的影响力为基础，打造智库产品，又以智库产品的研究力反哺新闻生产，提高新闻产品的能量密度和思想深度，形成新闻生产与智库生产之间相互支撑、互为促进的良性循环。

以《700元买到开房记录》为例，这则调查报道引发全国关注。在话题引爆后，南都深耕个人信息保护领域的报道，努力不错过任何一个与个人信息相关的热点事件，争取做到首发消息、深度调查，将议程设置的主动权牢牢掌握在自己手中。在持续深入的报道过程中，战略性地在全社会树立起了南都作为个人信息保护领域负责任的严肃媒体、专业的报道水准、权威的发布平台的社会形象。在此过程中，报道团队对该领域的认识逐步深入，在该领域的资源积累日益丰厚，所以，在全民热点形成、政企需求强烈、团队人才成熟的情况下，成立南都个人信息保护研究中心、开展个人信息研究也就是水到渠成的事了。

南都采编资源围绕重点课题和重大项目快速形成生产力，在多个重要节点形成了数据研究反哺新闻，新闻传播带动课题的良好态势。比如，在2019年全国两会期间，南都建立两会数据库，制作“秒懂”系列数据产品，制作两会智库报告《预见2019》，均形成爆款传播。在2019年世界知识产权日，南都在报网端推出7个版策划，同步推出《图片类著作权诉讼案例统计报告》等多份智库报告，打出“调查报道＋智库报告”组合拳，剑指图片、游戏、网购、音视频直播等领域侵权乱象，获得广泛关注。

二、改变传统内容生产，发力六大产品

从纸媒到智媒，南都重新定义报纸，内容生产不再以报纸为中心；改变传统内容生产，南都重新定义内

容，发力六大产品线。

一是优质原创。正如前文一再强调的，移动传播时代，优质内容仍然是媒体立身之本。优质原创，是南都的核心竞争力，是南都影响力保持高位运行的关键和基础，什么时候都不能放松要求，什么时候都要紧紧握在手上，这是增强媒体传播力、引导力、影响力、公信力的关键。

在2019年全国两会上，南都共获得6次提问机会，全国地方媒体独此一家，特别是在总理记者会上的压轴抢问，最终促成了“五一”长假。这也充分体现了一家都市类媒体巨大的影响力。全国两会期间，南都推出50多位省部级官员高端访谈，主流媒体的权威性、公信力于此可见一斑。推出一批以数据可视化、系列短视频、智库研究为代表的主题鲜明、形式新颖、深度融合的融媒体报道产品，包括五大系列45个创意融媒体产品、原创文图稿件560多篇、短视频100多条、直播22场、音频产品近70条，在报纸端推出200多个报道版面，恢宏大气，浓墨重彩。据不完全统计，全网总阅读量高达1.2亿。

2020年2月推出的《武汉医生敢死队：高危90秒与毒源最近，最怕晚上ICU插管》，这是新冠肺炎疫情期间极具震撼力的现场报道。特派武汉记者刘军通过近距离、多方式记录5家医院20位麻醉医生护士集结组成混编“插管敢死队”，为重症患者实施有创呼吸支持治疗，夜以继日与死神赛跑的故事，展现抗疫一线医护人员危难时刻挺身而出、英勇无畏、救死扶伤的崇高精神。报道获得广泛传播，“医生敢死队”的说法也流行开来。这篇报道源自记者敏锐捕捉到的一个新闻事实：进行插管操作的医生要打开患者的口腔，头部完全沉浸在含有高浓度病毒的空气中，且患者此时很可能出现呛咳，含有高浓度病毒的高压气体以及带病毒的黏液将喷射医生脸部。对于这一危险场景，我们的记者不顾个人安危，多次深入ICU采访，反复求证核实，才有了被中央指导组有关领导评价为“这是离死神最近的一组报道”。

二是民生帮办。以解决民众生活难题为目的的民生帮办，这既是南都新闻报道的传统和底色，更是南都心系人民、人民至上的情怀和担当。同时助力基层治理，为将矛盾化解在基层作出媒体贡献。

广州的“记者帮”，2018年推出河涌污染问题系列报道、违法建设商铺调查报道，引起广州市委主要领导高度重视，前者推动广州市对河长制进行完善，后者促使23间违法建设商铺被依法拆除，成为政府、百姓和媒体良性互动，促进问题有效解决的典范。2020年“记者帮”突出“每日一帮”常态化报道，帮助民众解决困难，比如广州市越秀区东华社区内巷货车乱停的老大难问题，南都报道后官方立即组织整改，当地居民给南都送来锦旗：“民生无小事，有事记者帮。”

深圳的“马上办”，2020年以来推出60多篇报道，绝大部分监督有果，比如深圳最大隧道工程附属泥水分离厂扰民，居民长期投诉，南都报道后引起省环保督察组关注，最终促成迁址重建。5年多来，“马上办”“既盯住了民生热点难点问题，又盯住了政府部门履职尽责情况，形成了从发现问题、解决问题到效果评价的良性循环”。如今它早已超越了一个报纸品牌栏目的范畴，为政府部门处理民生问题建立了全新的第三方评价体系。

三是检测评价。完全立足于媒体第三方，保持高度客观性，牢牢树立检测评价的公信力。

例如，南都与国内从事互联网法务的顶尖律师事务所合作，制定了一套全面的评测标准，进行网站与App隐私政策合规度测评。已经完成了1700多家网站与App的隐私政策合规度测评，其中包括旅游、求职、购物、金融等10个行业，并针对不同行业与不同主题推出测评报告10份。如《2018个人信息保护年度报告》《移动金融用户个人信息安全报告》等，这是国内唯一能够从消费者使用角度做类似第三方测评的机构。

四是治理类产品。致力于发挥媒体优势助力协同共治，积极融入构建共建共治共享的社会治理格局当中。

例如，连续7年发布的广州城市治理榜，体系趋于成熟，影响日渐广泛。广州城市治理榜不仅仅是排座次，而是积极提供建议，为改进社会公共服务、提升公共治理水平提供解决方案和决策参考，榜单转化日渐成为各级政府提升治理效果的动力。广州市政协将该榜的评选结果写入常委会工作报告，广州多个区在工作报告中也都援引榜单数据。

五是垂直类产品。致力于拓展连接各界资源，围绕教育、健康等领域，结合媒体优势，开发独具特色的垂直类产品。

例如南都云课堂，南都教育联盟联合业内权威机构，打造具有南都特色的教育公开课，推出南都云课堂系列公开课，为广大中小学生提供更加丰富多元并且有独特优势的在线学习等课程。首期南都云课堂推出“在战‘疫’中成长”，邀请钟南山院士和广东支援湖北医疗队医护人员、南都前方记者为学生讲述抗疫一线的经历，邀请教育名家为学生在家在线学习进行辅导，在线观看人数突破60万。

六是创意传播类产品。南都改变以往以传播者为中心的生产方式，朝着能够满足用户和引导用户需求的内容转型，以视频、直播、音频、H5、条漫、海报等新形态为代表的创意传播类产品，有效提高了传播的精准度与抵达率。

例如，《你们摘掉口罩的样子，很美！》全媒体报道和“为逆行者亮灯”致敬行动，以“线上全媒体、线下多场景”的创新表达，实现了内容产品的多样化展示、多介质推送、多元化传播，领全国之先，成为体现主流价值观的现象级传播爆款，全网阅读量1.1亿。从广州开启的“为最美逆行者亮灯”致敬行动，影响到全省，21个地级以上市陆续参加到该行动中来，共计推出1000多块LED屏礼赞英雄。报道和致敬行动，受到中宣部专题表扬，亮灯致敬行动被中宣部推广至全国。

一系列转型的成功实践，让南都的目标更加坚定明确——成为新型内容生产者、有价值的数据供应商，重新定义主流都市媒体的内容门类。

第三节
完善技术：构建智能体系

没有技术，媒体转型只能是一句空话，更谈不上赋能社会治理。在南方报业传媒集团的媒体矩阵中，南都是较早重视IT技术研发应用的媒体之一，当前技术正成为南都新一轮奔跑的有力引擎。

一、建立30个数据库，开发四大辅助工具

2018年，南都首次成建制建立20人的技术团队，在基础建设、产品开发、包装设计、分发传播等领域发挥了巨大作用。2019年加入创意团队、可视化团队，成立技术与创意中心，团队规模近百人。

大数据作为重要生产要素已经具有重要资源属性，南都智媒转型正在依托大数据资源构建自身的核心竞争力。目前，南都建立了30个垂直领域数据库，累计归集数据规模达到30亿量级，建立了110个数据分析模型，开发了四大智能辅助工具（南都搜索、南都百科、线索雷达、机器写作），以及南都智媒大数据平台。所有这些，有力支撑课题研究，让南都智媒的基础设施和应用工具逐步完善。

例如，新企业声誉数据库2.0，监控企业由143家增加到274家，声誉值计算增加舆情风险度、隐私安全性、被告案件量、行政处罚量、失信行为、社会责任意识、资本亲近度等维度，使声誉值更为全面、客观，更能反映企业对于舆情应对的效率。又如，南都优选数据库，通过构建质量数据库和买家评论口碑数据库，实现对全国各地市场监督管理部门通报检测检验公开信息的全覆盖监控和抓取，实现对重要电商平台买家评论的

大规模语义分析，为南都鉴定课题内容生产提供数据支撑。

在构建智能化内容生产和传播技术储备方面，南都在2019年推进了智能写作平台建设，开发金融自动写稿机器人，自动实时采集上交所、深交所各大上市公司人事变动公告信息，再结合自动抓取的公司股票信息、市值情况、公司简介、人物生平阅历等形成金融领域知识图谱，从新信息发现到自动成稿，从公告发布到稿件生产，全流程不超过5分钟。金融自动写稿机器人在南都App上开设了T财经专号，已经写稿近500篇，篇均阅读量4500，最高阅读量也收获了10万+。

南都还开发线索机器人，实现对重要新闻源网站信息的实时监控，由记者编辑自行选择监控渠道，设置监控的关键词，即时推送监控信息到微信。目前有过百名记者编辑在使用，第一时间发现新闻，第一时间推送传播，通过智能监控技术有效解放生产力，提高资讯传播时效性。

二、推动技术升级，打造“一核二体三台”

2020年，在集团的“南方智媒云”框架下，南都进一步推动技术升级，打造“一核二体三台”。一核，成立技术委员会，作为决策和监督机构。二体，研发三体和运营主体，研发主体是指借助集团内外技术团队和专业力量，打造产品研发中心，运营主体是指南都采编指挥中心和南都大数据研究院、深圳智媒中心、深圳大件事新媒体公司。三台，是指数据中台、内容运营平台和用户运营平台。以数据中台为例，该架构核心思想是“共享”和“复用”，制定完善的数据管理规范，对资源获取、采集、入库、加工、权限、使用、输出做好全链条制度约束。数据中台主要由五大块功能组成：数据采集、数据分析、数据存储、数据治理、数据服务。目标是内部或外部第三方应用不必关注底层数据准备情况，直接调用数据服务模块对外提供的服务接口，可以方

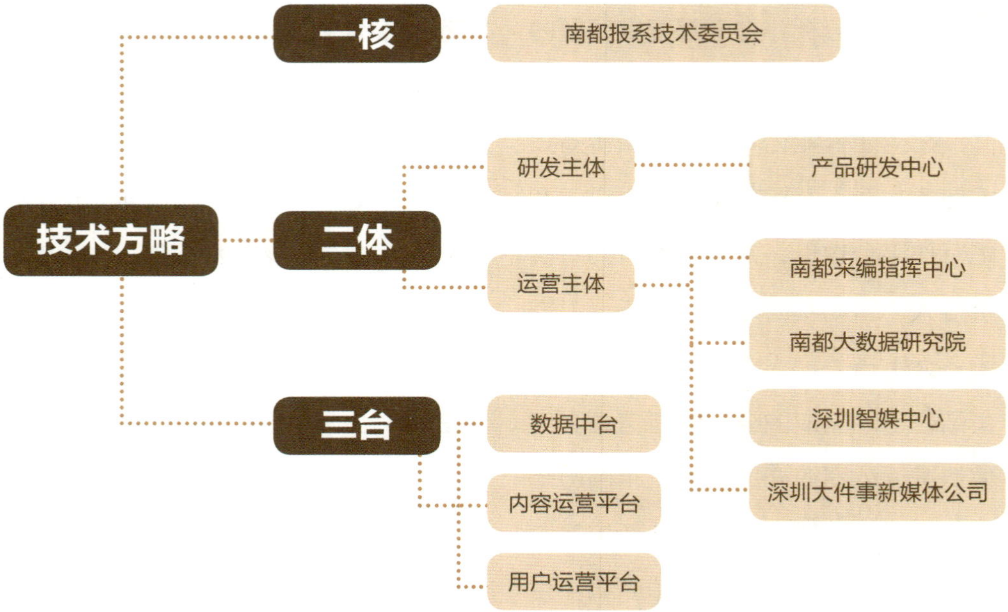

南都“一核二体三台”

便地进行二次开发，借以增强自身的能力。数据中台的建设将有助于数据标准化采集和标准化存储，最终实现标准化应用，避免重复建设，促进数据协同共享。

南都追求的技术，不是炫技，而是赋能，重在应用，要真正通过技术推动生产流程的变革、传播方式的创新、组织架构的优化、传播理念的升级，推动南都从媒体机构向数据公司转型，从融媒向智媒转型。

第四节
整体创新：释放生产效能

南都智媒转型，走的是一条从未有人走过的路，啃的是硬骨头，闯的是深水区。在这条路上，集团全力支持南都大力实施系统改革、整体创新，进一步改革原有组织架构、生产流程、考核薪酬体系等，充分释放生产力，提高生产效率、效益、效能，重塑新产品、新服务、新能力。

一、调整组织架构，推动全员转型

在组织架构上，南都大数据研究院与采编指挥中心并行，下设技术部、产品部、商业数据部、民调呼叫中心、课题中心、项目运营部。2018年，南都还以部分新闻部门为试点，组建新的采访中心。其与传统采编部门最大的不同在于：对其考核不仅有传统的采编生产，同时还有课题研究。根据课题项目，在采访中心内部形成7个专项课题组，既负责日常相关领域采编事务，又负责专项课题研究。

南都的智媒转型注重推动全员转型，大数据研究院在构建课题研究团队的时候并没有另起炉灶，而是充分发挥采编团队在垂直领域积累的优势和资源，推动成熟的采编团队向课题研究方向就地转型，形成“一套人马，两种职能”的组织结构，采访中心和大数据研究院的课题中心充分融合。

2019年，南都进一步调整组织架构。

采编指挥中心架构继续优化，下辖采访中心和编辑中心，是南都日常内容生产统筹调度的枢纽中心和策划创意的“最强大脑”，而大数据研究院是南都智库转型的先锋队和全力实践者，两者可以说是南都向智库转型的“双轮”“双翼”，两者之间需要建立起科学合理高效的架构设计。

为此，南都重新优化采访中心，在上一年试点基础上实施更大力度的改革，打破新闻部门壁垒，形成更加垂直的生产单元。记者团队经过重新梳理后，圈定20%的人全力负责公共新闻，致力于大众传播；剩下80%的人都编入不同课题组，致力于行业研究。采访中心下设6个新闻组和5个工作室，这些新闻组和工作室围绕课题项目形成更高效的生产力，并且不断加大融合协作力度。

重新整合编辑中心，打通白班和夜班，融合网端和报端，不再有报纸编辑、融媒体编辑一说，都是编辑，统一排班，实现24小时值班、全天候发稿。

新设技术与创意中心，同时存在于大数据研究院和采编指挥中心系统内，下设技术部、创意互动部、可视化部三个部门。新设App事业部、短视频事业部，这两个新部门从原来单一的内容生产角色，转变为内容+技术+美学+运营的全新部门。

2020年，南都继续大力优化组织架构。

增设技术委员会，下设产品技术中心，力争实现技术驱动。优化编辑委员会，下设六大中心：融媒体中心、采访中心、北京新闻中心、深圳新闻中心、珠三角新闻中心、编务中心。其中，融媒体中心以产品、渠道、平台为导向，包含要闻部、南都新闻App事业部、南都视频App事业部，南都官微新闻部、奥一网新闻部。南都新闻App与南方$^{+}$错位发展，做成广东市场化App。采访中心整合总部所有采访资源。新成立北京新闻中心，下设采访部、智库部。新成立珠三角新闻中心，推动地方资源整合，下设智库研究院、莞惠新闻部、珠中江新闻部、珠三角可视化工作室。

二、变革生产机制，融合协同创新

高铁为什么跑得快？是因为每一节车厢单元都有动力，每一节车厢都同向发力，整体车身处于高度协同状态。智媒转型要走得更稳、跑得更快，各个板块、各个环节的紧密融合、高度协同至为关键。

采编指挥中心和大数据研究院作为南都内容生产和融合转型的核心关键部门，率先实行高度融合的生产机制。具体做法包括：

严格生产流程规范。采编指挥中心和大数据研究院同时承担着新闻生产和课题研究、产品开发的双重任务。所有内容生产进一步严格流程规范，在南都所有平台（报纸、微博、微信、客户端以及其他第三方平台）刊播的所有内容（含文字、图片、音视频、交互产品等），必须严格按照报社规定，在采编指挥平台走报题、审核、签发流程。

严格商业经营规范。内容生产人员的职责是对内容出品的导向、质量负责。内容生产人员通过实施年薪制，保证了整体收入，不存在通过商业项目获得额外奖励的情况。内容生产和商业运营严格区分。

高度融合协同创新。采编指挥中心和大数据研究院之间以课题、产品为纽带，通过日常报题、协作支撑，实现融合协同，做到“你就是我，我就是你”。特别是，强调产品意识要渗透到每个板块，不论记者还是编辑，都要以用户为中心、以产品为导向，牢固树立手中没有好产品就不是好记者好编辑好研究员的理念，全面刷新传统跑线的理念，打破狭隘的领地思维。

三、创新人力管理，拓展新赛道构筑新能力

为确保智媒转型顺利进行，南都进一步改革人力管理制度，改革的总体思路是建立以岗位职责和岗位价值为导向，基于任职能力评估的考核体系。很多做法走在集团各媒体前面，给兄弟媒体提供了学习和借鉴的样本。

重新划分岗位。打破原来记者编辑的单一岗位设置，创新性设立采编、研究、产品、技术、设计五大序列。采编序列主要工作内容为新闻生产，强调采编专业能力、融媒体生产能力、全媒体策划统筹能力等；研究序列主要工作内容为智库研究生产，能力侧重于研究生产力、资源连接力等；产品序列更强调对产品设计、运营推广的能力，要求侧重于资源整合，实现产品的市场价值；技术序列主要工作内容为新媒体技术和数据技术的开发和维护；设计序列主要工作内容为平面设计、动画制作等，侧重于产品创意和设计服务能力。这样的序列设计因应南都转型需要，为员工提供了更多专业技术发展空间。南都智库课题的很多优秀牵头人，在新一轮专业技术岗位竞聘中进入了研究序列或产品序列，在新赛道中构筑新能力。

重新设立能力层级。参考互联网公司的成熟做法，每个序列设置7个能力层级（P1—P7），每一个层级都有与之相对应的能力描述和薪酬区间，从而建立起可上可下的薪酬通道，为员

工提供发展指引。同时，为提升团队活力，加强层级间的流动性，每年定期进行一次能力层级调整，可上可下。

实施区间年薪。打破既往计件制薪酬制度，改为基础年薪制，但年薪不固定，而是区间年薪，一人一策，既照顾到适应多元业务，同时又能起到激励作用，避免吃大锅饭。

推行“流量+用户”考核。在原来流量考核的基础上，实行“流量+用户”的考核方式，只要实现精准影响力，比如带动用户增长、实现用户互动等，都计入评价绩效。

实行年底各层级述职制。对不同管理层级的员工均实行工作述职，从不同的维度对员工进行综合评审。述职结果将与年终奖、年度能力层级评定以及薪酬调整挂钩。

从纸媒到智媒，不仅是平台介质的改变，更意味着媒体从单向度报道传播到多元参与、协同共治的无限可能。数据驱动转型，智媒赋能治理，我们深信，南都一定能够书写好智媒转型这一新华章。

传播力——南方报业媒体融合实践

附　录

媒体融合实践访谈录

附录一　2016年10月21日，黄常开接受南方日报记者专访

报网端全媒体融合
打造新型主流舆论阵地

南方好看 看好南方
南方日报创刊六十七周年
A29
黄常开接受记者专访
报网端全媒体融合
打造新型主流舆论阵地
南方号·悦政务
正式上线

移动互联时代，传统媒体遭遇严峻挑战，力推转型融合，作为华南主流媒体、南方报业旗舰的《南方日报》，如何应变图强，勇当先锋，续写荣光，备受瞩目。

在创刊67周年之际，《南方日报》启动新世纪以来的第13次改版，这一次，以“全媒体改版”为主题，推进南方日报、南方网、南方+客户端的全面融合，确立“移动优先”战略，打造全新报网端生态系统，以更好看的报纸、更好玩的新闻，服务用户，传播价值。

南方报业传媒集团总编辑、南方日报社总编辑黄常开接受南方日报记

者专访，畅谈南方日报转型融合发展新理念、新举措。

盈 持续逆势上扬 让我们对党报未来充满信心

记者：2016年以来，“媒体严冬”的声音更甚，但南方日报却逆势上扬，稳中有进，可否透露一下具体情况？您在新闻行业工作20多年，熟悉采编、经营工作，首次主持《南方日报》改版，有什么新想法？

黄常开：党的十八大开启了传统主流媒体转型融合发展的新征程。习近平总书记在2016年“2•19”讲话中将新闻舆论工作提到“治国理政、定国安邦”的高度，提出了48字职责使命的要求。这既体现了党对新闻舆论工作的高度重视，也对我们的工作提出了全新要求。

2016年以来，南方日报紧紧围绕省委、省政府的中心工作，贯彻集团“深耕主业、多元开拓、加快转型、融合发展”战略，坚持正确舆论导向，不断加强内容创新，主题宣传精彩纷呈，热点引导深入有效，“‘南方评论’高地”建设实现重大突破，媒体融合深入推进，打造南方日报、南方网、南方+客户端、微信、微博、微电影、户外LED和南方全线通等各具特色的全媒体矩阵产品。据统计，2016年1—8月，南方日报整体经营业绩稳中有进，广告收入在高位运行，增幅接近一成，其中新媒体收入同比增幅63%，经营收入结构进一步优化，发行量连续31年稳居全国省级党报第一位。2016年9月，在被誉为中国传媒市场“风向标”的“2015—2016中国报刊经营价值排行榜”上，南方日报蝉联“省级日报十强”第一名。这种逆势上扬的态势，极大鼓舞了我们的士气，让我们对党报的未来充满信心。

2016年是国家“十三五”规划的开局之年，也是推进媒体融合、转型发展的关键之年。在创刊67周年之际，《南方日报》将启动新世纪以来的第13次改版。这是南方日报认真学习贯彻习近平总书记“2•19”重要讲话精神、在媒体融合背景下进行的一次重大变革。通过这次改版，我们希望回答一个命题：在互联网时代，南方日报如何进一步为用户提供适应互联网传播的产品服务，进一步提升党报集团舆论引导能力和可持续发展能力，进一步巩固党的主流宣传舆论阵地?

我们将此次改版主题确定为“全媒体改版”，覆盖南方日报、南方网、南方⁺客户端，其中，南方网以全面海量取胜，南方⁺客户端以快速便捷见长，南方日报则以精深独到著称，打造全新的报网端生态系统。目标是做更好看的报纸、更好玩的新闻，全面推进全媒体融合，加快报社转型步伐。

优 坚持内容为王 打造更好看的优质新闻产品

记者：这次改版备受关注，有什么“新招”?

黄常开：我们这次改版，可概括为三个字——“优”“转”“融”，优化内容，转移产能，融合发展。

先说“优”。在复杂多变的媒体环境中，没有优质内容就没有核心竞争力，没有优质人才就不能可持续发展。要拿好手中的“麦克风”，必须坚持内容为王，加快培育全媒型专家型人才，发挥内容生产优势，增强我们的服务能力和吸引力，在多元声音中做好“定音锤”。

我们要增强权威性、专业性和服务性，打造更好看的《南方日报》。要发挥省委机关报的优势，围绕中心，服务大局，做好主题宣传和成就报道，做好华南地区权威的政经时事、局势解读、深度调查报道，改进文风贴近读者。改革“时局”版，做国情、省情、政情之“局”，打造体现“高度”的主力版块；恢复“重点”版，做当天国内、省内重大突发新闻，成为培养名记者的摇篮；改“在线”版为“全媒体”版，呈现和引导网络舆论热点，形成报网端互动的环流生态系统；版式进行可视化设计，强化报网互动，强化品牌形象。

网、端进一步扩容提质。南方+客户端同步推出3.0版本，拓展“南方号”。依托南方报业的优势资源，在移动端构建覆盖全省、辐射全国的广东权威信息分发与办事服务平台——“南方号”，邀请相关部门、地市和高校的官方发布渠道入驻，协调省内与民生直接相关、使用频率较高的政务服务窗口接入，进一步满足用户需求，丰富产品功能，提高服务能力。南方+客户端将开设更多特色频道，打通线上线下资源，形成新的影响力和运营能力，进一步做强做大地市频道，增设区级频道，进一步扎根地方。

记者：有优才，才有优质。南方报业启动“南方名记”培育工程，提出要培养新媒体时代的主流媒体“网红”，引起广泛关注，有什么考量？

黄常开：集团加快融合发展需要新的骨干力量，集团有特长、有潜力的年轻人需要新的成长模式，我们启动“南方名记”培育工程，就是要培养一批具有新媒体采编运营能力的全媒型专家型生力军。打破论资排辈的做法，不限年龄、职称、职务，公开遴选。设立“南方名记”工作室，开辟“南方名记”专栏，创新性地制定考核奖励细则，激励他们着力经营南方日报转型融合的创新项目、品牌栏目、重大题目，释放能动性和创造力，多出精品力作，扩大影响力。现在，“南方名记”培育对象名单已经出炉，都是南方报业有颜值、有素质、有气质的全媒型专家型青年才俊。

转 实行动态增减版机制 把产能和成本向新媒体端转移

记者：说起转产能，据说这次《南方日报》改版要把上千万元的版面成本转移到新媒体端口，力度很大，是出于怎样的考量？

黄常开：人民群众在哪里，我们的新闻舆论阵地就立该在哪里。当前，我国网民数量已经超过7亿，手机网民超过6.2亿，用户阅读习惯正在从报刊向移动端转移。顺应移动互联网时代发展新趋势，我们必须进行新闻宣传工作的供给侧结构性改革，减少无效和低端供给，扩大有效和中高端供给，促进要素流动和优化配置，把优质的新闻资源、产能、成本从传统的报纸版面、栏目中释放出来，向移动端转移，从而实现党报的公信力、影响力、引导力在新媒体平台的迁移和扩增。

为此，我们执行动态成本核算增减版机制，进一步优化报纸版块结构，精简细化专刊、副刊、观察、视窗等版面，强化深度报道和分析评论。同时引导行业、地方信息向网、端转移，在南方$^+$客户端开设相关行业、城事频道，经营成服务型产品，从而实现报纸的转型和网端的经营效益。

据测算，这次实施版面优化和动态增减版后，南方日报一年可节约上千万元生产成本，这部分将专门用于扶持新媒体项目尤其是南方$^+$客户端，大大提升南方日报、南方$^+$客户端采编团队的工作积极性，把转型融合真正落到实处。当然，这还不包括集团投入新媒体发展的资金、资源。

融 设立技术研发中心 打造“中央厨房”实现流程再造

记者：如何在体制机制上大胆突破，把融合发展落到实处？

黄常开：媒体融合，不是报纸与网站、手机端的简单叠加，而是深度交融，再造生产传播流程。我们准备从机制、技术、考评三方面全力以赴推进报网端的深度融合。

在机制上，推动采访部门转型为“全媒体新闻部”，编辑部门转型为“全媒体新闻编辑部”，加快各地记者站全媒体转型。采访部门负责向报网端供稿，确立“移动优先发布、差异化生产传播”原则，即时新闻优先通过南方$^+$客户端、南方日报官方微博微信、南方网等新媒体端发布，报纸精选部分刊发；深度、解读性新闻则主要在报纸刊发，精选精编。报、网、端、微互相导流，形成全媒体生产循环系统。将报社目前所有编辑部门包括新媒体端编辑部门，整合为全媒体编辑部，统一内容出品的编辑和把关工作。深化南方日报21个记者站、南方网21个地方频道、南方+客户端21个城事频道的一体化运营，发挥优势，深耕广东。鼓励记者向新媒体产品经理转型，学习策划动新闻、H5、VR、无人机拍摄、直播等产品，掌握脚本写作技巧，了解新媒体发展风向，推动纸媒生产能力向移动端生产能力转变。

在技术上，我们将加快一体化平台升级，打造“中央厨房”。媒体融合需要技术支撑，要加快集团采编一体化平台2.0版本的优化与推广，打通南方+客户端、南方网即时新闻、南方日报官方微信的取稿权限，打造真正全媒体生产的“中央厨房”。我们将以一体化平台建设为基础，同步推动“一报一刊一网一端”的流程机制和组织再造，并逐步实现全集团的采编机制再造。集团新媒体公司已设立技术研发中心，加快新媒体技术研发推广。

在考评上，完善全媒体考评细则，引导采编团队向媒体融合进军。考评是转型的指挥棒，以往采编人员绩效中报纸占比90%以上，网、端仅占不到10%，这次改版树立报网端并重的考评理念，提高新媒体端口的考评权重，增加基本分、阅读率加权和质量加权，鼓励记者多往南方+客户端发稿。同时，确立以质为主、量为辅的考评方式，鼓励独家、鲜活、记者深入现场采访的优质报道，对H5、动新闻、VR、直播、无人机拍摄等新媒体技术产品加大奖励。

愿　《南方日报》不仅是一份报　力推媒体融合更好服务用户

记者：对于《南方日报》，您有怎样的愿景？

黄常开：植根岭南沃土，投身改革前沿，引领风气之先，是南方报业与生俱来的气质。南方报业被赞誉为“中国新闻界的黄埔军校”，是造就和聚集中国出色新闻人的殿堂，无数名记者写出了大量优秀新闻作品，给读者留下了极为深刻的印象。历史发展到今天，移动互联网新兴媒体迅猛发展，新闻信息产品的内容和结构、传播终端的形态和功能、受众的心理和习惯，都在发生革命性变化。有着辉煌历史的南方报业，时不我待，面临着刻不容缓的改革要求和转型任务。

这是一场深刻的变革，现在，南方报业未来发展方向和实现路径已经明确，正是呼唤人才、造就人才的最好时机。南方的光荣与梦想，要在我们手中传承光大。

“穷则变，变则通，通则久”。在媒体大变革时代，作为集团旗舰，南方日报必须不忘初心，牢记职责使命，坚定不移地全面推进改革，创新发展。在我的心中，《南方日报》不仅是一份更好看的报纸，还是一个更快捷的移动端，更丰富的新闻网，更智慧的新型智库，我们将全力以赴，不辱使命，以更优质的产品服务广东、服务用户。

记者 陈 枫

原载于2016年10月21日《南方日报》A29版

附录二　2017年11月3日，黄常开接受南方日报记者专访

以十九大精神指引“三优”建设

记录新时代 走好转型路 ·南方探索

南方日报创刊68周年

特03

南方报业传媒集团总编辑、南方日报社总编辑黄常开接受专访

以十九大精神指引“三优”建设

顺势创新、逆市上扬 党媒底气更足声音更响

建设优越平台

南方+发展迅猛突破“双两千”

生产优质内容 提升舆论引导力和社会影响力

启用中央厨房2.0

推动报网端深度融合发展

培育优秀人才 “南方网红”成为舆论场一股清流

金秋十月，恰逢党的十九大胜利闭幕，《南方日报》迎来创刊68周年的喜庆日子。在这场为期10个月的迎接宣传十九大“大考”中，南方日报用版面语言体现“四个意识”，用重磅策划彰显南方特色，用南方评论有效引领舆论，用融媒产品频刷移动端……高超的采编技能、优质的内容产品赢得了社会各界的赞扬肯定，引起海内外媒体高度关注，广东省委对南方日报的报道和管理工作给予高度评价。

令人瞩目的是，南方日报自身也在媒体行业“寒冬”声浪中逆市走强——发行量连续32年稳居全国省级党报首位，经营收入稳步增长；品牌

价值超300亿元，与人民日报、参考消息，共同跻身全国平面媒体前三；南方+客户端下载量突破2500万，融合传播指数居全国地方党报App首位。

这是南方日报2016年以来力推报网端全媒体改革改版、移动端拳头产品建设、“南方名记”培育等改革措施后取得的累累硕果，是献给创刊68周年纪念的最好礼物。

党的十九大作出中国特色社会主义进入新时代的重大判断，习近平总书记要求“新时代要有新气象，更要有新作为”。作为在国内外有广泛影响力的党媒集团，南方报业传媒集团如何贯彻十九大精神，顺应移动互联时代传播生态，改革转型再开新局？南方报业传媒集团总编辑、南方日报社总编辑黄常开就此接受了南方日报记者专访。

顺势创新，逆市上扬
党媒底气更足声音更响

记者：2016年此时，南方日报启动全媒体改革改版。您提出“构建报网端融合发展新生态”的改革思路，之后提出以打造“三优”为改革路径，受到业界广泛关注。经过一年实践，南方日报改革转型、逆市走强的成绩单令人振奋。现在媒体都在谈“转型”，到底怎么转、怎么转出新天地，您有什么体会？

黄常开：2016年以来，我调研走访了多家兄弟媒体，总的感觉是当前各传统媒体转型面临的问题大同小异，概括起来不外乎三个方面：一是缺乏能娴熟生产适合新阅读习惯的优质内容的能力，二是缺少具备全媒体策划运营能力的领军人才，三是没有建成一个广覆盖、大影响的新媒体平台。这三个问题不解决，转型就是一句空话，舆论引导能力和可持续发展能力堪忧。南方日报的改革，正是从优质内容、优秀人才、优越平台三方面入手，不断做出大胆的探索实践，取得了阶段性重要成果。

经过这一年的实践，我有两点感受：

一方面，要坚定信心。这几年，媒体格局剧烈变革，洗牌力度很大。但是我们要看到，在全面加强党的建设的大时代背景下，党报以其“喉舌”“桥梁纽带”的独特定位和权威、理性、工作指导性强的特色优势，反而凸显出不可替代性，底气更足，声音更响。南方日报在宣传报道、经营收入、融合转型等方面顺势而为、逆市上扬的态势，极大鼓舞了我们的士气，让我们对党媒的未来充满信心。

另一方面，要顺变创新。南方报业传媒集团以旗下众多一流纸媒起家扬名，但在移动互联的全球性历史性大变革中，如果因循守旧，必然被抛进历史的故纸堆里。因此集团党委提出“深度融合、全面转型”的号召，大力建设智慧型文化传媒集团。南方日报探索出“三优”建设的路径，取得佳绩，充分说明我们的思路是对的，改革路径是对的。

生产优质内容
提升舆论引导力和社会影响力

记者：优质内容、优秀人才、优越平台，“三优”提法令人耳目一新，具体怎么实现呢？优质内容是南方日报的金字招牌、传统优势，如何保持优势转化增值？

黄常开：优质内容生产力，在任何时代都有着珍贵的价值，也是南方日报的核心竞争力。

我们坚持正确舆论导向，将主战场从传统纸媒转向报、网、端、微各个端口，全面提升全媒体供稿能力，全方位推进内容创新，打造出一系列导向正确、品质精良、广受欢迎的精品，舆论引导力和社会影响力稳居业内一流地位。

我们善用版面语言体现“四个意识”，从报道规模、内容、标题、照片、位置等要素的处理中体现媒体的政治智慧和采编技艺。比如2017年10月19日《南方日报》封面版对十九大开幕的报道版面恢宏大气，习近平总书记作报告的照片占据1/2版面，庄严醒目；将十九大报告提炼出“新时代”“新思想”“新征程”三个关键词，独具一格；在全国媒体中率先旗帜鲜明地使用“习近平新时代中国特色社会主义思想”提法，出彩而不出格。该版面得到上级的高度肯定，成为全省主要报纸对标版面，也受到海内外媒体广泛关注。业内专家对比全国报纸当天版面后，评价“南方日报做得最好、最有特色”。

我们用重磅策划彰显南方特色，嘹亮唱响主流舆论的南方声音。比如2017年南方日报、南方+推出“南方网红走基层”系列报道、“重访总书记视察广东路线”大型系列报道、“实现伟大梦想”3篇系列述评，这些都是传得开、留得住的优秀作品，起到了画龙点睛、彰显特色的作用。

我们用南方评论有效引领舆论，一年来“治国理政新理念新思想新战略”系列评论已刊发200篇以上。2017年4月总书记对广东工作作出重要批示后，南方日报连续刊发9篇评论员文章，被全省主流媒体同步转发，成为全省各级党政干部深入学习批示精神的重要培训资料和省第十二次党代会会议材料，既体现了“南方评论”高地的建设成效，也体现了省委对南方日报评论员文章的充分肯定。

培育优秀人才
“南方网红”成为舆论场一股清流

记者：说到优秀人才，南方报业素有“中国新闻界的黄埔军校”之称，2016年10月启动“南方名记”培育工程，在国内首次提出培育“网红名记”，备受瞩目。现在培育工程进展如何?

黄常开：优秀人才队伍，是南方报业可持续发展的动力源。我们大力培育全媒型专家型优秀人才，让“南方网红”成为舆论场的一股清流。

集团继2016年10月遴选出首批15名“南方名记”进行精心培育后，2017年4月又遴选出第2批25名培育对象。各媒体制定了相应的培育措施和考评激励制度，采用“一人一策、因人施策”的方式进行倾斜培育。这两批名记快速熟练掌握全媒体十八般武艺，在党的十九大、全国两会、省第十二次党代会等重大报道活动中担当了融合创新的重任，推出一系列特色鲜明、人气颇高的文章、栏目、项目，打造网络爆款产品的能力处于同行前列。

由“南方网红”主创的一批主流全媒体产品，在网络上获得了数十万+、上百万+甚至上千万+的阅读量。《武松来了》《两会TAIKS》两档短视频节目分别获得1亿+、5000万+阅读量；动漫神曲《四三二！let's go！》呈现方式新颖活泼，获得省委领导赞扬；“喜迎十九大 南方网红走基层”全媒体系列报道鲜活生动，反响强烈；H5产品《回访习大大南粤足迹，快来为广东这五年点赞》获得近400万人次点击观看、超百万次点赞；十九大期间推出的两支RAP神曲迅速刷爆朋友圈，点击量合计突破600万，更引起海外华文媒体的关注和转载。通过“南方网红”的试点带动，大大增强了集团采编人员向全媒型专家型方向转型的积极性和主动性，创新了人才培育机制，优化了人才成长环境。

建设优越平台
南方⁺发展迅猛突破“双两千”

记者： 说起第三个“优”——优越平台，进入移动互联网时代，传统主流媒体都在大力建设“两微一端”。作为南方报业新媒体拳头产品，南方⁺客户端发展迅猛、表现亮眼，有什么诀窍？

黄常开： 优越的移动传播平台建设，是南方报业转型发展的重点方向。用户在哪里，我们就要把舆论阵地建到那里。我们着力打造南方⁺客户端这个具有龙头骨干地位的优越平台，大力发展集团各媒体的新媒体平台。

南方⁺客户端2015年10月上线，致力打造广东权威移动发布平台，目前已突破“双两千”：累计下载量突破2500万；“南方号”入驻机构超过2000家，月总发稿量超过2.5万条，带来每月超过2000万的阅读量。在国家网信办等权威机构主办的各类评比中，南方⁺均有亮眼表现，融合传播指数位居地方党报App首位。

短短两年，南方⁺客户端为何能快速成长？我认为，关键是坚持报网端融合，举集团之力办好这个转型新平台。我们把集团各媒体特别是南方日报的优质采编力量、社会资源，重点注入南方⁺客户端，实现了人员、内容、推广、运营的“真融合”。比如，在内容生产方面，南方⁺平均每天首发南方日报的原创稿件约200篇，以优质内容带来了近一半的流量；南方⁺平均每个工作日推出3场直播活动，基本都是由南方日报记者执行；南方⁺的网络爆款产品，基本都是与南方日报记者合作生产，很多是“南方网红名记”主创主导的。“移动优先、融合传播”理念已转化成记者的工作习惯。在运营方面，南方⁺客户端的经营与南方日报实现一体化管理，城市频道、行业频道由南方日报对口部门负责运营。通过融合，共生共赢，把新阵地新平台建起来了。

启用中央厨房2.0
推动报网端深度融合发展

记者：站在新起点上，南方报业、南方日报如何贯彻党的十九大精神，创新发展续写荣光？

黄常开：学习好、宣传好、贯彻好党的十九大精神，是当前集团的首要任务。我们要坚持以习近平新时代中国特色社会主义思想为指引，按照习近平总书记对新闻舆论工作的重要指示要求，牢牢坚持正确舆论导向，围绕中心服务大局，积极推进“三优”建设，以新的气象、新的作为创造无愧于新时代的新业绩。

作为贯彻落实十九大精神的第一个举措，我们即将上线“中央厨房”2.0系统。以“中央厨房”2.0系统为驱动力，构建报网端决策指挥三层架构，深化南方日报“三会”制度改革，把“采前会”转变为“全媒体策划会”，突出“三个加强”——“加强报网端融合，加强传播效果反馈，加强重点选题统筹”。整合报网端的编辑审校、视觉传播等资源，对南方日报部分部门的功能架构进行整合调整，以更好适应全媒体内容生产需求。修订完善《南方日报全媒体考评细则》，从制度上激发采编队伍的积极性。

我们将纵深推进“南方名记”

培育工程，改革培育措施和考评激励制度，用更宽松的考核办法、更宽敞的成才路径和更宽容的干事环境，以“一人一策、因人施策”的方式进行倾斜培育，以点带面，星火燎原，以优秀人才培育，带动优质内容生产、优越平台建设。

干事创业，不负时代。我们将传承弘扬南方报业的光荣与梦想，深度融合全面转型，大力建设智慧型文化传媒集团，谱写新篇章，创造新辉煌。

记者 陈 枫 吴少敏

原载于2017年11月3日《南方日报》特03版

附录三　2018年11月6日，黄常开详解南方日报转型之路

移动化、平台化、可视化、智慧化

南方日报 特03

守正不渝 创新不止

——纪念南方日报创刊69周年

南方报业传媒集团总编辑、南方日报社总编辑黄常开详解南方日报转型之路：

移动化、平台化、可视化、智慧化

改革思路

“四化”是主流媒体转型的必然趋势

实践经验

“三个一体化”推动主力军向主阵地挺进

下一步重点

启动新一轮改版改革

党中央提出媒体融合发展战略至今，在全国媒体百舸争流的征程中，南方日报成为走在前列的一道独特风景。

作为一份报纸，《南方日报》不断刷新自己在全国省级党报中创下的“第一”纪录，如今广告年收入早已迈入4亿元大关，发行量77万份，品牌价值377.95亿元，影响力非同一般；同时加快在互联网排兵布阵，全力在新媒体开疆拓土，融媒体指数位居全国省级党报第一位；创办南方+客户端短短3年下载量突破4700万，入驻南方号4700家，2018年前十月营收超过7000万元，迸发出强大生命力，大量应用短视频、H5和视频直播、虚拟现实等

新技术，不断生产出上千万、上亿点击量的标杆性、现象级产品。

从一份拥有70多万订户的报纸，发展成为覆盖1.57亿用户的全媒体，南方日报的转型之路令人瞩目。南方报业传媒集团总编辑、南方日报社总编辑黄常开接受南方日报记者专访，详解南方日报的改革思路、经验及下一步改革措施。

改革思路

“四化”是主流媒体转型的必然趋势

记者：在全国省级党报中，南方日报的日子还算好过，却也没有满足现状，转型得早，效果也好。作为总编辑，您是怎么考虑的?

黄常开：在互联网快马奔腾的时代，融合转型成为传统媒体最根本的应对之路。从习近平总书记关于意识形态工作的系列重要讲话、中央和省委关于媒体融合发展的部署要求，到南方报业这么多年的探索实践，无不证明：融合转型的方向就是主流媒体的互联网化。用好互联网拓展传播途径、扩大覆盖范围、抢占新阵地是主流媒体的职责所在。每个媒体都要在这过程中探索出一条适合于自己的改革之路，南方日报的路就是——移动化、平台化、可视化、智慧化。

先说移动化。当前用户移动阅读习惯进一步养成，近七成用户更多使用移动终端阅读新闻资讯。党报也并非高枕无忧，也要警惕“有发行没阅读”的尴尬。所以我们下“先手棋”，从2015年起逐步将最核心的生产力投入到移动互联网，“移动优先”在改革转型中位居战略高位：创办南方⁺客户端，推出南方网移动版，大力发展“两微”，推动采编人员向全媒体转型，逐步精简《南方日报》文体、专刊、副刊、观察、视窗等版面，将报纸资源、产能、成本向网端流动。

再说平台化。我并不主张所有媒体都自建平台，不少媒体完全依托于成熟平台也活得好。但广东作为全国经济排名第一、人口最多的省份，网民及网站也是全国最多的，我们应该拥有一个自主可控、传播力强的主流平台。南方日报有更强的社会资源整合能力、更优的内容原创能力和更大的品牌影响力，完全有条件将南方⁺建设成这样的平台。

当前南方⁺对内兼容了南方报业旗下媒体的内容发布，包括南方日报、南方都市报、南方周末等8报10刊22网站11客户端的优质内容；对外聚合了全省超过4700家政务新媒体及机构新媒体入驻“南方号”平台，全面覆盖省直部门和21个地级以上市；我们还将触角延伸出去，推进南方⁺与全省各市（县、区）合办地方频道超过90个。“朋友圈”越来越大，开放共享度越来越高，南方⁺内容的“多、快、新、近、实”特征明显，牢牢占据了广东第一权威移动平台位置。

记者：现在越来越多媒体紧随南方⁺脚步，发力于广东政务内容合作生产，形成新的竞争格局。南方⁺要持续领跑，还能打出哪些牌？

黄常开：要在内容的不可替代性、服务的不可或缺性上下功夫，重点是实现可视化、智慧化。

可视化是现代传播的重要特质。新闻可分为“曲高和寡派”和“喜闻乐见派”，主流媒体由于其定位要求，往往被列入“曲高和寡派”。如果说主流媒体的挑战是如何运用喜闻乐见的传播方式去传播曲高和寡的内容，那么可视化（视频和数据可视化等）就是关键。这也正是我们从2016年开始培育“南方名记”、打造“主流网红”的初衷。以“主流网红”为引领带动，这几年采编队伍大量运用短视频、H5和视频直播、虚拟现实等新技术，生产出时政类节目《两会TALKS》、政法类脱口秀《武松来了》、广东医生原创主题歌《相信》、公益活动“宝贝回家”等爆款，传播了主流价值观。

事实上，目前网上点击过亿的现象级产品大多是主流媒体的产品，主流媒体一旦动起来、新起来，适应了新环境、新要求，是有很大的作为空间的。2018年9月16日广东正面遭受强台风“山竹”袭击，南方⁺紧紧依靠南方日报投入全省各地各系统一线采访的200多名记者，发布了32条原创短视频新闻、26张预警辟谣“微海报”、12场直播、1张防风科普长图、1个滚动更新的H5产品，加上各渠道的分发、各媒体的转载，共创下约2.5亿的点击量。在这场灾难报道战役中，南方+因为传播速度快、可视性强、信息权威准确，成为省三防总指挥部和各地市防御台风的首要信息发布平台和指挥防御工作的得力助手，这正是可视化带给南方+的新能力、新价值。

最后说说智慧化。媒体的智慧化包括两层含义，一是智库化，二是智能化。在智库化方面，南方日报突出深度立报理念，强化决策参考作用，生产了一系列对象化、定制化智库产品，提升了党报围绕中心、服务大局的新能力。智能化方面，则主要是通过大数据、云计算、人工智能等技术手段，在内容生产上帮助我们发现选题，拓展报道广度深度，预判信息传播效果，在内容分发上实现精准传播，节省用户时间成本，优化用户体验，增强用户黏性。智慧化也让移动平台更友好、更实用。南方+与广东创新便民小程序“粤省事”实现无缝对接，网民可在网上办理社保、医保、交管等领域279项高频民生业务，少跑腿，更省事。南方+开发的“交党费”系统已经为广东多家单位提供服务，党员只要动动手指即可完成党费缴纳。

实践经验

“三个一体化”推动主力军向主阵地挺进

记者：南方日报、南方网、南方+的融合改革工作已推进多年，成功走出了一条此长彼长、此强彼强的新路。在您看来，融合改革取得实效的实招是什么？

黄常开：南方日报做新媒体，并不是另外拉一支队伍，另起炉灶，而是把原来的队伍转到主战场去，把新闻生产力拓展到移动端去，一体化发展。我在内部动员讲话中强调，一是移动端是今后的发展方向，必须加大投入；二是移动端目前还弱小，需要强力扶持；三是时间窗口所剩无多，一两年内火不起来的话就会变成“温吞水”。在内部形成共识的基础上，我们在新媒体发展资金上实行南方日报全部兜底政策，在干部任用上实行报网端相互交叉兼职，在机构上实行合并转优，在考核上实行改造调整，并最终形成了报网端内容一体化生产、技术一体化支撑、经营一体化统筹的全新运营模式。

内容一体化生产。南方日报采编人员已经整体转型为全媒体采编人员，与之相应的，各采编部门也基本转型为全媒体采编部门，从理念、实操、流程、架构、考核等方面都得以转变，逐步形成了一支队伍、一个厨房服务报网端三个介质、生产三类产品的融合新生态。比如，南方日报珠三角新闻部编辑记者人数总计超过200人，约占南方日报采编人员总数的一半，几经努力，目前除2名年龄超过50岁的编辑外，全部转型成为对应报网端三个渠道的全媒体编辑和记者。记者站记者按“先端后报”的流程向融媒体中心供稿，编辑部同时负责南方日报地市“观察”版面、南方+城市频道、南方网地方频道的内容编发，实现了报网端三个端口的一体化采编审发。

技术一体化支撑。就是以融媒体中心建设推动流程再造，打通报网端，理顺采编发，探索形成统一指挥、协调联动的融合生产机制。以融媒体中心为中枢，南方+与集团内各媒体的沟通成本大为降低。报网端一线采编人员的“策、采、编、发”流程，都以此为基础便捷推进，替代了原本基于电话、微信的沟通调度工作，起到了事半功倍的效果。融媒体中心3.0于2018年底前建成运营，实现“一个入口、集中存储、融合发布、无缝联通”目标。

经营一体化统筹。经营业绩是检验融合改革成败的关键。我们形成了报网端三个介质的产品和营销一盘棋、运作和考核全体系的运作模式，明确南方日报的经营是协同融合报网端多平台的大经营，一位经营人员背后是多个经营平台，明晰经营目标既稳住传统优势业务基本大盘，又着力提升非报创新营收，对内细化报刊网端一体化经营思路和产品清单，对外提供全媒体融合产品矩阵和整合营销全案服务。经营一体化统筹模式激发了内部活力、提升了经营能级。2018年报网端3个主体总体经营收入达到10亿元，其中南方⁺的经营收入突破1亿元。

下一步重点
启动新一轮改版改革

记者： *前不久中央召开全国宣传思想工作会议，习近平总书记作出重要讲话。之后广东省委召开全省宣传思想工作会议，作出一系列部署要求。广东要奋力开创宣传思想工作新局面，南方日报应有怎样的担当？*

黄常开： 习近平总书记在全国宣传思想工作会议上的重要讲话，深刻回答了一系列方向性、根本性、全局性、战略性重大问题。南方日报将以总书记的重要讲话为根本遵循，按照李希书记的部署要求，更好承担起举旗帜、聚民心、育新人、兴文化、展形象的使命任务。

作为贯彻落实全国和全省宣传思想工作会议精神的重要举措，我们将于2019年元旦启动新世纪以来的第16次改版改革。改版改革目标就是进一步推动移动化、平台化、可视化、智慧化，以新的作为谱写宣传思想工作新篇章。重点在三方面发力。

一是精准定位三个介质发展方向。南方日报、南方网、南方⁺实现差异化发展。南方日报打造成为“政经纸”“观点纸”“深度纸”，以深度见长，以政治的高度、思想的深度、理论的厚度、人文的温度、文字的精度取胜。南方网打造成为广东第一互联网新闻门户，以权威、即时、准确的新闻信息和政务发布取胜。南方⁺客户端打造成为广东新型主流媒体优越平台，以创意传播、爆款产品、开放互动、快捷服务取胜。

二是实施体制机制改革。完善全媒体采编指挥系统，开好报网端采编协调会，实行薪酬考核改革；着力优化调整设置部门，让原本分散在不同主体的同类资源进一步整合，产生“化学反应”，打造拳头产品，形成新的增长点。

三是建成启用融媒体中心物理空间。在2019年元旦建成启用约4000平方米的融媒体中心，入驻办公的包括南方日报要闻编辑部和视觉新闻部、南方网、南方+、南方都市报短视频制作团队等单位共600余人。物理空间的安排，将加快全媒体观念转变、推进组织架构重组、再造新生产流程，对下一步推动深度融合、实现“四化”起着重要作用。

记者 曹 斯

原载于2018年11月6日《南方日报》特03版

附录四　2019年10月21日，黄常开谈南方日报转型发展

没有传播能力　就没有一切

奋进　特03　南方日報
南方报业传媒集团总编辑、南方日报社总编辑黄常开谈南方日报转型发展：
没有传播能力　就没有一切
①发展理念　注重传播能力建设
②转型之路　打造报网端全新生态
③自我革命　名记者培育破局作用明显
④探路未来　将南方+打造成龙头新媒体

金秋十月，在南方日报迎来社庆70周年之际，源于其基因的“新生代”南方$^{+}$客户端也迎来了4岁生日。此时，4000多平方米的融媒体中心已顺利运作将近一年，成为报网端融媒体人全新的内容生产中枢。

70年来，南方报人牢牢抓住传播能力建设不放，敢为人先，改革创新，形成了“报、刊、网、端、微、屏”立体传播体系，覆盖用户超过2亿。

如今的广州大道中289号大院内，大家尽管忙碌时段不同，却有着不变的初心，传承着同样的血脉，为共同的愿景打拼——建设新闻服务领先、传播手段先进、产业形态丰富、拥有

强大舆论引导力和市场竞争力的智慧型文化传媒集团。

媒体融合正向纵深发展。南方日报的路径是什么，走向如何？南方报业传媒集团总编辑、南方日报社总编辑黄常开接受南方日报记者专访，进行详解。

发展理念
注重传播能力建设

记者：南方日报70岁了。一直以来，南方报人奋力推动党报改革，品牌价值、传播力位居全国媒体前列，要诀是什么？

黄常开：南方日报行得稳、走得好，关键在于注重传播能力建设。传播能力建设是提高新闻舆论传播力、引导力、影响力、公信力的前提条件。正因为牢牢抓住传播能力建设不放，《南方日报》才得以笑傲同伦，日均发行量79.3万份，连续34年位居全国省级党报第一位，还带动了系列报刊网端传播平台的成长。

记者：如今的《南方日报》已远不止一份报纸，而是名副其实的“全媒体”。

黄常开：确实，以《南方日报》为龙头建设的南方报业传媒集团，目前拥有7种报纸、6种期刊、1家出版社、20个网站、7个手机客户端、370个社交媒体公众账号、3000块互动触控屏、1万平方米户外LED大屏幕，是定位科学、结构合理、优势突出的报业集团。许多优秀人才在南方报业传播能力建设的过程中成长起来，成为传媒业内的佼佼者。

记者：党中央提出媒体融合发展战略至今已6年。面对互联网时代全新的传播格局，南方日报如何稳中求进？

黄常开：互联网时代，以纸为介质的传统媒体受到了极大冲击，影响力和经营能力也被大幅削弱。我们正处于纸与网两大传播介质并存共生的时期。在全新的传播格局下，我们始终牢牢抓住传播能力建设这个牛鼻子，并视其为生存之本、发展动能。我们在不断为党报提质增效，努力守住以纸为介质的媒体影响力的同时，也专注于以网为介质的传播能力打造。我们欣喜地看到，如今《南方日报》的影响力还在，网端的影响力也在快速形成。

转型之路
打造报网端全新生态

记者：业界对主流媒体融合发展目标与路径的讨论不绝于耳。南方日报探索的独到之处是什么？

黄常开：传统媒体向新媒体的转型必须依靠传统媒体的自身优势，共享家底与资源。

南方报业的做法是在报网端打造媒体新生态，走的是“三个一体化”，即内容一体化生产、技术一体化支撑、经营一体化统筹的转型路径，最大程度地集约资源，使优势最大化。

记者：怎么做才能使资源优势最大化？

黄常开：关键在于把握融合时间窗口，抢占转型身位。南方报业的转型路径可概括为“四化”，第一层次是移动化、平台化，第二层次是可视化、智慧化。

具体而言，2015年起我们就明确提出“移动优先”战略，逐步将最核心的生产力投入到移动互联网，创办南方$^{+}$客户端，推出南方网移动版，推动采编人员向全媒体转型，打造全媒体采编部门；考虑到建设自主可控平台的必要性与重要性，我们打造新媒体拳头产品，做大做强融媒体主流平台南方$^{+}$，使之成为了解广东最及时、最权威、最具公信力的移动媒体平台；顺应可视化这一现代传播的重要特质，我们重点整合了报网端音视频部，使短视频、H5、直播、虚拟现实等新技术成为家常便饭；为探索南方特色的智慧服务，我们一方面用好大数据、云计算、人工智能等技术手段，另一方面不断强化深度立报理念，决策参考作用，培育围绕中心、服务大局的新能力。

记者：人民网研究院发布的2018中国媒体融合传播指数报告显示，南方⁺客户端位居“党报自有App传播力”全国省市党报第一位。在您看来，今天的南方⁺是怎样的南方⁺？

黄常开：南方⁺已成为广东省委、省政府权威移动发布平台，内容的“多、快、新、近、实”特征明显，日活数以百万计。截至2019年9月30日，南方⁺总下载量突破6000万，营收超过1.375亿元。

就专业生产而言，南方⁺对内兼容了南方报业旗下7报6刊20网站7客户端的优质内容发布；就开放生产而言，它对外聚合了全省超过6000家政务新媒体及机构新媒体入驻“南方号”平台，与全省各市（县、区）合办地方频道超过200个，并运营了“南方拍客”等报料平台。在被誉为中国传媒市场“风向标”的“2018—2019中国传媒经营价值百强榜”中，《南方日报》连续十年蝉联“省级日报十强”第一位，南方⁺客户端入选了“全国报业新媒体30强”。

自我革命
名记者培育破局作用明显

记者：2016年10月，南方报业启动“南方名记”培育工程，引来业界关注。短短几年，一些干得好的名记者薪酬比过去上了几个台阶，甚至比一些前辈、领导要高。这样的培育计划推进起来不会面临压力吗？

黄常开：自我革命，压力肯定是有的，但效果已经告诉我们，这样的人才培育方式是对路的，也是值得的。2019年1月至9月，南方⁺发稿超过67万条，总点击量过10亿，“南方名记”是其中爆款产品的生产主力。“南方名记”为南方⁺的内容生产立下了汗马功劳，项目的破局作用非常明显。

受“南方名记”培育项目的影响，更多采编人员更新理念观念，实现全媒体转型，进入到舆论引导的网络主战场，成为建设新型主流媒体的主力军。

记者：这是否意味着，“南方名记”快速成长的示范效应正在辐射与溢出？

黄常开：当然。“南方名记”培育项目对优秀人才的成长、优质内容的生产以及优越平台的打造都具有重要意义，在人才培育、内容生产、薪酬考核三方面探路作用是非常明显的。

记者：具体而言呢？

黄常开：在人才培育方面，我们对“南方名记”严格遴选，为他们聚资源，给他们压重担，让他们快速成长，他们中不少已实现了个人出名、集团品牌出名“两个出名”的目标。

在内容生产方面，他们专注主业、制造爆款、全媒作业、做优原创、做强平台，让南方$^+$在主流人群中的接受度越来越高，影响力越来越大，也在全报社形成注重质量、注重流量、打造爆款的业务风气。

在薪酬考核方面，名记们最先跳出了“计件”考核的束缚，试点“一人一策”按质计酬，率先实施协议薪酬。这一探路倒逼考核机制改革，推动了新的适应现代传播规律的薪酬机制形成。目前，协议薪酬制度已在几个部门试点，条件成熟时将推广至全报社。

不过，我们也清醒意识到，尽管南方报业在人才培育改革中抢先一步，打响了头炮，但兄弟媒体你追我赶。投资人才就是投资未来。我们将不断加强与改进“南方名记”培育工程，力争为党的新闻事业培育更多全媒型专家型媒体人才。

探路未来
将南方$^+$打造成龙头新媒体

记者：今年是新中国成立70周年，《南方日报》推出了152个版的特刊，获得了政治效应、社会效应、专业效应、经济效应的全面丰收。这对当下的纸媒而言，感觉有些不可思议。

黄常开：特刊的成功值得高兴，但我们绝非可以高枕无忧。最理想的情况当然是报网端保持此长彼长、此优彼优的发展态势。但从长远看，移动平台的传播能力建设才是重中之重，也是党报功能提升的关键。

记者： *您如此强调传播能力建设，与多元业务格局矛盾吗？*

黄常开： 不矛盾。我们是传媒集团，做媒体是主业，没有传播能力就没有一切。一旦南方报业的媒体属性弱化，报业集团将不再是报业集团，会变成实业集团、物业集团、房地产集团，无法对现实人群产生影响力。这是我们需要特别警惕的。

记者： *那南方报业所做的舆情服务、智库服务、城市空间等方面的开拓探索呢？*

黄常开： 这些都是南方报业打造的全新服务能力，是附丽于传播能力建设的多元探索，也是我们要大力拓展的。

一个原则，传播能力是我们的主业，是安身立命之所。做舆情服务、智库服务、城市空间的机构很多，为什么看重南方报业？因为我们有传播力、影响力，这是南方报业的优势基因，具有不可替代性。

记者： *但在媒体融合的大背景下，传播能力建设的难度自然会大很多。*

黄常开： 幸好南方报业报网端转型找对了路子，转得早，也初见成效，接下来我们还要坚定不移地朝这条路走下去。

在思想观念上，我们要毫不犹豫地把传统媒体的优势扩大到优越平台上；在体制机制上，要在推动各大部门转型为全媒体新闻部的基础上，力破不利于新平台建设的各项制度；在内容生产方式上，要努力增加新闻产品的新闻性、交互性、开放性，并通过活动、直播等手段增加用户黏性；在人才人力投放上，要继续向移动平台特别是南方$^+$客户端倾斜；在成本投入上，要减少对落后生产力的投入，增加有利于南方$^+$传播能力建设的投入；在运营服务上，要在线上全媒体的基础上，增加线下多场景服务，包括推广智慧党建平台等，使这些子平台成为南方$^+$影响力的延伸。

记者：未来的南方+是怎样的南方+，有目标设定吗？

黄常开：我们力争在一两年内，将南方+这一优越平台打造成为具有高传播力、高影响力、高营收力的龙头新媒体，使之稳稳地成为南方报人安身立命的饭碗、干事创业的舞台，延续《南方日报》的辉煌。

记者　曹　斯

原载于2019年10月21日《南方日报》特03版

后记

近些年，在媒体领域的改革声浪中，来自“南方”的声音显得少了些。但作为报业时代的改革旗帜和风向标，南方报业在互联网时代怎么适应、怎么转型，却始终是业界、学界关注探究的焦点。在南方报业内部，也有些同事一再催促我，希望我牵头将这些年的实践经验转化为系统的理论成果，促进事业发展。而我一拖再拖，决心并不好下。一方面是我深知写书是件耗脑费神的苦差事，另一方面我总认为“做好”要比“说好”来得更重要，不如等我们做得差不多了再说。这当然是我的陋见。

到了2019年底，南方报业的融合实践历经爬坡过坎，有了些许成果，转型曙光初现。同时我牵头负责的“全国文化名家暨‘四个一批’人才”课题也历经4年进入收尾阶段。课题组的同志们认为，是时候总结和呈现我们的改革思路和实践成果了。一半是课题成果的呈现需要，一半也是水到渠成，我最终下定决心利用课题经费写作出版这本书。

而写书最终消耗的时间与精力，总要比预期的多。尽管我认为我们改革的方向思路是对的，方法路径经过实践的检验也是对的，我在集团内部讲话中也对此作过梳理总结，而且连续4年在《南方日报》创刊纪念日接受了专访，在业界刊物上发表过文章，但要真正将南方报业这个媒体众多、业态丰富、活力无限的集团这些年的改革过程写成书，却深感千头万绪、难以言尽。最后决定以2019年10月我在《南方日报》创刊70周年的专访主题“没有传播能力，就没有一切”作为本书的主题，这才有了较为清晰的思路。

不承想2020年一开年，新冠肺炎疫情扑面而来，将集团的采编工作推入“战时状态”。写书只能在全力战“疫”的间隙零敲碎打地进行，因此这本书前后花了10个月之久。也正因如此，疫情为我们提供了对照的镜子，检验着我们改革的思路、举措和成效，增加了本书的思考深度和广度。

本书呈现的决不是我一个人的实践思考，而是集体智慧的结晶。首先要归功于习近平总书记对媒体深度融合发展作出的系列重要指示，得益于广东省委、省委宣传部对南方报业的指导支持，我们只是在国家顶层设计框架之下进行了一些实践探索。其次，要衷心感谢莫高义、刘红兵、崔朝阳等历任集团“班长”和班子其他同志，南方报业每一阶段的成绩都是在集体领导、团结奋进中取得的；感谢为南方报业的光荣梦想而努力耕耘的全体员工，他们让“南方”两个字在中国传媒界呈现出不可替代的厚重分量。

本书在成稿过程中，课题组成员和集团各媒体、各部门的相关同志提供了大量基础材料、思考成果和实践范例，对本书有重要贡献；其中郎国华、金强、杨彩珊等同志所作的贡献尤为突出，在此特别致谢！也要感谢南方日报出版社对本书出版给予的大力支持和帮助。

本书在开展广泛调查研究过程中还征求了相关专家学者的意见，参阅借鉴了国内外众多学者和业界从业者的研究成果，在此一并致谢。

由于水平所限，范例又集中于南方报业传媒集团的探索实践，书中的局限和疏漏在所难免，欢迎读者和同行们批评指正。

作者